HEYNE BÜCHER

Das Buch

Unterhaltsame Lektüre für Blumen- und Gartenfreunde verspricht dieser Band mit ausgewählten Erzählungen der Weltliteratur. Vor der Kulisse wilder Blumenpracht, beschaulicher Gärten und erhabener Parklandschaften künden große Autoren und Autorinnen von schicksalshaften Begegnungen und bedeutsamen Begebenheiten im Leben von Menschen. Die Natur in ihrer unfaßbaren Schönheit, in der Gewalt ihrer Farbenpracht, in ihrer paradiesischen Ruhe weist Menschen symbolhaft den Weg – als atemberaubende Szenerie dramatischer Ereignisse oder als einzelne, zarte Blume zum Zeichen echter Gefühlsbeteiligung. So ist es bei Luise Rinser von all den blühenden Blumen im heimischen Garten eine weiße Lilie, die ihrer jugendlichen Heldin die Augen öffnet. In Anaïs Nins Erzählung hilft ein Strauß blutroter Rosen einem jungen Mädchen, sich ihrer Identität als Frau bewußt zu werden, und bei Alberto Moravia schärft eine unscheinbare Geranie den Blick für die Realitäten des Lebens. Und so wie Blumen ewig unsterbliche Symbole wahrer Gefühle sein werden, so erlauben die hier versammelten Geschichten einen vergnüglichen, verstohlenen Blick in die Gefilde des lange verlorenen Paradieses.

Die Herausgeberin

Jutta Ressel, 1956 in München geboren, studierte Germanistik und Anglistik. Während ihres Aufenthaltes in England 1982/83 unterrichtete sie Deutsch als Fremdsprache, seitdem lebt sie als freie Lektorin und Herausgeberin in München.

Im Wilhelm Heyne Verlag liegen bereits vor: *Frauenlesebuch* (01/8866), *Power – Geschichten für starke Frauen* (01/9440).

BLÜHENDE PHANTASIE

Ein Lesebuch für Gartenfreunde

herausgegeben
von
JUTTA RESSEL

WILHELM HEYNE VERLAG
MÜNCHEN

HEYNE ALLGEMEINE REIHE
Nr. 01/9887

Umwelthinweis:
Dieses Buch wurde auf
chlor- und säurefreiem Papier gedruckt.

Printed in Germany 1996
Umschlagillustration: Archiv für Kunst und Geschichte, Berlin
Innenzeichnungen: Karsten Molesch, Bielefeld
Umschlaggestaltung: Atelier Ingrid Schütz, München,
unter Verwendung des Gemäldes ›Le Jardin de Vaucresson‹, 1923/37
von Edouard Vuillard

Satz: Schaber Satz- und Datentechnik, Wels
Druck und Bindung: Pressedruck, Augsburg

ISBN 3-453-09978-8

INHALT

Virginia Woolf

Kew Gardens

Aus dem ovalen Blumenbeet reckten sich etwa an die hundert Stengel, um sich auf halber Höhe in herz- oder zungenförmige Blumenblätter zu verstreben und sich an der Spitze in rote oder blaue oder gelbe Blütenblätter zu entrollen, die an ihrer Oberfläche von erhöhten Farbtupfern gezeichnet waren; und aus dem roten, blauen oder gelben Dunkel des Halses ragte ein gerader Sporn, rauh von Goldstaub und an seinem Ende leicht wulstig. Die Blütenblätter waren üppig genug, um in der Sommerbrise zu erzittern, und wenn sie sich bewegten, dann flirrten eins über dem anderen die roten, blauen und gelben Lichter, betupften einen Zoll der braunen Erde unter ihnen mit einem Fleck von ungemein komplexer Farbe. Das Licht fiel entweder auf den glatten, grauen Rücken eines Kiesels oder auf das Haus einer Schnecke mit ihren braunen, rund umlaufenden Rillen, oder, wenn es in einen Regentropfen fiel, blähte es mit einer solchen Intensität von Rot, Blau und Gelb die dünnen Wasserwändchen auf, daß man darauf gefaßt war, sie zerplatzen und verschwinden zu sehen. Statt dessen aber wurde der Tropfen in Sekundenschnelle wieder silbergrau, und das Licht sammelte sich jetzt auf dem Fleisch eines Blattes, und enthüllte unter der Oberfläche das verästelte Blattgeäder, und wieder bewegte es sich fort und streute seinen Glanz auf die unermeßlich grünen Räume unter dem Gewölbe der herz- und zungenförmigen Blätter. Dann fuhr die Brise eher etwas schärfer darüberhin und die Farbe wurde blitzschnell in die Luft darüber geworfen, in die Augen der Männer und Frauen, die im Juli in Kew Gardens spazierengehen.

Die Gestalten dieser Männer und Frauen schwirrten an dem Blumenbeet mit einer sonderlich ungleichmäßigen Bewegung entlang, nicht unähnlich der Bewegung der weißen und blauen Schmetterlinge, die in Zickzackflügen von Beet zu Beet über den Rasen schwebten. Der Mann ging etwa sechs Zoll vor der Frau her, unbekümmert herumschlendernd, während sie zielbewußter ausschritt, sich ab und an umwendend, um zu sehen, ob die Kinder nicht zu weit zurückblieben. Der Mann wahrte seinen Abstand von der Frau zielstrebig, wenn auch vielleicht unbewußt, denn er wollte weiter seinen Gedanken nachgehen.

»Vor fünfzehn Jahren bin ich mit Lily hergekommen«, dachte er. »Irgendwo da drüben am Teich haben wir gesessen, und ich habe sie den ganzen heißen Nachmittag lang angefleht, mich zu heiraten. Wie die Libelle uns unentwegt umkreist hat: wie deutlich ich die Libelle sehe und Lilys Schuh mit der viereckigen Silberschnalle am Zeh. Die ganze Zeit, während ich redete, schaute ich auf ihren Schuh, und wenn er sich ungeduldig bewegte, wußte ich ohne aufzusehen, was sie sagen würde: ihr ganzes Wesen schien in ihrem Schuh zu stecken. Und meine Liebe, mein Begehren, steckten in der Libelle; aus irgendeinem Grund dachte ich, ließe sie sich da auf diesem Blatt, dem breiten mit der roten Blüte in der Mitte, ließe sich die Libelle auf dem Blatt nieder, würde sie sogleich ›Ja‹ sagen. Doch die Libelle kreiste und kreiste: sie ließ sich niemals irgendwo nieder – natürlich nicht, glücklicherweise nicht, sonst würde ich hier nicht mit Eleanor und den Kindern spazierengehen – Sag mal, Eleanor, denkst du jemals an die Vergangenheit?«

»Warum fragst du, Simon?«

»Weil ich gerade an die Vergangenheit gedacht habe. Ich habe gerade an Lily gedacht, die Frau, die ich fast geheiratet hätte ... Na, warum schweigst du? Hast du etwas dagegen, daß ich an die Vergangenheit denke?«

»Weshalb sollte ich etwas dagegen haben, Simon? Denkt man nicht immer an die Vergangenheit, in einem Garten, in dem Männer und Frauen unter den Bäumen liegen? Sind sie nicht unsere Vergangenheit, alles was davon übrig bleibt, diese Männer und Frauen, diese Geister, unter den Bäumen liegend ... eines jeden Glück, eines jeden Wirklichkeit?«

»Für mich, eine viereckige Schuhschnalle und eine Libelle ...«

»Für mich, ein Kuß. Stell dir sechs kleine Mädchen vor,

wie sie vor zwanzig Jahren hinter ihren Staffeleien sitzen, da unten am Ufer des Teichs und die Seerosen malen, die ersten roten Seerosen, die ich je gesehen hatte. Und plötzlich ein Kuß, da hinten auf meinem Hals. Und den ganzen Nachmittag bebte meine Hand so, daß ich nicht malen konnte. Ich habe meine Uhr vorgezogen und die Stunde festgelegt, in der ich es mir erlauben könnte, nur für fünf Minuten, an den Kuß zu denken – er war so kostbar – der Kuß einer alten grauhaarigen Frau mit einer Warze auf der Nase, der Mutter aller Küsse meines Lebens. Komm Caroline, komm Hubert.«

Sie gingen weiter an dem Blumenbeet entlang, jetzt zu viert nebeneinander, und gleich wurden sie zwischen den Bäumen kleiner und sahen zur Hälfte durchsichtig aus, als das Sonnenlicht und der Schatten über ihre Rücken in großen zitternden unregelmäßigen Flecken glitt.

In dem ovalen Blumenbeet schien sich die Schnecke, deren Haus für die Spanne von etwa zwei Minuten rot, blau und gelb gefleckt war, jetzt sehr sachte in ihrem Haus zu regen, und sie begann sich als nächstes über die Krumen lockerer Erde vorzuarbeiten, die abbröckelten und, während sie darüber hinzog, herunterrollten. Sie schien ein bestimmtes Ziel vor sich zu haben, im Unterschied zu dem eigentümlich stelzenden steifen grünen Insekt, das versuchte, vor ihr hinüberzukommen, und mit zitternden Fühlern eine Sekunde innehielt, als ob es mit sich zu Rate gehen müsse, und dann so eilig und eigenartig in die entgegengesetzte Richtung davonstelzte. Braune Klippen mit dunkelgrünen Seen in den Mulden, flache klingenscharfe Bäume, die sich von der Wurzel bis zur Spitze wiegten, runde Findlinge aus grauem Gestein, riesenhafte durchfurchte Flächen von einer feinen knisternden Textur – all diese Dinge lagen der Schnecke bei ihrem Fortkommen von einem Stengel zum andern im Weg, bis zu ihrem Ziel. Bevor sie entschieden hatte, ob sie dem gewölbten Zeltdach eines toten Blattes ausweichen oder es angehen sollte, erschienen neben dem Beet die Füße anderer menschlicher Wesen.

Dieses Mal waren beide Männer. Der jüngere von beiden drückte eine vielleicht unnatürliche Gelassenheit aus; er hob den Blick und richtete ihn völlig unbewegt vor sich hin, während sein Begleiter redete, und wenn sein Begleiter zu reden aufhörte, blickte er sogleich wieder zu Boden, und manchmal öffnete er die Lippen, nur nach einer langen Pause, und manchmal öffnete er sie überhaupt nicht. Der ältere Mann hatte eine komisch ungleichmäßige und wackelige Art zu gehen, die Hand vorwärts schleudernd und den Kopf abrupt nach oben werfend, so wie ein ungeduldiges Kutschpferd, das es satt hat, draußen vor dem Haus zu warten; doch bei diesem Mann waren diese Gebärden unschlüssig und nichtssagend. Er redete nahezu unausgesetzt; er lächelte vor sich hin und fing wieder an zu reden, als ob das Lächeln eine Antwort gewesen wäre. Er sprach über Geister – die Geister der Verstorbenen, die ihm, wie er meinte, in eben diesem Moment alle Arten seltsamer Sachen über ihre Erfahrungen im Himmel erzählten.

»Der Himmel, William, das war für die Alten Thessalien, und jetzt, mit diesem Krieg, da rollt die geistige Substanz wie Donner zwischen den Hügeln.« Er hielt inne, schien aufzuhorchen, lächelte, schleuderte seinen Kopf hoch und redete weiter:

»Da hätten wir eine kleine elektrische Batterie und ein Stück Gummi, um den Draht zu isolieren – insulieren? – isolieren? – nun gut, die Details schenken wir uns, es ist zwecklos, in die Details zu gehen, das würde unverständlich – also kurz gesagt, dieser kleine Apparat steht an einer geeigneten Stelle am Kopfende des Bettes, sagen wir, auf einem hübschen Mahagonitischchen. Alle Vorrichtungen sind unter meiner Leitung von den Handwerkern fein säuberlich eingestellt, die Witwe legt ihr Ohr daran und ruft wie vereinbart durch ein Zeichen den Geist herbei. Weiber! Witwen! Weiber in Schwarz ...«

Jetzt erst schien er in der Ferne ein Frauenkleid erspäht zu haben, das im Schatten violett-schwarz aussah. Er nahm seinen Hut ab, legte die eine Hand auf sein Herz, und rannte murmelnd und fieberhaft gestikulierend auf sie zu. Aber William packte ihn am Ärmel und streifte mit der Spitze seines Spazierstocks eine Blume, um die Aufmerksamkeit des alten Mannes abzulenken. Nachdem der alte Mann sie in ziemlicher Verwirrung einen Augenblick betrachtet hatte, neigte er sein Ohr zu ihr hinunter und schien einer aus ihr sprechenden Stimme zu antworten, denn er fing an, über die Wälder von Uruguay zu reden, die er vor Hunderten von Jahren in Begleitung der schönsten jungen Frau in ganz Europa besucht hatte. Man konnte ihn von uruguayischen Wäldern murmeln hören, übersät von den Wachsblättern tropischer Rosen, von Nachtigallen, Meeresstränden, Seejungfrauen und Frauen, die im Meer ertrunken waren, während er sich von William weiterziehen ließ, auf dessen Gesicht sich der Ausdruck stoischer Geduld langsam vertiefte.

Seinen Schritten so dicht folgend, daß sie von seinen Gestikulationen einigermaßen verwirrt wurden, kamen zwei ältliche Frauen aus der unteren Mittelschicht des Weges, die eine massig und schwerfällig, die andere rosenwangig und behende. Wie die meisten Menschen ihrer Klasse waren sie von jedwedem Anzeichen von Exzentrizität, das auf einen verwirrten Geist hindeutete, rückhaltlos begeistert, besonders bei den Wohlhabenden; aber sie waren zu weit entfernt, um sicher zu sein, ob die Gestikulationen bloß exzentrisch waren oder echt verrückt. Nachdem sie einen Augenblick lang den Rücken des alten Mannes stillschweigend geprüft hatten und sich einen seltsamen verstohlenen Blick zugeworfen hatten, schritten sie energisch weiter und stückelten ihren ungemein komplizierten Dialog zusammen:

»Nell, Bert, Lot, Cess, Phil, Pa, sagt er, sag ich, sagt sie, sag ich, sag ich …«

»Mein Bert, Sis, Bill, Opapa, der alte Mann, Zucker,
Zucker, Mehl, Bücklinge, Grünzeug,
Zucker, Zucker, Zucker.«

Die Massige sah mit einem merkwürdigen Gesichtsausdruck durch das Muster herabrieselnder Worte auf die Blumen, die kühl, fest und aufrecht in der Erde standen. Sie sah sie an wie ein Schläfer, der aus einem schweren Schlaf erwacht, einen Messingleuchter ansieht, der das Licht auf ungewöhnliche Weise reflektiert, und dann seine Augen schließt, sie öffnet, und als er wieder den Messingleuchter sieht, schließlich hellwach zu werden beginnt und den Leuchter aus Leibeskräften anstarrt. So kam die schwere

Frau dem ovalen Blumenbeet gegenüber zum Stillstand und gab auch nicht weiter vor, dem was die Andere redete, zuzuhören. Sie stand da, ließ die Worte an sich herabrieseln und wiegte den Oberkörper vor und zurück, während sie die Blumen betrachtete. Dann schlug sie vor, daß sie eine Sitzgelegenheit suchen und ihren Tee nehmen sollten.

Die Schnecke hatte nun jedwede Möglichkeit überdacht, ihr Ziel zu erreichen, ohne rund um das Blatt kriechen oder es übersteigen zu müssen. Abgesehen von der erforderlichen Anstrengung, ein Blatt zu übersteigen, zweifelte sie, ob die feine Textur des Blattes, das schon, wenn es von der Spitze ihrer Fühler berührt wurde, mit einem derartig alarmierenden Geknister erzitterte, ihr Gewicht aushalten würde; und das bewog sie schließlich, unten hindurch zu kriechen, denn da war eine Stelle, an der das Blatt hoch genug vom Boden abgehoben war, um dies zuzulassen. Gerade hatte sie ihren Kopf in die Öffnung gesteckt und hatte das hohe braune Dach in Augenschein genommen und gewöhnte sich an das kühle braune Licht, als zwei weitere Menschen draußen auf dem Rasen vorbeikamen. Dieses Mal waren beide jung, ein junger Mann und eine junge Frau. Sie standen beide in der Blüte ihrer Jugend oder sogar in der Zeit, die der Jugendblüte vorausgeht, der Zeit, bevor die glatten blaßrosa Falten der Blume ihre klebrige Kapsel gesprengt haben, wenn die Flügel des Schmetterlings, obgleich vollkommen ausgewachsen, sich reglos in der Sonne halten.

»Zum Glück ist heute nicht Freitag«, bemerkte er.

»Wieso? Glaubste an Glück?«

»Freitags muß man einen Sixpence blechen.«

»Was is denn schon ein Sixpence? Ist es keinen Sixpence wert?«

»Was heißt ›es‹ – was meinste mit ›es‹?«

»Och irgendwas – ich mein – du weißt schon, was ich mein.«

Lange Pausen traten zwischen diese Äußerungen: vorgebracht von tonlosen und monotonen Stimmen. Das Paar stand still am Rand des Blumenbeets und gemeinsam drückten sie die Spitze ihres Sonnenschirms tief in die weiche Erde. Der Vorgang sowie die Tatsache, daß seine Hand oben auf der ihren ruhte, drückten auf sonderbare Weise ihre Gefühle aus, so wie diese kurzen bedeutungslosen Wörter auch irgend etwas ausdrückten, Wörter mit kurzen Flügeln, gemessen an ihrem schweren Bedeutungskörper, unzureichend um sie weit zu tragen, und so landeten sie täppisch auf den ganz gewöhnlichen Dingen, die sie umgaben und die für ihre unerfahrene Berührung zu klobig waren: aber wer weiß (so dachten sie, als sie den Sonnenschirm in die Erde drückten), was für jähe Abgründe nicht in ihnen verborgen waren, oder welche Eishänge auf der anderen Seite glitzerten? Wer weiß? Wer hat dies je zuvor gesehen? Selbst wenn sie gern wissen wollte, was man in Kew wohl für einen Tee bekäme, spürte er, daß hinter ihren Worten etwas aufschimmerte und unermeßlich und fest hinter ihnen stand; und sehr langsam hob sich der Nebel und enthüllte – Ach du lieber Himmel – was waren das für Gebilde? – kleine weiße Tischchen, und Kellnerinnen, die zuerst sie anschauten und dann ihn; und da war eine Rechnung, die er mit einem wirklichen Zweischillingstück bezahlen würde, und es war wirklich, ganz wirklich, dessen vergewisserte er sich, indem er mit der Münze in seiner Tasche spielte, wirklich für alle, außer für ihn und für sie; selbst für ihn schien es wirklich zu werden; und dann – aber es war zu aufregend, so dazustehen und weiter nachzudenken, und mit einem Ruck zog er den Sonnenschirm aus der Erde und hielt ungeduldig nach dem Ort Ausschau, an dem man mit anderen Menschen, wie andere Menschen, Tee trinken konnte.

»Komm jetzt, Trissie; höchste Zeit für unseren Tee.«

»Wo in aller Welt trinkt man denn seinen Tee?« fragte sie mit einem höchst sonderlich erregten Beben in der Stimme, während sie vage um sich schaute und sich weiter den Wiesenweg hinunterschleppen ließ, den Sonnenschirm hinter sich her ziehend, den Kopf dahin und dorthin drehend, ihren Tee vergessend, dahinüber und dorthinüber laufen wollend, sich an Orchideen und Kraniche zwischen wilden Blumen erinnernd, an eine chinesische Pagode und an einen Vogel mit karmesinroter Haube; doch er zog sie fort.

In dieser Weise zog ein Paar nach dem anderen mit genau derselben ungleichmäßigen und ziellosen Bewegung an dem

Blumenbeet vorüber und wurde Schicht um Schicht in grünblauen Dunst gehüllt, in dem zunächst ihre Körper Substanz und einen Schuß Farbe hatten, doch später lösten sich beide, Substanz und Farbe, in der grünblauen Atmosphäre auf. Wie heiß es war! So heiß, daß sogar die Drossel zu hüpfen beschloß, ein mechanischer Vogel im Schatten der Blumen, mit langen Pausen zwischen einer Bewegung und der nächsten; anstatt unbestimmt umherzuschweifen, tanzten die weißen Schmetterlinge übereinander und ließen mit ihren weißen, sich hierhin und dahin verschiebenden Flocken über den höchsten Blumen die Kontur einer zerschlagenen Marmorsäule entstehen; die Glasdächer des Palmenhauses leuchteten, als ob sich in der Sonne ein ganzer Marktplatz voller glänzend grüner Schirme aufgetan hätte; und in das Dröhnen des Flugzeugs hinein murmelte die Stimme des Sommerhimmels wild und inbrünstig. Gelb und schwarz, rosarot und schneeweiß, Gestalten in all diesen Farben, Männer, Frauen und Kinder, wurden sekundenlang an den Horizont getupft, und dann, als sie die Fülle von Gelb, die über dem Gras lag, sahen, taumelten sie und suchten Schatten unter den Bäumen, lösten sich in der gelben und grünen Atmosphäre wie Wassertropfen auf, färbten sie zaghaft mit Rot und Blau. Es schien, als seien alle plumpen und schweren Körper in der Hitze reglos niedergesunken und lägen ineinander verknäult auf dem Boden, aber ihre Stimmen kamen taumelnd aus ihnen hervor, als ob sie Flammen wären, die den dicken Wachskörpern der Kerze entführen. Stimmen, ja, Stimmen, wortlose Stimmen, die plötzlich die Stille mit einer solch tiefen Befriedigung durchbrachen, solch einer Leidenschaft des Begehrens, oder, in den Stimmen der Kinder, solcher Frische des Erstauntseins; durchbrachen die Stille? Aber da war keine Stille; die ganze Zeit ließen die Omnibusse die Räder kreisen und wechselten die Gänge; wie ein unermeßlicher Satz stahlgeschmiedeter chinesischer Büchsen, die sich unaufhörlich ineinander drehten, murmelte die Stadt; und darüber schrien die Stimmen laut auf, und die Blütenblätter von Myriaden von Blumen blitzten ihre Farben in die Luft.

ROBERT WALSER

Das Veilchen

Es war ein dunkler, warmer Märzabend, als ich durch das reizende, gartenreiche Villenviertel ging. Vielerlei Menschenaugen hatten mich schon gestreift. Es war mir, als schauten die Augen mich tiefer und ernster an als sonst, und auch ich schaute den vorübergehenden Menschen ernster und länger in die Augen. Vielleicht ist es der beginnende Frühling mit der wollüstigen warmen Luft, der in die Augen einen höheren Glanz legt und in die Menschenseelen einen alten und neuen Zauber. Frauen nehmen sich in der Frühlings- und Vorfrühlingsluft mit den weichen Brüsten, die sie tragen, und von denen sie gehoben und getragen werden, wunderbar aus. Die Gartenstraße war schwärzlich, aber sehr sauber und weich. Es kam mir vor, und ich wollte mir einbilden, ich gehe auf einem weichen, kostbaren Teppich. Voll Melodien schien die Atmosphäre. Aus der dunklen geheimnisvollen Gartenerde streckten schon die ersten Blumen ihre blauen und gelben und roten Köpfchen schüchtern hervor. Es duftete, und ich wußte nicht recht nach was. Es schwebte ein stilles, angenehmes Fragen durch die süße, dunkle, weiche Luft. Ich ging so, und indem ich ging, schmeichelte sich ein zartes unbestimmtes Glücksgefühl in mein Herz hinein. Mir war zumute, als gehe ich durch einen herrlichen, lieben und uralten Park, da kam eine schöne, junge, zarte Frau auf mich zu, violett gekleidet. Anmutig war ihr Gang und edel ihre Haltung, und wie sie näher kam, schaute sie mich mit rehartig-braunen Augen seltsam scheu an. Auch ich schaute sie an, und als sie weiter gegangen war, drehte ich mich nach ihr um, denn ich konnte der Lust und dem hinreißenden Verlangen, sie noch einmal, wenn auch nur im Rücken, zu sehen, nicht widerstehen. Wie eine Phantasieerscheinung glitt die reizende Gestalt mehr in die Ferne. Ein Weh durchschnitt mir die Seele. »Warum muß sie davongehen?« sagte ich mir. Ich schaute ihr nach, bis sie im zunehmenden

Abenddunkel verschwand und wie ein süßer, übersüßer Duft verduftete. Da träumte ich vor mich hin, es sei mir so ein großes, frauenförmiges Veilchen begegnet mit braunen Augen, und das Veilchen sei nun verschwunden. Die Laternen indessen waren schon angezündet und strahlten rötlichgelb in den blassen Abend. Ich ging in mein Zimmer, zündete die Lampe an, setzte mich an meinen altertümlichen Schreibtisch und versank in Gedanken.

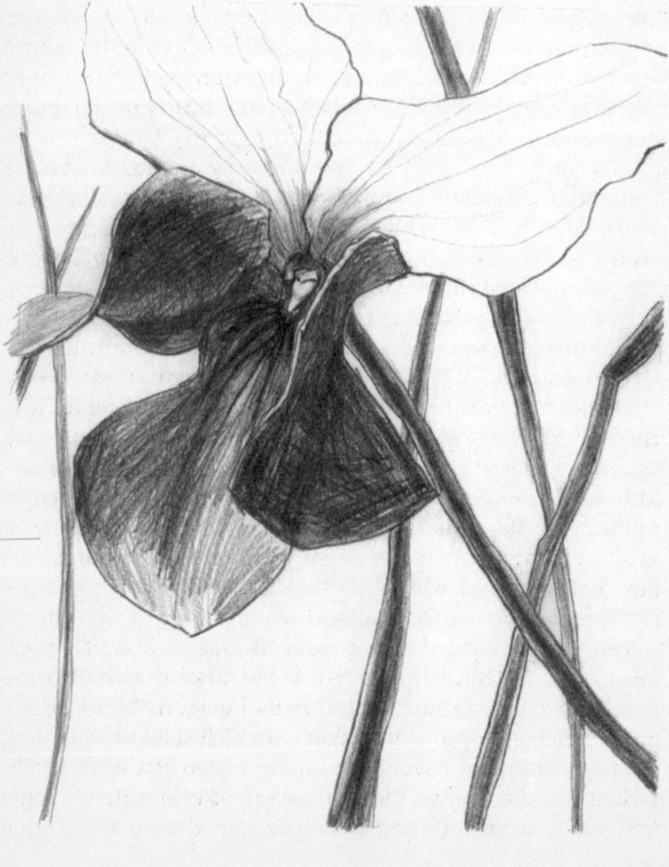

WOLFGANG BORCHERT

Die Hundeblume

Die Tür ging hinter mir zu. Das hat man wohl öfter, daß eine Tür hinter einem zugemacht wird – auch daß sie abgeschlossen wird, kann man sich vorstellen. Haustüren zum Beispiel werden abgeschlossen, und man ist dann entweder drinnen oder draußen. Auch Haustüren haben etwas so Endgültiges, Abschließendes, Ausliefferndes. Und nun ist die Tür hinter mir zugeschoben, ja, geschoben, denn es ist eine unwahrscheinlich dicke Tür, die man nicht zuschlagen kann. Eine häßliche Tür mit der Nummer 432. Das ist das Besondere an dieser Tür, daß sie eine Nummer hat und mit Eisenblech beschlagen ist – das macht sie so stolz und unnahbar; denn sie läßt sich auf nichts ein, und die inbrünstigen Gebete rühren sie nicht.

Und nun hat man mich mit dem Wesen allein gelassen, nein, nicht nur allein gelassen, zusammen eingesperrt hat man mich mit diesem Wesen, vor dem ich am meisten Angst habe: Mit mir selbst.

Weißt du, wie das ist, wenn du dir selbst überlassen wirst, wenn du mit dir allein gelassen bist, dir selbst ausgeliefert bist? Ich kann nicht sagen, daß es unbedingt furchtbar ist, aber es ist eines der tollsten Abenteuer, die wir auf dieser Welt haben können: Sich selbst zu begegnen. So begegnen wie hier in der Zelle 432: Nackt, hilflos, konzentriert auf nichts als auf sich selbst, ohne Attribut und Ablenkung und ohne die Möglichkeit einer Tat. Und das ist das Entwürdigendste: Ganz ohne die Möglichkeit zu einer Tat zu sein. Keine Flasche zum Trinken oder zum Zerschmettern zu haben, kein Handtuch zum Aufhängen, kein Messer zum Ausbrechen oder zum Aderndurchschneiden, keine Feder zum Schreiben – nichts zu haben – als sich selbst.

Das ist verdammt wenig in einem leeren Raum mit vier nackten Wänden. Das ist weniger, als die Spinne hat, die sich ein Gerüst aus dem Hintern drängt und ihr Leben daran riskieren kann, zwischen Absturz und Auffangen wagen kann. Welcher Faden fängt uns auf, wenn wir abstürzen?

Unsere eigene Kraft? Fängt ein Gott uns auf? Gott – ist das die Kraft, die einen Baum wachsen und einen Vogel fliegen läßt – ist Gott das Leben? Dann fängt er uns wohl manchmal auf – wenn wir wollen.

Als die Sonne ihre Finger von dem Fenstergitter nahm und die Nacht aus den Ecken kroch, trat etwas aus dem Dunkel auf mich zu – und ich dachte, es wäre Gott. Hatte jemand die Tür geöffnet? War ich nicht mehr allein? Ich fühlte, es ist etwas da, und das atmet und wächst. Die Zelle wurde zu eng – ich fühlte, daß die Mauern weichen mußten vor diesem, das da war und das ich Gott nannte.

Du, Nummer 432, Menschlein – laß dich nicht besoffen machen von der Nacht! Deine Angst ist mit dir in der Zelle, sonst nichts! Die Angst und die Nacht. Aber die Angst ist ein Ungeheuer, und die Nacht kann furchtbar werden wie ein Gespenst, wenn wir mit ihr allein sind.

Da trudelte der Mond über die Dächer und leuchtete die Wände ab. Affe, du! Die Wände sind so eng wie je, und die Zelle ist leer wie eine Apfelsinenschale. Gott, den sie den Guten nennen, ist nicht da. Und was da war, das was sprach, war in dir. Vielleicht war es ein Gott aus dir – du warst es! Denn du bist auch Gott, alle, auch die Spinne und die Makrele sind Gott. Gott ist das Leben – das ist alles. Aber das ist so viel, daß er nicht mehr sein kann. Sonst ist nichts. Aber dieses Nichts überwältigt uns oft.

Die Zellentür war so zu wie eine Nuß – als ob sie nie offen war, und von der man wußte, daß sie von selbst nicht aufging – daß sie aufgebrochen werden mußte. So zu war die Tür. Und ich stürzte, mit mir allein gelassen, ins Bodenlose. Aber da schrie mich die Spinne an wie ein Feldwebel: Schwächling! Der Wind hatte ihre Netze zerrissen, und sie drängte mit Ameiseneifer ein neues und fing mich, den Hundertdreiundzwanzigpfündigen, in ihren hauchfeinen Seilen. Ich bedankte mich bei ihr, aber davon nahm sie überhaupt keine Notiz.

So gewöhnte ich mich langsam an mich. Man mutet sich

so leichtfertig andern Menschen zu, und dabei kann man sich kaum selbst ertragen. Ich fand mich aber allmählich doch ganz unterhaltsam und vergnüglich – ich machte Tag und Nacht die merkwürdigsten Entdeckungen an mir.

Aber ich verlor in der langen Zeit den Zusammenhang mit allem, mit dem Leben, mit der Welt. Die Tage tropften schnell und regelmäßig von mir ab. Ich fühlte, wie ich langsam leerlief von der wirklichen Welt und voll wurde von mir selbst. Ich fühlte, daß ich immer weiter wegging von dieser Welt, die ich eben erst betreten hatte.

Die Wände waren so kalt und tot, daß ich krank wurde vor Verzweiflung und Hoffnungslosigkeit. Man schreit wohl ein paar Tage seine Not raus – aber wenn nichts antwortet, ermüdet man bald. Man schlägt wohl ein paar Stunden an Wand und Tür – aber wenn sie sich nicht auftun, sind die Fäuste bald wund, und der kleine Schmerz ist dann die einzige Lust in dieser Öde.

Es gibt doch wohl nichts Endgültiges auf dieser Welt. Denn die eingebildete Tür hatte sich aufgetan und viele andere dazu, und jede schubste einen scheuen, schlechtrasierten Mann hinaus in eine lange Reihe und in einen Hof mit grünem Gras in der Mitte und grauen Mauern ringsum.

Da explodierte ein Bellen um uns und auf uns zu – ein heiseres Bellen von blauen Hunden mit Lederriemen um den Bauch. Die hielten uns in Bewegung und waren selbst dauernd in Bewegung und bellten uns voll Angst. Aber wenn man genug Angst in sich hatte und ruhiger wurde, erkannte man, daß es Menschen waren in blauen, blassen Uniformen.

Man lief im Kreise. Wenn das Auge das erste erschütternde Wiedersehen mit dem Himmel überwunden und sich wieder an die Sonne gewöhnt hatte, konnte man blinzelnd erkennen, daß viele so zusammenhanglos trotteten und tief atmeten wie man selbst – siebzig, achtzig Mann vielleicht.

Und immer im Kreis – im Rhythmus ihrer Holzpantoffeln, unbeholfen, eingeschüchtert und doch für eine halbe Stunde froher als sonst. Wenn die blauen Uniformen mit dem Bellen im Gesicht nicht gewesen wären, hätte man bis in die Ewigkeit so trotten können – ohne Vergangenheit, ohne Zukunft: Ganz genießende Gegenwart: Atmen, Sehen, Gehen!

So war es zuerst. Fast ein Fest, ein kleines Glück. Aber auf die Dauer – wenn man monatelang kampflos genießt – beginnt man abzuschweifen. Das kleine Glück genügt nicht mehr – man hat es satt, und die trüben Tropfen dieser Welt, der wir ausgeliefert sind, fallen in unser Glas. Und dann kommt der Tag, wo der Rundgang im Kreis eine Qual wird, wo man sich unter dem hohen Himmel verhöhnt fühlt und wo man Vordermann und Hintermann nicht mehr als Brüder und Mitleidende empfindet, sondern als wandernde Leichen, die nur dazu da sind, uns anzuekeln – und zwischen die man eingelattet ist als Latte ohne eigenes Gesicht in einem endlosen Lattenzaun, ach, und sie verursachen einem eher Übelkeit als sonstwas. Das kommt dann, wenn man monatelang kreist zwischen den grauen Mauern und von den blassen, blauen Uniformen mürbe gebellt ist.

Der Mann, der vor mir geht, war schon lange tot. Oder er war aus einem Panoptikum entsprungen, von einem komischen Dämon getrieben, zu tun, als sei er ein normaler Mensch – und dabei war er bestimmt längst tot. Ja! Nämlich seine Glatze, die von einem zerfransten Kranz schmutziggrauer Haarbüschel umwildert ist, hat nicht diesen fettigen Glanz von lebendigen Glatzen, in denen sich Sonne und Regen noch trübe spiegeln können – nein, diese Glatze ist glanzlos, duff und matt wie aus Stoff. Wenn sich dieses Ganze da vor mir, das ich gar nicht Mensch nennen mag, dieser nachgemachte Mensch, nicht bewegen würde, könnte man diese Glatze für eine leblose Perücke halten. Und nicht mal die Perücke eines Gelehrten oder großen Säufers – nein, höchstens die eines Papierkrämers oder Zirkusclowns. Aber zäh ist sie, diese Perücke – sie kann schon aus Bosheit allein nicht abtreten, weil sie ahnt, daß ich, ihr Hintermann, sie hasse. Ja, ich hasse sie. Warum muß die Perücke – ich will nun man den ganzen Mann so nennen, das ist einfacher – warum muß sie vor mir hergehen und leben, während junge Spatzen, die noch nichts vom Fliegen gewußt haben, sich aus der Dachrinne zu Tode stürzen? Und ich hasse die

Perücke, weil sie feige ist – und wie feige! Sie fühlt meinen Haß, während sie blöde vor mir hertrottet, immer im Kreis, im ganz kleinen Kreis zwischen grauen Mauern, die auch kein Herz für uns haben, denn sonst würden sie eines Nachts heimlich fortwandern und sich um den Palast stellen, in dem unsere Minister wohnen.

Ich denke schon eine ganze Zeit darüber nach, warum man die Perücke ins Gefängnis gesperrt hat – was für eine Tat kann sie begangen haben – sie, die zu feige ist, sich nach mir umzudrehen, während ich sie andauernd quäle. Denn ich quäle sie: Ich trete ihr fortwährend auf die Hacken – mit Absicht natürlich – und mache mit meinem Mund ein übles Geräusch, als spucke ich viertelpfundweise Lungenhaschee gegen ihren Rücken. Sie zuckt jedesmal verwundet zusammen. Trotzdem wagt sie es nicht, sich ganz nach ihrem Quäler umzusehen – nein, sie ist zu feige dazu. Sie dreht sich nur um ein paar Grad mit steifem Genick in meine Richtung nach hinten, aber die halbe Drehung bis zum Treffen unserer Augenpaare wagt sie nicht.

Was mag sie ausgefressen haben? Vielleicht hat sie unterschlagen oder gestohlen? Oder hat sie in einem Sexualanfall öffentliches Ärgernis erregt? Ja, das vielleicht. Einmal war sie berauscht von einem buckligen Eros aus ihrer Feigheit rausgehüpft in eine blöde Geilheit – na, und nun trottete sie vor mir her, stillvergnügt und erschrocken, einmal etwas gewagt zu haben. Aber ich glaube, jetzt zittert sie insgeheim, weil sie weiß, daß ich hinter ihr gehe, ich, ihr Mörder! Oh, es würde mir leicht sein, sie zu morden, und es könnte ganz unauffällig geschehen. Ich hätte ihr nur das Bein zu stellen brauchen, dann wäre sie mit ihren viel zu stakigen Stelzen vornübergestolpert und hätte sich dabei wahrscheinlich ein Loch in den Kopf gestoßen – und dann wäre ihr die Luft mit einem phlegmatischen pfff… entwichen wie einem Fahrradschlauch. Ihr Kopf wäre in der Mitte auseinandergeplatzt wie weißlich-gelbes Wachs, und die wenigen Tropfen rote Tinte daraus hätten lächerlich verlogen gewirkt wie Himbeersaft auf der blauseidenen Bluse eines erdolchten Komödianten.

So haßte ich die Perücke, einen Kerl, dessen Visage ich nie gesehen hatte, dessen Stimme ich nie gehört hatte, von dem ich nur einen muffigen, mottenpulverigen Geruch kannte. Sicher hatte er – die Perücke – eine milde, müde Stimme ohne jede Leidenschaft, so kraftlos wie seine milchigen Finger. Sicher hatte er die vorstehenden Augen eines Kalbes und eine dicke, hängende Unterlippe, die dauernd Pralinen essen möchte. Es war die Maske eines Lebemannes, ohne Größe und mit dem Mut eines Papierhändlers, dessen Hebammenhände oftmals den ganzen Tag nichts getan hatten, als siebzehn Pfennige für ein Schreibheft vom Ladentisch zu streicheln.

Nein, kein Wort mehr über die Perücke! Ich hasse sie wirklich so sehr, daß ich mich leicht in einen Wutausbruch hineinsteigern könnte, bei dem ich mich zu sehr entblößen würde. Genug. Schluß. Ich will nie wieder von ihr reden, nie! –

Aber wenn einer, den du gerne verschweigen möchtest, ständig mit eingeknickten Knien in der Melodie eines Melodramas vor dir hergeht, dann wirst du ihn nicht los. Wie ein Juckreiz im Rücken, wo du mit den Händen nicht ankommst, reizt er dich immer wieder, an ihn zu denken, ihn zu empfinden, ihn zu hassen.

Ich glaube, ich muß die Perücke doch ermorden. Aber ich habe Angst, der Tote würde mir einen greulichen Streich spielen. Er würde sich plötzlich mit ordinärem Lachen daran erinnern, daß er früher ja Zirkusclown war, und sich aus seinem Blut hochwälzen. Vielleicht etwas verlegen, als hätte er das Blut nicht halten können wie andere Leute das Wasser. Kopfüber würde er durch die Gefängnismanege hampeln, hielte womöglich die Wärter für bockende Esel, die er bis zum Wahnsinn reizen würde, um dann mit gemachter Angst auf die Mauer zu springen. Von dort aus würde er dann seine Zunge wie einen Scheuerlappen gegen uns lüpfen und auf immer verschwinden.

Es ist nicht auszudenken, was alles geschehen würde, wenn sich plötzlich jeder auf das besinnen würde, was er eigentlich ist.

Denke nicht, daß mein Haß auf meinen Vordermann, auf die Perücke, hohl und grundlos ist – oh, man kann in Situationen kommen, wo man so von Haß überläuft und über die eigenen Grenzen hinweggeschwemmt wird, daß man nachher kaum zu sich selbst zurückfindet – so hat einen der Haß verwüstet.

Ich weiß, es ist schwer, mir zuzuhören und mit mir zu fühlen. Du sollst auch nicht zuhören, als wenn einer dir etwas von Gottfried Keller oder Dickens vorliest. Du sollst mit mir gehen, mitgehen in dem kleinen Kreis zwischen den unerbittlichen Mauern. Nicht in Gedanken neben mir – nein, körperlich hinter mir als mein Hintermann. Und dann wirst du sehen, wie schnell du mich hassen lernst. Denn wenn du mit uns (ich sage jetzt »uns«, weil wir dieses eine alle gemeinsam haben) in unserm lendenlahmen Kreise wankst, dann bist du so leer von Liebe, daß der Haß wie Sekt in dir aufschäumt. Du läßt ihn auch schäumen, nur um diese entsetzliche Leere nicht mehr zu fühlen. Und glaube nur nicht, daß du mit leerem Magen und leerem Herzen zu besonderen Taten der Nächstenliebe aufgelegt sein wirst!

So wirst du also als ein von allem Guten Geleerter hinter mir herdammeln und monatelang nur auf mich angewiesen sein, auf meinen schmalen Rücken, den viel zu weichen Nacken und die leere Hose, in die der Anatomie nach eigentlich etwas mehr hineingehört. Am meisten wirst du aber auf meine Beine sehen müssen. Alle Hintermänner sehen auf die Beine ihres Vordermannes, und der Rhythmus seines Schrittes wird ihnen aufgezwungen und übernommen, auch wenn er ihnen fremd und unbequem ist. Ja, und da wird der Haß dich anfallen wie ein eifersüchtiges Weib, wenn du merkst, daß ich keinen Gang habe. Nein, ich habe keinen Gang. Es gibt tatsächlich Menschen, die keinen Gang haben – sie haben mehrere Stilarten, die sich nicht miteinander vereinen können zu einer Melodie. Ich bin so einer. Du wirst mich deswegen hassen, ebenso sinnlos und begründet, wie ich die Perücke hassen muß, weil ich ihr Hintermann bin. Wenn du dich gerade auf meinen etwas unsicheren, verspielten Schritt eingestellt hast, stellst du stockend fest, daß ich plötzlich ganz reell und energisch auftrete. Und kaum hast du diesen neuen Typ meines Gehens registriert, da fange ich einige Schritte weiter an, zerfahren und mutlos zu bummeln. Nein, du wirst keine Freude und Freundschaft über mich empfinden können. Du mußt mich hassen. Alle Hintermänner hassen ihre Vordermänner.

Vielleicht würde alles anders werden, wenn sich die Vordermänner mal nach ihren Hintermännern umsehen würden, um sich mit ihnen zu verständigen. So ist aber *jeder* Hintermann – er sieht nur seinen Vordermann und haßt ihn. Aber seinen Hintermann verleugnet er – da fühlt er sich Vordermann. So ist das in unserm Kreis hinter den grauen Mauern – so ist es aber wohl anderswo auch, überall vielleicht.

Ich hätte die Perücke doch umbringen sollen. Einmal heizte sie mir so ein, daß mein Blut an zu kochen fing. Das war, als ich die Entdeckung machte. Keine große Sache. Nur eine ganz kleine Entdeckung.

Habe ich schon gesagt, daß wir jeden Morgen eine halbe Stunde lang einen kleinen schmutzig-grünen Fleck Rasen umkreisten? In der Mitte der Manege von diesem seltsamen Zirkus war eine blasse Versammlung von Grashalmen, blaß und der einzelne Halm ohne Gesicht. Wie wir in diesem unerträglichen Lattenzaun. Auf der Suche nach Lebendigem, Buntem, lief mein Auge ohne große Hoffnung eigentlich und zufällig über die paar Hälmchen hin, die sich, als sie sich angesehen fühlten, unwillkürlich zusammennahmen und mir zunickten – und da entdeckte ich unter ihnen einen unscheinbaren gelben Punkt, eine Miniaturgeisha auf einer großen Wiese. Ich war so erschrocken über meine Entdeckung, daß ich glaubte, alle müßten es gesehen haben, daß meine Augen wie festgebackt auf das gelbe Etwas starrten, und ich sah schnell und sehr interessiert auf die Pantoffeln meines Vordermannes. Aber so wie du einem, mit dem du sprichst, immer auf den Fleck, den er an der Nase hat, stieren mußt und ihn ganz unruhig machst – so sehnten meine Augen sich nach dem gelben Punkt. Als ich jetzt dichter an ihm vorbeikam, tat ich so unbefangen wie möglich. Ich erkannte eine Blume, eine gelbe Blume. Es war ein Löwenzahn – eine kleine gelbe Hundeblume.

Sie stand ungefähr einen halben Meter links von unserm Weg, von dem Kreis, auf dem wir jeden Morgen eine Huldigung an die frische Luft darbrachten. Ich stand förmlich Angst aus und bildete mir ein, einer der Blauen folge schon mit Stielaugen der Richtung meines Blickes. Aber so sehr unsere Wachthunde gewohnt waren, auf jede individuelle Regung des Lattenzaunes mit wütendem Bellen zu reagieren – niemand hatte an meiner Entdeckung teilgenommen. Die kleine Hundeblume war noch ganz mein Eigentum.

Aber richtig freuen konnte ich mich nur wenige Tage an ihr. Sie sollte mir ganz gehören. Immer wenn unser Rundgang zu Ende ging, mußte ich mich gewaltsam von ihr losreißen, und ich hätte meine tägliche Brotration (und das will was sagen!) dafür gegeben, sie zu besitzen. Die Sehnsucht, etwas Lebendiges in der Zelle zu haben, wurde so mächtig in mir, daß die Blume, die schüchterne kleine Hundeblume, für mich bald den Wert eines Menschen, einer heimlichen Geliebten bekam: Ich konnte nicht mehr ohne sie leben – da oben zwischen den toten Wänden!

Und dann kam die Sache mit der Perücke. Ich fing es sehr schlau an. Jedesmal, wenn ich an meiner Blume vorbeikam, trat ich so unauffällig wie möglich einen Fuß breit vom Wege auf den Grasfleck. Wir haben alle einen tüchtigen Teil Herdentrieb in uns, und darauf spekulierte ich. Ich hatte mich nicht getäuscht. Mein Hintermann, sein Hintermann, dessen Hintermann – und so weiter – alle latschten stur und folgsam in meiner Spur. So gelang es mir in vier Tagen, unsern Weg so nahe an meine Hundeblume heranzubringen, daß ich sie mit der Hand hätte erreichen können, wenn ich mich gebückt hätte. Zwar starben einige zwanzig der blassen Grashalme durch mein Unternehmen einen staubigen Tod unter unsern Holzpantinen – aber wer denkt an ein paar zertretene Grashalme, wenn er eine Blume pflücken will!

Ich näherte mich der Erfüllung meines Wunsches. Zur Probe ließ ich einige Male meinen linken Strumpf runterrutschen, bückte mich ärgerlich und harmlos und zog ihn wieder hoch. Niemand fand etwas dabei. Also, morgen denn!

Ihr müßt mich nicht auslachen, wenn ich sage, daß ich am nächsten Tag mit Herzklopfen den Hof betrat und feuchte, erregte Hände hatte. Es war auch zu unwahrscheinlich, die Aussicht, nach monatelanger Einsamkeit und Liebelosigkeit unerwartet eine Geliebte in der Zelle zu haben.

Wir hatten unsere tägliche Ration Runden mit monotonem Pantoffelgeklöppel fast beendet – bei der vorletzten Runde sollte es geschehen. Da trat die Perücke in Aktion, und zwar auf die abgefeimteste und niederträchtigste Weise.

Wir waren eben in die vorletzte Runde eingebogen, die Blauen rasselten wichtig mit den Riesenschlüsselbunden und ich näherte mich dem Tatort, von wo meine Blume mir ängstlich entgegensah. Vielleicht war ich nie so erregt wie in diesen Sekunden. Noch zwanzig Schritte. Noch fünfzehn Schritte, noch zehn, fünf …

Da geschah das Ungeheure! Die Perücke warf plötzlich, als begänne sie eine Tarantella, die dünnen Arme in die Luft, hob das rechte Bein graziös bis an den Nabel und machte auf dem linken Fuß eine Drehung nach hinten. Nie werde ich begreifen, wo sie den Mut hernahm – sie blitzte mich triumphierend an, als wüßte sie alles, verdrehte die Kalbsaugen, bis das Weiße zu schillern anfing, und klappte dann wie eine Marionette zusammen. Oh, nun war es gewiß: er mußte früher Zirkusclown gewesen sein, denn alles brüllte vor Lachen!

Aber da bellten die blauen Uniformen los, und das Lachen war weggewischt, als ob es nie gewesen war. Und einer trat gegen den Liegenden und sagte so selbstverständlich, wie man sagt: Es regnet – so sagte er: Er ist tot!

Ich muß noch etwas gestehen – aus Ehrlichkeit gegen mich selbst. In dem Augenblick, als ich mit dem Mann, den ich die Perücke nannte, Auge in Auge war und fühlte, daß er unterlag, nicht mir, nein, dem Leben unterlag – in dieser Sekunde verlief mein Haß wie eine Welle am Strand, und es blieb nichts als ein Gefühl der Leere. Eine Latte war aus dem Zaun gebrochen – der Tod war haarscharf an mir vorbeigepfiffen – da bemüht man sich schnell, gut zu sein. Und ich gönne der Perücke noch nachträglich den vermeintlichen Sieg über mich.

Am nächsten Morgen hatte ich einen anderen Vordermann, der mich die Perücke sofort vergessen machte. Er sah verlogen aus wie ein Theologe, aber ich glaube, er war eigens aus der Hölle beurlaubt, mir das Pflücken meiner Blume völlig unmöglich zu machen.

Er hatte eine impertinente Art aufzufallen. Alles feixte über ihn. Sogar die blaßblauen Hunde konnten ein menschliches Grinsen nicht unterdrücken, was sich ungeheuer merkwürdig ausmachte. Jeder Zoll ein Staatsbeamter – aber die primitive Würde der stumpfen Berufssoldatengesichter war zu einer Grimasse verzerrt. Sie wollten nicht lachen, bei Gott, nein! Aber sie mußten. Kennst du das Gefühl, das gönnerhafte, wenn du mit jemandem böse bist und ihr seid beide Masken der Unversöhnlichkeit, und nun geschieht irgend etwas Komisches, das euch beide zum Lachen zwingt – ihr wollt nicht lachen, bei Gott, nein! Dann zieht sich das Gesicht aber doch in die Breite und nimmt jenen bekannten Ausdruck an, den man am treffendsten mit ›Saures Grinsen‹ benennen könnte. So erging es nun den Blauen, und das war die einzige menschliche Regung, die wir überhaupt an ihnen bemerkten. Ja, dieser Theologe, das war eine Motte! Er war gerissen genug, verrückt zu sein – aber er war nicht so verrückt, daß seine Gerissenheit darunter litt.

Wir waren siebenundsiebzig Mann in der Manege, und eine Meute von zwölf uniformierten Revolverträgern umkläffte uns. Einige mochten zwanzig und mehr Jahre diesen Kläfferdienst ausüben, denn ihre Münder waren im Laufe der Jahre bei vielen tausend Patienten eher schnauzenähnlich geworden. Aber diese Angleichung an das Tierreich hatte nichts von ihrer Einbildung genommen. Man hätte jeden einzelnen von ihnen so wie er war als Standbild benutzen können mit der Aufschrift: L'Etat c'est moi.

Der Theologe (später erfuhr ich, daß er eigentlich Schlosser war und bei Arbeiten an einer Kirche verunglückte – Gott nahm sich seiner an!) war so verrückt oder gerissen, daß er ihre Würde vollkommen respektierte. Was sag ich – respektierte? Er pustete die Würde der blauen Uniformen auf zu einem Luftballon von ungeahnten Dimensionen, von denen die Träger selbst keine Ahnung hatten. Wenn sie auch über seine Blödheit lachen mußten, ganz heimlich blähte doch ein gewisser Stolz ihre Bäuche, daß sich die Lederkoppel spannten.

Immer wenn der Theologe einen der Wachthunde passierte, die breitbeinig stehend ihre Macht zum Ausdruck brachten und, so oft es ging, bissig auf uns losfuhren – jedesmal machte er eine durchaus ehrlich wirkende Verbeugung und sagte so innig-höflich und gut gemeint: Gesegnetes Fest, Herr Wachtmeister! – daß kein Gott ihm hätte zürnen können – viel weniger die eitlen Luftballons in Uniform. Und dabei legte er seine Verbeugung so bescheiden an, daß es immer aussah, als wiche er einer Ohrfeige aus.

Und nun hatte der Teufel diesen Komiker-Theologen zu meinem Vordermann gemacht, und seine Verrücktheit strahlte so stark aus und nahm mich in Anspruch, daß ich meine neue kleine Geliebte, meine Hundeblume, beinahe vergaß. Ich konnte ihr kaum einen zärtlichen Blick zuwerfen, denn ich mußte einen irrsinnigen Kampf mit meinen Nerven austragen, der mir den Angstschweiß aus allen Löchern jagte. Jedesmal, wenn der Theologe seine Verbeugung machte und sein »Gesegnetes Fest, Herr Wachtmeister« wie Honig von der Zunge tropfen ließ – jedesmal mußte ich alle Muskeln anspannen, es ihm nicht nachzutun. Die Versuchung war so stark, daß ich mehrere Male den Staatsdenkmälern schon freundlich zunickte und es erst in der letzten Sekunde fertigbrachte, keine Verbeugung zu machen und stumm zu bleiben.

Wir kreisten täglich etwa eine halbe Stunde im Hof, das waren täglich zwanzig Runden, und zwölf Uniformen umstanden unsern Kreis. Der Theologe machte also auf jeden Fall zweihundertundvierzig Verbeugungen pro Tag, und zweihundertundvierzigmal mußte ich alle Konzentration aufbieten, nicht verrückt zu werden. Ich wußte, wenn ich das drei Tage gemacht hätte, würde ich mildernde Umstände bekommen – dem war ich nicht gewachsen.

Ich kam völlig erschöpft in meine Zelle zurück. Die ganze Nacht aber ging ich im Traum eine unendliche Reihe blauer Uniformen entlang, die alle wie Bismarck aussahen – die ganze Nacht bot ich diesen Millionen blaßblauer Bismarcks mit tiefem Bückling ein »Gesegnetes Fest, Herr Wachtmeister!« Am nächsten Tag wußte ich es so einzurichten, daß die Reihe an mir vorbeiging und ich einen anderen Vordermann bekam. Ich verlor meinen Pantoffel, fischte ihn ganz umständlich und humpelte in den Lattenzaun zurück. Gott sei Dank! Vor mir ging die Sonne auf. Vielmehr – sie verdunkelte sich. Mein neuer Vordermann war so unverschämt lang, daß meine 1,80 m glatt in seinem Schatten verschwanden. Es gab also doch eine Vorsehung – man mußte ihr nur mit dem Pantoffel nachhelfen. Seine unmenschlich langen Gliedmaßen ruderten sinnlos durcheinander, und das Originelle war, er kam dabei sogar vorwärts, obgleich er sicher keinerlei Übersicht über Beine und Arme hatte. Ich liebte ihn beinahe – ja, ich betete, er möchte nicht plötzlich tot umsinken wie die Perücke oder verrückt werden und anfangen, feige Verbeugungen zu machen. Ich betete für sein langes Leben und seine geistige Gesundheit. Ich fühlte mich in seinem Schatten so geborgen, daß meine Blicke länger als sonst die kleine Hundeblume umfingen, ohne daß ich Angst zu haben brauchte, mich zu verraten. Ich verzieh diesem himmlischen Vordermann sogar sein abscheulich näselndes Organ, oh, ich verkniff mir großzügig, ihm allerlei Spitznamen wie Oboe, Krake oder Gottesanbeterin zu verleihen. Ich sah nur noch meine Blume – und ließ meinen Vordermann so lang und so blöde sein, wie er es wollte!

Der Tag war wie alle anderen. Er unterschied sich nur dadurch von ihnen, daß der Häftling aus Zelle 432 zum Ende der halben Stunde einen rasenden Pulsschlag bekam und seine Augen den Ausdruck von kaschierter Harmlosigkeit und schlecht verdeckter Unsicherheit annahmen.

Wir bogen in die vorletzte Runde ein – wieder wurden die

Schlüsselbunde lebendig, und der Lattenzaun döste durch die sparsamen Sonnenstrahlen wie hinter ewigen Gittern.

Aber was war das? Eine Latte döste ja gar nicht! Sie war hellwach und wechselte vor Aufregung alle paar Meter die Gangart. Merkte das denn kein Mensch? Nein. Und plötzlich bückte sich die Latte 432, fummelte an ihrem runtergerutschten Strumpf herum und – fuhr dazwischen blitzschnell mit der einen Hand auf eine erschrockene kleine Blume zu, riß sie ab – und schon klöppelten wieder siebenundsiebzig Latten in gewohntem Schlendrian in die letzte Runde.

Was ist so komisch: Ein blasierter, reuiger Jüngling aus dem Zeitalter der Grammophonplatten und Raumforschung steht in der Gefängniszelle 432 unter dem hochgemauerten Fenster und hält mit seinen vereinsamten Händen eine kleine gelbe Blume in den schmalen Lichtstrahl – eine ganz gewöhnliche Hundeblume. Und dann hebt dieser Mensch, der gewohnt war, Pulver, Parfüm und Benzin, Gin und Lippenstift zu riechen, die Hundeblume an seine hungrige Nase, die schon monatelang nur das Holz der Pritsche, Staub und Angstschweiß gerochen hat – und er saugt so gierig aus der kleinen gelben Scheibe ihr Wesen in sich hinein, daß er nur noch aus Nase besteht.

Da öffnet sich in ihm etwas und ergießt sich wie Licht in den engen Raum, etwas, von dem er bisher nie gewußt hat: Eine Zärtlichkeit, eine Anlehnung und Wärme ohnegleichen erfüllt ihn zu der Blume und füllt ihn ganz aus.

Er ertrug den Raum nicht mehr und schloß die Augen und staunte: Aber du riechst ja nach Erde. Nach Sonne, Meer und Honig, liebes Lebendiges! Er empfand ihre keusche Kühle wie die Stimme des Vaters, den er nie sonderlich beachtet hatte und der nun soviel Trost war mit seiner Stille – er empfand sie wie die helle Schulter einer dunklen Frau.

Er trug sie behutsam wie eine Geliebte zu seinem Wasserbecher, stellte das erschöpfte kleine Wesen da hinein, und dann brauchte er mehrere Minuten – so langsam setzte er sich, Angesicht in Angesicht mit seiner Blume.

Er war so gelöst und glücklich, daß er alles abtat und abstreifte, was ihn belastete: die Gefangenschaft, das Alleinsein, den Hunger nach Liebe, die Hilflosigkeit seiner zweiundzwanzig Jahre, die Gegenwart und die Zukunft, die Welt und das Christentum – ja, auch das!

Er war ein brauner Balinese, ein ›Wilder‹ eines ›wilden‹ Volkes, der das Meer und den Blitz und den Baum fürchtete und anbetete. Der Kokosnuß, Kabeljau und Kolibri verehrte, bestaunte, fraß und nicht begriff. So befreit war er, und nie war er so bereit zum Guten gewesen, als er der Blume zuflüsterte ... werden wie du ...

Die ganze Nacht umspannten seine glücklichen Hände das vertraute Blech seines Trinkbechers, und er fühlte im Schlaf, wie sie Erde auf ihn häuften, dunkle, gute Erde, und wie er sich der Erde angewöhnte und wurde wie sie – und wie aus ihm Blumen brachen: Anemonen, Akelei und Löwenzahn – winzige, unscheinbare Sonnen.

Italo Calvino

Eines Nachmittags, als Adam …

Der neue Gärtner war ein Junge mit langen Haaren und einem Stirnband aus Stoff um den Kopf. Gerade kam er die Allee mit der Gießkanne herunter, wobei er den Arm ausstreckte, um das Gleichgewicht zu halten. Er begoß die Kapuzinerkresse so behutsam, als schenke er Milchkaffee ein; auf der Erde unter den Pflanzen breitete sich ein dunkler Fleck aus; als der Fleck groß und naß war, nahm er die Gießkanne hoch und ging zur nächsten Pflanze. Gärtner mußte ein schöner Beruf sein, weil man alles mit so viel Ruhe tun konnte. Maria-nunziata schaute ihm vom Küchenfenster aus zu. Der Junge war schon groß, doch trug er noch kurze Hosen. Und mit den langen Haaren sah er aus wie ein Mädchen. Sie ließ den Abwasch liegen und klopfte an die Scheiben.

»Junge«, sagte sie.

Der Gärtnerjunge hob den Kopf, erblickte Maria-nunziata und lächelte. Auch Maria-nunziata begann zu lachen, um ihm zu antworten, und weil sie nie einen Jungen mit so langen Haaren und einem solchen Stirnband um den Kopf gesehen hatte. Daraufhin machte der Gärtnerjunge ihr mit der Hand ein Zeichen ›komm her‹, und Maria-nunziata lachte weiter über seine drollige Art, Gesten zu machen, und bedeutete ihm nun ihrerseits, daß sie spülen müsse. Aber der Gärtnerjunge winkte ihr ›komm her‹ mit der einen Hand, und mit der anderen zeigte er auf die Töpfe mit den Dahlien. Warum zeigte er auf die Dahlientöpfe? Maria-nunziata öffnete die Fensterflügel und steckte den Kopf hinaus.

»Was ist los?« sagte sie und lachte.

»Sag, willst du etwas Schönes sehn?«

»Was denn?«

»Etwas Schönes. Komm her und guck. Schnell.«

»Sag mir, was es ist.«

»Ich schenke es dir. Ich schenke dir etwas Schönes.«

»Ich muß die Teller spülen. Und dann kommt die gnädige Frau und findet mich nicht.«

»Willst du es oder willst du es nicht? Los, komm.«

»Warte hier«, sagte Maria-nunziata und schloß das Fenster.

Als sie aus der kleinen Tür für die Dienstboten trat, war der Gärtnerjunge immer noch an derselben Stelle und begoß die Kapuzinerkresse.

»Ciao«, sagte Maria-nunziata.

Maria-nunziata schien durch ihre schönen Korkschuhe größer als sie war, eigentlich waren sie zu schade, um bei der Arbeit getragen zu werden, aber sie liebte es nun einmal so. Sie hatte ein kleines Kindergesicht inmitten der schwarzen lockigen Haare und auch noch magere und kindliche Beine, während ihr Körper unter der gebauschten Schürze schon voll und ausgebildet war. Und sie lachte immer: bei allem, was sie selbst oder die anderen sagten, lachte sie.

»Ciao«, sagte der Gärtnerjunge. Seine Haut auf Gesicht, Hals und Brust war braun: vielleicht, weil er immer, wie jetzt, halbnackt herumlief.

»Wie heißt du?« fragte Maria-nunziata.

»Libereso«, sagte der Gärtnerjunge.

Maria-nunziata lachte und wiederholte: »Libereso ... Libereso ... Was für ein Name, Libereso.«

»Das ist ein Esperanto-Name«, sagte er. »Er bedeutet Freiheit auf Esperanto.«

»Ich bin Kalabreserin«, sagte Maria-nunziata.

»Wie heißt du?«

»Maria-nunziata«, und sie lachte.

»Warum lachst du immer?«

»Aber warum heißt du Esperanto?«

»Nicht Esperanto: Libereso.«

»Warum?«

»Und warum heißt du Maria-nunziata?«

»Das ist der Name der Madonna. Ich heiße wie die Madonna und mein Bruder wie ihr Mann, San Giuseppe.«

»Sangiuseppe?«

Maria-nunziata brach in Lachen aus: »Sangiuseppe! Giuseppe, nicht Sangiuseppe! Libereso!«

»Mein Bruder heißt Germinal«, sagte Libereso, »und meine Schwester Omnia.«

»Und das Geschenk«, sagte Maria-nunziata, »zeig mir das Geschenk.«

»Komm«, sagte Libereso. Er stellte die Gießkanne ab und nahm sie bei der Hand.

Maria-nunziata sträubte sich: »Sag mir erst, was es ist.«

»Du wirst schon sehen«, sagte er, »du mußt mir versprechen, daß du es sorgfältig behandelst.«

»Schenkst du es mir?«

»Ja, ich schenke es dir.« Und er hatte sie in eine Ecke neben der Gartenmauer geführt. Dort standen Dahlienpflanzen in Töpfen, die so groß waren wie sie selbst.

»Hier ist es.«

»Was?«

»Warte!«

Maria-nunziata sah über seine Schulter. Libereso bückte sich, um einen Topf zu verrücken, hob einen andern nahe der Mauer in die Höhe und zeigte auf die Erde.

»Hier«, sagte er.

»Was?« sagte Maria-nunziata. Sie sah nichts: es war ein schattiger Winkel mit feuchten Blättern und Komposterde.

»Schau, wie es sich bewegt«, sagte der Junge. Da sah sie eine Art Stein aus Blättern, der sich bewegte, ein feuchtes Etwas mit Augen und Füßen: eine Kröte.

»Mammamia!«

Maria-nunziata war mit großen Sprüngen in ihren schönen Korkschuhen zwischen den Dahlien davongelaufen. Libereso hatte sich neben die Kröte gekauert und lachte mit weißen Zähnen aus dem braunen Gesicht.

»Du hast ja Angst! Es ist eine Kröte! Warum hast du Angst?«

»Es ist eine Kröte!« stöhnte Maria-nunziata.

»Es ist eine Kröte. Komm«, sagte Libereso.

Sie zeigte mit dem Finger auf sie: »Mach sie tot!«

Der Junge hielt die Hände vor sie, fast um sie zu beschützen: »Ich will nicht. Sie ist gut.«

»Es ist eine gute Kröte?«

»Sie sind alle gut. Sie fressen die Würmer.«

»Ah«, sagte Maria-nunziata, aber kam nicht näher.

Sie biß in den Kragen ihres Kittels und versuchte, trotzdem etwas zu sehen, wobei sie die Augen verdrehte.

»Guck doch, wie schön«, sagte Libereso und hielt seine Hand unter die Kröte.

Maria-nunziata kam näher: sie lachte nicht mehr und sah mit offenem Munde zu: »Nein! Faß sie nicht an!«

Libereso streichelte mit einem Finger den graugrünen Rücken der Kröte, der voller schleimiger Warzen war.

»Bist du verrückt! Weißt du nicht, daß sie brennt, wenn man sie anfaßt, und daß dir die Hand anschwillt.«

Der Junge zeigte ihr seine klobigen braunen Hände, deren Handflächen von einem klebrigen gelben Schleim überzogen waren.

»Mir tut sie nichts«, sagte er, »sie ist so schön.«

Er hatte die Kröte am Nacken gefaßt wie eine kleine Katze und sie auf seine Handfläche gesetzt. Maria-nunziata biß auf ihren Kragen, kam näher und hockte sich neben ihn.

»Mammamia! Was für ein Schreck!«

Sie hockten beide hinter den Dahlien, Maria-nunziatas rosa Knie berührten Liberesos braune, abgeschürfte. Libereso strich abwechselnd mit der Handfläche und mit dem Handrücken über die Kröte, und immer, wenn sie herunterrutschen wollte, erwischte er sie wieder.

»Streichle du sie auch, Maria-nunziata«, sagte er.

Das Mädchen versteckte seine Hände im Schoß.

»Nein«, sagte sie.

»Was?« sagte er, »du willst sie nicht?«

Maria-nunziata senkte die Augen, dann betrachtete sie die Kröte und senkte sie schnell von neuem.

»Nein«, sagte sie.

»Sie gehört dir. Ich schenke sie dir«, sagte Libereso.

Maria-nunziatas Gesicht verfinsterte sich jetzt: es war

traurig, auf ein Geschenk zu verzichten, niemand machte ihr je Geschenke, aber die Kröte war ihr wirklich eklig.

»Du darfst sie auch ins Haus tragen, wenn du willst. Sie wird dir Gesellschaft leisten.«

»Nein«, sagte sie.

Libereso setzte die Kröte wieder auf den Boden und ging eilig fort und suchte etwas in den Blättern.

»Ciao, Libereso.«

»Warte.«

»Ich muß fertig spülen. Die gnädige Frau will nicht, daß ich in den Garten gehe.«

»Warte. Ich möchte dir etwas schenken. Etwas wirklich Schönes. Komm.«

Sie folgte ihm durch die Kieswege. Libereso war ein sonderbarer Junge mit seinen langen Haaren und mit den Kröten, die er in die Hand nahm.

»Wie alt bist du, Libereso?«

»Fünfzehn. Und du?«

»Vierzehn.«

»Bist du's schon, oder wirst du's erst?«

»An Mariä Verkündigung werde ich's.«

»Ist das schon vorbei?«

»Was, du weißt nicht, wann Mariä Verkündigung ist?«

Sie hatte wieder zu lachen angefangen.

»Nein.«

»Mariä Verkündigung, wenn die Prozession ist. Gehst du nicht zur Prozession?«

»Nein, ich nicht.«

»In unserm Dorf gibt es schöne Prozessionen. Bei uns ist es nicht wie hier. Da sind große Felder mit Bergamottbirnen, nichts wie Bergamotten. Und die ganze Arbeit besteht darin, von morgens bis abends Bergamotten zu pflücken. Wir waren vierzehn Brüder und Schwestern und alle haben Bergamotten gepflückt, und fünf sind als Kinder gestorben, und meine Mutter hat den Starrkrampf gekriegt, und wir sind eine Woche lang mit dem Zug gefahren zu Onkel Carmelo, und da haben wir zu acht in einer Garage geschlafen. Sag, warum hast du so lange Haare?«

Sie waren bei einem Beet mit Kallapflanzen stehen geblieben.

»Darum. Du hast ja auch lange Haare.«

»Ich bin ein Mädchen. Wenn du sie so lang hast, bist du wie ein Mädchen.«

»Ich bin nicht wie ein Mädchen. Man sieht nicht an den Haaren, ob man ein Junge oder ein Mädchen ist.«

»Wieso nicht an den Haaren?«

»An den Haaren sieht man's nicht.«

»Warum nicht an den Haaren?«

»Soll ich dir etwas Schönes schenken?«

»Ja.«

Libereso fing an, zwischen den Kallas hin und her zu gehen. Sie waren alle aufgeblüht und streckten die weißen Trompeten zum Himmel. Libereso schaute in jede Blüte, durchsuchte sie genau mit zwei Fingern und verbarg dann etwas in seiner zur Faust geballten Hand. Maria-nunziata war nicht in das Beet gegangen und schaute zu, während sie lachte. Was tat Libereso da? Jetzt hatte er alle Kallablüten durchsucht. Er kam heraus und hielt die Hände eine in der andern vor sich.

»Mach die Hände auf«, sagte er. Maria-nunziata streckte die zu einer Schale gerundeten Hände vor, aber sie hatte Angst, sie unter die seinen zu halten.

»Was hast du drin?«

»Was Schönes. Du wirst schon sehen.«

»Zeig es mir erst.«

Libereso machte seine Hände auf und ließ sie hineinsehen. Sie waren voller Käfer: Käfer in allen Farben. Die schönsten waren grün, dann gab es auch rötliche und schwarze und einer war türkisblau; sie krochen sich gegenseitig über ihre Panzer und zappelten mit den schwarzen Beinen in der Luft. Maria-nunziata versteckte ihre Hände unter dem Kittel.

»Da, nimm sie«, sagte Libereso, »gefallen sie dir nicht?«

»Doch«, sagte Maria-nunziata, aber sie behielt die Hände unter dem Kittel.

»Wenn man sie in der Hand hat, kitzeln sie; willst du mal fühlen?«

Maria-nunziata streckte ängstlich die Hände aus, und Libereso ließ den ganzen Segen bunter Insekten hineinfallen.

»Mut. Sie beißen nicht.«

»Mammamia!« daran hatte sie nicht gedacht, daß sie beißen könnten. Sie öffnete die Hände, und die freigelassenen Käfer breiteten ihre Flügel aus, und die schönen Farben verschwanden, und es blieb nur ein Schwarm schwarzer Käfer, der fortflog und sich auf die Kallablüten niederließ.

»Schade; ich möchte dir ein Geschenk machen, und du willst nicht.«

»Ich muß abwaschen gehen. Wenn die gnädige Frau mich nicht findet, dann schimpft sie.«

»Du willst kein Geschenk?«

»Was schenkst du mir?«

»Komm.«

Er führte sie weiter an der Hand durch die Beete.

»Ich muß schnell in die Küche, Libereso. Dann muß ich ein Huhn rupfen.«

»Puuh!«

»Warum: puuh?«

»Wir essen kein Fleisch von toten Tieren.«

»Ihr macht immer Fasten?«

»Was?«

»Was eßt ihr?«

»Einen Haufen Dinge, Artischocken, Kopfsalat, Tomaten. Mein Vater will nicht, daß man das Fleisch von toten Tieren ißt. Und auch keinen Kaffee und keinen Zucker.«

»Und die Zuckermarken?«

»Die verkaufen wir auf dem Schwarzen Markt.«

Sie waren bei einem Gehänge aus fettblättrigen Pflanzen angelangt, die von roten, sternförmigen Blüten übersät waren.

»Schöne Blumen«, sagte Maria-nunziata. »Pflückst du nie welche?«

»Wozu?«

»Um sie der Madonna zu bringen. Blumen bringt man der Madonna.«

»Mesembrianthemum.«

»Was?«

»Sie heißt Mesembrianthemum, diese Pflanze, auf lateinisch. Alle Pflanzen haben lateinische Namen.«

»Auch die Messe ist auf lateinisch.«

»Weiß ich nicht.«

Libereso schaute blinzelnd in das Gewirr der Äste auf dem Spalier.

»Da ist sie«, sagte er.

»Was ist los?«

In der Sonne saß unbeweglich eine grüne Eidechse mit schwarzer Zeichnung auf der Haut.

»Ich hol sie jetzt.«

»Nein.«

Aber er näherte sich der Eidechse mit offenen Händen, ganz leise, dann ein Satz: erwischt. Er lachte zufrieden sein weiß-braunes Lachen.

»Schau, wie die mir entschlüpfen will!« Aus den geschlossenen Händen glitt bald das verängstigte Köpfchen, bald der Schwanz heraus. Auch Maria-nunziata lachte, aber jedesmal, wenn sie die Eidechse sah, sprang sie rückwärts und wickelte sich den Rock um die Knie.

»Kurz und gut, du willst wirklich, daß ich dir nichts schenke?« sagte Libereso ein wenig geknickt, und ganz sorgfältig setzte er die Eidechse auf ein Mäuerchen und sie schnellte hinweg. Maria-nunziata hielt die Augen gesenkt.

»Komm mit mir«, sagte Libereso und faßte sie wieder an der Hand.

»Mir würde ein Lippenstift gefallen, mit dem ich mir sonntags die Lippen anmalen könnte, wenn ich zum Tanz gehe. Und dann ein schwarzer Schleier auf den Kopf für den Abendsegen nachher.«

»Sonntags«, sagte Libereso, »gehe ich mit meinem Bruder in den Wald und wir suchen zwei Säcke voll Tannenzapfen. Am Abend liest uns dann mein Vater die Bücher von Elisée Reclus vor. Mein Vater hat lange Haare bis auf die Schultern und einen Bart bis auf die Brust. Er trägt im Sommer wie im Winter kurze Hosen. Und ich zeichne für den Schaukasten der FAI. Und die mit dem Zylinder sind die Finanzmänner und die mit dem Käppi Generäle und die mit dem runden Hut Priester. Und dann male ich das Bild mit Wasserfarben an.«

Sie kamen zu dem Becken, auf dem die runden Blätter der Seerosen schwammen.

»Still«, sagte Libereso.

Unter dem Wasser schwamm ein Frosch, der mit auf und abrudernden grünen Beinen in die Höhe trieb. An der Oberfläche angekommen, sprang er auf ein Seerosenblatt und setzte sich in die Mitte.

»Da ist er«, sagte Libereso und senkte seine Hand, um ihn zu fassen, aber Maria-nunziata machte »uh!« und der Frosch sprang ins Wasser.

Libereso suchte ihn, die Nase über dem Wasser.

»Da unten.«

Er stieß mit einer Hand hinab und zog ihn in der geschlossenen Faust hinauf.

»Zwei auf einmal«, sagte er, »schau. Einer sitzt auf dem andern.«

»Warum?« fragte Maria-nunziata.

»Männchen und Weibchen aufeinander«, sagte Libereso, »schau, was sie machen.«

Und er wollte die Frösche in Maria-nunziatas Hände setzen. Maria-nunziata wußte nicht, ob sie Angst hatte, weil es Frösche oder weil es Männchen und Weibchen aufeinander waren.

»Laß sie«, sagte sie, »warum soll man sie anrühren.«

»Männchen und Weibchen«, wiederholte Libereso, »dann machen sie Kaulquappen.«

Eine Wolke schob sich vor die Sonne. Plötzlich fing Maria-nunziata an zu jammern.

»Es ist spät. Sicher sucht mich die gnädige Frau.«

Aber sie ging nicht fort. Sie streiften weiter durch den Garten, und die Sonne war verschwunden. Jetzt war eine Schlange an der Reihe. Sie war hinter einer Bambushecke, eine kleine Schlange, eine Blindschleiche. Libereso wand sie sich um den Arm und streichelte ihr Köpfchen. »Einmal habe ich Schlangen gezähmt, ich hatte ungefähr zehn, auch eine ganz lange gelbe Wasserschlange. Sie hat dann die Haut gewechselt und ist entkommen. Schau, wie sie den Mund aufmacht, und hier die gespaltene Zunge. Streichle sie, sie beißt nicht.«

Aber Maria-nunziata hatte auch vor Schlangen Angst. Dann gingen sie zu dem kleinen Teich mit den Felsen. Zuerst zeigte er ihr den Springbrunnen, öffnete alle Hähne, und sie war sehr zufrieden. Dann zeigte er ihr den Goldfisch. Es war ein alter, einsamer Fisch, dessen Schuppen schon anfingen, weiß zu werden. Und siehe da: der Goldfisch gefiel Maria-nunziata. Libereso begann mit den Händen im Wasser herumzutauchen, um ihn zu fangen; das war schwierig, aber Maria-nunziata konnte ihn in ein Glas setzen und auch in der Küche haben. Er fing ihn, zog ihn aber nicht aus dem Wasser, damit er nicht erstickte.

»Steck die Hände hinein, streichle ihn«, sagte Libereso, »man fühlt, wie er atmet; er hat Flossen wie aus Papier und Schuppen, die stechen, aber nur ein bißchen.«

Aber Maria-nunziata wollte auch den Fisch nicht streicheln.

Auf einem Petunienbeet lag weiche Komposterde, und Libereso kratzte sie mit den Fingern auf und zog lange, lange, ganz weiche Regenwürmer heraus.

Maria-nunziata entfloh mit kleinen Schreien.

»Leg die Hand hierhin«, sagte Libereso und zeigte auf den Stamm eines alten Pfirsichbaumes. Maria-nunziata verstand nicht, legte aber die Hand auf die Stelle: dann stieß sie einen Schrei aus und rannte fort, um die Hand in das Wasser des Teiches zu tauchen. Sie war voller Ameisen gewesen. Auf dem Stamm wimmelte es von kleinen argentinischen Ameisen.

»Sieh mal«, sagte Libereso und legte die Hand an den Stamm. Man sah, wie die Ameisen ihm die Hand hinaufkrabbelten, aber er ließ sie.

»Warum«, fragte Maria-nunziata, »warum machst du dich voll Ameisen?«

Die Hand war schon schwarz, schon stiegen ihm die Ameisen das Handgelenk hinauf.

»Tu die Hand weg«, stöhnte Maria-nunziata, »du läßt alle Ameisen auf dich krabbeln.«

Die Ameisen stiegen seinen nackten Arm hoch, sie waren bereits am Ellbogen. Schon war der ganze Arm mit einem schwarzgepünktelten Schleier bedeckt, der sich bewegte. Nun kamen die Ameisen bis in die Achselhöhle, aber er rührte sich nicht.

»Geh weg, Libereso, halt den Arm ins Wasser!«

Libereso lachte, einige Ameisen krabbelten schon vom Hals auf sein Gesicht.

»Libereso! Alles, was du willst! Ich nehme alle Geschenke, die du mir gibst!«

Sie warf ihm die Arme um den Hals und machte sich daran, ihm die Ameisen herunterzuwischen.

Da löste Libereso seine Hand von dem Baum, weiß-braun lachend, säuberte nachlässig seinen Arm. Aber man sah, daß der Vorfall ihn bewegt hatte.

»Also ich schenke dir etwas, das steht fest. Das größte Geschenk, das ich dir machen kann.«

»Was?«

»Ein Stachelschwein.«

»Mammamia … Die gnädige Frau! Die gnädige Frau ruft!«

Maria-nunziata war fertig mit dem Abwasch, als sie ein Steinchen gegen die Fensterscheibe schlagen hörte. Unten stand Libereso mit einem großen Korb.

»Maria-nunziata, laß mich hinaufkommen. Ich will dir eine Überraschung machen.«

»Du kannst nicht herauf. Was hast du da drin?«

Aber in diesem Augenblick klingelte die gnädige Frau und Maria-nunziata verschwand.

Als sie in die Küche zurückkehrte, war Libereso nicht mehr da. Weder drinnen, noch unter dem Fenster. Maria-nunziata näherte sich dem Spülstein. Da sah sie die Überraschung.

Auf jedem der zum Trocknen aufgestellten Teller saß ein hüpfender Frosch, eine Schlange lag zusammengerollt in einem Topf, die Suppenterrine war voller Eidechsen und schleimige Schnecken hinterließen irisierende Spuren auf dem Kristall. In dem mit Wasser gefüllten Becken schwamm der alte und einsame Goldfisch.

Maria-nunziata wich einen Schritt zurück, aber zwischen ihren Füßen saß eine fette Kröte. Es mußte wohl ein Weibchen sein, denn hinter ihr kam eine ganze Kinderschar, fünf kleine Kröten hintereinander, die sich mit kleinen Hopsern auf den schwarz-weißen Fliesen vorwärtsbewegten.

Günter de Bruyn

Vergißmeinnicht

Das Geschäft lief gerade richtig an, als die junge Frau, die ihm vorher so viel Ärger gemacht hatte, schon zurückkam. Seiffert sah sie den Hauptweg entlangkommen, langsamer als es der gute Ton vorschreibt, bleich, schwarz gekleidet, den geliehenen Korb am Arm, und es wunderte ihn, daß sie so schnell mit dem Bepflanzen des frischen Grabes fertig war.

Es war zehn Uhr, und der an den ersten sonnigen Sonntagen des Jahres übliche Andrang begann. Die Leute – Frauen meist, selten mit Mann oder Kind, nie Männer allein – drängten sich an der Pforte, zwangen sich, wenn sie aus dem Schatten der Mauer heraus waren, den langsamen Friedhofsschritt auf, blickten nach links auf die in quadratische und rechteckige Felder geordneten Töpfe und Kästen, blieben stehen, überlegten, gingen weiter, kamen näher, musterten das Angebot, verglichen die Preise, und jede Minute etwa, stellte sich eine in die Reihe der Käufer, an der Seiffert hin und her hastete, bei der Auswahl half, verpackte und Geld einnahm. Selten wußte eine gleich, was sie wollte, meist hieß es erst, was ist dies, wie und wann blüht es, was kostet es, ist es winterhart, muß es oft gegossen werden, geben Sie zehn davon, nein, nur fünf und fünf davon, paßt das überhaupt zusammen, warum keine Schnittblumen, was heißt: noch nicht, wozu gibt es Treibhäuser, und dann lohnte die Rechnung den Aufwand nicht, und die Wartenden murrten, aber wenn sie dran waren, machten sie es nicht anders, und der alte Seiffert wurde schweigsam vor Wut über die Hinterbliebenen, die für ihre Toten nicht eine Stunde früher aufstehen konnten, um vor dem Stoßgeschäft dazusein.

Die junge Frau war früher dagewesen. Sie hatte für ihren Toten reichlich Zeit, aber wenig Geld gehabt. Lange hatte sie das magere Angebot studiert und still für sich gerechnet, bis

Seiffert sie gestört hatte, um ihr Stiefmütterchen, die nur 16 Pfennig kosteten und sehr gefragt waren, auszureden, und da Rosen wohl nicht in Frage kamen, zu den massenhaft vorhandenen Vergißmeinnicht (14 Pfennig das Stück) oder zu Waren mittlerer Preisklasse zu raten. Erst hatten es niedrige Eriken (61 Pfennig) sein sollen, dazu hatte das Geld nicht gereicht. Dann hatte er ihr ausführlich erklären müssen, warum es keine Primeln gab. Dann hatte sie sich für Stiefmütterchen entschieden, aber während er knurrend in den Schuppen gehumpelt war, um die letzten zu holen, waren sie ihr für den ernsten Gatten zu bunt erschienen. Also doch Vergißmeinnicht! Und wieviel? Vierzig? Sie hatte entsetzt getan, als hätte er Grund, ihr mehr aufzuschwatzen, als sie brauchte.

Und jetzt kam sie schon wieder zurück. Sie wollte an der Schlange der Wartenden vorbei, aber jemand sagte was zu ihr, und sie kehrte um und stellte sich schweigend hinten an, obwohl sie doch nur den Korb zurückzugeben hatte. Seiffert wollte sie schon nach vorn beordern, ließ es aber, weil er fand, daß so viel Schüchternheit Strafe verdiente. Er nahm sich vor, ihr, wenn sie an der Reihe war, wortlos den Korb abzunehmen, ihn hinter das Feld der Rosentöpfe zu werfen und die nächste zu fragen, was es denn sein sollte. Aber als sie endlich dran war, konnte er ihrem hilflosen Blick nicht ausweichen und ihre leise gesprochenen Worte nicht gleich begreifen.

»Bitte, nehmen Sie die Blumen wieder zurück!« sagte sie. Er hatte den Korb schon in der Hand, spürte sein Gewicht, aber erst jetzt sah er, daß er noch gefüllt war, daß die Vergißmeinnicht noch so standen, wie er sie aufgereiht hatte. Er hatte die Erdballen aneinanderpressen müssen, um sie alle unterzubringen, und die letzten drei Pflanzen obenauf gelegt.

»Blumen sind vom Umtausch ausgeschlossen«, sagte er und gab ihr den Korb zurück. »Der nächste, bitte!«

Sie hatte ihm vorhin schon reichlich Zeit gestohlen für die paar Mark. Das Theater mit ihr würde von neuem losgehen und die Schlange immer länger werden.

»Ich möchte sie nicht umtauschen, ich möchte sie zurückgeben!«

»Noch besser!« sagte er und hielt der nächsten Kundin einen Rosenstrauß vor die Nase, den sie sich rundum besah, als verstünde sie was davon. »Gekauft ist gekauft! Und falls Sie sich im Friedhof geirrt haben: Sie dürfen die Vergißmeinnicht auch auf dem Nachbarfriedhof pflanzen. Das sind Edelrosen, liebe Frau, die kriegen Sie nirgendsonst für den Preis!«

»Ich habe mich nicht geirrt«, sagte die junge Frau leise, »das Grab ist schon bepflanzt.«

»Geht mich nichts an!« sagte er.

Er hatte zu viel Vergißmeinnicht mitgenommen, die würde er sonntags nicht loswerden. Sie blühten noch nicht, und Leute, die selten kamen, wollten ihre Gräber gleich schön haben, nicht erst später, wenn sie es nicht sahen. Die noch knospenden Vergißmeinnicht waren für wochentags, für die alten Frauen, die er mit Namen kannte, weil sie fast täglich kamen, denen der Friedhof auch Erholungspark und Schrebergarten war.

»Aber was soll ich machen?«

»Sie in den Garten pflanzen.«

»Ich habe keinen Garten.«

»Auf den Balkon.«

»Habe ich auch nicht.«

»Dann lassen Sie sich das Geld von der zurückgeben, die Ihnen diesen Streich gespielt hat.«

»Ich weiß nicht, wer es sein könnte.«

»Die Schwiegermutter vielleicht.«

»Wir haben keine Verwandten hier.«

»Vielleicht eine von seiner Arbeitsstelle.«

»Unmöglich.«

»Dann reißen Sie das Zeug raus und pflanzen Ihres hin.«

»Das geht nicht. Es ist viel schöner so. Blühende Erika, die hohe Sorte!«

Sie sah suchend umher, um ihm die Blumen zu zeigen, fand sie aber nicht. Er hatte die hohe Sorte in diesem Jahr noch nie gehabt, die Genossenschaft hatte sie aus irgendwelchen Gründen nicht geliefert. Die Augen der jungen Frau füllten sich mit Tränen; Seiffert konnte nicht mehr hinsehen; er verkaufte weiter und hörte, während er rechnete und auswählte und einpackte, ihr Schluchzen neben sich und ärgerte sich über die Hartnäckigkeit, mit der sie hier stand und den Kunden was vorheulte, nur der paar Mark wegen. Und dann fiel ihm plötzlich ein, daß er immer so geredet hatte, als könne nur eine Frau die Blumen gepflanzt haben. Es war unbeabsichtigt und unüberlegt geschehen, weil Männer hier selten kamen, weil Frauen meist die zähen sind und überleben und weil die Männer nie allein bleiben und schneller vergessen und weil ihnen das gute Verhältnis zu Toten und zu Blumen fehlt und weil sie meist besser verdienen und mit dem Gärtner eher einen Pflegevertrag abschließen, als selbst zu pflanzen und zu hacken und zu gießen. Und er sagte, während er Rosen verpackte: »Hohe Erika, sagen Sie? Das ganze Grab bepflanzt? So viel habe ich in den letzten Tagen nur einmal abgegeben, einem Mann, wäre für einen alten Freund, sagte er.«

Die Frau wurde still, putzte sich die Nase, wartete, bis Seiffert das Geld für die Rosen hatte, und fragte: »So ein großer?«

»Ja, groß war er.«

»Schwarz?«

»Ja, groß und schwarz.«

»Redet ein bißchen sächsisch?«

»Ja, ein bißchen.«

Die junge Frau lächelte und stellte den Korb auf die Erde.

»Alfred, natürlich Alfred«, sagte sie, und dann ging sie. Der alte Seiffert bediente weiter, sah die Frau durch die Pforte verschwinden, und zu der nächsten Kundin, für die Rosen wohl nicht in Frage kamen, sagte er: »Vergißmeinnicht, vierzig Stück, schon verpackt, nur vier Mark, ohne Korb natürlich.«

Paul Bowles

Der Garten

Ein Mann, der in einer fernen Stadt im Süden lebte, arbeitete in seinem Garten. Er war arm und deshalb lag sein Garten am Rand einer Oase. Den ganzen Nachmittag über hob er Wassergräben aus, und als der Tag sich dem Ende zuneigte, öffnete er am oberen Ende des Gartens die Schleuse, die das Wasser eingedämmt hatte. Und nun strömte es die Kanäle entlang zu den Gerstenfeldern und den jungen Granatapfelbäumen. Der Himmel war in rotes Licht getaucht, und als der Mann bemerkte, daß die Erde seines Gartens wie lauter Juwelen glänzte, setzte er sich auf einen Stein, um ihn zu betrachten. Der Garten leuchtete immer heller, und er dachte: »In der ganzen Oase gibt es keinen schöneren Garten als meinen.«

Ein großes Glücksgefühl durchströmte ihn und er blieb lange Zeit sitzen und kam erst später nach Hause. Als er zur Tür hereinkam, schaute seine Frau ihn an und bemerkte die Freude, die ihm aus den Augen strahlte.

»Er hat einen Schatz gefunden«, dachte sie, aber sie sagte nichts.

Als sie sich dann beim Abendessen gegenüber saßen, dachte der Mann noch immer an seinen Garten, und es schien ihm, als könnte ihn dieses Glück, nun da er es erfahren hatte, nie wieder verlassen. Er aß, ohne etwas zu sagen.

Auch seine Frau sprach nicht. »Er denkt an den Schatz«, sagte sie sich und sie war böse, daß er sein Geheimnis nicht mit ihr teilen wollte. Am nächsten Morgen ging sie zum Haus einer alten Frau und kaufte dort viele Kräuter und Pulver. Die nahm sie mit nach Hause und verbrachte dann mehrere Tage damit, sie zu mischen und zu kochen, bis sie eine Mahlzeit gemacht hatte, die sie brauchte. Von nun an tat sie bei jeder Mahlzeit ein wenig von dem *tseuheur* in das Essen ihres Mannes.

Es dauerte nicht lange und der Mann wurde krank. Eine

Zeitlang ging er noch jeden Tag zur Arbeit in seinen Garten. Oft war er jedoch, wenn er dort ankam, so erschöpft, daß er sich hinsetzen und an einer Palme anlehnen mußte. Er hörte ein Sausen in den Ohren und konnte seinen Gedanken nicht mehr folgen. Trotzdem – jeden Abend, wenn die Sonne unterging und er den Garten in ihrem roten Licht leuchten sah, war er glücklich. Und wenn er abends nach Hause kam, merkte seine Frau, daß seine Augen noch immer voller Freude waren.

»Er hat seinen Schatz gezählt«, dachte sie und fing an, heimlich zum Garten zu gehen, wo sie sich hinter ein paar Bäumen versteckte und beobachtete, was er tat. Als sie sah, daß er nur dasaß und zu Boden schaute, ging sie wieder zu der alten Frau und erzählte ihr davon.

»Du mußt dich beeilen und ihn zum Reden bringen, ehe er vergißt, wo er den Schatz versteckt hat«, riet ihr die alte Frau.

An diesem Abend mischte die Frau eine große Menge *tseuheur* in sein Essen, und als sie später beim Tee saßen, fing sie an, ihm um den Bart zu gehen. Der alte Mann lächelte bloß. Sie versuchte eine ganze Weile, ihn zum Reden zu bringen, aber er zuckte nur die Achseln und gestikulierte mit den Händen.

Am nächsten Morgen ging sie in aller Frühe, als er noch schlief, wieder zu der alten Frau und erzählte ihr, daß der alte Mann nicht mehr sprechen konnte.

»Du hast ihm zuviel gegeben«, sagte die alte Frau. »Jetzt wird er dir sein Geheimnis nie verraten. Dir bleibt nichts anderes übrig, als so schnell wie möglich wegzugehen, ehe er stirbt.«

Die Frau rannte nach Hause. Ihr Mann lag mit offenem Mund auf seiner Matte. Sie packte ihre Habseligkeiten zusammen und verließ die Stadt noch am gleichen Morgen.

Drei Tage lag der Mann in tiefem Schlaf. Als er am vierten Tag erwachte, kam es ihm vor, als hätte er eine weite Reise zum anderen Ende der Welt gemacht. Er war sehr hungrig, aber alles, was er im Haus fand, war ein Stück trockenes Brot. Als er es gegessen hatte, ging er zu seinem Garten am

Rand der Oase und pflückte viele Feigen. Dann setzte er sich hin und aß. Er dachte nicht ein einziges Mal an seine Frau, er hatte sie einfach vergessen. Als ein Nachbar vorbeikam und ihn grüßte, antwortete er höflich, als spräche er zu einem Fremden, und der Nachbar ging verwirrt seines Weges.

Nach und nach wurde der Mann wieder gesund. Er arbeitete jeden Tag im Garten. Wenn die Dämmerung kam, schaute er sich den Sonnenuntergang und das rotglänzende Wasser an. Dann ging er nach Hause, kochte sich sein Abendessen und legte sich schlafen. Er hatte keine Freunde mehr, denn wenn die anderen Männer ihn ansprachen, wußte er nicht, wer sie waren, und deshalb lächelte er bloß und nickte ihnen zu. Schließlich fiel den Leuten in der Stadt auf, daß er nicht mehr zum Beten in die Moschee kam. Sie sprachen untereinander darüber, und eines Tages kam der Imam zum Haus des Mannes, um mit ihm darüber zu reden.

Während sie miteinander sprachen, horchte der Imam auf die Geräusche der Frau im Haus. Aus Höflichkeit erwähnte er sie nicht, aber er dachte an sie und fragte sich, wo sie wohl steckte. Als er das Haus verließ, plagten ihn viele Zweifel.

Der Mann dagegen fuhr fort, sein eigenes Leben zu leben. Die Leute in der Stadt sprachen von nichts anderem mehr. Sie flüsterten sich zu, daß er seine Frau getötet habe, und es gab nicht wenige unter ihnen, die sich am liebsten zusammengetan und das Haus nach ihren Überresten durchsucht hätten. Aber der Imam war dagegen und kündigte an, daß er nochmals hingehen und mit dem alten Mann reden würde. Diesmal ging er den ganzen Weg bis zum Garten am Rand der Oase und fand ihn dort glücklich bei der Arbeit mit seinen Pflanzen und Bäumen. Er schaute ihm eine Zeitlang zu, trat dann näher und wechselte ein paar Worte mit ihm.

Es war schon später Nachmittag. Im Westen versank die Sonne und das Wasser fing an, rot aufzuglühen. Plötzlich sagte der alte Mann zum Imam: »Der Garten ist schön.«

»Schön oder nicht schön«, erwiderte der Imam. »Du solltest Allah danken, daß er dir gestattet, ihn zu besitzen.«

»Allah?« sagte der alte Mann. »Wer ist das? Ich habe noch nie von ihm gehört. Diesen Garten habe ich ganz allein gemacht. Ich habe jeden einzelnen Graben selber ausgehoben und jeden einzelnen Baum selbst gepflanzt und dabei hat mir keiner geholfen. Ich schulde niemandem Dank.«

Der Imam wurde bleich. Er hob den Arm und schlug dem Mann hart ins Gesicht. Dann ging er rasch davon.

An diesem Abend beratschlagten sich die Leute in der Moschee. Sie entschieden, daß der Mann nicht länger in ihrer Stadt leben konnte. Früh am nächsten Morgen ging eine große Menge von Männern mit dem Imam an der Spitze hinaus zur Oase, zum Garten des Mannes.

Die kleinen Jungen rannten vor den Männern her und kamen lange vor ihnen an. Sie versteckten sich in den Büschen, und als sie den alten Mann bei der Arbeit entdeckten, bewarfen sie ihn mit Steinen und riefen ihm Schimpfnamen hinterher. Er kümmerte sich nicht um sie. Plötzlich traf ihn ein Stein am Hinterkopf. Mit einem Satz sprang er auf. Als sie vor ihm davonliefen, stolperte einer von ihnen und der Mann erwischte ihn. Er versuchte ihn festzuhalten und ihn zu fragen: »Warum werft ihr mit Steinen nach mir?«, aber der Junge schrie und zappelte nur.

Als die Leute aus der Stadt auf ihrem Weg zum Garten das Geschrei vernahmen, kamen sie angerannt, zerrten den Jungen von ihm weg und hieben mit Hacken und Sicheln auf den Mann ein. Als sie fertig mit ihm waren, ließen sie ihn mit dem Kopf in einem der Wassergräben liegen, gingen zurück zur Stadt und dankten Allah, daß er den Jungen gerettet hatte.

Nach und nach vertrockneten die Bäume und nach kurzer Zeit war der Garten verschwunden. Nur die Wüste war noch da.

MARIE LUISE KASCHNITZ

Lupinen

Wir wagen es, hatten sie gesagt, und hatten alles genau besprochen, sogar den Weg aufgezeichnet, an den langen Abenden, in den Nächten, als sie auf das Klingelzeichen warteten, manchmal wurde auch gar nicht geklingelt, sondern mit dem Gewehrkolben gegen die Türe geschlagen, aufmachen, Judenpack, fort mit euch in den Zug. Die Züge gingen von einem bestimmten Bahnhof ab und fuhren eine bestimmte Strecke, wer in der Stadt und ihrer Umgebung Bescheid wußte, kannte die Kurven, die Unterführungen, die freistehenden Häuser, auf deren Brandmauern riesige Flaschen gemalt waren, die Wäldchen aus struppigem Gebüsch. An einer gewissen Stelle fuhren alle Züge langsam, waren da schon langsam gefahren, als die Schwestern noch Kinder gewesen waren, damals ging es am Wochenende aufs Land zu Verwandten, Johannisbeeren pflücken, Stachelbeeren pflücken, und längs des Bahndamms hatten Lupinen geblüht. Abspringen hätte man können und neben dem Zug herlaufen, und die um sechs Jahre ältere Fanny hatte es sogar einmal gewagt und war mit einem Armvoll ausgeraufter Lupinen wieder auf die Plattform gesprungen, natürlich waren die Eltern damals nicht dabei. Der ängstlichen Barbara hatte das Herz im Hals geschlagen, übrigens auch jedes spätere Mal noch, wenn sie im großen Bogen auf dem Lupinendamm fuhren. Aber dann im Jahre 1943, als die Schwestern Nacht für Nacht auf den Abtransport warteten, war doch sie es gewesen, die den Vorschlag gemacht hatte: Abspringen, fünfzig Meter hinter dem kleinen Tunnel, da sind Schrebergärten und Bretterhütten, da ist das Erlengehölz, da ist ein Hohlweg zurück in die Stadt. Und dann war auch sie es gewesen, die wirklich die Tür aufgerissen hatte und herausgesprungen war, während Fanny einfach sitzen blieb, stumpfsinnig und gleichgültig, so als gäbe es kein Entrinnen, als sei ihr das bestimmt, das Lager in Polen, die Gaskammer, der namenlose Tod.

Wir erzählen von Barbara, die davongekommen war, die sich den Abhang hatte hinunterrollen lassen, ein Geschrei gab es da oben, auch ein paar Schüsse, aber danach nichts weiter, sie würde schon aufgegriffen und dem nächsten Transport zugeteilt werden, ihretwegen hielt man den Zug nicht an. Barbara hatte sich in den Schrebergärten versteckt gehalten, bis es dunkel war und war dann ruhig nach Hause gegangen. So hatten sie es ausgemacht, kein Klingeln an der Haustür, sondern Steinchen ans Fenster geworfen, und erst eine ganze Weile später sollte der Schwager herunterkommen und sie einlassen, Barbara, seine Schwägerin, und Fanny, seine Frau. Nur daß es nun eben nur eine war und die falsche, wie Barbara sich sagte, als sie die Steine ans Fenster geworfen hatte, und ein Schatten bewegte sich hinter den Scheiben und später kam jemand auf Strümpfen die Treppe herab. Das war jetzt schon über ein Jahr her, das Warten im feuchten Westwind, das Gesicht im Geißblatt, und die Schwester indessen fahrend, fahrend, und der Garten der Kindheit mit den Johannisbeer- und Stachelbeersträuchern schon längst versunken und dahin. Der Schwager hatte die Türe vorsichtig aufgemacht, und das Mädchen war an ihm vorbei ins Haus geschlüpft, nur du, hatte der Mann gesagt, und Barbara hatte geantwortet, nur ich. Der Schwager hatte den ganzen Abend kein Wort mehr gesprochen, war am Tisch gesessen, den Kopf in den Händen, und erst am nächsten Morgen hatte er seine Anweisungen gegeben: All das schon hundertmal Besprochene, sich nicht am Fenster zeigen, nur in Strümpfen in der Wohnung umhergehen, leise sprechen oder am besten gar nicht sprechen, im Notfall den längst hergerichteten Verschlag auf dem Speicher aufsuchen, ein Schatten sein, ein Nichts. Was für zwei hatte gelten sollen, galt nun für eine, mit nur einer ist eigentlich alles einfacher, zu zweit schwatzt man doch einmal und lacht auch einmal, und wahrscheinlich hätte der Schwager nichts dagegen gehabt, wenn Fanny allein zurückgekommen wäre, vielleicht hat er sich das überhaupt so gedacht. Fanny allein, die zu ihm ins Bett schlüpft, vielleicht hätten sie dann über die Schwester und Schwägerin ein paar Tränen vergossen, aber es wäre doch alles in Ordnung gewesen, in der furchtbaren Ordnung der Ehe, die ein Bollwerk ist gegen Täuschung und Tod. Nur daß es jetzt nicht so war, kein Geflüster im Ehebett, sondern Barbara in ihrer Kammer und drüben der steinerne Mann, der gewiß gar nicht begreifen konnte, warum Barbara die Schwester nicht herausgezerrt hatte aus dem fahrenden Zug. Aber das kann sich niemand vorstellen, wie schnell so etwas geschehen muß, und den Hasenfuß überkommt in solchen Fällen eine wilde Entschlossenheit, und der Tapfere bleibt einfach sitzen, starr und steif.

Ich muß es ihm begreiflich machen, dachte Barbara oft in den folgenden Monaten, wenn sie dem Schwager beim Abendessen gegenübersaß, aber sie wußte schon, er konnte es nicht begreifen, dies nicht und auch vieles andere nicht. Er war kein Betroffener, war arisch und blond mit grauer Haut, städtischer Angestellter und nur wegen einer häufig ausgekugelten Schulter nicht im Krieg. Ein Mann, der zwanzigmal am Tag den Arm in vorgeschriebenem Winkel zum Gruß ausstreckte und der am Abend den englischen Sender hörte, tief über den murmelnden Kasten gebückt. Fanny und er, er und Fanny, eine Trennung von seiner Frau war für ihn nicht in Frage gekommen. Er hatte gemeint, sie schützen zu können, er hatte auch Barbara schützen wollen, aber dann, als sie die Schwägerin zu sich genommen hatten, war es ihm vielleicht schon zuviel geworden, zwei Frauen in der Wohnung, zwei gelbe Sterne, die ausgehen und wiederkommen und die am Abend miteinander flüstern, was er nicht hören soll und auch nicht hören will. Jetzt sind die gelben Sterne untergegangen, Fanny ist wer weiß wo, und Barbara ist auch wer weiß wo, es gibt sie nicht. Sie kann dem Schwager wenig helfen, nicht einmal sein Essen vorbereiten, ehe er zu Hause ist, darf kein Suppengeruch ins Stiegenhaus dringen, wenn er fortgegangen ist, kein Tellerspülen zu hören sein. Er geht jetzt oft am Abend aus, ins Wirtshaus, in die Versammlung, ja, er ist kürzlich in die Partei eingetreten und auch in die SA, er trägt gelegentlich eine braune Uniform. Alles, um nicht aufzufallen, um Barbara nicht in Gefahr zu bringen, das weiß sie genau. Sie möchte freundlich zu ihm sein, dankbar, nichts anderes, obwohl auch das andere naheläge, zwei Menschen in solcher Einsamkeit, ein Mann und eine Frau, die einen bestimmten Tag herbeisehnen, und es wird Herbst und wird Winter und wird Frühling, und der Tag kommt immer noch nicht. Aber der Schwager weist auch Barbaras Dankbarkeit zurück. Er tut seine Pflicht, und Barbara hat das Gefühl, daß er sie nicht leiden kann, daß er sich nur korrekt benimmt, ein korrekter Widersacher des Regimes, ein korrekter Philosemit. Barbara sieht schlecht aus, weil sie nie an die Luft kommt, auch der Schwager sieht schlecht aus, weil sie zu zweit auf seine Karte leben, er kann nicht hamstern, weil auch das aufgefallen wäre, was will der Witwer mit einem Kaninchenbraten, mit einem Säckchen Mehl, mit einer Kiste Wein. Ein Witwer ist der Schwager seit dem letzten Weihnachtsabend, als ihm die vorgedruckte Mitteilung gebracht wurde, aber da hatte sich erwiesen, daß er seine Frau längst verloren gegeben hatte, schon in der Nacht, in der Barbara zurückgekommen war, aber Fanny nicht. Er hatte sogar an dem Tag wieder angefangen, mit Barbara zu sprechen und in seiner trockenen Weise dieses und jenes zu erzählen, aber nur das Unerfreulichste, heute sind die Alliierten da und da zurückgedrängt worden, heute hat sich die jüdische Frau des Gemischtwarenhändlers das Leben genommen. Wenn er von den Zellenabenden kam, wo er hatte singen und bei festlichen Gelegenheiten auch schunkeln müssen, war seine Stimmung besonders finster. Einmal sagte er, warum tue ich das alles, ich bin SA-Mann, ich habe einen Revolver, ich kann zuerst dir und dann mir eine Kugel in den Kopf schießen. Wenn meine Mutter in Hamburg nicht wäre, hätte ich es längst getan. Barbara sagte nichts, aber sie zitterte am ganzen Körper, sie war zwanzig Jahre alt und hatte gehofft, daß alles vorüberginge, hatte auch manchmal kichernd, ein bleicher Kobold, in der Bodenluke gesessen und eben das gesungen, es geht alles vorüber, es geht alles vorbei, und den ziehenden Wolken nachgeschaut. Das tat sie jetzt nicht mehr, sondern hockte im Zimmer und zeichnete auf die leeren Seiten ihrer alten Schulhefte große Sonnen und Monde und Männchen, die Hand in Hand gingen, in einer Art von zoologischem Garten oder einem Paradies. Doch ließ sie endlich auch von dieser Beschäftigung, und zwar noch ehe die ersten Bomben fielen.

Das Städtchen, abgelegen und unwichtig, war von Fliegerangriffen lange verschont geblieben. Die zahlreichen Alarme hatten nichts zu bedeuten gehabt, der Schwager, der das Planquadrat mit seinen Märchennamen kannte, hatte, gewisse militärische Nachrichten abhörend, immer schon gewußt, daß die Geschwader rechts oder links vorbeiflogen, er hatte vom Rundfunkgerät her beruhigende Zeichen gemacht. In den Keller ging damals noch kaum jemand, obwohl dieser mit allerlei ausgedienten Stühlen, Löschsand und Erste-Hilfe-Schränken vorschriftsmäßig ausgerüstet war. An dem Abend, an dem die Flieger ihre Bomben auf die Stadt warfen, saß der Schwager ebenfalls am Rundfunk, er machte aber keine Zeichen, drehte nur das Licht aus, zog die schwarzen Papierrollos hoch und blieb am Fenster, während draußen die ersten Christbäume herabsanken und das Abwehrfeuer begann. Im Haus wurde es jetzt lebendig, Kinder wurden die Treppe heruntergezerrt, an der Tür rief jemand: Herr Kapfinger! und klopfte, aber der Schwager rührte sich nicht. Barbara durfte nicht in den Keller, der Schwager ging nicht, was Barbara nicht verstand, weil er sie ja die ganze Zeit über allein gelassen hatte und auch jetzt allein ließ, da er nur im dunkeln Zimmer von Fenster zu Fenster wanderte und mit Hiobsbotschaften aufwartete: Das war die Zementfabrik, jetzt brennt die Schule, jetzt kommen sie hierher. Bei den folgenden Angriffen verhielt sich der Schwager nicht anders, er wurde dem Mädchen immer rätselhafter, sie wußte nicht, haßte er sie oder war er nur unglücklich, daß er alles noch schlimmer haben wollte. Als sie einmal, was ihr verboten war, vor seinem abendlichen Heimkommen den Rundfunk anstellte, hörte sie dann andere Nachrichten als die ihr der Schwager erzählt hatte, die Amerikaner waren in der Normandie gelandet, was selbst der einheimische Sender nicht verschweigen konnte und was der ausländische in vielen Einzelheiten schilderte, eine gute Botschaft für alle, denen die Zwangsregierung verhaßt war, das rennende Kreuz und der doppelte Blitz.

Barbara sprang auf, zog ein helles Kleid an, holte auch, verstohlen durchs Fenster greifend, ein wenig Weinlaub, das sie in einem Krügchen auf den Eßtisch stellte, das Essen war vorgerichtet, eine Flasche jener Flüssigkeit, die als Heißgetränk bezeichnet wurde, bereitgestellt. Der Schwager kam nicht zur gewohnten Zeit, er polterte erst nach Mitternacht betrunken die Treppe herauf. Barbara, die ihn in solchem Zustand nie gesehen hatte, zog sich erschrocken in ihre Kammer zurück. Am nächsten Morgen wagte sie nichts zu erwähnen, weder die Landung noch den Rausch, und tat es auch nicht, als ihr der Schwager, auf eine geringfügige Verschiebung des Rundfunkzeigers aufmerksam geworden, die heftigsten Vorwürfe machte. Barbara dachte nur ratlos, aber jetzt wird doch alles gut, sie vertrieb sich am Nachmittag die Zeit mit Haareschneiden und Haarebürsten und sah am Abend aus wie Fanny, deren Frisur sie ganz unwillkürlich nachgeahmt hatte. Der Schwager kam, starrte sie an und ging sofort zu Bett. Er bequemte sich, an einem der nächsten Tage, ihr einiges von den Kriegsereignissen zu erzählen, fügte aber gleich hinzu, so schnell geht das nicht. Wie jeder weiß, behielt er damit recht, es dauerte noch viele Monate, bis alles vorüber war. Den Sommer über hatte Barbara noch Geduld, sie bemühte sich, den Schwager bei Laune zu halten, der immer öfter betrunken nach Hause kam und der auch einmal nachts in der Speisekammer den Wochenvorrat an Brot verzehrte, was ihn am nächsten Morgen bedrückte, so daß er noch finsterer dreinschaute als sonst. An einem andern Abend aber griff er nach dem Mädchen, brutal und hochmütig, so als wolle er sagen, du könntest doch zu etwas nützlich sein, und ließ die heftig Widerstrebende gleich wieder fahren, verächtlich, so viele Scherereien und noch nicht einmal das.

Das Leben ist voller Rätsel, es muß doppelt rätselhaft gewesen sein für die kleine Barbara, die den Schwager im geheimen liebte und gehofft hatte, einmal die Stelle ihrer Schwester einzunehmen und die sich nun nicht erklären konnte, warum für sie alles anders sein sollte, keine Liebe, keine Hoffnung auf Glück. An einem Abend im Spätsommer war es gewesen, daß der Schwager ihr die Bluse aufgerissen hatte. Der nächste Tag wartete auf mit heißer Sonne und goldenen Gebüschen, und Barbara machte, kaum daß sie allein war, die Fenster weit auf und stand in der Sonne, so daß jeder sie hätte sehen können, und spürte die heiße Sonne auf ihrer Haut. Es war niemand auf der Treppe und niemand im Vorgarten, und auch als Barbara dann die ein wenig abschüssige Straße hinunterlief, hat sie niemand gesehen. Der Morgen war still, nur daß hier und dort schon die Kastanien aufplatzten und ihre rotbraunen Früchte dem Mädchen vor die Füße warfen. Eine dieser Früchte hob Barbara auf und rieb sich mit ihr die Wange und steckte sie dann in die Tasche und spielte mit ihr. Wohin, nirgendwohin, nur draußen sein, den Weg suchten die Füße, die, des Gehens ungewohnt, stolperten, dann wieder tanzten. Die Füße liefen aus der Stadt hinaus, war da nicht ein Hohlweg gewesen mit roten Berberitzen, und hatte man nicht beim Wiederauftauchen den Bahndamm gesehen. Barbara sah den Bahndamm, den großen Bogen um die Schrebergärten, die Lupinen blühten nicht mehr, nur ein Birnbäumchen stand rosarot und messinggelb im herbstlichen Laub. Der Weg lief auf den Bahndamm zu, es war die Stelle, an der alle Züge langsam fuhren, die Stelle, an der einmal vor zwölf Jahren, vor hundert Jahren, Fanny abgesprungen war, um Blumen zu pflücken. Barbara, blieb stehen und sah sich um, der ungewohnte Himmel, die ungewohnte Helligkeit warfen ihr die Zeiten durcheinander. Den Zug, der von der Stadt herkam, sah sie schon von weitem. Lauter schäbige, klapprige Kriegswägelchen, kein Judenzug mit verrammelten Luken, aber auch ein Sonderzug, Kinderlandverschickung, und Hunderte von Kindern beugten sich aus den Fenstern hinaus. Barbara rannte so schnell sie konnte, sie war gleich außer Atem, griff, um sich den Bahndamm heraufzuziehen, in die verblühten Lupinen, und die Stauden, die trocken und geheimnisvoll raschelten, lösten sich aus der Erde und blieben ihr in der Hand. Einen Augenblick lang stand Barbara keuchend dort oben im warmen Oktoberwind, wußte nichts, wollte nichts, ließ sich nur fallen in das Stoßen, Stampfen und Klappern des Zuges hinein. Eine Selbstmörderin, hieß es später, als Barbaras unkenntlicher Körper in die Leichenkammer gebracht, von niemandem identifiziert und schließlich im Armensarg bestattet wurde. Die wenigen alten Leute aber, die, aus ihren Schrebergärten zwischen kleinblütigen Herbstastern und späten Rosen dem Zug nachblickend, den Vorfall beobachtet hatten, sagten einmütig, die Tote sei ein Kind gewesen, das auf den Kinderzug habe aufspringen wollen, einen Büschel verblühter Lupinenstauden im Arm.

THEODOR STORM

Viola tricolor

Es war sehr still in dem großen Hause; aber selbst auf dem Flur spürte man den Duft von frischen Blumensträußen.

Aus einer Flügeltür, der breiten, in das Oberhaus hinaufführenden Treppe gegenüber, trat eine alte, sauber gekleidete Dienerin. Mit einer feierlichen Selbstzufriedenheit drückte sie hinter sich die Tür ins Schloß und ließ dann ihre grauen Augen an den Wänden entlangstreifen, als wolle sie auch hier jedes Stäubchen noch einer letzten Musterung unterziehen; aber sie nickte beifällig und warf dann einen Blick auf die alte, englische Hausuhr, deren Glockenspiel eben zum zweitenmal seinen Satz abgespielt hatte.

»Schon halb!« murmelte die Alte; »und um acht, so schrieb der Herr Professor, wollten die Herrschaften da sein!«

Hierauf griff sie in ihrer Tasche nach einem großen Schlüsselbund und verschwand dann in den hinteren Räumen des Hauses. – Und wieder wurde es still; nur der Perpendikelschlag der Uhr tönte durch den geräumigen Flur und in das Treppenhaus hinauf; durch das Fenster über der Haustür fiel noch ein Strahl der Abendsonne und blinkte auf den drei vergoldeten Knöpfen, welche das Uhrgehäuse krönten.

Dann kamen von oben herab kleine, leichte Schritte, und ein etwa zehnjähriges Mädchen erschien auf dem Treppenabsatz. Auch sie war frisch und festlich angetan; das rot und weiß gestreifte Kleid stand ihr gut zu dem bräunlichen Gesichtchen und den glänzend schwarzen Haarflechten. Sie legte den Arm auf das Geländer und das Köpfchen auf den Arm und ließ sich so langsam hinabgleiten, während ihre dunklen Augen träumerisch auf die gegenüberliegende Zimmertür gerichtet waren.

Hinweis: *Viola tricolor* ist der botanische Name für Stiefmütterchen

Einen Augenblick stand sie horchend auf dem Flur; dann drückte sie leise die Tür des Zimmers auf und schlüpfte durch die schweren Vorhänge hinein. – Es war schon dämmerig hier, denn die beiden Fenster des tiefen Raumes gingen auf eine von hohen Häusern eingeengte Straße; nur seitwärts über dem Sofa leuchtete wie Silber ein venezianischer Spiegel auf der dunkelgrünen Sammettapete. In dieser Einsamkeit schien er nur dazu bestimmt, das Bild eines frischen Rosenstraußes zurückzugeben, der in einer Marmorvase auf dem Sofatische stand. Bald aber erschien in seinem Rahmen auch das dunkle Kinderköpfchen. Auf den Zehen war die Kleine über den weichen Fußteppich herangeschlichen; und schon griffen die schlanken Finger hastig zwischen die Stengel der Blumen, während ihre Augen nach der Tür zurückflogen. Endlich war es ihr gelungen, eine halb erschlossene Moosrose aus dem Strauße zu lösen; aber sie hatte bei ihrer Arbeit der Dornen nicht geachtet, und ein roter Blutstropfen rieselte über ihren Arm. Rasch – denn er wäre fast in das Muster der kostbaren Tischdecke gefallen – sog sie ihn mit ihren Lippen auf; dann leise, wie sie gekommen, die geraubte Rose in der Hand, schlüpfte sie wieder durch die Türvorhänge auf den Flur hinaus. Nachdem sie auch hier noch einmal gehorcht hatte, flog sie die Treppe wieder hinauf, die sie zuvor herabgekommen war, bis an die letzte Tür desselben. Einen Blick noch warf sie durch eines der Fenster, vor dem im Abendschein die Schwalben kreuzten; dann drückte sie die Klinke auf.

Es war das Studierzimmer ihres Vaters, das sie sonst in seiner Abwesenheit nicht zu betreten pflegte; nun war sie ganz allein zwischen den hohen Repositorien, die mit ihren unzähligen Büchern so ehrfurchtgebietend umherstanden. Als sie zögernd die Tür hinter sich zugedrückt hatte, wurde unter einem zur Linken von derselben befindlichen Fenster der mächtige Anschlag eines Hundes laut. Ein Lächeln flog über die ernsten Züge des Kindes; sie ging rasch an das Fenster und blickte hinaus. Drunten breitete sich der große Garten des Hauses in weiten Rasen- und Gebüschpartien aus; aber ihr vierbeiniger Freund schien schon andere Wege eingeschlagen zu haben; so sehr sie spähte, nichts war zu entdecken. Und wie Schatten fiel es allmählich wieder über das Gesicht des Kindes; sie war ja zu was anderem hergekommen; was ging sie jetzt der Nero an!

Nach Westen hinaus, der Tür, durch welche sie eingetreten, gegenüber, hatte das Zimmer noch ein zweites Fenster. An der Wand daneben, so daß das Licht dem daran Sitzenden zur Hand fiel, befand sich ein großer Schreibtisch mit dem ganzen Apparat eines gelehrten Altertumsforschers; Bronzen und Terrakotten aus Rom und Griechenland, kleine Modelle antiker Tempel und Häuser und andere dem Schutt der Vergangenheit entstiegene Dinge füllten fast den ganzen Aufsatz desselben. Darüber aber, wie aus blauen Frühlingslüften heraustretend, hing das lebensgroße Brustbild einer jungen Frau; gleich einer Krone der Jugend lagen die goldblonden Flechten über der klaren Stirn. – ›Holdselig‹, dies veraltete Wort hatten ihre Freunde für sie wieder hervorgesucht; – einst, da sie noch an der Schwelle dieses Hauses mit ihrem Lächeln die Eintretenden begrüßte. – Und so blickte sie noch jetzt im Bilde mit ihren blauen Kinderaugen von der Wand herab; nur um den Mund spielte ein leichter Zug von Wehmut, den man im Leben nicht an ihr gesehen hatte. Der Maler war auch derzeit wohl darum gescholten worden; später, da sie gestorben, schien es allen recht zu sein.

Das kleine, schwarzhaarige Mädchen kam mit leisen Schritten näher; mit leidenschaftlicher Innigkeit hingen ihre Augen an dem schönen Bildnis.

»Mutter, meine Mutter!« sprach sie flüsternd; doch so, als wolle mit den Worten sie sich zu ihr drängen.

Das schöne Antlitz schaute, wie zuvor, leblos von der Wand herab; sie aber kletterte, behend wie eine Katze, über den davorstehenden Sessel auf den Schreibtisch und stand jetzt mit trotzig aufgeworfenen Lippen vor dem Bilde, während ihre zitternden Hände die geraubte Rose hinter der unteren Leiste des Goldrahmens zu befestigen suchten. Als ihr das gelungen war, stieg sie rasch wieder zurück und wischte mit ihrem Schnupftuch sorgsam die Spuren ihrer Füßchen von der Tischplatte.

Aber es war, als könne sie jetzt aus dem Zimmer, das sie zuvor so scheu betreten hatte, nicht wieder fortfinden; nachdem sie schon einige Schritte nach der Tür getan hatte, kehrte sie wieder um; das westliche Fenster neben dem Schreibtische schien diese Anziehungskraft auf sie zu üben.

Auch hier lag unten ein Garten oder, richtiger, eine Gartenwildnis. Der Raum war freilich klein; denn wo das wuchernde Gebüsch sie nicht verdeckte, war von allen Seiten die hohe Umfassungsmauer sichtbar. An dieser, dem Fenster gegenüber, befand sich, in augenscheinlichem Verfall, eine offene Rohrhütte; davor, von dem grünen Gespinste einer Clematis fast bedeckt, stand noch ein Gartenstuhl. Der Hütte gegenüber mußte einst eine Partie von hochstämmigen Rosen gewesen sein; aber sie hingen jetzt wie verdorrte Reiser an den entfärbten Blumenstöcken, während unter ihnen mit unzähligen Rosen bedeckte Zentifolien ihre fallenden Blätter auf Gras und Kraut umherstreuten.

Die Kleine hatte die Arme auf die Fensterbank und das Kinn in ihre beiden Hände gestützt und schaute mit sehnsüchtigen Augen hinab.

Drüben in der Rohrhütte flogen zwei Schwalben aus und ein; sie mußten wohl ihr Nest darin gebaut haben. Die anderen Vögel waren schon zur Ruhe gegangen; nur ein Rotbrüstchen sang dort noch herzhaft von dem höchsten Zweige des abgeblühten Goldregens und sah das Kind mit seinen schwarzen Augen an.

– »Nesi, wo steckst du denn!« sagte sanft eine alte Stimme, während eine Hand sich liebkosend auf das Haupt des Kindes legte.

Die alte Dienerin war unbemerkt hereingetreten. Das Kind wandte den Kopf und sah sie mit einem müden Ausdruck an. »Anne«, sagte es, »wenn ich nur einmal wieder in Großmutters Garten dürfte!«

Die Alte antwortete nicht darauf; sie kniff nur die Lippen zusammen und nickte ein paarmal wie zur Beistimmung. »Komm, komm!« sagte sie dann. »Wie siehst du aus! Gleich werden sie da sein, dein Vater und deine neue Mutter!«

Damit zog sie das Kind in ihre Arme und strich und zupfte ihr Haar und Kleider zurecht. – »Nein, nein, Neschen! Du darfst nicht weinen; es soll eine gute Dame sein, und schön, Nesi; du siehst ja gern die schönen Leute!«

In diesem Augenblick tönte das Rasseln eines Wagens von der Straße herauf. Das Kind zuckte zusammen; die Alte aber faßte es bei der Hand und zog es rasch mit sich aus dem Zimmer. – Sie kamen noch eben früh genug, um den Wagen vorfahren zu sehen; die beiden Mägde hatten schon die Haustür aufgeschlagen.

– Das Wort der alten Dienerin schien sich zu bestätigen. Von einem etwa vierzigjährigen Manne, in dessen ernsten Zügen man Nesis Vater leicht erkannte, wurde eine junge, schöne Frau aus dem Wagen gehoben. Ihr Haar und ihre Augen waren fast so dunkel wie die des Kindes, dessen Stiefmutter sie geworden war; ja man hätte sie, flüchtig angesehen, für die rechte halten können, wäre sie dazu nicht zu jung gewesen. Sie grüßte freundlich, während ihre Augen wie suchend umherblickten; aber ihr Mann führte sie rasch ins Haus und in das untere Zimmer, wo sie von dem frischen Rosenduft empfangen wurde.

»Hier werden wir zusammen leben«, sagte er, indem er sie in einen weichen Sessel niederdrückte, »verlaß dies Zimmer nicht, ohne hier die erste Ruhe in deinem neuen Heim gefunden zu haben!«

Sie blickte innig zu ihm auf. »Aber du – willst du nicht bei mir bleiben?«

– »Ich hole dir das Beste von den Schätzen unseres Hauses.«

»Ja, ja, Rudolf, deine Agnes! Wo war sie denn vorhin?«

Er hatte das Zimmer schon verlassen. Den Augen des Vaters war es nicht entgangen, daß bei ihrer Ankunft Nesi sich hinter der alten Anne versteckt gehalten hatte; nun, da er sie wie verloren draußen auf dem Hausflur stehend fand, hob er sie auf beiden Armen in die Höhe und trug sie so in das Zimmer.

– »Und hier hast du die Nesi!« sagte er und legte das Kind zu den Füßen der schönen Stiefmutter auf den Teppich;

dann, als habe er Weiteres zu besorgen, ging er hinaus; er wollte die beiden allein sich finden lassen.

Nesi richtete sich langsam auf und stand nun schweigend vor der jungen Frau; beide sahen sich unsicher und prüfend in die Augen. Letztere, die wohl ein freundliches Entgegenkommen als selbstverständlich vorausgesetzt haben mochte, faßte endlich die Hände des Mädchens und sagte ernst: »Du weißt doch, daß ich jetzt deine Mutter bin, wollen wir uns nicht liebhaben, Agnes?«

Nesi blickte zur Seite.

»Ich darf aber doch Mama sagen?« fragte sie schüchtern.

– »Gewiß, Agnes; sag, was du willst, Mama oder Mutter, wie es dir gefällt!«

Das Kind sah verlegen zu ihr auf und erwiderte beklommen: »Mama könnte ich gut sagen!«

Die junge Frau warf einen raschen Blick auf sie und heftete ihre dunklen Augen in die noch dunkleren des Kindes. »Mama; aber nicht Mutter?« fragte sie.

»Meine Mutter ist ja tot«, sagte Nesi leise.

In unwillkürlicher Bewegung stießen die Hände der jungen Frau das Kind zurück; aber sie zog es gleich und heftig wieder an ihre Brust.

»Nesi«, sagte sie, »Mutter und Mama ist ja dasselbe!«

Nesi aber erwiderte nichts; sie hatte die Verstorbene immer nur Mutter genannt.

– Das Gespräch war zu Ende. Der Hausherr war wieder eingetreten, und da er sein Töchterchen in den Armen seiner jungen Frau erblickte, lächelte er zufrieden.

»Aber jetzt komm«, sagte er heiter, indem er der letzteren seine Hand entgegenstreckte, »und nimm als Herrin Besitz von allen Räumen dieses Hauses!«

Und sie gingen miteinander fort; durch die Zimmer des unteren Hauses, durch Küche und Keller, dann die breite Treppe hinauf in einen großen Saal und in die kleineren Stuben und Kammern, die nach beiden Seiten der Treppe auf den Korridor hinausgingen.

Der Abend dunkelte schon; die junge Frau hing immer schwerer an dem Arm ihres Mannes, es war fast, als sei mit jeder Tür, die sich vor ihr geöffnet, eine neue Last auf ihre Schultern gefallen; immer einsilbiger wurden seine froh hervorströmenden Worte erwidert. Endlich, da sie vor der Tür seines Arbeitszimmers standen, schwieg auch er und hob den schönen Kopf zu sich empor, der stumm an seiner Schulter lehnte.

»Was ist dir, Ines?« sagte er, »du freust dich nicht!«

»O doch, ich freue mich!«

»So komm!«

Als er die Tür geöffnet hatte, schien ihnen ein mildes Licht entgegen. Durch das westliche Fenster leuchtete der Schein des Abendgoldes, das drüben jenseit der Büsche des kleinen Gartens stand. – In diesem Lichte blickte das schöne Bild der Toten von der Wand herab; darunter auf dem matten Gold des Rahmens lag wie glühend die frische, rote Rose.

Die junge Frau griff unwillkürlich mit der Hand nach ihrem Herzen und starrte sprachlos auf das süße, lebensvolle Bild. Aber schon hatten die Arme ihres Mannes sie fest umfangen.

»Sie war einst mein Glück«, sagte er; »sei du es jetzt!«

Sie nickte, aber sie schwieg und rang nach Atem. Ach, diese Tote lebte noch, und für sie beide war doch nicht Raum in einem Hause.

Wie zuvor, da Nesi hier gewesen, tönte jetzt wieder aus dem großen, zu Norden belegenen Garten die mächtige Stimme eines Hundes.

Mit sanfter Hand wurde die junge Frau von ihrem Gatten an das dort hinausliegende Fenster geführt. »Sieh einmal hier hinab!« sagte er.

Drunten auf dem Steige, der um den großen Rasen führte, saß ein schwarzer Neufundländer; vor ihm stand Nesi und beschrieb mit einer ihrer schwarzen Flechten einen immer engeren Kreis um seine Nase. Dann warf der Hund den Kopf zurück und bellte, und Nesi lachte, und begann das Spiel von neuem.

Auch der Vater, der diesem kindischen Treiben zusah, mußte lächeln; aber die junge Frau an seiner Seite lächelte nicht, und wie eine trübe Wolke flog es über ihn hin. »Wenn es die Mutter wäre!« dachte er; laut aber sagte er: »Das ist unser Nero, den mußt du auch noch kennenlernen, Ines; der und Nesi sind gute Kameraden, sogar vor ihren Puppenwagen läßt sich das Ungeheuer spannen.«

Sie blickte zu ihm auf. »Hier ist so viel, Rudolf«, sagte sie wie zerstreut; »wenn ich nur durchfinde!«

– »Ines, du träumst! Wir und das Kind, der Hausstand ist ja so klein wie möglich.«

»Wie möglich?« wiederholte sie tonlos, und ihre Augen folgten dem Kinde, das jetzt mit dem Hunde um den Rasen jagte; dann plötzlich, wie in Angst zu ihrem Mann emporsehend, schlang sie die Arme um seinen Hals und bat: »Halte mich fest, hilf mir! Mir ist so schwer.«

Wochen, Monate waren vergangen. – Die Befürchtungen der jungen Frau schienen sich nicht zu verwirklichen; wie von selber ging die Wirtschaft unter ihrer Hand. Die Dienerschaft fügte sich gern ihrem zugleich freundlichen und vornehmen Wesen, und auch wer von außen hinzutrat, fühlte, daß jetzt wieder eine dem Hausherrn ebenbürtige Frau im Innern walte. Für die schärfer blickenden Augen ihres Mannes freilich war es anders; er erkannte nur zu sehr, daß sie mit den Dingen seines Hauses wie mit Fremdem verkehre, woran sie keinen Teil habe, das als gewissenhafte Stellvertreterin sie nur um desto sorgsamer verwalten müsse. Es konnte den erfahrenen Mann nicht beruhigen, wenn sie sich zuweilen mit heftiger Innigkeit in seine Arme drängte, als müsse sie sich versichern, daß sie ihm, er ihr gehöre.

Auch zu Nesi hatte ein näheres Verhältnis sich nicht gebildet. Eine innere Stimme – der Liebe und der Klugheit – gebot der jungen Frau, mit dem Kinde von seiner Mutter zu sprechen, an die es die Erinnerung so lebendig, seit die Stiefmutter ins Haus getreten war, so hartnäckig bewahrte. Aber – das war es ja! Das süße Bild, das droben in ihres Mannes Zimmer hing – selbst ihre inneren Augen vermieden es zu sehen. Wohl hatte sie mehrmals schon den Mut gefaßt; sie hatte das Kind mit beiden Händen an sich gezogen, dann aber war sie verstummt; ihre Lippen hatten ihr den

Dienst versagt, und Nesi, deren dunkle Augen bei solcher herzlichen Bewegung freudig aufgeleuchtet, war traurig wieder fortgegangen. Denn seltsam, sie sehnte sich nach der Liebe dieser schönen Frau; ja, wie Kinder pflegen, sie betete sie im stillen an. Aber ihr fehlte die Anrede, die der Schlüssel jedes herzlichen Gespräches ist: das eine – so war ihr – durfte sie, das andere konnte sie nicht sagen.

Auch dieses letztere Hemmnis fühlte Ines, und da es das am leichtesten zu beseitigende schien, so kehrten ihre Gedanken immer wieder auf diesen Punkt zurück.

So saß sie eines Nachmittags neben ihrem Mann im Wohnzimmer und blickte in den Dampf, der leise singend aus der Teemaschine aufstieg.

Rudolf, der eben seine Zeitung durchgelesen hatte, ergriff ihre Hand. »Du bist so still, Ines; du hast mich heute nicht ein einzig Mal gestört!«

»Ich hätte wohl etwas zu sagen«, erwiderte sie zögernd, indem sie ihre Hand aus der seinen löste.

– »So sag es denn!«

Aber sie schwieg noch eine Weile.

– »Rudolf«, sagte sie endlich, »laß dein Kind mich Mutter nennen!«

– »Und tut sie denn das nicht?«

Sie schüttelte den Kopf und erzählte ihm, was am Tage ihrer Ankunft vorgefallen war.

Er hörte ihr ruhig zu. »Es ist ein Ausweg«, sagte er dann, »den hier die Kindesseele unbewußt gefunden hat. Wollen wir ihn nicht dankbar gelten lassen?«

Die junge Frau antwortete nicht darauf, sie sagte nur: »So wird das Kind mir niemals nahekommen.«

Er wollte wieder ihre Hand fassen, aber sie entzog sie ihm.

»Ines«, sagte er, »verlange nur nichts, was die Natur versagt; von Nesi nicht, daß sie dein Kind, und nicht von dir, daß du ihre Mutter seist!«

Die Tränen brachen ihr aus den Augen. »Aber ich soll doch ihre Mutter sein«, sagte sie fast heftig.

– »Ihre Mutter? Nein, Ines, das sollst du nicht.«

»Was soll ich denn, Rudolf?«

– Hätte sie die naheliegende Antwort auf diese Frage jetzt verstehen können, sie würde sie sich selbst gegeben haben. Er fühlte das und sah ihr sinnend in die Augen, als müsse er dort die helfenden Worte finden.

»Bekenn es nur!« sagte sie, sein Schweigen mißverstehend, »darauf hast du keine Antwort.«

»O Ines!« rief er. »Wenn erst aus deinem eignen Blut ein Kind auf deinem Schoße liegt!«

Sie machte eine abwehrende Bewegung; er aber sagte: »Die Zeit wird kommen, und du wirst fühlen, wie das Entzücken, das aus deinem Auge bricht, das erste Lächeln deines Kindes weckt und wie es seine kleine Seele zu dir zieht. – Auch über Nesi haben einst zwei selige Augen so geleuchtet; dann schlang sie den kleinen Arm um einen Nacken, der sich zu ihr niederbeugte, und sagte ›Mutter!‹ – Zürne nicht mit ihr, daß sie es zu keiner anderen auf der Welt mehr sagen kann!«

Ines hatte seine Worte kaum gehört; ihre Gedanken verfolgten nur den einen Punkt. »Wenn du sagen kannst: Sie ist ja nicht dein Kind, warum sagst du denn nicht auch: Du bist ja nicht mein Weib!«

Und dabei blieb es. Was gingen sie seine Gründe an!

Er zog sie an sich; er suchte sie zu beruhigen; sie küßte ihn und sah ihn durch Tränen lächelnd an; aber geholfen war ihr damit nicht.

Als Rudolf sie verlassen hatte, ging sie hinaus in den großen Garten. Bei ihrem Eintritt sah sie Nesi mit einem Schulbuche in der Hand um den breiten Rasen wandern, aber sie wich ihr aus und schlug einen Seitenweg ein, der zwischen Gebüsch an der Gartenmauer entlang führte.

Dem Kinde war beim flüchtigen Aufblick der Ausdruck von Trauer in den schönen Augen der Stiefmutter nicht entgangen, und wie magnetisch nachgezogen, immer lernend und ihre Lektion vor sich hermurmelnd, war auch sie allmählich in jenen Steig geraten.

Ines stand eben vor einer in der hohen Mauer befindlichen Pforte, die von einem Schlinggewächs mit lila Blüten fast verhangen war. Mit abwesenden Blicken ruhten ihre Augen darauf, und sie wollte schon ihre stille Wanderung wieder beginnen, als sie das Kind sich entgegenkommen sah.

Nun blieb sie stehen und fragte: »Was ist das für eine Pforte, Nesi?«

»Zu Großmutters Garten!«

»Zu Großmutters Garten? – Deine Großeltern sind doch schon lange tot!«

»Ja, schon lange, lange.«

»Und wem gehört denn jetzt der Garten?«

»Uns!« sagte das Kind, als verstehe sich das von selbst.

Ines bog ihren schönen Kopf unter das Gesträuch und begann an der eisernen Klinke der Tür zu rütteln; Nesi stand schweigend dabei, als wolle sie den Erfolg dieser Bemühungen abwarten.

»Aber er ist ja verschlossen!« rief die junge Frau, indem sie abließ und mit dem Schnupftuch den Rost von ihren Fingern wischte. »Ist es der wüste Garten, den man aus Vaters Stubenfenster sieht?«

Das Kind nickte.

»Horch nur, wie drüben die Vögel singen!«

Inzwischen war die alte Dienerin in den Garten getreten. Als sie die Stimmen der beiden von der Mauer her vernahm, beeilte sie sich, in ihre Nähe zu kommen. »Es ist Besuch drinnen«, meldete sie.

Ines legte freundlich ihre Hand an Nesis Wange. »Vater ist ein schlechter Gärtner«, sagte sie im Fortgehen, »da müssen wir beide noch hinein und Ordnung schaffen.«

– Im Hause kam Rudolf ihr entgegen.

»Du weißt, das Müllersche Quartett spielt heute abend«, sagte er; »die Doktorsleute sind da und wollen uns vor Unterlassungssünden warnen.«

Als sie zu den Gästen in die Stube eingetreten waren, entspann sich ein langes, lebhaftes Gespräch über Musik; dann kamen häusliche Geschäfte, die noch besorgt werden mußten. Der wüste Garten war für heute vergessen.

Am Abend war das Konzert. – Die großen Toten, Haydn und Mozart, waren an den Hörern vorübergezogen, und eben verklang auch der letzte Akkord von Beethovens c-Moll-Quartett, und statt der feierlichen Stille, in der allein die Töne auf und nieder glänzten, rauschte jetzt das Geplauder der fortdrängenden Zuhörer durch den weiten Raum.

Rudolf stand neben dem Stuhle seiner jungen Frau. »Es ist aus, Ines«, sagte er, sich zu ihr niederbeugend; »oder hörst du noch immer etwas?«

Sie saß noch wie horchend, ihre Augen nach dem Podium gerichtet, auf dem nur noch die leeren Pulte standen. Jetzt reichte sie ihrem Manne die Hand. »Laß uns heimgehen, Rudolf«, sagte sie aufstehend.

An der Tür wurden sie von ihrem Hausarzte und dessen Frau aufgehalten, den einzigen Menschen, mit denen Ines bis jetzt in einen näheren Verkehr getreten war.

»Nun?« sagte der Doktor und nickte ihnen mit dem Ausdruck innerster Befriedigung zu. »Aber kommen Sie mit uns, es ist ja auf dem Wege; nach so etwas muß man noch ein Stündchen zusammensitzen.«

Rudolf wollte schon mit heiterer Zustimmung antworten, als er sich leise am Ärmel gezupft fühlte und die Augen seiner Frau mit dem Ausdrucke dringenden Bittens auf sich gerichtet sah. Er verstand sie wohl. »Ich verweise die Entscheidung an die höhere Instanz«, sagte er scherzend.

Und Ines wußte unerbittlich den nicht so leicht zu besiegenden Doktor auf einen anderen Abend zu vertrösten.

Als sie am Hause ihrer Freunde sich von diesen verabschiedet hatten, atmete sie auf wie befreit.

»Was hast du heute gegen unsere lieben Doktorsleute?« fragte Rudolf.

Sie drückte sich fest in den Arm ihres Mannes. »Nichts«, sagte sie; »aber es war so schön heute abend; ich muß nun ganz mit dir allein sein.«

Sie schritten rascher ihrem Hause zu.

»Sieh nur«, sagte er, »im Wohnzimmer unten ist schon Licht, unsere alte Anne wird den Teetisch schon gerüstet haben. Du hattest recht, daheim ist doch noch besser als bei anderen.«

Sie nickte nur und drückte ihm still die Hand. – Dann traten sie in ihr Haus; lebhaft öffnete sie die Stubentür und schlug die Vorhänge zurück.

Auf dem Tische, wo einst die Vase mit den Rosen gestanden hatte, brannte jetzt eine große Bronzelampe und beleuchtete einen schwarzhaarigen Kinderkopf, der schlafend auf die mageren Ärmchen hingesunken war; die Ecken eines Bilderbuches ragten nur eben darunter hervor.

Die junge Frau blieb wie erstarrt in der Tür stehen; das Kind war ganz aus ihrem Gedankenkreise verschwunden gewesen. Ein Zug herber Enttäuschung flog um ihre schönen Lippen. »Du, Nesi!« stieß sie hervor, als ihr Mann sie vollends in das Zimmer hineingeführt hatte. »Was machst du denn noch hier?«

Nesi erwachte und sprang auf. »Ich wollte auf euch warten«, sagte sie, indem sie halb lächelnd mit der Hand über ihre blinzelnden Augen fuhr.

»Das ist unrecht von Anne; du hättest längst zu Bette sein sollen.«

Ines wandte sich ab und trat an das Fenster; sie fühlte, wie ihr die Tränen aus den Augen quollen. Ein unentwirrbares Gemisch von bitteren Gefühlen wühlte in ihrer Brust; Heimweh, Mitleid mit sich selber, Reue über ihre Lieblosigkeit gegen das Kind des geliebten Mannes; sie wußte selber nicht, was alles jetzt sie überkam; aber – und mit der Wollust und der Ungerechtigkeit des Schmerzes sprach sie es sich selber vor – das war es: ihrer Ehe fehlte die Jugend, und sie selber war doch noch so jung!

Als sie sich umwandte, war das Zimmer leer. – Wo war die schöne Stunde, auf die sie sich gefreut? – Sie dachte nicht daran, daß sie sie selbst verscheucht hatte.

– – Das Kind, welches mit fast erschreckten Augen dem ihm unverständlichen Vorgange zugesehen hatte, war von dem Vater still hinausgeführt worden.

»Geduld!« sprach er zu sich selber, als er, den Arm um Nesi geschlungen, mit ihr die Treppe hinaufstieg; und auch er, in einem anderen Sinne, setzte hinzu: »Sie ist ja noch so jung.«

Eine Kette von Gedanken und Plänen tauchte in ihm auf; mechanisch öffnete er das Zimmer, wo Nesi mit der alten Anne schlief und in dem sie von dieser schon erwartet wurde. Er küßte sie und sprach: »Ich werde Mama von dir gute Nacht sagen.« Dann wollte er zu seiner Frau hinabgehen; aber er kehrte wieder um und trat am Ende des Korridors in sein Studierzimmer.

Auf dem Aufsatze des Schreibtisches stand eine kleine Bronzelampe aus Pompeji, die er kürzlich erst erworben und Versuches halber mit Öl gefüllt hatte; er nahm sie herab, zündete sie an und stellte sie wieder an ihren Ort unter das Bildnis der Verstorbenen; ein Glas mit Blumen, das auf der Platte des Tisches gestanden, setzte er daneben. Er tat dies fast gedankenlos; nur, als müsse er auch seinen Händen zu tun geben, während es ihm in Kopf und Herzen arbeitete. Dann trat er dicht daneben an das Fenster und öffnete beide Flügel desselben.

Der Himmel war voll Wolken; das Licht des Mondes konnte nicht herabgelangen. Drunten in dem kleinen Garten lag das wuchernde Gesträuch wie eine dunkle Masse; nur dort, wo zwischen schwarzen, pyramidenförmigen Koniferen der Steig zur Rohrhütte führte, schimmerte zwischen ihnen der weiße Kies hindurch.

Und aus der Phantasie des Mannes, der in diese Einsamkeit hinabsah, trat eine liebliche Gestalt, die nicht mehr den Lebenden angehörte; er sah sie unten auf dem Steige wandeln, und ihm war, als gehe er an ihrer Seite.

»Laß dein Gedächtnis mich zur Liebe stärken«, sprach er; aber die Tote antwortete nicht; sie hielt den schönen, bleichen Kopf zur Erde geneigt; er fühlte mit süßem Schauder ihre Nähe, aber Worte kamen nicht von ihr.

Da bedachte er sich, daß er hier oben ganz allein stehe. Er glaubte an den vollen Ernst des Todes; die Zeit, wo sie gewesen, war vorüber. – Aber unter ihm lag noch wie einst der Garten ihrer Eltern; von seinen Büchern durch das Fenster sehend, hatte er dort zuerst das kaum fünfzehnjährige Mädchen erblickt; und das Kind mit den blonden Flechten hatte dem ernsten Manne die Gedanken fortgenommen, immer mehr, bis sie zuletzt als Frau die Schwelle seines Hauses überschritten und ihm alles und noch mehr zurückgebracht hatte. – Jahre des Glückes und freudigen Schaffens waren mit ihr eingezogen; den kleinen Garten aber, als die Eltern früh verstorben waren und das Haus verkauft wurde, hatten sie behalten und durch eine Pforte in der Grenzmauer mit dem großen Garten ihres Hauses verbunden. Fast verborgen war schon damals diese Pforte unter hängendem Gesträuch, das sie ungehindert wachsen ließen, denn sie gingen durch dieselbe in den traulichsten Ort ihres Sommerlebens, in welchen selbst die Freunde des Hauses nur selten hineingelassen wurden. – – In der Rohrhütte, in welcher er einst von seinem Fenster aus die jugendliche Geliebte über ihren Schularbeiten belauscht hatte, saß jetzt zu den Füßen der blonden Mutter ein Kind mit dunklen, nachdenklichen Augen; und wenn er nun den Kopf von seiner Arbeit wandte, so tat er einen Blick in das vollste Glück des Menschenlebens. – – Aber heimlich hatte der Tod sein Korn hineingeworfen. Es war in den ersten Tagen eines Junimondes, da trug man das Bett der schwer Erkrankten aus dem daranliegenden Schlafgemach in das Arbeitszimmer ihres Mannes; sie wollte die Luft noch um sich haben, die aus dem Garten ihres Glückes durch das offene Fenster wehte. Der große Schreibtisch war beiseitegestellt; seine Gedanken waren nun alle nur bei ihr. – Draußen war ein unvergleichlicher Frühling aufgegangen; ein Kirschbaum stand mit Blüten überschneit. In unwillkürlichem Drange hob er die leichte Gestalt aus den Kissen und trug sie an das Fenster. »Oh, sieh es noch einmal! Wie schön ist doch die Welt!«

Aber sie wiegte leise ihren Kopf und sagte: »Ich sehe es nicht mehr.« – –

Und bald kam es, da wußte er das Flüstern, welches aus ihrem Munde brach, nicht mehr zu deuten. Immer schwächer glimmte der Funken; nur ein schmerzliches Zucken bewegte noch die Lippen, hart und stöhnend im Kampfe um das Leben ging der Atem. Aber es wurde leiser, immer leiser, zuletzt süß wie Bienengetön. Dann noch einmal war's, als wandle ein blauer Lichtstrahl durch die offenen Augen; und dann war Frieden.

»Gute Nacht, Marie!« – Aber sie hörte es nicht mehr.

– – Noch ein Tag, und die stille, edle Gestalt lag unten in dem großen, dämmerigen Gemach in ihrem Sarge. Die Diener des Hauses traten leise auf; drinnen stand er neben seinem Kinde, das die alte Anne an der Hand hielt.

»Nesi«, sagte diese, »du fürchtest dich doch nicht?«

Und das Kind, von der Erhabenheit des Todes angeweht, antwortete: »Nein, Anne, ich bete.«

Dann kam der allerletzte Gang, welcher noch mit ihr zu gehen ihm vergönnt war; nach ihrer beider Sinn ohne Priester und Glockenklang, aber in der heiligen Morgenfrühe, die ersten Lerchen stiegen eben in die Luft.

Das war vorüber; aber er besaß sie noch in seinem Schmerze; wenn auch ungesehen, sie lebte noch mit ihm. Doch unbemerkt entschwand auch dies; er suchte sie oft mit Angst, aber immer seltener wußte er sie zu finden. Nun erst schien ihm sein Haus unheimlich leer und öde; in den Winkeln saß eine Dämmerung, die früher nicht dort gesessen hatte; es war so seltsam anders um ihn her; und sie war nirgends.

– – Der Mond war aus dem Wolkendust hervorgetreten und beleuchtete hell die unten liegende Gartenwildnis. Er stand noch immer an derselben Stelle, den Kopf gegen das Fensterkreuz gelehnt; aber seine Augen sahen nicht mehr, was draußen war.

Da öffnete sich hinter ihm die Tür, und eine Frau von dunkler Schönheit trat herein.

Das leise Rauschen ihres Kleides hatte den Weg zu seinem Ohr gefunden; er wandte den Kopf und sah sie forschend an.

»Ines!« rief er; er stieß das Wort hervor, aber er ging ihr nicht entgegen.

Sie war stehengeblieben. »Was ist dir, Rudolf? Erschrickst du vor mir?«

Er schüttelte den Kopf und versuchte zu lächeln. »Komm«, sagte er, »laß uns hinuntergehen.«

Aber während er ihre Hand faßte, waren ihre Augen auf das von der Lampe beleuchtete Bild und die danebenstehenden Blumen gefallen. – Wie ein plötzliches Verständnis flog es durch ihre Züge. »Es ist ja bei dir wie in einer Kapelle«, sagte sie, und ihre Worte klangen kalt, fast feindlich.

Er hatte alles begriffen. »O Ines«, rief er, »sind nicht auch dir die Toten heilig!«

»Die Toten! Wem sollten die nicht heilig sein! Aber, Rudolf«, – und sie zog ihn wieder an das Fenster; ihre Hände zitterten und ihre schwarzen Augen flimmerten vor Erregung – »sag mir, die ich jetzt dein Weib bin, warum hältst du diesen Garten verschlossen und lässest keines Menschen Fuß hinein?«

Sie zeigte mit der Hand in die Tiefe; der weiße Kies zwischen den schwarzen Pyramidensträuchern schimmerte gespenstisch; ein großer Nachtschmetterling flog eben darüber hin.

Er hatte schweigend hinabgeblickt. »Das ist ein Grab, Ines«, sagte er jetzt, »oder, wenn du lieber willst, ein Garten der Vergangenheit.«

Aber sie sah ihn heftig an. »Ich weiß das besser, Rudolf! Das ist der Ort, wo du bei *ihr* bist; dort auf dem weißen Steige wandelt ihr zusammen; denn sie ist nicht tot; noch eben, jetzt in dieser Stunde warst du bei ihr und hast mich, dein Weib, bei ihr verklagt. Das ist Untreue, Rudolf; mit einem Schatten brichst du mir die Ehe!«

Er legte schweigend den Arm um ihren Leib und führte sie, halb mit Gewalt, vom Fenster fort. Dann nahm er die Lampe von dem Schreibtisch und hielt sie hoch gegen das Bild empor. »Ines, wirf nur einen Blick auf sie!«

Und als die unschuldigen Augen der Toten auf sie herabblickten, brach sie in einen Strom von Tränen aus. »O Rudolf, ich fühle es, ich werde schlecht!«

»Weine nicht so«, sagte er. »Auch ich habe unrecht getan, aber habe auch du Geduld mit mir!« – Er zog ein Schubfach seines Schreibtisches auf und legte einen Schlüssel in ihre Hand. »Öffne du den Garten wieder, Ines! – – Gewiß, es macht mich glücklich, wenn dein Fuß der erste ist, der wieder ihn betritt. Vielleicht, daß im Geiste sie dir dort begegnet und mit ihren milden Augen dich so lange ansieht, bis du schwesterlich den Arm um ihren Nacken legst!«

Sie sah unbeweglich auf den Schlüssel, der noch immer in ihrer offenen Hand lag.

»Nun, Ines, willst du nicht annehmen, was ich dir gegeben habe?«

Sie schüttelte den Kopf.

»Noch nicht, Rudolf, ich kann noch nicht, später – später; dann wollen wir zusammen hineingehen!« Und indem ihre schönen dunklen Augen bittend zu ihm aufblickten, legte sie still den Schlüssel auf den Tisch.

Ein Samenkorn war in den Boden gefallen, aber die Zeit des Keimens lag noch fern.

Es war im November. – Ines konnte endlich nicht mehr daran zweifeln, daß auch sie Mutter werden solle, Mutter eines eigenen Kindes. Aber zu dem Entzücken, das sie bei dem Bewußtsein überkam, gesellte sich bald ein anderes. Wie ein unheimliches Dunkel lag es auf ihr, aus dem allmählich sich ein Gedanke gleich einer bösen Schlange emporwand. Sie suchte ihn zu verscheuchen, sie flüchtete sich vor ihm zu allen guten Geistern ihres Hauses, aber er verfolgte sie, er kam immer wieder und immer mächtiger. War sie nicht nur von außen wie eine Fremde in dies Haus getreten, das schon ohne sie ein fertiges Leben in sich schloß? – Und eine zweite Ehe – gab es denn überhaupt eine solche? Mußte die erste, die einzige, nicht bis zum Tode beider fortdauern? – Nicht nur bis zum Tode! Auch weiter – weiter, bis in alle Ewigkeit! Und wenn das? – Die heiße Glut schlug ihr ins Gesicht; sich selbst zerfleischend, griff sie nach den härtesten Worten. – Ihr Kind – ein Eindringling, ein Bastard würde es im eignen Vaterhause sein!

Wie vernichtet ging sie umher; ihr junges Glück und Leid trug sie allein; und wenn der, welcher den nächsten Anspruch hatte, es mit ihr zu teilen, sie besorgt und fragend anblickte, so schlossen sich ihre Lippen wie in Todesangst.

– – In dem gemeinschaftlichen Schlafgemache waren die

schweren Fenstervorhänge heruntergelassen, nur durch eine schmale Lücke zwischen denselben stahl sich ein Streifen Mondlicht herein. Unter quälenden Gedanken war Ines eingeschlafen, nun kam der Traum; da wußte sie es: sie konnte nicht bleiben, sie mußte fort aus diesem Hause, nur ein kleines Bündelchen wollte sie mitnehmen, dann fort, weit weg – – zu ihrer Mutter, auf Nimmerwiederkehr! Aus dem Garten, hinter den Fichten, welche die Rückwand desselben bildeten, führte ein Pförtchen in das Freie; den Schlüssel hatte sie in ihrer Tasche, sie wollte fort – – gleich. – –

Der Mond rückte weiter, von der Bettstatt auf das Kissen, und jetzt lag ihr schönes Antlitz voll beleuchtet in seinem blassen Schein. – Da richtete sie sich auf. Geräuschlos entstieg sie dem Bett und trat mit nackten Füßen in ihre davorstehenden Schuhe. Nun stand sie mitten im Zimmer in ihrem weißen Schlafgewand; ihr dunkles Haar hing, wie sie es nachts zu ordnen pflegte, in zwei langen Flechten über ihre Brust. Aber ihre sonst so elastische Gestalt schien wie zusammengesunken; es war, als liege noch die Last des Schlafes auf ihr. Tastend, mit vorgestreckten Händen, glitt sie durch das Zimmer, aber sie nahm nichts mit, kein Bündelchen, keinen Schlüssel. Als sie mit den Fingern über die auf einem Stuhle liegenden Kleider ihres Mannes streifte, zögerte sie einen Augenblick, als gewinne eine andere Vorstellung in ihr Raum; gleich darauf aber schritt sie leise und feierlich zur Stubentür hinaus und weiter die Treppe hinab. Dann klang unten im Flure das Schloß der Hoftür, kalte Luft blies sie an, der Nachtwind hob die schweren Flechten auf ihrer Brust.

– – Wie sie durch den finsteren Wald gekommen, der hinter ihr lag, das wußte sie nicht; aber jetzt hörte sie es überall aus dem Dickicht hervorbrechen; die Verfolger waren hinter ihr. Vor ihr erhob sich ein großes Tor; mit aller Macht ihrer kleinen Hände stieß sie den einen Flügel auf; eine öde, unabsehbare Heide dehnte sich vor ihr aus, und plötzlich wimmelte es von großen, schwarzen Hunden, die in emsigem Laufe gegen sie daherrannten; sie sah die roten Zungen aus ihren dampfenden Rachen hängen, sie hörte ihr Gebell, immer näher – tönender – –

Da öffneten sich ihre halbgeschlossenen Augen, und allmählich begann sie es zu fassen. Sie erkannte, daß sie eben innerhalb des großen Gartens stehe; ihre eine Hand hielt noch die Klinke der eisernen Gittertür. Der Wind spielte mit ihrem leichten Nachtgewande; von den Linden, welche zur Seite des Einganges standen, wirbelte ein Schauer von gelben Blättern auf sie herab. – Doch – was war das? – Drüben aus den Tannen, ganz wie sie es vorhin zu hören glaubte, erscholl auch jetzt das Bellen eines Hundes, sie hörte deutlich etwas durch die dürren Zweige brechen. Eine Todesangst überfiel sie.

Und wieder erscholl das Gebell.

»Nero«, sagte sie; »es ist Nero.«

Aber sie hatte sich mit dem schwarzen Hüter des Hauses nie befreundet, und unwillkürlich lief ihr das wirkliche Tier mit den grimmigen Hunden des Traumes in eins zusammen; und jetzt sah sie ihn von jenseits des Rasens in großen Sprüngen auf sich zukommen. Doch er legte sich vor ihr nieder, und jenes unverkennbare Winseln der Freude ausstoßend, leckte er ihre nackten Füße. Zugleich kamen Schritte vom Hofe her, und einen Augenblick darauf umfingen sie die Arme ihres Mannes; gesichert legte sie den Kopf an seine Brust.

Vom Gebell des Hundes aufgewacht, hatte er mit jähem Schreck ihr Lager an seiner Seite leer gesehen. Ein dunkles Wasser glitzerte plötzlich vor seinem inneren Auge; es lag nur tausend Schritte hinter ihrem Garten an einem Feldweg unter dichten Erlenbüschen. Wie vor einigen Tagen sah er sich mit Ines an dem grünen Uferrande stehen; er sah sie bis in das Schilf hinabgehen und einen Stein, den sie vorhin am Wege aufgesammelt, in die Tiefe werfen. »Komm zurück, Ines!« hatte er gerufen, »es ist nicht sicher dort.« Aber sie war noch immer stehengeblieben, mit den schwermütigen Augen in die Kreise starrend, welche langsam auf dem schwarzen Wasserspiegel ausliefen. »Das ist wohl unergründlich?« hatte sie gefragt, da er sie endlich in seinen Armen fortgerissen.

Das alles war in wilder Flucht durch seinen Kopf gegangen, als er die Treppe nach dem Hofe hinabgestürmt. – Auch damals waren sie durch den Garten von ihrem Hause fortgegangen, und jetzt traf er sie hier, fast unbekleidet, das schöne Haar vom Nachttau feucht, der noch immer von den Bäumen tropfte.

Er hüllte sie in den Plaid, welchen er sich selbst vorm Hinuntergehen übergeworfen hatte. »Ines«, sagte er – das Herz schlug ihm so gewaltig, daß er das Wort fast rauh hervorstieß – »was ist das? Wie bist du hierher gekommen?«

Sie schauerte in sich zusammen.

»Ich weiß nicht, Rudolf – – ich wollte fort – mir träumte! O Rudolf, es muß etwas Furchtbares gewesen sein!«

»Dir träumte? Wirklich, dir träumte!« wiederholte er und atmete auf, wie von einer schweren Last befreit.

Sie nickte nur und ließ sich wie ein Kind ins Haus und in das Schlafgemach zurückführen.

Als er sie hier sanft aus seinen Armen ließ, sagte sie: »Du bist so stumm, du zürnst gewiß?«

»Wie sollt ich zürnen, Ines! Ich hatte Angst um dich. Hast du schon früher so geträumt?«

Sie schüttelte erst den Kopf, bald aber besann sie sich. »Doch – – einmal; nur war nichts Schreckliches dabei.«

Er trat ans Fenster und zog die Vorhänge zurück, so daß das Mondlicht voll ins Zimmer strömte.

»Ich muß dein Antlitz sehen«, sagte er, indem er sie auf die Kante ihres Bettes niederzog und sich dann selbst an ihre Seite setzte. »Willst du mir nun erzählen, was dir damals Liebliches geträumt hat? Du brauchst nicht laut zu sprechen; in diesem zarten Lichte trifft auch der leiseste Ton das Ohr.«

Sie hatte den Kopf an seine Brust gelegt und sah zu ihm empor.

»Wenn du es wissen willst«, sagte sie nachsinnend. »Es war, glaub ich, an meinem dreizehnten Geburtstag; ich hatte mich ganz in das Kind, in den kleinen Christus verliebt, ich mochte meine Puppen nicht mehr ansehen.«

»In den kleinen Christus, Ines?«

»Ja, Rudolf«; und sie legte sich wie zur Ruhe noch fester in seinen Arm; »meine Mutter hatte mir ein Bild geschenkt, eine Madonna mit dem Kinde; es hing hübsch eingerahmt über meinem Arbeitstischchen in der Wohnstube.«

»Ich kenne es«, sagte er, »es hängt ja noch dort; deine Mutter wollte es behalten zur Erinnerung an die *kleine* Ines.«

– »O meine liebe Mutter!«

Er zog sie fester an sich; dann sagte er: »Darf ich weiter hören, Ines?«

– »Doch! Aber ich schäme mich, Rudolf.« Und dann leise und zögernd fortfahrend: »Ich hatte an jenem Tage nur Augen für das Christkind; auch nachmittags, als meine Gespielinnen da waren; ich schlich mich heimlich hin und küßte das Glas vor seinem kleinen Munde – – es war mir ganz, als wenn's lebendig wäre – – hätte ich es nur auch wie die Mutter auf dem Bild in meine Arme nehmen können!« – Sie schwieg; ihre Stimme war bei den letzten Worten zu einem flüsternden Hauch herabgesunken.

»Und dann, Ines?« fragte er. »Aber du erzählst mir so beklommen!«

– »Nein, nein, Rudolf! Aber – – in der Nacht, die darauf folgte, muß ich auch im Traume aufgestanden sein; denn am anderen Morgen fanden sie mich in meinem Bette, das Bild in beiden Armen, mit meinem Kopf auf dem zerdrückten Glase eingeschlafen.«

Eine Weile war es totenstill im Zimmer.

– – »Und jetzt?« fragte er ahnungsvoll und sah ihr tief und herzlich in die Augen. »Was hat dich heute denn von meiner Seite in die Nacht hinausgetrieben?«

»Jetzt, Rudolf?« – – Er fühlte, wie ein Zittern über alle ihre Glieder lief. Plötzlich schlang sie die Arme um seinen Hals, und mit erstickter Stimme flüsterte sie angstvolle und verworrene Worte, deren Sinn er nicht verstehen konnte.

»Ines, Ines!« sagte er und nahm ihr schönes, kummervolles Antlitz in seine beiden Hände.

– »O Rudolf! Laß mich sterben; aber verstoße nicht unser Kind!«

Er war vor ihr aufs Knie gesunken und küßte ihr die Hände. Nur die Botschaft hatte er gehört und nicht die dunklen Worte, in denen sie ihm verkündigt wurde; von seiner Seele flogen alle Schatten fort, und hoffnungsreich zu ihr emporschauend, sprach er leise:

»Nun muß sich alles, alles wenden!«

Die Zeit ging weiter, aber die dunklen Gewalten waren noch nicht besiegt. Nur mit Widerstreben fügte Ines die noch aus Nesis Wiegenzeit vorhandenen Dinge der kleinen Ausrüstung ein, und manche Träne fiel in die kleinen Mützen und Jäckchen, an welchen sie jetzt stumm und eifrig nähte.

– – Auch Nesi war es nicht entgangen, daß etwas Ungewöhnliches sich vorbereite. Im Oberhause, nach dem großen Garten hinaus, stand plötzlich eine Stube fest verschlossen, in der sonst ihre Spielsachen aufbewahrt gewesen waren; sie hatte durchs Schlüsselloch hineingeguckt; eine Dämmerung, eine feierliche Stille schien darin zu walten. Und als sie ihre Puppenküche, die man auf den Korridor hinausgesetzt hatte, mit Hilfe der alten Anne auf den Hausboden trug, suchte sie dort vergebens nach der Wiege mit dem grünen Taffetschirme, welche, so lange sie denken konnte, hier unter dem schrägen Dachfenster gestanden hatte. Neugierig spähte sie in alle Winkel.

»Was gehst du herum wie ein Kontrolleur?« sagte die Alte.

– »Ja, Anne, wo ist aber meine Wiege geblieben?«

Die Alte blickte sie mit schlauem Lächeln an. »Was meinst«, sagte sie, »wenn dir der Storch noch so ein Brüderchen brächte?«

Nesi sah betroffen auf; aber sie fühlte sich durch diese Anrede in ihrer elfjährigen Würde gekränkt. »Der Storch?« sagte sie verächtlich.

»Nun freilich, Nesi.«

– »Du mußt nicht so was zu mir sprechen, Anne. Das glauben die kleinen Kinder; aber ich weiß wohl, daß es dummes Zeug ist.«

»So? – Wenn du es besser weißt, Mamsell Naseweis, woher kommen denn die Kinderchen, wenn nicht der Storch sie bringt, der es doch schon die Tausende von Jahren her besorgt hat?«

»Sie kommen vom lieben Gott«, sagte Nesi pathetisch. »Sie sind auf einmal da.«

»Bewahr uns in Gnaden!« rief die Alte. »Was doch die Guckindiewelte heutzutage klug sind! Aber du hast recht, Nesi; wenn du's gewiß weißt, daß der liebe Gott den Storch vom Amte gesetzt hat – ich glaub's selber, er wird es schon allein besorgen können. – Nun aber – wenn's denn so auf einmal da wär, das Brüderchen – oder wolltest du lieber ein Schwesterlein? – würd's dich freuen, Neschen?«

Nesi stand vor der Alten, die sich auf einen Reisekoffer niedergelassen hatte; ein Lächeln verklärte ihr ernstes Gesichtchen, dann aber schien sie nachzusinnen.

»Nun, Neschen«, forschte wieder die Alte. »Würd's dich freuen, Neschen?«

»Ja, Anne«, sagte sie endlich, »ich möchte wohl eine kleine Schwester haben, und Vater würde sich gewiß auch freuen aber – –«

»Nun, Neschen! was hast du noch zu abern?«

»Aber«, wiederholte Nesi und hielt dann wieder einen Augenblick wie grübelnd inne; – »das Kind würde ja dann doch keine Mutter haben!«

»Was?« rief die Alte ganz erschrocken, und strebte mühsam von ihrem Koffer auf; »das Kind keine Mutter? Du bist mir zu gelehrt, Nesi; komm, laß uns hinabgehen! – Hörst du? Da schlägt's zwei! Nun mach, daß du in die Schule kommst!«

Schon brausten die ersten Frühlingsstürme um das Haus; die Stunde nahte.

– »Wenn ich's nicht überlebte«, dachte Ines, »ob er auch meiner dann gedenken würde?«

Mit scheuen Augen ging sie an der Tür des Zimmers vorüber, welches schweigend sie und ihr künftiges Geschick erwartete; leise trat sie auf, als sei darinnen etwas, was sie zu wecken fürchte.

Und endlich war dem Hause ein Kind, ein zweites Töchterchen geboren. Von außen pochten die lichtgrünen Zweige an die Fenster; aber drinnen in dem Zimmer lag die junge

Mutter bleich und entstellt; das warme Sonnenbraun der Wangen war verschwunden; aber in ihren Augen brannte ein Feuer, das den Leib verzehrte. Rudolf saß an dem Bette und hielt ihre schmale Hand in der seinen.

Jetzt wandte sie mühsam den Kopf nach der Wiege, die unter der Hut der alten Anne an der anderen Seite des Zimmers stand. »Rudolf«, sagte sie matt; »ich habe noch eine Bitte!«

– »Noch *eine,* Ines? *Ich* werde noch viel von dir zu bitten haben.«

Sie sah ihn traurig an; nur eine Sekunde lang; dann flog ihr Auge hastig wieder nach der Wiege. »Du weißt«, sagte sie, immer schwerer atmend, »es gibt kein Bild von mir! Du wolltest immer, es solle nur von einem guten Meister gemalt werden – – wir können nicht mehr warten auf die Meisterhand. – Du könntest einen Photographen kommen lassen, Rudolf; es ist ein wenig umständlich; aber – mein Kind, es wird mich nicht mehr kennenlernen; es muß doch wissen, wie die Mutter ausgesehen.«

»Warte noch ein wenig!« sagte er und suchte einen mutigen Ton in seine Stimme zu legen. »Es würde dich jetzt zu sehr erregen; warte, bis deine Wangen wieder voller werden!«

Sie strich mit beiden Händen über ihr schwarzes Haar, das lang und glänzend auf dem Deckbette lag, indem sie einen fast wilden Blick im Zimmer umherwarf.

»Einen Spiegel!« sagte sie, indem sie sich völlig in den Kissen aufrichtete. »Bringt mir einen Spiegel!«

Er wollte wehren; aber schon hatte die Alte einen Handspiegel herbeigeholt und auf das Bett gelegt. Die Kranke ergriff ihn hastig; aber als sie hineinblickte, malte sich ein heftiges Erschrecken in ihren Zügen; sie nahm ein Tuch und wischte an dem Glase; doch es wurde nicht anders; nur immer fremder starrte das kranke Leidensantlitz ihr entgegen.

»Wer ist das?« schrie sie plötzlich. »Das bin nicht ich! – O mein Gott! Kein Bild, kein Schatten für mein Kind!«

Sie ließ den Spiegel fallen und schlug die mageren Hände vors Gesicht.

Da drang ein Weinen an ihr Ohr. Es war nicht ihr Kind, das ahnungslos in seiner Wiege lag und schlief; Nesi hatte sich unbemerkt hereingeschlichen; sie stand mitten im Zimmer und sah mit düsteren Augen auf die Stiefmutter, während sie schluchzend in ihre Lippe biß.

Ines hatte sie bemerkt. »Du weinst, Nesi?« fragte sie.

Aber das Kind antwortete nicht.

»Warum weinst du, Nesi?« wiederholte sie heftig.

Die Züge des Kindes wurden noch finsterer. »Um meine Mutter!« brach es fast trotzig aus dem kleinen Munde.

Die Kranke stutzte einen Augenblick; dann aber streckte sie die Arme aus dem Bett, und als das Kind, wie unwillkürlich, sich genähert hatte, riß sie es heftig an ihre Brust. »O Nesi, vergiß deine Mutter nicht!«

Da schlangen zwei kleine Arme sich um ihren Hals, und nur ihr verständlich, hauchte es: »Meine liebe, süße Mama!«

– »Bin ich deine liebe Mama, Nesi?«

Nesi antwortete nicht; sie nickte nur heftig in die Kissen.

»Dann, Nesi«, und in traulich seligem Flüstern sprach es die Kranke, »vergiß auch mich nicht! Oh, ich will nicht gern vergessen werden!«

– – Rudolf hatte regungslos diesen Vorgängen zugesehen, die er nicht zu stören wagte; halb in tödlicher Angst, halb in stillem Jubel; aber die Angst behielt die Oberhand. Ines war in ihre Kissen zurückgesunken; sie sprach nicht mehr; sie schlief – plötzlich.

Nesi, die sich leise von dem Bett entfernt hatte, kniete vor der Wiege ihres Schwesterchens; voll Bewunderung betrachtete sie das winzige Händchen, das sich aus den Kissen aufreckte, und wenn das rote Gesichtlein sich verzog und der kleine, unbeholfene Menschenlaut hervorbrach, dann leuchteten ihre Augen vor Entzücken. Rudolf, der still herangetreten war, legte liebkosend die Hand auf ihren Kopf; sie wandte sich um und küßte die andere Hand des Vaters, dann schaute sie wieder auf ihr Schwesterchen. – –

Die Stunden rückten weiter. Draußen leuchtete der Mittagsschein, und die Vorhänge an den Fenstern wurden fester zugezogen. Längst schon saß er wieder an dem Bette der geliebten Frau, in dumpfer Erwartung; Gedanken und Bilder kamen und gingen; er schaute sie nicht an, er ließ sie kommen und gehen. Schon einmal früher war es so wie jetzt gewesen; ein unheimliches Gefühl befiel ihn; ihm war, als lebe er zum zweitenmal. Er sah wieder den schwarzen Totenbaum aufsteigen und mit den düsteren Zweigen sein ganzes Haus bedecken. Angstvoll sah er nach der Kranken; aber sie schlummerte sanft; in ruhigen Atemzügen hob sich ihre Brust. Unter dem Fenster, in den blühenden Syringen sang ein kleiner Vogel immerzu; er hörte ihn nicht; er war bemüht, die trügerischen Hoffnungen fortzuscheuchen, die ihn jetzt umspinnen wollten.

Am Nachmittage kam der Arzt; er neigte sich über die Schlafende und nahm ihre Hand, die ein warmer, feuchter Hauch bedeckte. Rudolf blickte gespannt in das Antlitz seines Freundes, dessen Züge den Ausdruck der Überraschung annahmen.

»Schone mich nicht!« sagte er. »Laß mich alles wissen!«

Aber der Doktor drückte ihm die Hand.

– »Gerettet!« – Das einzige Wort hatte er behalten. Er hörte auf einmal den Gesang des Vogels; das ganze Leben kam zurückgeflutet. »Gerettet!« – Und er hatte auch sie schon verlorengegeben in die große Nacht; er hatte geglaubt, die heftige Erschütterung des Morgens müsse sie verderben; doch:

Es ward ihr zum Heil,
Es riß sie nach oben!

In diese Worte des Dichters faßte er all sein Glück zusammen; wie Musik klangen sie fort und fort in seinen Ohren.

– – Immer noch schlief die Kranke; immer noch saß er wartend an ihrem Bette. Nur die Nachtlampe dämmerte jetzt in dem stillen Zimmer; draußen aus dem Garten kam statt des Vogelsangs nun das Rauschen des Nachtwindes; manchmal wie Harfenton wehte es auf und zog vorüber; die jungen Zweige pochten an die Fenster.

»Ines!« flüsterte er; »Ines!« er konnte es nicht lassen, ihren Namen auszusprechen.

Da schlug sie die Augen auf und ließ sie fest und lange auf ihm ruhen, als müsse aus der Tiefe des Schlafes ihre Seele erst zu ihm hinaufgelangen.

»Du, Rudolf?« sagte sie endlich. »Und ich bin noch einmal wieder aufgewacht!«

Er blickte sie an und konnte sich nicht ersättigen an ihrem Anblick. »Ines«, sagte er – fast demütig klang seine Stimme – »ich sitze hier, und stundenlang schon trage ich das Glück wie eine schwere Last auf meinem Haupte; hilf es mir tragen, Ines!«

»Rudolf –!« Sie hatte sich mit einer kräftigen Bewegung aufgerichtet.

– »Du wirst leben, Ines!«

»Wer hat das gesagt?«

– »Dein Arzt, mein Freund; ich weiß, er hat sich nicht getäuscht.«

»Leben! O mein Gott! Leben! – Für mein Kind, für dich!« – Es war, als käme ihr plötzlich eine Erinnerung; sie schlang die Hände um den Hals ihres Mannes und drückte sein Ohr an ihren Mund. »Und für deine – für eure, unsere Nesi!« flüsterte sie. Dann ließ sie seinen Nacken los, und seine beiden Hände ergreifend, sprach sie zu ihm sanft und liebevoll. »Mir ist so leicht!« sagte sie. »Ich weiß gar nicht mehr, warum alles sonst so schwer gewesen ist!« Und ihm zunickend: »Du sollst nur sehen, Rudolf! nun kommt die gute Zeit! Aber« – und sie hob den Kopf und brachte ihre Augen ganz dicht an die seinen – »ich muß Teil haben an deiner Vergangenheit, dein ganzes Glück mußt du mir erzählen! Und, Rudolf, ihr süßes Bild soll in dem Zimmer hängen, das uns gemeinschaftlich gehört; sie muß dabeisein, wenn du mir erzählst!«

Er sah sie an wie ein Seliger.

»Ja, Ines; sie soll dabei sein!«

»Und Nesi! Ich erzähl' ihr wieder von ihrer Mutter, was ich von dir gehört habe; – was für ihr Alter paßt, Rudolf, nur das – –«

Er konnte nur stumm noch nicken.

»Wo ist Nesi?« fragte sie dann; »ich will ihr noch einen Gutenacht-Kuß geben!«

»Sie schläft, Ines«, sagte er, und strich sanft mit der Hand über ihre Stirn. »Es ist ja Mitternacht!«

»Mitternacht! So mußt auch du nun schlafen! Ich aber – lache mich nicht aus, Rudolf – mich hungert; ich muß essen! Und dann, nachher, die Wiege vor mein Bett; ganz nahe, Rudolf! Dann schlaf' auch ich wieder; ich fühl's; gewiß, du kannst ganz ruhig fortgehen.«

Er blieb noch.

»Ich muß erst eine Freude haben!« sagte er.

»Eine Freude?«

»Ja, Ines, eine ganz neue; ich will dich essen sehen!«

– »O du!«

– Und als ihm auch das geworden, trug er mit der Wärterin die Wiege vor das Bett.

»Und nun gute Nacht! Mir ist, als sollte ich noch einmal in unseren Hochzeitstag hineinschlafen.«

Sie aber wies glücklich lächelnd auf ihr Kind.

– Und bald war alles still. Aber nicht der schwarze Totenbaum streckte seine Zweige über das Dach des Hauses; aus fernen, goldnen Ährenfeldern nickte sanft der rote Mohn des Schlummers. Noch eine reiche Ernte stand bevor.

Und es war wieder Rosenzeit. – Auf dem breiten Steige des großen Gartens hielt ein lustiges Gefährte. Nero war augenscheinlich avanciert; denn nicht vor einem Puppen-, sondern vor einem wirklichen Kinderwagen stand er angeschirrt und hielt geduldig still, als Nesi an seinem mächtigen Kopfe jetzt die letzte Schnalle zuzog. Die alte Anne beugte sich zu dem Schirm des Wägelchens und zupfte an den Kissen, in denen das noch namenlose Töchterchen des Hauses mit großen offenen Augen lag; aber schon rief Nesi: »Hü, hott, alter Nero!«, und in würdevollem Schritt setzte die kleine Karawane sich zu ihrer täglichen Spazierfahrt in Bewegung.

Rudolf und mit ihm Ines, die schöner als je an seinem Arme hing, hatten lächelnd zugeschaut; nun gingen sie ihren eigenen Weg; seitwärts schlugen sie sich durch die Büsche entlang der Gartenmauer, und bald standen sie vor der noch immer verschlossenen Pforte. Das Gesträuch hing nicht wie sonst herab; ein Gestelle war untergebaut; so daß man wie durch einen schattigen Laubengang hinangelangte. Einen Augenblick horchten sie auf den vielstimmigen Gesang der Vögel, die drüben in der noch ungestörten Einsamkeit ihr Wesen trieben. Dann aber, von Ines' kleinen, kräftigen Händen bezwungen, drehte sich der Schlüssel, und kreischend sprang der Riegel zurück. Drinnen hörten sie die Vögel aufrauschen, und dann war alles still. Um eine Handbreit stand die Pforte offen; aber sie war an der Binnenseite von blühendem Geranke überstrickt; Ines wandte alle ihre Kräfte auf, es knisterte und knickte auch dahinter; aber die Pforte blieb gefangen.

»Du mußt!« sagte sie endlich, indem sie lächelnd und erschöpft zu ihrem Mann emporblickte.

Die Männerhand erzwang den vollen Eingang; dann legte Rudolf das zerrissene Gesträuch sorgsam nach beiden Seiten zurück.

Vor ihnen schimmerte jetzt in hellem Sonnenlicht der Kiesweg; aber leise, als sei es noch in jener Mondnacht, gingen sie zwischen den tiefgrünen Koniferen auf ihm hin, vorbei an den Zentifolien, die mit Hunderten von Rosen aus dem wuchernden Kraut hervorleuchteten, und am Ende des Steiges unter das verfallene Rohrdach, vor welchem jetzt die Clematis den ganzen Gartenstuhl besponnen hatte. Drinnen hatte, wie im vorigen Sommer, die Schwalbe ihr Nest gebaut; furchtlos flog sie über ihnen aus und ein.

Was sie zusammen sprachen? – Auch für Ines war jetzt heiliger Boden hier. – Mitunter schwiegen sie und hörten nur auf das Summen der Insekten, die draußen in den Düften spielten. Vor Jahren hatte Rudolf es schon ebenso gehört; immer war es so gewesen. Die Menschen starben; ob denn diese kleinen Musikanten ewig waren?

»Rudolf, ich habe etwas entdeckt!« begann jetzt Ines wieder. »Nimm einmal den ersten Buchstaben meines Namens und setz ihn an das Ende! Wie heißt er dann?«

»Nesi!« sagte er lächelnd. »Das trifft sich wunderbar.«

»Siehst du!« fuhr sie fort; »so hat die Nesi eigentlich meinen Namen. Ist's nicht billig, daß nun mein Kind den

Namen *ihrer* Mutter erhält? – Marie! – Es klingt so gut und mild; du weißt, es ist nicht einerlei, mit welchem Namen die Kinder sich gerufen hören!«

Er schwieg einen Augenblick!

»Laß uns mit diesen Dingen nicht spielen!« sagte er dann und sah ihr innig in die Augen. »Nein, Ines; auch mit dem Antlitz meines lieben, kleinen Kindes soll mir ihr Bild nicht übermalt werden. Nicht Marie, auch nicht Ines – wie es deine Mutter wünschte – darf das Kind mir heißen! Auch Ines ist für mich nur einmal und niemals wieder auf der Welt.« – Und nach einer Weile fügte er hinzu: »Wirst du nun sagen, daß du einen eigensinnigen Mann hast?«

»Nein, Rudolf; nur, daß du Nesis rechter Vater bist!«

»Und du, Ines?«

»Hab nur Geduld; ich werde schon dein rechtes Weib! – Aber –«

»Ist doch noch ein Aber da?«

»Kein böses, Rudolf! – Aber – wenn einst die Zeit dahin ist – denn einmal kommt ja doch das Ende – wenn wir alle dort sind, woran du keinen Glauben hast, aber vielleicht doch eine Hoffnung – wohin sie uns vorangegangen ist; dann« – und sie hob sich zu ihm empor und schlang beide Hände um seinen Nacken – »schüttle mich nicht ab, Rudolf! Versuch es nicht; ich lasse doch nicht von dir!«

Er schloß sie fest in seine Arme und sagte: »Laß uns das nächste tun; das ist das beste, was ein Mensch sich selbst und anderen lehren kann.«

»Und das wäre?« fragte sie.

»*Leben,* Ines; so schön und lange, wie wir es vermögen!«

Da hörten sie Kinderstimmen von der Pforte her; kleine, zum Herzen dringende Laute, die noch keine Worte waren, und ein helles »Hü!« und »Hott!« von Nesis kräftiger Stimme. Und unter dem Vorspann des getreuen Nero, behütet von der alten Dienerin, hielt die fröhliche Zukunft des Hauses ihren Einzug in den Garten der Vergangenheit.

JAMES THURBER

Das Einhorn im Garten

Einmal an einem sonnigen Morgen saß ein Mann in seiner Frühstücksecke und sah, als er von seinen Rühreiern aufblickte, ein weißes Einhorn mit einem goldenen Horn im Garten, das in aller Ruhe die Rosen abfraß. Der Mann ging in das Schlafzimmer hinauf, wo seine Frau noch im Schlummer lag, und weckte sie. »Im Garten ist ein Einhorn«, sagte er, »und frißt Rosen.«

Sie schlug mißgelaunt die Augen auf und schaute ihn an. »Das Einhorn ist ein sagenhaftes Tier«, versetzte sie und kehrte ihm den Rücken. Der Mann ging langsam die Treppe hinunter und in den Garten hinaus. Das Einhorn war noch da und weidete jetzt in den Tulpen. »Da, Einhorn«, sagte der Mann, und er rupfte eine Lilie ab und gab sie ihm. Das Einhorn fraß sie mit ernster Miene. Bewegten Gemüts, weil ein Einhorn in seinem Garten war, ging der Mann wieder hinauf und weckte abermals seine Frau. »Das Einhorn«, sagte er, »hat eine Lilie gefressen.« Seine Frau setzte sich im Bett auf und sah ihn kalt an. »Du bist ein Narr«, sagte sie, »und ich werde dich ins Narrenhaus stecken lassen.« Der Mann, der die Worte ›Narr‹ und ›Narrenhaus‹ nie gemocht hatte und sie an einem strahlenden Morgen, an dem ein Einhorn in seinem Garten war, noch weniger mochte, dachte einen Augenblick nach. »Das werden wir ja sehen«, sagte er. Er ging zur Tür. »Es hat ein goldenes Horn mitten auf der Stirn«, sagte er. Dann ging er wieder in den Garten, um dem Einhorn zuzuschauen; aber das Einhorn war weggegangen. Der Mann setzte sich in den Rosen nieder und schlief ein. Sobald ihr Gatte aus dem Hause war, stand die Frau auf und kleidete sich an, so schnell sie konnte. Sie war sehr aufgeregt, und es war ein stierer Blick in ihren Augen. Sie rief die Polizei an, und sie rief einen Psychiater an; sie sagte ihnen, sie sollten schleunigst in ihr Haus kommen und eine Zwangsjacke mitbringen. Als die Polizei und der Psychiater kamen, setzten sie sich auf Stühle und schauten sie mit großem Interesse an. »Mein Mann«, sagte sie, »hat heute morgen ein Einhorn gesehen.« Die Polizisten sahen den Psychiater an, und der Psychiater sah die Polizisten an. »Er erzählte mir, es habe eine Lilie gefressen«, sagte sie. Der Psychiater sah die Polizisten an, und die Polizisten sahen den Psychiater an. »Er erzählte mir, es habe ein goldenes Horn mitten auf der Stirn«, sagte sie. Auf ein ernstes Zeichen des Psychiaters sprangen die Polizisten von ihren Stühlen und ergriffen die Frau. Sie hatten große Mühe, sie zu überwältigen, denn sie wehrte sich fürchterlich, aber schießlich überwältigten sie sie doch. Als sie sie eben in die Zwangsjacke gesteckt hatten, kam der Gatte wieder ins Haus.

»Haben Sie Ihrer Frau erzählt, Sie hätten ein Einhorn gesehen?« fragten die Polizisten. »Natürlich nicht«, antwortete der Gatte, »das Einhorn ist ein sagenhaftes Tier.« »Mehr wollte ich nicht wissen«, sagte der Psychiater. »Führt sie weg. Ich bedaure, mein Herr, aber Ihre Frau Gemahlin ist leider total übergeschnappt.« So führten sie sie weg, so sehr sie auch fluchte und schrie, und sperrten sie in eine Anstalt. Der Mann lebte seitdem glücklich und zufrieden bis an sein seliges Ende.

Moral: Wer andern eine Grube gräbt …

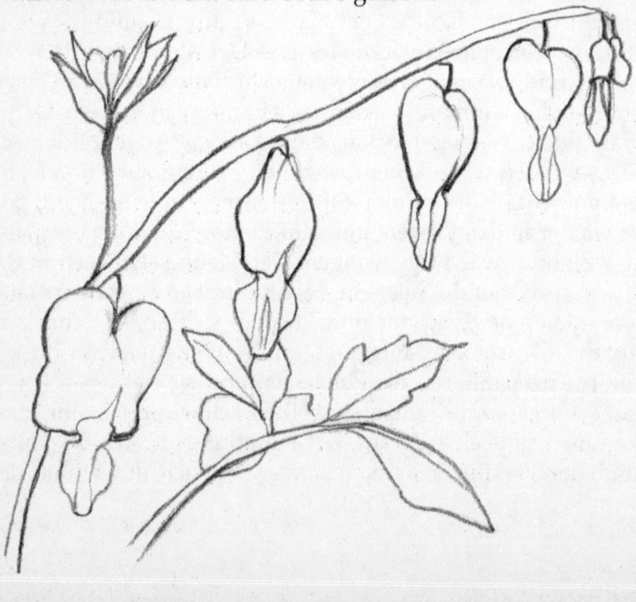

Alfred Döblin

Die Ermordung einer Butterblume

Der schwarzgekleidete Herr hatte erst seine Schritte gezählt, eins, zwei, drei, bis hundert und rückwärts, als er den breiten Fichtenweg nach St. Ottilien hinanstieg, und sich bei jeder Bewegung mit den Hüften stark nach rechts und links gewiegt, so daß er manchmal taumelte; dann vergaß er es.

Die hellbraunen Augen, die freundlich hervorquollen, starrten auf den Erdboden, der unter den Füßen fortzog, und die Arme schlenkerten an den Schultern, daß die weißen Manschetten halb über die Hände fielen. Wenn ein gelbrotes Abendlicht zwischen den Stämmen die Augen zum Zwinkern brachte, zuckte der Kopf, machten die Hände entrüstete hastige Abwehrbewegungen. Das dünne Spazierstöckchen wippte in der Rechten über Gräser und Blumen am Wegrand und vergnügte sich mit den Blüten.

Es blieb, als der Herr immer ruhig und achtlos seines Weges zog, an dem spärlichen Unkraut hängen. Da hielt der ernste Herr nicht inne, sondern ruckte, weiter schlendernd, nur leicht am Griff, schaute sich dann, am Arm festgehalten, verletzt um, riß erst vergebens, dann erfolgreich mit beiden Fäusten das Stöckchen los und trat atemlos mit zwei raschen Blicken auf den Stock und den Rasen zurück, so daß die Goldkette auf der schwarzen Weste hochsprang.

Außer sich stand der Dicke einen Augenblick da. Der steife Hut saß ihm im Nacken. Er fixierte die verwachsenen Blumen, um dann mit erhobenem Stock auf sie zu stürzen und blutroten Gesichts auf das stumme Gewächs loszuschlagen. Die Hiebe sausten rechts und links. Über den Weg flogen Stiele und Blätter.

Die Luft laut von sich blasend, mit blitzenden Augen ging der Herr weiter. Die Bäume schritten rasch an ihm vorbei; der Herr achtete auf nichts. Er hatte eine aufgestellte Nase und ein plattes bartloses Gesicht, ein ältliches Kindergesicht mit süßem Mündchen.

Bei einer scharfen Biegung des Weges nach oben galt es aufzuachten. Als er ruhiger marschierte und sich mit der Hand gereizt den Schweiß von der Nase wischte, tastete er, daß sein Gesicht sich ganz verzerrt hatte, daß seine Brust heftig keuchte. Er erschrak bei dem Gedanken, daß ihn jemand sehen könnte, etwa von seinen Geschäftsfreunden oder eine Dame. Er strich sein Gesicht und überzeugte sich mit einer verstohlenen Handbewegung, daß es glatt war.

Er ging ruhig. Warum keuchte er? Er lächelte verschämt. Vor die Blumen war er gesprungen und hatte mit dem Spazierstöckchen gemetzelt, ja, mit jenen heftigen, aber wohlgezielten Handbewegungen geschlagen, mit denen er seine Lehrlinge zu ohrfeigen gewohnt war, wenn sie nicht gewandt genug die Fliegen im Kontor fingen und nach der Größe sortiert ihm vorzeigten.

Häufig schüttelte der ernste Mann den Kopf über das sonderbare Vorkommnis. »Man wird nervös in der Stadt. Die Stadt macht mich nervös«, wiegte sich nachdenklich in den Hüften, nahm den steifen englischen Hut und fächelte die Tannenluft auf seinen Schopf.

Nach kurzer Zeit war er wieder dabei, seine Schritte zu zählen, eins, zwei, drei. Fuß trat vor Fuß, die Arme schlenkerten an den Schultern. Plötzlich sah Herr Michael Fischer, während sein Blick leer über den Wegrand strich, wie eine untersetzte Gestalt, er selbst, von dem Rasen zurücktrat, auf die Blumen stürzte und einer Butterblume den Kopf glatt abschlug. Greifbar geschah vor ihm, was sich vorhin begeben hatte an dem dunklen Weg. Diese Blume dort glich den andern auf ein Haar. Diese eine lockte seinen Blick, seine Hand, seinen Stock. Sein Arm hob sich, das Stöckchen sauste, wupp, flog der Kopf ab. Der Kopf überstürzte sich in der Luft, verschwand im Gras. Wild schlug das Herz des Kaufmanns. Plump sank jetzt der gelöste Pflanzenkopf und wühlte sich in das Gras. Tiefer, immer tiefer, durch die Grasdecke hindurch, in den Boden hinein. Jetzt fing er an zu sausen, in das Erdinnere, daß keine Hände ihn mehr halten konnten. Und von oben, aus dem Körperstumpf, tropfte es, quoll aus dem Halse weißes Blut, nach in das Loch, erst wenig, wie einem Gelähmten, dem der Speichel aus dem Mundwinkel läuft, dann in dickem Strom, rann schleimig, mit gelbem Schaum auf Herrn Michael zu, der vergeblich zu entfliehen suchte, nach rechts hüpfte, nach links hüpfte, der drüber wegspringen wollte, gegen dessen Füße es schon anbrandete.

Mechanisch setzte Herr Michael den Hut auf den schweißbedeckten Kopf, preßte die Hände mit dem Stöckchen gegen die Brust. »Was ist geschehen?« fragte er nach einer Weile. »Ich bin nicht berauscht. Der Kopf darf nicht fallen, er muß liegen bleiben, er muß im Gras liegen bleiben. Ich bin überzeugt, daß er jetzt ruhig im Gras liegt. Und das Blut – –. Ich erinnere mich dieser Blume nicht, ich bin mir absolut nichts bewußt.«

Er staunte, verstört, mißtrauisch gegen sich selbst. In ihm starrte alles auf die wilde Erregung, sann entsetzt über die Blume, den gesunkenen Kopf, den blutenden Stiel. Er sprang noch immer über den schleimigen Fluß. Wenn ihn jemand sähe, von seinen Geschäftsfreunden oder eine Dame.

In die Brust warf sich Herr Michael Fischer, umklammerte den Stock mit der Rechten. Er blickte auf seinen Rock und stärkte sich an seiner Haltung. Die eigenwilligen Gedanken wollte er schon unterkriegen: Selbstbeherrschung. Diesem Mangel an Gehorsam würde er, der Chef, energisch steuern. Man muß diesem Volk bestimmt entgegentreten: »Was steht zu Diensten? In meiner Firma ist solch Benehmen nicht üblich. Hausdiener, raus mit dem Kerl.« Dabei fuchtelte er, stehen bleibend, mit dem Stöckchen in der Luft herum. Eine kühle, ablehnende Miene hatte Herr Fischer aufgesetzt; nun wollte er einmal sehen. Seine Überlegenheit ging sogar soweit, daß er oben auf der breiten Fahrstraße seine Furchtsamkeit bespöttelte. Wie würde es sich komisch machen, wenn an allen Anschlagsäulen Freiburgs am nächsten Morgen ein rotes Plakat hinge: »Mord begangen an einer erwachsenen Butterblume, auf dem Wege vom Immental nach St. Ottilien, zwischen sieben und neun Uhr abends. Des Mordes verdächtig« et cetera. So spöttelte der schlaffe Herr in Schwarz und freute sich über die kühle Abendluft. Da unten würden die Kindermädchen, die Pärchen finden, was von seiner Hand geschehen war. Geschrei wird es geben und entsetztes Nachhauselaufen. An ihn würden die Kriminalbeamten denken, an den Mörder, der sich schlau ins Fäustchen lachte. Herr Michael erschauerte wüst über seine eigne Tollkühnheit, er hätte sich nie für so verworfen gehalten. Da unten lag aber sichtbar für die ganze Stadt ein Beweis seiner raschen Energie.

Der Rumpf ragt starr in die Luft, weißes Blut sickert aus dem Hals.

Herr Michael streckte leicht abwehrend die Hände vor.

Es gerinnt oben ganz dick und klebrig, so daß die Ameisen hängen bleiben.

Herr Michael strich sich die Schläfen und blies laut die Luft von sich.

Und daneben im Rasen fault der Kopf. Er wird zerquetscht, aufgelöst vom Regen, verwest. Ein gelber stinkender Matsch wird aus ihm, grünlich, gelblich schillernd, schleimartig wie Erbrochenes. Das hebt sich lebendig, rinnt auf ihn zu, gerade auf Herrn Michael zu, will ihn ersäufen, strömt klatschend gegen seinen Leib an, spritzt an seine Nase. Er springt, hüpft nur noch auf den Zehen.

Der feinfühlige Herr fuhr zusammen. Einen scheußlichen Geschmack fühlte er im Munde. Er konnte nicht schlucken vor Ekel, spie unaufhörlich. Häufig stolperte er, hüpfte unruhig, mit blaubleichen Lippen weiter.

»Ich weigere mich, ich weigere mich auf das entschiedenste, mit Ihrer Firma irgendwelche Beziehungen anzuknüpfen.«

Das Taschentuch drückte er an die Nase. Der Kopf mußte fort, der Stiel zugedeckt werden, eingestampft, verscharrt. Der Wald roch nach der Pflanzenleiche. Der Geruch ging neben Herrn Michael einher, wurde immer intensiver. Eine andere Blume mußte an jene Stelle gepflanzt werden, eine wohlriechende, ein Nelkengarten. Der Kadaver mitten im Walde mußte fort. Fort.

Im Augenblick, als Herr Fischer stehen bleiben wollte, fuhr es ihm durch den Kopf, daß es ja lächerlich war, umzukehren, mehr als lächerlich. Was ging ihn die Butterblume an? Bittere Wut lohte in ihm bei dem Gedanken, daß er fast überrumpelt war. Er hatte sich nicht zusammengenommen, biß sich in den Zeigefinger: »Paß auf, du, ich sag dir's, paß auf, Lump, verfluchter.« Zugleich warf sich hinterrücks Angst riesengroß über ihn.

Der finstere Dicke sah scheu um sich, griff in seine Hosentasche, zog ein kleines Taschenmesser heraus und klappte es auf.

Inzwischen gingen seine Füße weiter. Die Füße begannen ihn zu grimmen. Auch sie wollten sich zum Herrn aufwerfen; ihn empörte ihr eigenwilliges Vorwärtsdrängen. Diese Pferdchen wollte er bald kirren. Sie sollten es spüren. Ein scharfer Stich in die Flanken würde sie schon zähmen. Sie trugen ihn immer weiter fort. Es sah fast aus, als ob er von der Mordstelle fortliefe. Das sollte niemand glauben. Ein Rauschen von Vögeln, ein fernes Wimmern lag in der Luft und kam von unten herauf. »Halt, halt!« schrie er den Füßen zu. Da stieß er das Messer in einen Baum.

Mit beiden Armen umschlang er den Stamm und rieb die Wangen an der Borke. Seine Hände fingerten in der Luft, als ob sie etwas kneteten: »Nach Kanossa gehn wir nicht.« Mit angestrengt gerunzelter Stirn studierte der totblasse Herr die Risse des Baumes, duckte den Rücken, als ob von hinten etwas über ihn wegspringen sollte. Die Telegrafenverbindung zwischen sich und der Stelle hörte er immer wieder klirren, trotzdem er mit Fußstößen die Drähte verwirren und zudrücken wollte. Er suchte es sich zu verbergen, daß seine Wut schon gelähmt war, daß in ihm eine sachte Lüsternheit aufzuckte, eine Lüsternheit nachzugeben. Ganz hinten lüsterte ihn nach der Blume und der Mordstelle.

Herr Michael wippte versuchend mit den Knien, schnupperte in die Luft, horchte nach allen Seiten, flüsterte ängstlich: »Nur einscharren will ich den Kopf, weiter nichts. Dann ist alles gut. Rasch, bitte, bitte.« Er schloß unglücklich die Augen, drehte sich wie versehentlich auf den Hacken um. Dann schlenderte er, als wäre nichts geschehen, geradeaus abwärts, in gleichgültigem Spaziergängerschritt, mit leisem

Pfeifen, in das er einen sorglosen Ton legte, und streichelte, während er befreit aufatmete, die Bäumstämme am Wege. Dabei lächelte er, und sein Mäulchen wurde rund wie ein Loch. Laut sang er ein Lied, das ihm plötzlich einfiel: »Häschen in der Grube saß und schlief.« Das frühere Tänzeln, Wiegen der Hüften, Armschlenkern machte er nach. Das Stöckchen hatte er schuldbewußt hoch in den Ärmel hinaufgeschoben. Manchmal schlich er bei der Biegung des Weges rasch zurück, ob ihn jemand beobachte.

Vielleicht lebte sie überhaupt noch; ja woher wußte er denn, daß sie schon tot war? Ihm huschte durch den Kopf, daß er die Verletzte wieder heilen könnte, wenn er sie mit Hölzchen stützte und etwa ringsherum um Kopf und Stiel einen Klebeverband anlegte. Er fing an schneller zu gehen, seine Haltung zu vergessen, zu rennen. Mit einmal zitterte er vor Erwartung. Und stürzte lang an einer Biegung hin gegen einen abgeholzten Stamm, schlug sich Brust und Kinn, so daß er laut ächzte. Als er sich aufraffte, vergaß er den Hut im Gras; das zerbrochene Stöckchen zerriß ihm den Ärmel von innen; er merkte nichts. Hoho, man wollte ihn aufhalten, ihn sollte nichts aufhalten; er würde sie schon finden. Er kletterte wieder zurück. Wo war die Stelle? Er mußte die Stelle finden. Wenn er die Blume nur rufen könnte. Aber wie hieß sie denn? Er wußte nicht einmal, wie sie hieß. Ellen? Sie hieß vielleicht Ellen, gewiß Ellen. Er flüsterte ins Gras, bückte sich, um die Blumen mit der Hand anzustoßen.

»Ist Ellen hier? Wo liegt Ellen? Ihr, nun? Sie ist verwundet, am Kopf, etwas unterhalb des Kopfes. Ihr wißt es vielleicht noch nicht. Ich will ihr helfen; ich bin Arzt, Samariter. Nun, wo liegt sie? Ihr könnt es mir ruhig anvertrauen, sag ich euch.«

Aber wie sollte er, die er zerbrochen hatte, erkennen? Vielleicht faßte er sie gerade mit der Hand, vielleicht seufzte sie dicht neben ihm den letzten Atemzug aus.

Das durfte nicht sein.

Er brüllte: »Gebt sie heraus. Macht mich nicht unglücklich, ihr Hunde. Ich bin Samariter. Versteht ihr kein Deutsch?«

Ganz legte er sich auf die Erde, suchte, wühlte schließlich

blind im Gras, zerknäulte und zerkratzte die Blumen, während sein Mund offen stand und seine Augen gradaus flackerten. Er dumpfte lange vor sich hin.

»Herausgeben. Es müssen Bedingungen gestellt werden. Präliminarien. Der Arzt hat ein Recht auf den Kranken. Gesetze müssen eingebracht werden.«

Die Bäume standen tiefschwarz in der grauen Luft am Wege und überall herum. Es war auch zu spät, der Kopf gewiß schon vertrocknet. Ihn entsetzte der endgültige Todesgedanke und schüttelte ihm die Schultern.

Die schwarze runde Gestalt stand aus dem Grase auf und torkelte am Wegrand entlang abwärts.

Sie war tot. Von seiner Hand.

Er seufzte und rieb sich sinnend die Stirn.

Man würde über ihn herfallen, von allen Seiten. Man sollte nur, ihn kümmerte nichts mehr. Ihm war alles gleichgültig. Sie würden ihm den Kopf abschlagen, die Ohren abreißen, die Hände in glühende Kohlen legen. Er konnte nichts mehr tun. Er wußte, es würde ihnen allen einen Spaß machen, doch er würde keinen Laut von sich geben, um die gemeinen Henkersknechte zu ergötzen. Sie hatten kein Recht, ihn zu strafen, waren selbst verworfen. Ja, er hatte die Blume getötet, und das ging sie gar nichts an, und das war sein gutes Recht, woran er festhielte gegen sie alle. Es war sein Recht, Blumen zu töten, und er fühlte sich nicht verpflichtet, das näher zu begründen. Soviel Blumen, wie er wollte, könnte er umbringen, im Umkreise von tausend Meilen, nach Norden, Süden, Westen, Osten, wenn sie auch darüber grinsten. Und wenn sie weiter so lachten, würde er ihnen an die Kehle springen.

Stehen blieb er; seine Blicke gifteten in das schwere Dunkel der Fichten. Seine Lippen waren prall mit Blut gefüllt. Dann hastete er weiter.

Er mußte wohl hier im Wald kondolieren, den Schwestern der Toten. Er wies darauf hin, daß das Unglück geschehen sei, fast ohne sein Zutun, erinnerte an die traurige Erschöpfung, in der er aufgestiegen war. Und an die Hitze. Im Grunde seien ihm allerdings alle Butterblumen gleichgültig.

Verzweifelt zuckte er wieder mit den Schultern: »Was werden sie noch mit mir machen?« Er strich sich mit den schmutzigen Fingern die Wangen; er fand sich nicht mehr zurecht.

Was sollte das alles; um Gottes willen, was suchte er hier!

Auf dem kürzesten Wege wollte er davonschleichen, querabwärts durch die Bäume, sich einmal ganz klar und ruhig besinnen. Ganz langsam, Punkt für Punkt.

Um nicht auf dem glatten Boden auszugleiten, tastet er sich von Baum zu Baum. Die Blume, denkt er hinterlistig, kann ja auf dem Wege stehen bleiben, wo sie steht. Es gibt genug solch toten Unkrauts in der Welt.

Entsetzen packt ihn aber, als er sieht, wie aus einem Stamm, den er berührt, ein runder blaßheller Harztropfen tritt; der Baum weint. Im Dunkeln auf einen Pfad flüchtend, merkt er bald, daß sich der Weg sonderbar verengt, als ob der Wald ihn in eine Falle locken wolle. Die Bäume treten zum Gericht zusammen.

Er muß hinaus.

Wieder rennt er hart gegen eine niedrige Tanne; die schlägt mit aufgehobenen Händen auf ihn nieder. Da bricht er sich mit Gewalt Bahn, während ihm das Blut stromweise über das Gesicht fließt. Er speit, schlägt um sich, stößt laut schreiend mit den Füßen gegen die Bäume, rutscht sitzend und kollernd abwärts, läuft schließlich Hals über Kopf den letzten Abhang am Rand des Waldes herunter, den Dorflichtern zu, den zerfetzten Gehrock über den Kopf geschlagen, während hinter ihm der Berg drohsam rauscht, die Fäuste schüttelt und überall ein Bersten und Brechen von Bäumen sich hören läßt, die ihm nachlaufen und schimpfen.

Regungslos stand der dicke Herr an der Gaslaterne vor der kleinen Dorfkirche. Er trug keinen Hut auf dem Kopf, in seinem zerzausten Haarschopf war schwarze Erde und Tannennadeln, die er nicht abschüttelte. Er seufzte schwer. Als ihm warmes Blut den Nasenrücken entlang auf die Stiefel tropfte, nahm er langsam mit beiden Händen einen Rockschoß hoch und drückte ihn gegen das Gesicht. Dann hob er die Hände an das Licht und wunderte sich über die dicken blauen Adern auf dem Handrücken. Er strich an den dicken Knollen und konnte sie nicht wegstreichen. Beim Ansingen und Aufheulen der Elektrischen trollte er weiter, auf engen Gäßchen, nach Hause.

Nun saß er ganz blöde in seinem Schlafzimmer, sagte laut vor sich hin: »Da sitz ich, da sitz ich«, und sah sich verzweifelt im Zimmer um. Auf und ab ging er, zog seine Sachen aus und versteckte sie in einer Ecke des Kleiderspindes. Er zog einen andern schwarzen Anzug an und las auf seiner Chaiselongue das Tagblatt. Er zerknäulte es im Lesen; es war etwas geschehen, es war etwas geschehen. Und ganz spürte er es am nächsten Tage, als er an seinem Pulte saß. Er war versteinert, konnte nicht fluchen, und mit ihm ging eine sonderbare Stille herum.

Mit krampfhaftem Eifer sprach er sich vor, daß alles wohl geträumt sein müsse; aber die Risse an seiner Stirn waren echt. Dann muß es Dinge geben, die unglaublich sind. Die Bäume hatten nach ihm geschlagen, ein Geheul war um die Tote gewesen. Er saß versunken da und kümmerte sich zum Erstaunen des Personals nicht einmal um die brummenden Fliegen. Dann schikanierte er die Lehrlinge mit finsterer Miene, vernachlässigte seine Arbeit und ging auf und ab. Man sah ihn oft, wie er mit der Faust auf den Tisch schlug, die Backen aufblies, schrie, er würde einmal aufräumen im Geschäft und überall. Man würde es sehen. Er lasse sich nicht auf der Nase herumtanzen, von niemandem.

Als er rechnete, bestand aber am nächsten Vormittag unerwartet etwas darauf, daß er der Butterblume zehn Mark gutschrieb. Er erschrak, verfiel in bitteres Sinnen über seine Ohnmacht und bat den Prokuristen, die Rechnung weiterzuführen. Am Nachmittag legte er selbst das Geld in einen besonderen Kasten mit stummer Kälte; er wurde sogar veranlaßt, ein eigenes Konto für sie anzulegen; er war müde geworden, wollte seine Ruhe haben. Bald drängte es ihn, ihr von Speise und Trank zu opfern. Ein kleines Näpfchen wurde jeden Tag für sie neben Herrn Michaels Platz gestellt. Die Wirtschafterin hatte die Hände zusammengeschlagen, als er ihr dies Gedeck befahl; aber der Herr hatte sich mit einem unerhörten Zornesausbruch jede Kritik verbeten.

Er büßte, büßte für seine geheimnisvolle Schuld. Er trieb Gottesdienst mit der Butterblume, und der ruhige Kaufmann behauptete jetzt, jeder Mensch habe seine eigene Religion; man müsse eine persönliche Stellung zu einem unaussprechlichen Gott einnehmen. Es gebe Dinge, die nicht jeder begreift. In den Ernst seines Äffchengesichts war ein leidender Zug gekommen; auch seine Körperfülle hatte abgenommen, seine Augen lagen tief. Wie ein Gewissen sah die Blume in seine Handlungen, streng, von den größten bis zu den kleinsten alltäglichen.

Die Sonne schien in diesen Tagen oft auf die Stadt, das Münster und den Schloßberg, schien mit aller Lebensfülle. Da weinte der Verhärtete eines Morgens am Fenster auf, zum ersten Male seit seiner Kindheit. Urplötzlich, weinte, daß ihm fast das Herz brach. All diese Schönheit raubte ihm Ellen, die verhaßte Blume, mit jeder Schönheit der Welt klagte sie ihn jetzt an. Der Sonnenschein leuchtet, sie sieht ihn nicht; sie darf den Duft des weißen Jasmins nicht atmen. Niemand wird die Stelle ihres schmählichen Todes betrachten, keine Gebete wird man dort sprechen: das durfte sie ihm alles zwischen die Zähne werfen, wie lachhaft es auch war und er die Hände rang. Ihr ist alles versagt: das Mondlicht, das Brautglück des Sommers, das ruhige Zusammenleben mit dem Kuckuck, den Spaziergängern, den Kinderwagen. Er preßte das Mündchen zusammen; er wollte die Menschen zurückhalten, als sie den Berg hinaufzogen. Wenn doch die Welt mit einem Seufzer untergegangen wäre, damit der Blume das Maul gestopft sei. Ja, an Selbstmord dachte er, um diese Not endlich zu stillen.

Zwischendurch behandelte er sie erbittert, wegwerfend, drängte sie mit einem raschen Anlauf an die Wand. Er betrog sie in kleinen Dingen, stieß hastig, wie unabsichtlich, ihren Napf um, verrechnete sich zu ihrem Nachteil, behandelte sie manchmal listig wie einen Geschäftskonkurrenten. An dem Jahrestag ihres Todes stellte er sich, als ob er sich an nichts erinnerte. Erst als sie dringender auf eine stille Feier zu bestehen schien, widmete er ihrem Andenken einen halben Tag.

In einer Gesellschaft ging einmal die Frage nach dem Leibgericht herum. Als man Herrn Michael fragte, was er am liebsten esse, fuhr er mit kalter Überlegung heraus: »Butterblumen; Butterblumen sind mein Leibgericht.« Worauf alles in Gelächter ausbrach, Herr Michael aber sich zusammenduckte auf seinem Stuhl, mit verbissenen Zähnen das Lachen hörte und die Wut der Butterblume genoß. Er fühlte sich als scheusäliger Drache, der geruhsam Lebendiges herunterschluckt, dachte an wirr Japanisches und Harakiri. Wenngleich er heimlich eine schwere Strafe von ihr erwartete.

Einen solchen Guerillakrieg führte er ununterbrochen mit ihr; ununterbrochen schwebte er zwischen Todespein und Entzücken; er labte sich ängstlich an ihrem wütenden Schreien, das er manchmal zu hören glaubte. Täglich sann er auf neue Tücken; oft zog er sich, hoch aufgeregt, aus dem Kontor in sein Zimmer zurück, um ungestört Pläne zu schmieden. Und so heimlich verlief dieser Krieg, und niemand wußte darum.

Die Blume gehörte zu ihm, zum Komfort seines Lebens. Er dachte mit Verwunderung an die Zeit, in der er ohne die Blume gelebt hatte. Nun ging er oft mit trotziger Miene in den Wald nach St. Ottilien spazieren. Und während er sich eines sonnigen Abends auf einem gefallenen Baumstamm ausruhte, blitzte ihm der Gedanke: hier an der Stelle, wo er jetzt saß, hatte seine Butterblume, Ellen, gestanden. Hier mußte es gewesen sein. Wehmut und ängstliche Andacht ergriff den dicken Herrn. Wie hatte sich alles gewendet! Seit jenem Abend bis heute. Er ließ versunken die freundlichen, leicht verfinsterten Augen über das Unkraut gehen, die Schwestern, vielleicht Töchter Ellens. Nach langem Sinnen zuckte es spitzbübisch über sein glattes Gesicht. Oh, sollte seine liebe Blume jetzt eins bekommen. Wenn er eine Butterblume ausgrübe, eine Tochter der Toten, sie zu Hause einpflanzte, hegte und pflegte, so hatte die Alte eine junge Nebenbuhlerin. Ja, wenn er es recht überlegte, konnte er den

Tod der Alten überhaupt sühnen. Denn er rettete dieser Blume das Leben und kompensierte den Tod der Mutter; diese Tochter verdarb doch sehr wahrscheinlich hier. Oh, würde er die Alte ärgern, sie ganz kaltstellen. Der gesetzkundige Kaufmann erinnerte sich eines Paragraphen über Kompensation der Schuld. Er grub ein nahes Pflänzchen mit dem Taschenmesser aus, trug es behutsam in der bloßen Hand heim und pflanzte es in einen goldprunkenden Porzellantopf, den er auf einem Mosaiktischchen seines Schlafzimmers postierte. Auf den Boden des Topfes schrieb er mit Kohle: »§ 2403 Absatz 5.«

Täglich begoß der Glückliche die Pflanze mit boshafter Andacht und opferte der Toten, Ellen. Sie war gesetzlich, eventuell unter polizeilichen Maßregeln zur Resignation gezwungen, bekam keinen Napf mehr, keine Speise, kein Geld. Oft glaubte er, auf dem Sofa liegend, ihr Winseln, ihr langgezogenes Stöhnen zu hören. Das Selbstbewußtsein des Herrn Michael stieg in ungeahnter Weise. Er hatte manchmal fast Anwandlungen von Größenwahn. Niemals verfloß sein Leben so heiter.

Als er eines Abends vergnügt aus seinem Kontor in seine Wohnung geschlendert war, erklärte ihm seine Wirtschafterin gleich an der Tür gelassen, daß das Tischchen beim Reinemachen umgestürzt, der Topf zerbrochen sei. Sie hätte die Pflanze, das gemeine Mistzeug, mit allen Scherben in den Mülleimer werfen lassen. Der nüchterne, leicht verächtliche Ton, in dem die Person von dem Unfall berichtete, ließ erkennen, daß sie mit dem Ereignis lebhaft sympathisiere.

Der runde Herr Michael warf die Tür ins Schloß, schlug die kurzen Hände zusammen, quiekte laut vor Glück und hob die überraschte Weibsperson an den Hüften in die Höhe, so weit es seine Kräfte und die Deckenlänge der Person erlaubten. Dann schwänzelte er aus dem Korridor in sein Schlafzimmer, mit flackernden Augen, aufs höchste erregt; laut schnaufte er und stampften seine Beine; seine Lippen zitterten.

Es konnte ihm niemand etwas nachsagen; er hatte nicht mit dem geheimsten Gedanken den Tod dieser Blume gewünscht, nicht die Fingerspitze eines Gedankens dazu geboten. Die Alte, die Schwiegermutter, konnte jetzt fluchen und sagen, was sie wollte. Er hatte mit ihr nichts zu schaffen. Sie waren geschiedene Leute. Nun war er die ganze Butterblumensippschaft los. Das Recht und das Glück standen auf seiner Seite. Es war keine Frage. Er hatte den Wald übertölpelt.

Gleich wollte er nach St. Ottilien, in diesen brummigen, dummen Wald hinauf. In Gedanken schwang er schon sein schwarzes Stöckchen. Blumen, Kaulquappen, auch Kröten sollten daran glauben. Er konnte morden, so viel er wollte. Er pfiff auf sämtliche Butterblumen.

Vor Schadenfreude und Lachen wälzte sich der dicke, korrekt gekleidete Kaufmann Herr Michael Fischer auf seiner Chaiselongue.

Dann sprang er auf, stülpte seinen Hut auf den Schädel und stürmte an der verblüfften Haushälterin vorbei aus dem Hause auf die Straße.

Laut lachte und prustete er. Und so verschwand er in dem Dunkel des Bergwaldes.

ALBERTO MORAVIA

Die Mauer und die Geranie

Ich schlief, wachte auf, sprang sofort aus dem Bett, in dem Livia, meine Frau, noch schlief, und ging ins Bad. Unsere Wohnung ist klein, sie hat nur drei Zimmer; das Bad liegt gegenüber dem Schlafzimmer, und da ich in der Schlaftrunkenheit die Tür aufließ, wurde Livia vom Rauschen der Dusche wach. Als ich mich, blind vom Seifenschaum, unter dem Wasserstrahl drehte, spürte ich ihren Blick auf meinem Rücken. Ich wendete mich um, und dann sah ich, daß sie ungekämmt und im Schlafanzug, dessen Schlaffalten an ihrem Körper klebten, auf der Schwelle stand und mich anschaute: »Was machst du?«

»Das siehst du doch, ich dusche.«

»Warum duschst du?«

»Aber, Liebling, warum duscht man denn?«

»Aber du duschst doch nie nachmittags. Sonst wäschst du dir nach dem Ruhen nur die Hände und das Gesicht.«

»Heut' ist's aber sehr heiß, ich hab' geschwitzt, und da wollte ich halt duschen.«

»Was machst du denn jetzt?«

»Ich muß weggehen.«

»Ja, aber wohin?«

Ich drehte den Hahn, die Dusche lief nicht mehr, wir sahen uns schweigend an. Ich wußte sehr gut, wohin ich ging: nirgendwohin. Ich ging nur aus dem Haus, um aus dem Haus zu gehen, um, wie man so schön sagt, Luft zu schnappen. Ich war nahe daran, Livia diese dürftige Wahrheit zu sagen, aber als ich sie ansah, wußte ich, daß ich das nicht sagen durfte. Sie erwartete ja von mir, daß ich log und nicht etwa ihren Verdacht zerstreute, sondern ihn bestätigte: Eifersucht will nicht beruhigt werden, sondern sucht nach Nahrung. Im übrigen spurte ich, daß ich gar keine Lust hatte, die Wahrheit zu sagen; aber nicht deshalb, weil ich lieber log, sondern weil ich einfach nicht wußte, was diese

Wahrheit war. Was bedeutete das eigentlich, aus dem Haus zu gehen, um Luft zu schnappen? Ich wußte nicht, was es bedeutete, ich meine, ich wußte nicht, was sich wirklich hinter dieser allgemeinen Redewendung verbarg. Das mag hier alles ziemlich langatmig erscheinen, aber es ist die Beschreibung eines sehr flüchtigen Seelenzustandes, einer blitzschnellen Reflexion. Schließlich, daß heißt nach einigen Sekunden, antwortete ich kurz: »Ich will mir eine intravenöse Injektion machen lassen.«

Warum intravenöse Injektion? Als ich den Arm ausstreckte, um die Dusche abzudrehen, hatte ich an meinem Gelenk die pochende, blaue Vene unter den Wassertropfen gesehen, und dabei war mir eingefallen, daß der Arzt bei der letzten Injektion dort die Nadel eingestochen hatte.

Livia sagte: »Was für eine intravenöse Injektion?«

»Ich bin etwas erschöpft, und der Arzt hat mir eine Aufbau-Kur verordnet.«

»Welcher Arzt?«

»Unserer, Bollati.«

»Wann warst du denn bei ihm?«

»Gestern.«

Bei der letzten Lüge sah ich sie von unten her an und war sicher, daß sie den Arzt nicht anrufen würde, um meine Angabe zu kontrollieren: Sie war eifersüchtig und wollte eifersüchtig bleiben.

Sie fragte: »Wo läßt du dir denn die Injektion machen? Bei ihm?«

Nun wohnt unser Arzt nicht weit von uns entfernt. Ohne zu zögern antwortete ich: »Nein, bei einem Kollegen, den er mir empfohlen hat, einem gewissen Lucenti.«

»Wo?«

»In Trastevere.«

Um diese Antwort zu verstehen, muß man wissen, daß wir in der Nähe der Piazza Bologna wohnen. Für den Hin- und Rückweg von der Piazza Bologna nach Trastevere braucht man nicht weniger als zwei Stunden.

Livia drängte weiter: »Wo denn da, in Trastevere?«

Ich sagte aufs Geratewohl: »In der Vicolo del Cinque.«

»Nummer?«
»Nummer sechsundvierzig.«
Sie sah mich an. Endlich sagte sie: »Sergio!«
»Nun?«
»Du lügst mich an, das fühle ich.«
»Aber nein, ich lüge dich nicht an.«
»Schwöre, daß du mich nicht anlügst!«
»Ich schwöre.«
»Schwör bei meinem Leben. Aber ich mache dich darauf aufmerksam, daß derjenige sterben kann, bei dessen Leben man falsch schwört.«
»Ich schwöre bei deinem Leben.«
»Und wann kommst du zurück?«
»Na ja, von der Piazza Bologna bis nach Trastevere ist es ganz schön weit. Für hin und zurück und das übrige braucht man etwa zwei Stunden.«
»Was heißt ›das übrige‹?«
»Das sind die Verkehrsstockungen, die eventuelle Wartezeit beim Arzt, die Injektion und so weiter, und so weiter.«
»Was heißt das: und so weiter, und so weiter?«
»Na, all es Unvorhergesehene.«
»Was zum Beispiel?«
»Daß ich beispielsweise von einer begeisterten Menschenmenge aufgehalten werde, die jemanden im Triumphzug zum Vatikan trägt – man nennt ihn den Papst.«
Jetzt sagte sie nichts, sondern ging ins Schlafzimmer. Ich ging ihr nach, sie lag auf der Seite im Bett, als wolle sie schlafen. Ich zog mich leise an; ich sagte: »Tschau«, und sie antwortete: »Tschau«, und ich ging hinaus.
Als ich im Wagen durch die engen, glühenden Straßen fuhr, hatte ich ein so starkes Gefühl der Erleichterung, als hätte ich mit meinen Lügen vor Livia wirklich etwas verbergen wollen, das ich hinter ihrem Rücken tun wollte. Aber was? Ich wußte es nicht, es war etwas Undefinierbares, Unkenntliches, das an der Schwelle meines Bewußtseins stand, dunkel und formlos. Ich fragte mich schnell, ob sich hinter meinen Ausflüchten vielleicht der allgemeine und keineswegs geheimnisvolle Wunsch nach einem erotischen Aben-

teuer in Trastevere versteckte, mußte das aber sofort verneinen. Ich wußte ebenfalls, daß ich Livia nicht angelogen hatte, um mir meine Selbständigkeit ihr gegenüber zu bestätigen, meine geistige Freiheit. Auch dies wäre ja verständlich gewesen, aber es traf nicht zu.

Unter solchen Betrachtungen fuhr ich sehr schnell durch die Via Nomentana, die Via Venti Settembre, die Via Nazionale, den Corso Vittorio Emanuele und den Lungotevere entlang. Ich nahm die Garibaldibrücke, um den Tiber zu überqueren, und bog in die Viale di Trastevere ein. Hier war die Vicolo del Cinque.

Langsam fuhr ich an den Toren und Türchen der alten Häuser vorbei, an den bescheidenen Läden für Kurzwaren, Salz und Tabak, Brot und Teigwaren, für Wein, Öl und Lebensmittel, und suchte nach der Nummer 46. Die Straße war alt und wirkte provinziell, die Frauen liefen in Unterröcken herum, die Männer im Trikotunterhemd; sie saßen breitbeinig auf Strohstühlen und genossen die Frische des Abends; eine Unmenge spielender Kinder lief umher, sie strichen an meiner Motorhaube entlang, obwohl ich Lärm machte, indem ich mit der Hand auf meiner Autotür schlug. Da war die Nummer 40, Nummer 42 und dort die Nummer 46. Es war ein Café.

Ich parkte, setzte mich an ein Tischchen und sah mich um. Das Café war sehr bescheiden mit seinen vier kleinen Tischen, an denen kein einziger Gast saß. Neben der Tür hockte eine ungeheure, weiße, von der Hitze aufgelöste Frau, die einem winzigen, grauen, verkümmerten Kind die Brust gab: wahrscheinlich die Frau des Cafébesitzers. Der Kellner kam, ein kleiner Bursche in einer Schürze, die größer war als er, ich bestellte einen Kaffee, und dann fragte ich mich, was ich eigentlich in Trastevere wollte.

Es war unwahrscheinlich, wenn auch nicht unmöglich, daß ich in meinem Unterbewußtsein glaubte, jemanden hier in diesem Café zu treffen; ich mußte mich umsehen. Und dann wußte ich es endlich. Gegenüber dem Café erhob sich unter einem Giebeldach mit alten Ziegeln eine große Mauer ohne Fenster, vielleicht die Wand eines alten Stalles oder einer Remise für Kutschen, die es in Trastevere immer noch gibt. Die Farbe der Mauer war ein Gemisch von Rot, Braun und Orange, doch unter dem Schleier einer dunklen, rauchigen Patina, die ohne Zweifel durch Regen und große Hitze entstanden war, ausgetrocknet in Jahrhunderten. Weiße Gipsschnörkel, schwarzer Bleistift, Namen, Daten, Schmierereien jeder Art hatten die getünchte Oberfläche in eine phantastische Schiefertafel verwandelt, auf der sich über die Exempel und Rechnungen der Lehrer eine einzige, dichte, unverständliche Stickerei gelegt hatte, eine riesige Fläche von Bizarrerien, die von den Schülern stammten.

Ich betrachtete die Mauer und wußte, daß sie es war, die ich vor Livia hatte verbergen wollen, oder vielmehr die Betrachtung dieser Mauer, die nichts darstellte und nichts anderes war als eine Mauer, welche allerdings in diesem Augenblick viel realer war als das, woran Livia dachte und was sie so sehr beschäftigte: Liebe, Eifersucht, Betrug, Ehe, Treue, Ehebruch und so fort. Das Betrachten der Mauer beruhigte mich und machte mich wieder heiter, denn ich spürte, daß sie sozusagen ein Symbol war für all das, was Livia nicht zur Kenntnis nahm, ja, dessen Existenz sie nicht einmal ahnte. Und deshalb hätte ich hier wer weiß wie lange bleiben können, um zu schauen. Vielleicht das ganze Leben lang.

Ich blieb jedoch nur eine halbe Stunde. Dann stand ich auf, setzte mich wieder in den Wagen und fuhr durch die gleichen Straßen zurück, durch die ich gekommen war.

Kaum war ich in der Diele, warf Livia sich mir entgegen und umarmte mich: »Entschuldige, verzeih mir!«

»Was denn?«

»Daß ich eifersüchtig war.«

»Da gibt es nichts zu verzeihen, du hast doch nichts Schlimmes getan, du hast mich nur verschiedenes gefragt.«

»Als du weg warst, hab' ich mich auf den Balkon gesetzt und ohne etwas zu denken nur geschaut. Ich habe geschaut, geschaut und geschaut und schließlich gespürt, daß ich mich verändert hatte: ich war nicht mehr eifersüchtig. Und ich habe beschlossen, es nie mehr zu sein.«

»Du hast geschaut –?«

»Ja.«

»Was hast du denn gesehen? Eine Mauer?«

»Warum eine Mauer?«

»Nur so.«

»Nein, ich hab' keine Mauer angeseh'n, sondern die Geranie dort mit den herrlichen roten Blüten und den grünen Blättern. Zwei Stunden hab' ich sie angeschaut, und ich schaute sie noch immer an, als du kamst.«

YASUNARI KAWABATA

Der Rotpflaumenbaum

Unter der Decke des Kotatsu-Stövchens einander gegenübersitzend, blickten Vater und Mutter auf die ersten zwei, drei rosaroten Blüten, die draußen am alten Pflaumenbaum aufgegangen waren, und stritten sich.

Der Rotpflaumenbaum habe in all den Jahrzehnten immer von denselben unteren Zweigen her zu blühen angefangen; seit sie als junge Frau in das Haus gekommen sei, habe sich dieser alte Baum insofern nicht im geringsten verändert. Erklärte der Vater. Hierauf die Mutter: Daran könne sie sich nicht erinnern. Daß sie seiner Ergriffenheit nicht zuzustimmen vermochte, schien ihn zu erbittern. Sie habe, seit sie hier sei, nie die Zeit gehabt, die Pflaumenblüte zu betrachten. Sagte die Mutter. Weil sie, erwiderte der Vater, ihre Tage einfach so dahingelebt habe. Offenbar war seine Empfindung davon, wie kurz im Vergleich zu dem hohen Alter des Pflaumenbaums das menschliche Leben sei, bereits wieder im Schwinden begriffen.

Dann kamen sie irgendwie auf die Neujahrskuchen zu sprechen. Der Vater meinte, er habe die Kuchen am zweiten Neujahrstag in der ›Fūgetsudō‹ gekauft; hingegen beharrte die Mutter darauf: Dies sei keineswegs so gewesen.

»Schau mal, ich habe den Wagen vor der Konditorei ›Meiji‹ warten lassen, um anschließend zur ›Fūgetsudō‹ hinüberzufahren. Nun ja, tatsächlich habe ich wohl bei beiden gekauft.«

»In der Konditorei ›Meiji‹ hast du gekauft, das ist wahr … Aber nie, seit ich in diesem Haus bin, habe ich es erlebt, daß du irgend etwas in der ›Fūgetsudō‹ gekauft hättest.«

»Ach, übertreib doch nicht!«

»Wenigstens habe ich nichts davon abbekommen.«

»Jetzt tu mal nicht so! Natürlich hast du zu Neujahr mitgegessen. Ich weiß genau, daß ich welche gekauft habe.«

»Nein, das ist zu arg! Solch einen Unsinn zu reden ... Da muß einem ja richtig unheimlich werden.«

»Hm, laß mich überlegen ...«

Das alles hörte die Tochter, die in der Küche das Mittagessen bereitete. Sie kannte die Wahrheit. Aber einmischen mochte sie sich nicht. Lächelnd stand sie am Herd.

»Ich werde sie doch mit nach Hause gebracht haben, oder?«

Daß der Vater in der ›Fūgetsudō‹ welche gekauft haben könnte, soviel zumindest schien die Mutter inzwischen einzuräumen. »Nur habe ich nichts davon gesehen.«

»Ich denke, ich habe sie mitgebracht ... oder sollte ich sie im Wagen vergessen haben?« Offensichtlich begann auch das Erinnerungsvermögen des Vaters zu wanken.

»Aber wo! ... Und selbst wenn du sie liegengelassen hättest, der Fahrer würde sie gewiß bei uns abgeliefert haben. So was nimmt einer doch nicht einfach mit. Zumal es sich um einen Firmenwagen gehandelt hat.«

»Ja, nicht wahr?«

Die Tochter verspürte ein leichtes Unbehagen.

Seltsam, daß die Mutter das alles vergessen hatte; seltsam auch, daß der Vater angesichts ihrer Behauptungen allmählich sein Selbstvertrauen verlor.

Er war am zweiten Neujahrstag mit dem Wagen ausgefahren und hatte in der ›Fūgetsudō‹ eine Menge Reisküchlein gekauft. Und die Mutter hatte mit davon gegessen.

Eine Weile schwiegen die beiden, dann plötzlich schien sich die Mutter zu erinnern. Mit der größten Selbstverständlichkeit sagte sie: »Ach, ich weiß, du hattest Reisküchlein gekauft. Stimmt's?«

»Allerdings.«

»Solche Nachtigallenküchlein. Doppelseitig gebackene. Wir hatten so viele davon, daß wir uns kaum retten konnten.«

»Allerdings. Und ich hatte sie gekauft.«

»Daß es aber so billige Kuchen in der ›Fūgetsudō‹ überhaupt zu kaufen gibt!?«

»Gibt es. Allerdings.«

»Ja, richtig. Und dann haben wir sie jemandem geschenkt. Ich hab' sie noch in Papier eingewickelt... na, wem haben wir sie doch gleich geschenkt?«

»Das war es. Wir haben sie weggegeben.«

Die Stimme des Vaters klang, als hätte sich ein Krampf in seinen Schultern gelöst, und schnell setzte er hinzu: »An Fusae, oder nicht?«

»Wahrscheinlich. Ja, es könnte Fusae gewesen sein. War es auch. Ich hab' noch zu ihr gesagt, sie soll die Kinder nichts davon sehen lassen. Hab' sie ihr heimlich eingepackt.«

»Ich bin ganz sicher, daß es Fusae war.«

»Und ob. Ohne jeden Zweifel. Sie ist es gewesen.«

Beider Tonfall war um einiges ruhiger geworden. Das Gefühl der Einmütigkeit befriedigte jeden auf seine Weise.

Dennoch sah auch hier die Wahrheit anders aus. Sie hatten die Kuchen nicht dem früheren Hausmädchen Fusae geschenkt, sondern dem kleinen Jungen des Nachbarn.

Die Tochter wartete: Würde es, wie vorhin, der Mutter am Ende doch noch einfallen? Doch aus dem Teezimmer war in der Stille nur das Summen des eisernen Kessels zu hören.

Als die Tochter das Mittagessen hereintrug und auf den Tisch über dem Kotatsu-Stövchen stellte, fragte der Vater: »Sag, Yoshiko, hast du das Gespräch eben mit angehört?«

»Ja.«

»Es ist schon ein Elend, wie sehr sich bei deiner Mutter das Alter bemerkbar macht. Sie wird nur immer eigensinniger. Yoshiko, sei du ihr Gedächtnis!«

»Ich frage mich«, warf die Mutter ein, »wie es da mit deinem Vater steht... wenngleich heute bei der ›Fūgetsudō‹-Geschichte ich die Unterlegene war.«

Die Tochter wollte die Sache mit Fusae zur Sprache bringen, ließ es aber schließlich doch sein.

Das war zwei Jahre, bevor der Vater starb. Er hatte einen

leichten Gehirnschlag erlitten und war danach kaum noch in die Firma gefahren.

Der alte Pflaumenbaum fing auch später stets von den unteren Zweigen her zu blühen an. Oft erinnerte sich die Tochter dann des ›Fūgetsudō‹-Gesprächs der beiden. Doch versuchte sie nie, mit der Mutter darüber zu sprechen. Ihr schien, sie hätte es längst vergessen.

D. H. LAWRENCE

Chrysanthemenduft

Die kleine Lokomotive Nummer 4 kam mit sieben vollen Loren rasselnd von Selston heruntergeholpert. Mit bedrohlich lauten Anzeichen hoher Geschwindigkeit tauchte sie hinter der Kurve auf, das Fohlen aber, das sie aus dem Stechginster aufschreckte, der noch matt durch den naßkalten Nachmittag flackerte, ließ sie im leichten Galopp weit hinter sich. Eine Frau, die auf den Gleisen nach Underwood wollte, drängte sich in die Hecke hinein, hielt ihren Korb beiseite und beobachtete, wie der Führerstand der Lokomotive näher kam. Eine nach der andern rumpelten und polterten die Loren vorbei, in langsamer unaufhaltsamer Fahrt, während sie, ein Nichts, zwischen den ratternden schwarzen Wagen und der Hecke eingezwängt dastand; dann bogen sie ab, auf das Wäldchen zu, wo die welken Eichenblätter lautlos herabfielen und die Vögel, die eben noch an den scharlachroten Hagebutten neben dem Bahndamm gezupft hatten, in die Dämmerung davonflogen, die schon in das Dickicht gekrochen war.

Im Freien sank der Rauch der Lokomotive herab und blieb in dem struppigen Gras hängen. Die Felder waren öde und leer, und auf dem Sumpfstreifen, der zum Göpel führte, einem schilfreichen Grubentümpel, hatten die Hühner bereits ihren Auslauf unter den Erlen verlassen, um in dem geteerten Hühnerstall auf der Stange zu sitzen. Hinter dem Teich ragte undeutlich die Hängebank auf, Flammen wie rote Wunden züngelten über die aschigen Hänge im vergehenden Licht des Nachmittags. Gleich dahinter erhoben sich die spitz zulaufenden Schlote und die plumpen schwarzen Fördertürme der Kohlenzeche von Brinsley. Schnell drehten sich die beiden Räder vor dem Himmel, und die Fördermaschine ließ ihr stoßweises Fauchen hören. Die Bergleute fuhren aus.

Die Lokomotive pfiff, als sie in das weite Areal neben der

Zeche kam, wo die Schienenstränge endeten und viele Reihen Loren abgestellt waren.

Bergleute, einzeln, hintereinander oder in Gruppen, kamen wie Schemen vorbei und strebten ihren Häusern zu. Am Rande der gerippten Schienenfläche kauerte drei Stufen vom Bahnkörper hinunter ein niedriges Häuschen. Als wolle er das Ziegeldach herunterzerren, rankte daran ein mächtiger, knorriger Weinstock. Um den mit Backsteinen gepflasterten Hof wuchsen ein paar kümmerliche Primeln. Dahinter erstreckte sich ein langer Garten bis hinunter zu einem von Gebüsch verdeckten Bachlauf. Darin gab es ein paar dürre, frostrissige Apfelbäume und struppige Kohlstrünke. Am Weg ließen zerzauste blaßrote Chrysanthemen die Köpfe hängen, wie an Sträucher gehängte blaßrote Lappen. Eine Frau trat gebückt aus dem mit Filz abgedeckten Hühnerstall, der etwa in der Mitte des Gartens stand. Sie verschloß die Tür mit einem Vorhängeschloß, und nachdem sie ihre weiße Schürze saubergewischt hatte, richtete sie sich auf.

Sie war eine hochgewachsene Frau von gebieterischer Haltung, hübsch, mit scharf gezogenen schwarzen Augenbrauen. Das glatte schwarze Haar trug sie streng gescheitelt. Eine Weile blickte sie unverwandt zu den Bergleuten hin, die am Bahndamm entlanggingen. Dann wandte sie sich zum Bach. Ihre Miene war ruhig und unbeweglich, der Mund durch Enttäuschung schmal. Einen Augenblick später rief sie:

»John!« Keine Antwort. Sie wartete, dann noch einmal, betont:

»Wo bist du?«

»Hier!« antwortete eine verdrießliche Kinderstimme vom Gebüsch her. Die Frau spähte angestrengt durch das Halbdunkel.

»Bist du etwa am Bach?« fragte sie streng.

Statt einer Antwort tauchte das Kind selbst vor den Himbeerruten auf, die wie Peitschen hochragten. Es war ein kleiner, kräftiger Junge von fünf Jahren. Ganz still, trotzig stand er da.

»Oh!« Die Mutter war beruhigt. »Ich dachte schon, du wärst da unten am nassen Bach – und du weißt doch noch, was ich dir gesagt habe –«

Der Junge rührte sich nicht, noch antwortete er.

»Na, kommt jetzt lieber rein«, sagte die Mutter jetzt liebevoller, »es wird allmählich dunkel. Da kommt schon die Lok von deinem Großvater die Schienen lang.«

Unlustig, wortlos setzte sich der Kleine langsam in Bewegung. Er trug Hose und Weste aus einem Tuch, das für die Größe der Kleidungsstücke viel zu derb war. Zweifelsohne waren sie aus Männerkleidern zurechtgeschnitten worden.

Während sie langsam zum Haus gingen, zupfte er an den zerzausten Büscheln der Chrysanthemen und streute die Blütenblätter eine Handvoll nach der anderen auf den Weg.

»Laß das – es sieht so häßlich aus«, schalt die Mutter. Er ließ es sein, und in plötzlichem Jammer brach sie einen Stengel mit drei oder vier fahlen Blüten ab und hielt ihn vors Gesicht. Als Mutter und Sohn in den Hof kamen, zögerte ihre Hand, und anstatt die Blume wegzuwerfen, steckte sie sie ins Schürzenband. Mutter und Sohn standen am Fuß der drei Stufen und schauten über die Verladegleise zu den heimkehrenden Bergleuten hinüber. Das Räderrollen des kleinen Zuges klang schon ganz nahe. Und da tauchte auch schon die Lokomotive hinter dem Haus auf und hielt gegenüber dem Gartentor.

Der Lokführer, ein kleiner Mann mit grauem Vollbart, beugte sich hoch über der Frau aus dem Führerstand.

»Gibt's bei dir eine Tasse Tee?« fragte er lebhaft, herzlich.

Es war ihr Vater. Sie würde welchen machen, sagte sie und ging ins Haus. Gleich darauf kam sie wieder.

»Ich bin am Sonntag nicht zu euch gekommen«, begann der kleine graubärtige Mann.

»Ich hatte dich auch nicht erwartet«, erwiderte die Tochter.

Der Lokomotivführer zuckte zusammen; dann ließ er sich wieder in seiner heiteren, leichten Art hören:

»Oh, dann weißt du's also schon? Hm, und was meinst du –?«

»Ich denke, es ist reichlich früh«, antwortete sie.

Bei ihrem schroffen Bescheid machte der kleine Mann eine ungeduldige Handbewegung und sagte gewinnend, doch mit gefährlicher Kälte:

»Na ja, was soll ein Mann denn machen? Es ist doch kein Leben für einen Mann in meinem Alter, zu Hause wie ein Fremder rumzusitzen. Und wenn ich schon daran denke, mich wieder zu verheiraten, dann kann es genausogut bald sein – wem liegt schon daran?«

Die Frau gab keine Antwort, sondern wandte sich um und ging ins Haus. Der Mann im Führerhaus stand herausfordernd da, bis sie mit einer Tasse Tee und einem Teller mit Butterbrot wiederkam. Sie ging die Stufen hinauf und trat dicht an den Führerstand der zischenden Lokomotive heran.

»Das Butterbrot wäre aber nich nötig gewesen«, meinte ihr Vater. »Aber eine Tasse Tee«, er schlürfte genießerisch, »das is' was Feines.« Nachdem er ein paar Augenblicke schweigend getrunken hatte, sagte er: »Ich hab' gehört, Walter hat wieder einen draufgemacht.«

»Wann hätte er das nicht?« entgegnete die Frau bitter.

»Im ›Lord Nelson‹ hat man davon erzählt, wie er damit großgetan hätte, eine Lage zu schmeißen, ehe er ging: zehn Shilling waren's.«

»Wann?« fragte die Frau.

»Samstag abend – ich weiß, das stimmt.«

»Höchstwahrscheinlich«, lachte sie bitter. »Mir gibt er dreiundzwanzig Shilling.«

»Tja, das is' schon 'ne schöne Geschichte, wenn ein Mann mit seinem Geld nichts Bess'res anzufangen weiß, als sich wie 'n Vieh vollaufen zu lassen«, sagte der graubärtige Mann. Die Frau wandte den Kopf ab. Ihr Vater trank den letzten Schluck Tee und gab ihr die Tasse.

»Tja«, seufzte er und wischte sich den Mund ab. »Nich übel als Abschiedsschluck, nee –«

Er legte die Hand auf den Hebel. Die kleine Lokomotive legte sich ächzend ins Zeug, und der Zug ratterte los in Richtung Bahnübergang. Wieder blickte die Frau über die Gleise hinüber. Dunkelheit senkte sich auf das Bahngelände mit den Loren herab: noch immer kamen in grauen düsteren Gruppen die Bergleute auf ihrem Nachhauseweg vorbei. Die Fördermaschine ging in schnellem Takt, mit kurzen Unterbrechungen. Elizabeth Bates sah zu dem düsteren Strom von Männern hinüber, dann trat sie ins Haus. Ihr Mann kam nicht.

Die Küche war klein und vom Feuerschein erhellt; im Ofenloch glühten aufgeschichtete rote Kohlen. Das ganze Leben des Hauses, so schien es, befand sich in dem weißen, warmen Herd und dem stählernen Ofenschirm, in dem sich das rote Feuer spiegelte. Der Tisch war für den Tee gedeckt; Tassen schimmerten aus dem Dunkel. An der Rückseite, wo sich die untersten Treppenstufen bis ins Zimmer drängten, saß der Junge und mühte sich mit einem Messer und einem Stück hellem Holz ab. Er war beinahe von der Dunkelheit verschluckt. Es war halb fünf. Sie mußten nur noch auf den Vater warten, dann könnten sie mit dem Tee beginnen. Als die Mutter ihrem Sohn zusah, der sich da verbissen mit dem Holz abplagte, erkannte sie in dessen schweigender Beharrlichkeit sich selbst; und in der Gleichgültigkeit des Kindes allem außer sich selbst gegenüber erkannte sie den Vater. In Gedanken schien sie bei ihrem Mann zu verweilen. Wahrscheinlich war er an seinem Haus vorbeigegangen, hatte sich an der eigenen Tür vorübergeschlichen, um ins Wirtshaus zu gehen, ehe er heimkam, während inzwischen sein Essen dastand und verdarb. Sie warf einen Blick auf die Uhr, dann nahm sie den Topf, um draußen im Hof die Kartoffeln abzugießen. Der Garten und die Felder hinter dem Bach waren in ungewisses Dunkel gehüllt. Als sie sich mit dem Topf wieder aufrichtete und das abgegossene Kartoffelwasser hinter ihr in der Nacht dampfte, sah sie, daß jetzt an der Straße, die hinter dem Bahngelände und dem Feld anstieg, die gelben Lampen angingen.

Dann blickte sie wieder zu den Männern hin, die nach Hause strömten, weniger jetzt, immer weniger.

Drinnen fiel das Feuer langsam in sich zusammen, und der Raum war in Dunkelrot getaucht. Die Frau stellte den Topf auf die Herdseite und schob einen Eierteigpudding ans Ofenloch. Dann stand sie reglos da. Gleich darauf, wie gut, näherten sich rasche junge Schritte der Tür. Einen Augenblick wurde die Klinke heruntergedrückt, dann kam ein kleines Mädchen herein und begann ihre Straßenkleidung abzulegen. Als die Kleine den Hut abnahm, zog sie eine Fülle golden bis braun schimmernder Locken über die Augen.

Die Mutter schalt sie aus, weil sie so spät von der Schule heimkäme, und sagte, sie würde sie wohl an den dunklen Wintertagen zu Hause behalten müssen.

»Warum denn, Mutter, es ist doch noch kaum ein bißchen dunkel. Die Lampe brennt auch nicht, und Vater ist noch nicht da.«

»Nein, er ist noch nicht da. Aber es ist schon dreiviertel fünf. Hast du ihn irgendwo gesehen?«

Das Kind wurde ernst. Aus großen, nachdenklichen Blauaugen sah es die Mutter an.

»Nein, Mutter, ich hab' ihn nirgends gesehen. Warum? Ist er etwa vom Schacht gleich nach Old Brinsley weitergegangen? Nein, Mutter, denn ich hab' ihn nicht gesehn.«

»Da würde er schon aufpassen«, versetzte die Mutter bitter, »er würde sich schon vorsehen, damit du ihn nicht siehst. Aber du kannst dich drauf verlassen, er sitzt im ›Prince of Wales‹. Sonst wäre er doch nicht so spät dran.«

Die Kleine sah die Mutter bekümmert an.

»Wollen wir nicht schon Tee trinken, Mutter?« fragte sie. Die Mutter rief John an den Tisch. Noch einmal öffnete sie die Tür und spähte hinaus über die dunklen Schienen. Alles war still. Nicht einmal die Fördermaschine war mehr zu hören.

»Vielleicht«, redete sie sich ein, »ist er auch länger geblieben, um noch einen Abschnitt fertigzumachen.«

Sie setzten sich um den Teetisch. John, am Tischende bei der Tür, war beinahe in der Dunkelheit verschwunden. Ihre Gesichter waren voreinander verborgen. Das Mädchen kauerte vor dem Herdgitter und schwenkte langsam eine dicke Scheibe Brot vor dem Feuer hin und her. Der Junge, sein Gesicht nur ein Schatten im Halbdunkel, saß da, die Augen auf die Schwester gerichtet, die vom roten Feuerschein verklärt war.

»Ich finde es herrlich, ins Feuer zu gucken«, sagte das Kind.

»So?« entgegnete die Mutter. »Warum?«

»Es ist so rot und voller kleiner Höhlen, und es fühlt sich so schön an, und du kannst es richtig riechen.«

»Da muß schleunigst wieder etwas nachgelegt werden«, erwiderte die Mutter, »sonst regt sich euer Vater auf, wenn er dann kommt. Immer beschwert er sich, nie würde ein ordentliches Feuer brennen, wenn ein Mann verschwitzt aus dem Schacht nach Hause kommt. In der Kneipe wär's immer schön warm.«

Darauf herrschte Schweigen, bis sich der Junge maulend hören ließ: »Nun mach doch bißchen schneller, Annie.«

»Ich mach' doch schon schnell! Ich kann das Feuer ja nicht antreiben, oder?«

»Sie quasselt zuviel, drum dauert's so lange«, brummte der Junge.

»Du sollst nicht so böse Gedanken haben, Kind«, wies ihn die Mutter zurecht.

Bald wurde es lebendig in dem dunklen Raum: unter den eifrig zubeißenden Zähnen knackte das knusprige Brot. Die Mutter aß sehr wenig. Entschlossen trank sie ihren Tee und versank in Nachdenken. Als sie aufstand, verriet sich Zorn darin, wie sie unnachgiebig den Kopf zurückwarf. Nach einem Blick auf den Pudding auf dem Herdgitter brach es aus ihr heraus:

»Eine Schande ist es, wenn ein Mann nicht mal zum Essen heimkommen kann! Und wenn alles verkohlt, ist mir doch egal. An der eigenen Tür geht er vorbei, um nur ja ins Wirtshaus zu kommen, und ich sitz' da mit seinem Essen und warte auf ihn –«

Sie ging hinaus. Als sie ein Stück Kohle nach dem andern auf das rote Feuer warf, fielen die Schatten auf die Wände, bis das Zimmer beinahe völlig im Dunkeln lag.

»Kann nichts sehen«, maulte der unsichtbare John. Wider Willen mußte die Mutter lachen.

»Du wirst deinen Mund schon finden«, sagte sie. Sie brachte die Kehrichtschaufel vor die Tür. Als sie wiederkam, wie ein Schemen auf dem Herd, quengelte der Junge erneut:

»Kann nichts sehen.«

»Du meine Güte!« schimpfte die Mutter, »du bist genauso schlimm wie dein Vater, wenn's 'n bißchen dunkel ist!«

Trotzdem nahm sie aus einem Bündel auf dem Kaminsims einen Papierfidibus und machte sich daran, die Lampe anzuzünden, die in der Mitte des Zimmers von der Decke herabhing. Als sie hinauflangte, ließ ihre schon voller werdende Gestalt ihre Schwangerschaft erkennen.

»O Mutter!« rief das Mädchen.

»Was ist?« fragte die Frau, die gerade den Glaszylinder über die Flamme hatte schieben wollen und nun innehielt. Der Kupferkessel warf einen feinen Schimmer auf sie, als sie, den Arm erhoben, dastand und sich ihrer Tochter zuwandte.

»Du hast ja eine Blume in der Schürze!« Das Kind zeigte sich geradezu begeistert von diesem ungewöhnlichen Ereignis.

»Du lieber Gott!« Die Frau war erleichtert. »Man könnte meinen, das Haus brennt.« Sie schob den Zylinder zurecht und wartete einen Augenblick, ehe sie den Docht hochschraubte. Ein bleicher Schatten schwebte undeutlich auf dem Fußboden.

»Laß mich mal riechen!« bat das Kind, noch immer verzückt, es trat herzu und hielt das Gesicht an die Taille der Mutter.

»Ach, geh, du Närrchen!« Die Mutter drehte die Lampe auf. Das Licht enthüllte bange Erwartung im Raum, so daß die Frau es bald nicht mehr zu ertragen meinte. Annie beugte sich noch immer zu ihrer Taille hinab. Ärgerlich nestelte die Mutter die Blumen aus dem Schürzenbund.

»Ach, Mutter – laß sie doch dort!« rief Annie, griff nach ihrer Hand und versuchte, den Blütenstengel wieder zurückzutun.

»So ein Unsinn!« Die Mutter wandte sich ab. Das Kind hob die bleichen Chrysanthemen an die Lippen und flüsterte:

»Duften sie nicht herrlich?«

Die Mutter lachte kurz auf.

»Nein«, erwiderte sie, »für mich nicht. Chrysanthemen waren es, als ich ihn heiratete, und Chrysanthemen, als du geboren wurdest, und das allererste Mal, als sie ihn betrunken nach Hause brachten, hatte er braune Chrysanthemen im Knopfloch.«

Sie sah die Kinder an. Deren Augen und offene Münder verrieten Staunen. Die Mutter saß geraume Zeit da und schaukelte schweigend in ihrem Stuhl. Dann sah sie auf die Uhr.

»Zwanzig Minuten vor sechs!« im Tone leicht bittrer Gleichgültigkeit setzte sie hinzu: »O je, nun wird er erst kommen, wenn sie ihn bringen. Nun bleibt er da kleben! Aber hier braucht er in seinem Grubendreck auch nicht hereingetorkelt zu kommen, ich wasch' ihn nämlich nicht. Meinetwegen kann er auf dem Fußboden schlafen – ach, wie dumm bin ich doch gewesen, wie dumm! Und deswegen bin ich nun hierhergekommen, in das Dreckloch hier, voller Ratten und so was, damit er an der eigenen Tür vorbeischleicht. Vorige Woche zweimal – jetzt wieder –«

Sie verstummte und stand auf, um den Tisch abzuräumen.

Während die Kinder noch eine Stunde oder länger spielten, mit gedämpftem Eifer, doch voll blühender Phantasie, eins in Furcht vor Mutters Zorn und voller Grauen vor der Heimkehr ihres Vaters, saß Mrs. Bates im Schaukelstuhl und nähte an einer Unterjacke aus dickem kremfarbigem Flanell, der einen dumpfen Ton von sich gab, wie verletzt, als sie den grauen Saum aufriß. Sie betrieb die Näherei mit Energie, hörte dabei den Kindern zu, und ihr Zorn wurde müde, legte sich gleichsam zur Ruhe, um immer mal die Augen aufzuschlagen, ständig auf der Hut, die Ohren gespitzt. Zuweilen verzagte sogar ihr Zorn und schwand, und die Mutter unterbrach ihre Näharbeit, um den Schritten zu lauschen, die draußen die Bahnschwellen entlangtappten. Schon wollte sie den Kopf zurückwerfen, um die Kinder »scht!« zu ermahnen, still zu sein, besann sich aber noch rechtzeitig, und die Schritte gingen am Gartentor vorbei, und die Kinder wurden nicht aus ihrer Spielwelt herausgerissen.

Schließlich aber seufzte Annie und gab auf. Sie warf einen Blick auf ihren Waggon aus Pantoffeln, das Spiel war ihr verleidet. Traurig wandte sie sich an die Mutter.

»Mutter!« Aber ihr fehlten die Worte.

John kam wie ein Frosch unter dem Sofa hervorgekrochen. Die Mutter sah auf.

»Ja«, sagte sie, »nun guck dir bloß mal die Hemdsärmel an!« Der Junge hielt sie vor sich hin, um sie zu begutachten, sagte aber kein Wort. Dann rief jemand mit heiserer Stimme an der Bahnlinie weiter unten, und im Zimmer knisterte die Spannung, bis zwei Leute im Gespräch draußen vorbeigegangen waren.

»Zeit, ins Bett zu gehen«, sagte die Mutter.

»Vater ist noch nicht da«, jammerte Annie weinerlich. Aber die Mutter ließ sich nicht beirren.

»Wenn schon. Wenn er kommt, bringen sie ihn – wie einen Klotz«, was heißen sollte, es würde keinen Auftritt geben. »Und er mag auf dem Fußboden schlafen, bis er von selber aufwacht. Danach wird er dann morgen ganz bestimmt nicht auf Arbeit gehen.«

Den Kindern wurden Hände und Gesicht mit einem Waschlappen abgewischt. Sie waren mucksmäuschenstill. Als sie ins Nachthemd geschlüpft waren, sagten sie ihre Gebete auf, der Junge murmelte nur vor sich hin. Die Mutter sah auf sie hinab, auf den seidigbraunen, wuscheligen Lockenschopf im Nacken des Mädchens, auf den kleinen schwarzen Kopf des Jungen, und das Herz wollte ihr brechen vor Zorn über deren Vater, der ihnen allen dreien so viel Kummer bereitete. Die Kinder versteckten das Gesicht in ihren Röcken, um Trost zu suchen.

Als Mrs. Bates wieder hinunterkam, war der Raum seltsam leer, gespannte Erwartung lag darin. Sie griff zu ihrer Handarbeit und nähte eine Zeitlang, ohne aufzusehen. Unterdessen schwang in ihrem Zorn ein Anflug von Angst.

Die Uhr schlug acht, da stand sie mit einemmal auf und ließ die Näharbeit auf den Stuhl fallen. Sie ging zu der Tür am Fuße der Treppe, öffnete sie und lauschte. Dann ging sie hinaus und schloß die Tür hinter sich ab.

Auf dem Hof raschelte etwas, und sie fuhr erschrocken zusammen, obgleich sie wußte, daß es nur Ratten waren, von denen es hier nur so wimmelte. Die Nacht war stockdunkel. Auf dem großen Bahngelände, das mit Loren vollstand, schimmerte kein bißchen Licht, nur ganz hinten konnte sie ein paar gelbe Lampen am Förderturm und den roten Fleck der brennenden Halde vor dem Nachthimmel sehen. Sie eilte neben den Gleisen entlang, überquerte dann die zusammenlaufenden Schienenstränge und kam an das Drehkreuz bei den weißen Schranken, von dort dann auf die Straße. Nun schwand die Angst, die sie geleitet hatte. Leute waren nach New Brinsley unterwegs: sie sah die Lichter in den Häusern; zwanzig Yards weiter vorn schimmerten die breiten Fenster im ›Prince of Wales‹, sehr warm und hell, und deutlich waren laute Männerstimmen zu hören. Wie dumm von ihr, sich einzubilden, daß ihm etwas passiert wäre! Er saß ganz einfach dort drüben im ›Prince of Wales‹ und trank einen. Sie zögerte. Bisher hatte sie ihn noch nie geholt und würde das auch nie. So ging sie denn weiter auf die lange, unregelmäßige Reihe Häuser zu, die ein wenig von der Straße ab standen. Sie trat in einen Durchgang zwischen den Häusern. »Mr. Rigley? – Ja! Zu ihm wollten Sie? Nein, er ist im Moment nicht da.«

Die grobknochige Frau beugte sich aus der dunklen Spülküche heraus und spähte zu der andern hin, auf die durch den Fensterladen der Küche ein schwacher Lichtschein fiel.

»Mrs. Bates?« fragte sie in respektvoll gefärbtem Ton.

»Ja. Ich wollte gern wissen, ob Ihr Mann schon mal zu Hause war. Meiner ist nämlich noch nicht heimgekommen.«

»So! Oh, Jack is' zu Hause gewesen und hat gegessen und is' wieder fort. Nur auf 'ne halbe Stunde vorm Schlafengehn. Haben Sie schon im ›Prince of Wales‹ reingeguckt?«

»Nein –«

»Nein, das mochten Sie wohl nicht. Is' auch nich sehr

schön.« Die andere zeigte Verständnis. Darauf entstand verlegenes Schweigen. »Jack hat nie nischt von – von Ihrem Mann erzählt«, sagte sie.

»Nein! Er wird wohl da drin klebengeblieben sein.«

Elizabeth Bates klang bitter und leichthin. Sie wußte, daß die Frau von der andern Hofseite an der Tür stand und horchte, aber das war ihr einerlei. Schon wandte sie sich –

»Warten Sie mal! Ich geh mal Jack fragen, ob er was weiß«, sagte Mrs. Rigley.

»Ach nein – ich möchte nicht, daß Sie –«

»Doch, ich geh', wenn Sie nur reinkommen und aufpassen wolln, daß die Kinder nich etwa runterkommen und sich verbrennen.«

Unter gemurmeltem Protest trat Elizabeth Bates ein. Die andere Frau entschuldigte sich dafür, wie es drinnen aussah.

Die Küche hatte allerdings eine Entschuldigung nötig. Auf Sofa und Fußboden lagen von den Kindern Kleidchen und Hosen und Unterwäsche herum, dazu überall verstreut Spielsachen. Auf der schwarzen Wachstuchtischdecke herrschte ein Durcheinander von Brot- und Kuchenkrümeln, Brotrinden, Pfützen und einer Teekanne mit kaltem Tee.

»Ach was, bei uns sieht's genauso aus«, versicherte Elizabeth Bates, dabei schaute sie die Frau an, nicht das Haus. Mrs. Rigley band sich ein Tuch um den Kopf und eilte fort:

»Bin gleich wieder da.«

Die andere setzte sich und bemerkte mit leichter Mißbilligung die allgemeine Unordnung im Zimmer. Dann machte sie sich daran, die Schuhe zu zählen, die in allen Größen über den Fußboden verstreut lagen. Es waren zwölf. Sie seufzte und sagte zu sich: »Kein Wunder!« mit einem Blick auf das Durcheinander. Da erklang das scharrende Geräusch von zwei Paar Füßen auf dem Hof, und die Rigleys traten ein. Elizabeth Bates stand auf. Rigley war ein großer, kräftiger Mann mit sehr starkem Knochenbau. Sein Kopf sah ganz besonders knochig aus. Über die Schläfe lief eine blaue Narbe, die Wunde dazu hatte er sich im Schacht zugezogen, eine Wunde, in der der Kohlenstaub wie blau tätowiert haften blieb.

»Isser noch nich heimgekommen?« fragte der Mann, ohne eine Form des Grußes, aber voller Achtung und Mitleid. »Ich kannich sagen, wo er is' – dort drüben isser nich!« Er deutete mit dem Kopf auf den ›Prince of Wales‹.

»Vielleicht isser in die ›Eibe‹«, meinte Mrs. Rigley.

Wieder herrschte Schweigen. Ganz offensichtlich wollte sich Rigley etwas von der Seele reden.

»Wie ich weg bin, war er noch dabei, sein Tagewerk fertig zu machen«, begann er. »'s waren ungefähr zehn Minuten seit der Sirene, als wir losgehen, und ich ruf: ›Kommste, Walt?‹, und er sagt: ›Geht nur schon, ich bleib' bloß noch 'n kleinen Augenblick‹; wir sind also zum Füllort, Bowers und ich, und ich denk', er is' gleich hinter uns und kommt mit der nächsten Fuhre rauf –«

Verwirrt stand er da, als verteidige er sich gegen die Anklage, seinen Kumpel im Stich gelassen zu haben. Elizabeth Bates, die nun wieder von einem Unglück überzeugt war, beeilte sich, beschwichtigend auf ihn einzureden:

»Ich denk mir, er is' in die ›Eibe‹, wie Sie gesagt haben. Ist nicht das erste Mal. Ich hab' mich schon früher wahnsinnig aufgeregt. Er wird erst nach Hause kommen, wenn sie ihn tragen müssen.«

»Ach, das is' wirklich schlimm!« klagte die andere Frau.

»Ich geh' mal zu Dick und guck, ob er wirklich dort is'«, erbot sich der Mann, er hatte Angst, man könne ihm seine Unruhe anmerken, aber auch Angst, sich vielleicht zuviel herauszunehmen.

»Ach, so viel Umstände wollte ich Ihnen wirklich nicht machen«, wehrte Elizabeth Bates nachdrücklich ab, aber er wußte, sie war froh über sein Angebot.

Als sie die Einfahrt entlangstolperten, hörte Elizabeth Bates Rigleys Frau über den Hof laufen und die Tür zum Nachbarhaus öffnen. Da schien auf einmal all ihr Blut aus dem Herzen zu weichen.

»Vorsicht!« warnte Rigley. »Ich hab' schon so oft gesagt, wenn ich nich endlich mal die Furchen in dem Weg hier zuschütte, dann bricht sich noch mal einer die Beine.«

Sie fing sich wieder und ging eilig mit dem Bergmann weiter.

»Ich laß die Kinder nicht gern allein im Bett, wenn niemand im Hause ist«, sagte sie.

»Freilich«, erwiderte er höflich. Schon bald waren sie an der Pforte bei ihrem Häuschen.

»Also, ich bleib' nich lange. Nu machen Sie sich keine Sorgen, 's is' alles in Ordnung mit ihm«, sagte der Vorarbeiter.

»Haben Sie vielen Dank, Mr. Rigley«, erwiderte sie.

»Nichts zu danken«, stammelte er und ging. »Ich bin nich lange.«

Im Haus war alles ruhig. Elizabeth Bates legte Hut und Schal ab und schlug den Läufer zurück. Als sie damit fertig war, setzte sie sich hin. Es war kurz nach neun. Sie erschrak über das eilige Puffen der Fördermaschine und das scharfe Schwirren der Bremsen am Seil, das in den Schacht hinunterlief. Abermals spürte sie das schmerzhafte Brausen ihres Blutes, und sie faßte sich mit der Hand an die Seite, und mit den Worten: »Du meine Güte! Das ist nur der Neun-Uhr-Steiger, der einfährt«, wies sie sich selbst zurecht.

Sie saß still da und horchte. Eine halbe Stunde war so vergangen, und sie war erschöpft.

»Wozu rege ich mich denn bloß so auf?« sagte sie voll Selbstmitleid zu sich, »ich schade mir nur selber damit.«

Sie nahm sich wieder ihre Näharbeit vor.

Dreiviertel zehn erklangen Schritte. Einer! Sie blickte auf die Tür, bis sie aufging. Herein trat eine ältere Frau mit schwarzer Haube und schwarzem Wolltuch – seine Mutter. Sie war etwa sechzig Jahre alt, blaß, mit blauen Augen, das Gesicht voller Runzeln und Jammer. Sie schloß die Tür und wandte sich grämlich an ihre Schwiegertochter.

»Ach, Lizzie, was sollen wir bloß machen, was sollen wir denn bloß machen!« rief sie.

Elizabeth fuhr jäh zusammen.

»Was ist los, Mutter?« fragte sie.

Die alte Frau setzte sich aufs Sofa.

»Ich weiß nicht, Kind, ich kann dir's nicht sagen.« Langsam schüttelte sie den Kopf. Elizabeth saß da und sah sie in banger Sorge an.

»Ich weiß es nicht«, antwortete die Großmutter unter tiefem Seufzen. »Die Sorgen hören nimmer auf, o nein. Was ich alles durchgemacht habe, das ist doch bestimmt genug!« Sie weinte, ohne sich die Augen zu wischen, die Tränen liefen ihr übers Gesicht.

»Aber Mutter«, fiel Elizabeth ein, »was meinst du damit? Was ist denn los?«

Die Großmutter wischte sich langsam über die Augen. Elizabeth' Direktheit hatte den Quell ihrer Tränen versiegen lassen. Langsam wischte sie sich über die Augen.

»Armes Kind! Ach, du armes Kind!« stöhnte sie. »Ich weiß nicht, was wir machen sollen, nein wirklich nicht, und du, in deinem Zustand – das ist eine schlimme Sache, weiß Gott!«

Elizabeth wartete.

»Ist er tot?« fragte sie, und das Herz schlug ihr wie wild bei diesen Worten, obgleich sie ob der außerordentlichen Ungeheuerlichkeit ihrer Frage leichte Schamröte empfand. Ihre Worte jagten der alten Frau solche Angst ein, daß sie beinahe wieder zu sich fand.

»Sag das nicht, Elizabeth! Hoffen wir, daß es nicht so schlimm ist; nein, möge Gott uns davor bewahren, Elizabeth. Gerade als ich mich zu meinem Gläschen vorm Schlafengehen hinsetzen wollte, da kam Jack Rigley und sagte: ›Vielleicht gehn Sie mal die Bahnlinie runter, Mrs. Bates. Walt hat 'n Unfall gehabt. Vielleicht bleiben Sie bei ihr, bis wir ihn heimbringen können.‹ Ich hatte nicht mal Zeit, ihn was zu fragen, da war er schon wieder fort. Und ich den Hut aufgesetzt und schnurstracks hierher, Lizzie. Ich hab' mir gedacht, ach das arme Kind, in ihrem gesegneten Zustand, wenn da nun jemand einfach so mit der Tür ins Haus fällt, wer weiß, was ihr dann passiert. Du darfst dich nicht zu sehr aufregen, Lizzie – sonst weißt du ja, was du zu erwarten hast. Wie weit bist du nun eigentlich, Lizzie, im sechsten Monat oder im fünften? Ach!« Die alte Frau schüttelte den Kopf, »die Zeit vergeht, die Zeit vergeht! Ach ja!«

Elizabeth war in Gedanken anderweitig beschäftigt. Falls

er tot war – wäre sie dann in der Lage, mit der kleinen Rente und dem, was sie verdienen konnte, auszukommen? Sie rechnete fieberhaft. Falls er verletzt war – sie würden ihn nicht ins Krankenhaus bringen – wie aufreibend wäre es, ihn zu pflegen! Aber vielleicht brächte sie es fertig, ihm das Trinken abzugewöhnen samt seinen sonstigen Unsitten. Das ginge sicher, solange er krank wäre. Bei dieser Vorstellung wollten ihr die Tränen in die Augen kommen. Doch was für sentimentaler Unfug war das nur, worauf sie sich da einließ? Sie lenkte ihre Gedanken auf die Kinder. Auf jeden Fall brauchten die sie unbedingt. Sie waren ihre Aufgabe.

»Ach ja!« wiederholte die alte Frau, »es ist, als ob's nur paar Wochen her wär, daß er mir seinen ersten Lohn gebracht hat. Ach – er war ein guter Junge, Elizabeth, das war er in seiner Art. Ich weiß nicht, warum er so viel Kummer machen mußte, das weiß ich wirklich nicht. Daheim war er ein glücklicher Junge, immer guter Laune. Aber fest steht, er hat ganz schön viel Ärger gemacht, o ja. Ich hoffe, der Herr ist ihm gnädig, damit er sich bessern kann. Das hoffe ich, ja, das hoffe ich. Du hast schon einen Haufen Ärger mit ihm gehabt, Elizabeth, weiß Gott. Aber bei mir war er ein richtig netter Junge gewesen, o ja, das kann ich dir versichern. Ich weiß nicht, wie es kommt ...«

So redete die alte Frau unaufhörlich vor sich hin, ein eintöniges störendes Gebrabbel, während Elizabeth, tief in Nachdenken versunken, einmal daraus aufschreckte, als sie die Fördermaschine eilig fauchen und die Bremsen quietschen hörte. Dann ging die Maschine langsamer, und die Bremsen schwiegen. Die alte Frau merkte nichts. Elizabeth wartete gespannt. Die Schwiegermutter redete, zuweilen versank sie in Schweigen.

»Aber er war nicht dein Sohn, Lizzie, und das ist eben was ganz anderes. Was immer er auch gewesen sein mag, ich weiß noch genau, wie er klein war, und ich hab' gelernt, ihn zu verstehen und Nachsicht zu haben. Du mußt Nachsicht haben –«

Es war halb elf, und die alte Frau sagte gerade: »Aber Sorgen hat man von Anfang bis Ende; da kannst du noch so alt sein, Sorgen gibt's immer, dazu ist man wohl nie zu alt –«, als die Pforte zuklappte und schwere Tritte auf der Treppe erklangen.

»Ich geh, Lizzie, laß mich gehn«, rief die alte Frau und stand auch schon auf. Aber Elizabeth war bereits an der Tür. Da stand ein Mann in Grubenkleidung.

»Sie bringen ihn jetzt her, Missis«, sagte er. Einen Augenblick stockte Elizabeth das Herz. Dann schlug es wieder ungestüm weiter, benahm ihr fast die Luft.

»Ist er – ist es schlimm?« fragte sie.

Der Mann wandte sich ab und blickte in die Dunkelheit hinaus: »Der Doktor sagt, er wär' schon 'n paar Stunden tot. Er hat ihn in der Lampenbude untersucht.«

Die alte Frau, die gleich hinter Elizabeth stand, ließ sich auf einen Stuhl fallen, faltete die Hände und jammerte: »Oh, mein Junge, mein Junge!«

»Scht!« machte Elizabeth mit heftigem Stirnrunzeln.

»Sei still, Mutter, weck bloß nicht die Kinder auf. Die sollen nicht hier runterkommen, auf gar keinen Fall.«

Die alte Frau stöhnte leise und wiegte sich hin und her. Der Mann wandte sich zum Gehen. Elizabeth trat auf ihn zu.

»Wie ist das gekommen?« fragte sie.

»So ganz genau weiß ich das auch nicht«, antwortete der Mann, dem gar nicht wohl in seiner Haut war. »Er hat sein Tagwerk fertig machen wollen, und die Akkordmeister waren schon fort, und da is' 'ne Menge Hangendes auf ihn runtergestürzt.«

»Und hat ihn zermalmt?« rief die Witwe erschauernd.

»Nein«, sagte der Mann, »es fiel hinter ihm runter. Er war unter dem Stoß, und es hat ihn nicht mal gestreift. Hat ihn eingeschlossen. Sieht so aus, daß er erstickt is'.«

Elizabeth schrak zurück. Hinter sich hörte sie die alte Frau jammern:

»Was? Was hat er gesagt, was war's?«

Der Mann erwiderte, lauter: »Er is' erstickt!«

Da wimmerte die alte Frau laut, und das erleichterte Elizabeth.

»Ach, Mutter«, sagte sie und legte die Hand auf die alte

Frau, »weck die Kinder nicht auf, weck bloß die Kinder nicht auf.«

Sie weinte ein wenig, unbewußt, während sich die alte Mutter hin und her wiegte und stöhnte. Dann fiel Elizabeth ein, daß sie ihn ja heimbringen wollten und sie bereit sein müsse. »Sie sollen ihn in die gute Stube legen«, sagte sie zu sich. Einen Augenblick stand sie blaß und benommen da.

Dann zündete sie eine Kerze an und ging in das winzige Zimmer. Die Luft war kalt und dumpfig, aber sie konnte kein Feuer anmachen, es gab darin keinen Kamin. Sie stellte die Kerze hin und sah sich um. Das Kerzenlicht glitzerte auf den Glasprismen des Leuchters, auf den beiden Vasen, in denen ein paar der blaßroten Chrysanthemen standen, und auf dem dunklen Mahagonitisch. Im Zimmer hing ein kalter, tödlicher Geruch von Chrysanthemen. Elizabeth stand in den Anblick der Blumen versunken da. Sie wandte sich ab und überlegte, ob der Platz ausreichen würde, ihn zwischen Couch und Chiffoniere auf den Fußboden zu legen. Sie schob die Stühle beiseite. Ja, da wäre genügend Platz, man könnte sogar noch um ihn herumgehen, wenn er da läge. Darauf holte sie die alte rote Tischdecke sowie noch eine alte Decke und breitete sie auf dem Fußboden aus, um ihren winzigen Teppich zu schonen. Beim Hinausgehen fröstelte sie; so nahm sie denn aus der Kommodenschublade ein sauberes Hemd und hängte es ans Feuer zum Trocknen. Die ganze Zeit wiegte sich ihre Schwiegermutter auf dem Stuhl hin und her und jammerte.

»Du mußt von dort weg, Mutter«, sagte Elizabeth. »Sie werden ihn gleich herbringen. Komm in den Schaukelstuhl.«

Die alte Mutter erhob sich mechanisch und setzte sich ans Feuer, wo sie weiter klagte und jammerte. Elizabeth ging in die Vorratskammer, um noch eine Kerze zu holen, und dort, in dem kleinen Anbau unter den bloßen Ziegeln hörte sie sie kommen. Reglos blieb sie in der Tür zur Speisekammer stehen und lauschte: da waren sie an der Hausecke, gingen weiter, kamen nun unbeholfen die drei Stufen herunter, ein Durcheinander schlurfender Schritte und murmelnder Stimmen. Die alte Frau schwieg jetzt. Die Männer waren im Hof.

Dann hörte Elizabeth Matthews, den Verwalter der Zeche, sagen: »Jim, du gehst als erster hinein. Vorsicht!«

Die Tür ging auf, und die beiden Frauen sahen, wie ein Bergmann rückwärts hereinkam. Er trug das eine Ende einer Bahre, auf der sie die nägelbeschlagenen Grubenstiefel des Toten erkannten. Die beiden Träger hielten an, der Mann am Kopfende bückte sich unter den Türbalken.

»Wo soll er hin?« fragte der Verwalter, ein kleiner, weißbärtiger Mann.

Elizabeth gab sich einen Ruck und trat mit der unangezündeten Kerze aus der Vorratskammer.

»Ins Wohnzimmer«, sagte sie.

»Da hinein, Jim!« zeigte der Verwalter, und die Träger schwenkten rückwärts in das winzige Zimmer. Der Mantel, mit dem sie den Toten zugedeckt hatten, fiel herab, als sie sich schwerfällig durch die beiden Türöffnungen schoben, und da sahen die Frauen ihn, bis zum Gürtel nackt, zur Arbeit ausgezogen, daliegen. Die alte Frau begann mit leiser, entsetzter Stimme zu jammern.

»Kippt die Bahre an«, stieß der Verwalter hervor, »und legt ihn da auf die Decken. Vorsicht jetzt, Vorsicht! Nun paßt doch auf –!«

Einer der Männer hatte eine Vase mit Chrysanthemen umgeworfen. Er starrte verlegen darauf, dann setzten sie die Bahre ab.

Elizabeth sah ihren Mann nicht an. Sobald sie ins Zimmer konnte, hob sie die zerbrochene Vase und die Blumen auf.

»Einen Augenblick noch!« sagte sie.

Schweigend warteten die drei Männer, bis sie mit einem Lappen das Wasser aufgewischt hatte.

»Herrje, das is' 'ne schlimme Sache, 'ne schlimme Sache, wahrhaftig!« sagte der Verwalter in einem fort und rieb sich bekümmert und verwirrt die Stirn. »So was hab' ich noch nie erlebt, noch nie! Warum mußte er denn bloß da zurückbleiben! So was hab' ich noch nie erlebt. Is' glatt über ihm runtergefallen und hat ihn eingeschlossen. Nicht mal vier Fuß dazwischen, nein, keine vier Fuß – aber er hat kaum

Schrammen.« Er sah hinab auf den Toten, der mit dem Gesicht nach unten dalag, halbnackt, ganz schwarz von Kohlenstaub.

»›Tod durch Ersticken‹ hat der Doktor gesagt. Das ist wirklich die schlimmste Geschichte, die ich erlebt hab. Als ob's Absicht gewesen wär. Glatt über ihn weg und sperrt ihn ein wie 'ne Mausefalle«, seine Hand fuhr jäh herab.

Die Bergleute, die daneben standen, drehten mit einem Ruck den Kopf zur Seite, in verzweifeltem Kommentar.

Sie alle waren von Entsetzen gepackt über das, was geschehen war.

Da hörten sie von oben die Stimme des Mädchens herabgellen: »Mutter, Mutter – wer ist da? Mutter, wer ist da?«

Elizabeth eilte zur Treppe und öffnete die Tür.

»Schlaf!« befahl sie streng. »Was schreist du denn herum? Wirst du wohl sofort schlafen – es ist nichts –«

Dann begann sie die Treppe hochzusteigen. Sie konnten sie auf den Dielen hören, dann auf dem Gipsestrich des kleinen Schlafzimmers. Sie konnten sie deutlich hören:

»Was ist denn jetzt los? Was ist denn los mit dir, du dummes Ding?« Ihre Stimme klang sehr aufgeregt, voller unwirklicher Zärtlichkeit.

»Ich dachte, da wären ein paar Männer gekommen«, sagte die weinerliche Kinderstimme. »Ist er da?«

»Ja, sie haben ihn gebracht. Kein Grund zur Aufregung. Nun schlaf schon, sei ein braves Kind!«

Sie konnten ihre Stimme im Schlafzimmer hören, sie warteten, während sie die Kinder zudeckte.

»Ist er betrunken?« fragte das Mädchen ängstlich, leise.

»Nein! Nein – er ist nicht betrunken! – Er – er schläft.«

»Schläft er unten?«

»Ja – und mach nicht so laut.«

Einen Augenblick war alles still, dann war wieder das geängstigte Kind zu hören:

»Was brummelt denn da so?«

»Nichts, ich sag dir's doch, was regst du dich denn bloß so auf?«

Was da brummelte, war die jammernde Großmutter. Sie hatte alles um sich her vergessen, saß auf ihrem Stuhl und wiegte sich wimmernd hin und her. Der Verwalter legte ihr die Hand auf den Arm und machte »Sch-scht!«

Die alte Frau schlug die Augen auf und sah ihn an. Sie war erschrocken über diese Störung, auch erstaunt, wie es schien.

»Wie spät ist es?« wollte die weinerliche dünne Stimme des Kindes, das nun unglücklich wieder in Schlaf sank, als letztes wissen.

»Um zehn«, antwortete die Mutter sanfter. Darauf hatte sie sich wohl hinabgebeugt und die Kinder geküßt.

Matthews bedeutete den Männern zu gehen. Sie setzten die Mützen auf und hoben die Bahre an. Dann stiegen sie über den Toten und verließen auf Zehenspitzen das Haus. Keiner von ihnen sprach, bis sie weit genug von den ruhelosen Kindern weg waren.

Als Elizabeth herunterkam, fand sie die Mutter allein auf dem Fußboden des Wohnzimmers, über den Toten gebeugt, daß die Tränen auf ihn herabfielen.

»Wir müssen ihn aufbahren«, sagte seine Frau. Sie stellte den Kessel aufs Feuer, dann, wieder zurückgekehrt, kniete sie zu seinen Füßen nieder und begann die Ledersenkel aufzuknoten. Im Zimmer war es unangenehm klamm und düster beim Schein von nur einer Kerze, so daß sie sich mit dem Gesicht fast bis zum Fußboden hinunterbeugen mußte. Endlich hatte sie ihm die schweren Schuhe ausgezogen und stellte sie weg.

»Du mußt mir jetzt helfen«, flüsterte sie der alten Frau zu. Zusammen zogen sie den Mann aus.

Als sich die Frauen wieder aufrichteten und ihn so in der natürlichen Würde des Todes daliegen sahen, standen sie in Angst und Ehrfurcht gebannt da. Eine Weile verharrten sie still, sahen auf den Toten hinunter, die alte Frau wimmerte. Elizabeth kam sich abgewiesen vor. Sie sah ihn, wie er so vollkommen unverletzlich in sich ruhte. Sie hatte mit ihm nichts zu tun. Das konnte sie nicht hinnehmen. Sie beugte sich nieder und legte die Hand auf ihn, um ihren Anspruch geltend zu machen. Er war noch warm, denn es war heiß in dem Bergwerk, wo er gestorben war. Die Mutter hielt sein Gesicht in ihren Händen und murmelte zusammenhanglos vor sich hin, Die alten Tränen fielen unaufhörlich herab wie Tropfen von nassen Blättern; die Mutter weinte nicht, ihre Tränen flossen einfach. Elizabeth umarmte ihren Mann, preßte das Gesicht, den Mund an seinen Körper. Als wolle sie in ihn hineinhorchen, ihn ergründen, versuchen, eine Beziehung herzustellen. Aber es ging nicht. Sie wurde zurückgestoßen. Er war uneinnehmbar.

Sie stand auf, ging in die Küche, wo sie eine Schüssel mit warmem Wasser füllte, brachte Seife und Lappen und ein weiches Handtuch.

»Ich muß ihn waschen«, sagte sie.

Darauf erhob sich die alte Frau steif und sah Elizabeth zu, wie sie ihm behutsam das Gesicht wusch, ihm behutsam mit dem Waschlappen den dichten blonden Schnurrbart vom Mund strich. Sie hatte Angst, abgrundtiefe Angst, also diente sie ihm. Eifersüchtig sagte die alte Frau:

»Ich will ihn abtrocknen!« und sie kniete sich auf der anderen Seite hin, und langsam, wie Elizabeth ihn wusch, trocknete sie ihn ab, wobei ihr großer schwarzer Hut manchmal den dunklen Kopf der Schwiegertochter streifte. Lange arbeiteten sie so unter Schweigen. Nie vergaßen sie, daß sie dem Tod gegenüberstanden. Und den toten Körper des Mannes zu berühren, weckte in ihnen merkwürdige, bei jeder der beiden Frauen unterschiedliche Empfindungen; beide waren sie von großer Furcht erfüllt: die Mutter hatte das Gefühl, ihr Schoß würde Lügen gestraft, sie würde verleugnet; die Frau aber spürte die völlige Isolierung der menschlichen Seele, in ihr das Kind war eine von ihr getrennte Last.

Schließlich war es vollbracht. Er war ein Mann mit einem schönen Körper, und sein Gesicht verriet keine Spuren vom Trinken. Er war blond, wohlgenährt, mit feinen Gliedmaßen. Aber er war tot.

»Gott befohlen«, flüsterte die Mutter, den Blick unverwandt auf sein Gesicht gerichtet. Blankes Entsetzen ließ sie sprechen. »Mein geliebter Junge – Gott befohlen!« Sie sprach leise, beschwörend, im Taumel von Furcht und Mutterliebe.

Elizabeth sank wieder auf den Boden und legte ihr Gesicht an seinen Hals und zitterte und bebte. Aber wieder mußte sie zurückweichen. Er war tot, und für ihr lebendiges Fleisch war kein Platz an seinem. Große Furcht und Schwäche hielten sie gefangen: sie war so nutzlos. So war ihr Leben dahingegangen.

»Weiß wie Milch ist er, glatt wie ein zwölf Monate altes Baby, Gott segne ihn, den Liebling!« murmelte die alte Mutter vor sich hin. »Kein böses Mal an ihm, klar und rein und weiß, schön, wie nur ein Kind sein kann«, murmelte sie voller Stolz. Elizabeth hielt ihr Gesicht verborgen.

»Er ist friedlich dahingegangen, Lizzie – friedlich wie im Schlaf. Ist er nicht schön, das Lamm? Ja – er muß sich wohl ausgesöhnt haben, Lizzie. Hat's womöglich ganz richtig gekonnt, Lizzie, wie er da eingeschlossen war. Dazu hat er noch Zeit gehabt. Wenn er sich nicht ausgesöhnt hätte, würde er nicht so aussehen. Das Lamm, das liebe Lämmchen. Ach, er konnte so herzlich lachen. Das hab' ich so gern gehört. Er hatte das allerherzlichste Lachen, Lizzie, als er ein Junge war –«

Elizabeth sah auf. Der Mund des Mannes war zurückgefallen, leicht geöffnet im Schutze des Barts. Die Augen, halb geschlossen, wirkten in der Dunkelheit nicht gläsern. Das Leben, das mit seiner rauchenden Glut aus ihm gewichen war, hatte ihn für sich losgelöst, und als ihr völlig Fremden zurückgelassen. Und sie wußte, wie fremd er ihr war. In ihrem Schoß spürte sie das Eis der Furcht, wegen dieses für sich existierenden Fremden, mit dem sie eins im Fleische gelebt hatte. War es das, was das Ganze bedeutete – völliges, unversehrtes Fürsichsein, von der Glut des Lebens verborgen? Voller Furcht wandte sie das Gesicht ab. Diese Tatsache war zu vernichtend. Nichts hatte es also zwischen ihnen gegeben, und doch waren sie zusammengekommen und hatten ihre Nacktheit ausgetauscht, immer wieder. Jedesmal, wenn er sie genommen hatte, waren sie zwei getrennte

Wesen gewesen, so weit voneinander entfernt wie jetzt. Und es war seine Schuld nicht mehr als die ihre. Das Kind war wie Eis in ihrem Schoß. Denn während sie den Toten ansah, sagte ihr Geist, kalt und gleichgültig, in voller Klarheit: ›Wer bin ich? Was habe ich getan? Ich habe gegen einen Ehemann angekämpft, den es nicht gab. *Ihn* gab es die ganze Zeit. Welches Unrecht habe ich begangen? Was war das, womit ich gelebt habe? Dort liegt die Wirklichkeit, dieser Mann.‹ Und in ihr starb ihre Seele, so fürchtete sie sich: sie wußte, sie hatte ihn nie gekannt, er hatte sie nie gekannt, sie waren einander in Dunkelheit begegnet und hatten in Dunkelheit gekämpft, ohne zu wissen, wem sie begegneten noch gegen wen sie kämpften. Und jetzt sah sie, und sehend verstummte sie. Denn sie war im Unrecht gewesen. Sie hatte gesagt, er wäre etwas, das er gar nicht war; sie hatte ihn als etwas Vertrautes gespürt, wogegen er die ganze Zeit weit weg von ihr gewesen war und lebte, wie sie niemals lebte, fühlte, wie sie niemals fühlte.

In Furcht und Scham betrachtete sie seinen nackten Körper, den sie nicht richtig gekannt hatte. Und er war der Vater ihrer Kinder. Ihre Seele war aus ihrem Körper gerissen und stand ganz für sich da. Sie betrachtete seinen nackten Körper und schämte sich, als hätte sie ihn verleugnet. Trotz alledem war dieser Körper er selbst. Er erschien ihr furchterregend. Sie betrachtete sein Gesicht, und sie kehrte ihres zur Wand. Denn sein Blick war anders als der ihre, seine Art war nicht die ihre. Sie hatte ihm verwehrt, was er war – sie erkannte das jetzt. Sie hatte ihn verleugnet, ihn selbst. Und das war ihr Leben gewesen, und sein Leben. Sie empfand Dank gegenüber dem Tod, der die Wahrheit wieder herstellte. Und sie wußte, sie war nicht tot.

Und die ganze Zeit wollte ihr das Herz brechen vor Gram und Mitleid seinetwegen. Was mochte er gelitten haben? Was für eine entsetzliche Zeit für diesen hilflosen Mann! Sie war starr vor Pein. Sie hatte es nicht vermocht, ihm zu helfen. Er war grausam verletzt worden, dieser nackte Mann, dieses andere Wesen, und sie konnte nichts wiedergutmachen. Da waren die Kinder – aber die Kinder gehörten dem

Leben. Dieser Tote hatte mit ihnen nichts zu tun. Er und sie waren nur Bahnen, durch die das Leben geströmt war, um in den Kindern zu münden. Sie war Mutter – aber wie furchtbar, sie wußte es jetzt, die Frau dieses Mannes gewesen zu sein. Und er, nun tot, wie furchtbar muß er es empfunden haben, ihr Mann gewesen zu sein. Sie spürte, im Jenseits wäre er ein Fremder für sie. Wenn sie sich dort träfen, in der anderen Welt, würden sie sich nur dessen schämen, was zuvor gewesen war. Die Kinder waren gekommen, aus irgendeinem rätselhaften Grund, aus ihnen beiden. Aber die Kinder verbanden sie zu keiner Einheit. Nun, da er tot war, wußte sie, wie unabänderlich er von ihr getrennt war, wie unabänderlich er nichts mehr mit ihr zu tun hatte. Sie betrachtete diesen Abschnitt ihres Lebens als beendet. Sie hatten einander im Leben verleugnet. Jetzt war er fortgegangen. Schmerz überkam sie. Es war also zu Ende: schon lange, ehe er starb, war es hoffnungslos zwischen ihnen geworden. Und doch war er ihr Mann gewesen. Aber wie wenig! »Hast du sein Hemd, Lizabeth?«

Ohne eine Antwort wandte sich Elizabeth um, obgleich sie sich Mühe gab, zu weinen und sich so zu verhalten, wie es ihre Schwiegermutter erwartete. Aber sie konnte nicht, sie war verstummt. Sie ging in die Küche und kehrte mit dem Kleidungsstück zurück.

»Es ist getrocknet«, sagte sie und faßte probehalber das Baumwollhemd hier und da an. Sie schämte sich beinahe, ihn zu berühren; was für ein Recht hatte sie oder irgend jemand, Hand an ihn zu legen? Aber ihre Berührung war demütig auf seinem Körper. Es war ein hartes Stück Arbeit, ihn anzukleiden. Er war so schwer und unbeweglich. Schreckliche Furcht hielt sie die ganze Zeit gepackt: daß er so schwer sein konnte und völlig starr, unempfindlich, entrückt. Das Grauen vor der Entfernung zwischen ihnen war beinahe zuviel für sie – es war eine so unendliche Kluft, über die sie schauen mußte.

Schließlich waren sie fertig. Sie deckten ein Laken über ihn und ließen ihn da liegen, das Kinn hochgebunden. Und sie schloß die Tür zu der kleinen Wohnstube ab, damit die

Kinder nicht sähen, was darin lag. Dann, als sich die Ruhe schwer auf ihr Herz gesenkt hatte, machte sie sich daran, die Küche aufzuräumen. Sie wußte, sie unterwarf sich dem Leben, ihrem gegenwärtigen Herrn. Doch vor dem Tod, ihrem allerletzten Herrn, wand sie sich in Furcht und Scham.

Anaïs Nin

Rote Rosen

Sie wünschte sich rote Rosen, rote Rosen. Nicht die mystischen Eisblumen ihrer reglosen Träume, die sie in der Stille ihres Zimmers entblätterte, Schneeflocken unter dem Vergrößerungsglas. Sie sehnte sich geradezu schmerzlich nach roten Rosen. Sie konnte nicht geduldig auf sie warten; es waren die Initiationsblumen für ihre Träume von Blut, sie mußten bald kommen, weil sie sie haben wollte, sie mußten ihrer Sehnsucht gehorchen und nicht der trägen Phantasie eines anderen, nicht der Trägheit der Welt, die zu träge war, um zu begreifen, daß sie bereit war für rote Blumen.

Mit dem Geld in der Hand ging sie den Hügel hinab zum Blumenladen des Dorfs. Sie gab rote Rosen in Auftrag. Sie schrieb ihren eigenen Namen auf das Kärtchen, ihre eigene Anschrift. Sie gab den Auftrag, die Rosen sehr bald zu liefern.

Damit sie eine Überraschung waren, mußten sie unverhofft eintreffen. So lief sie schnell zu dem alten Haus zurück und ging in den Keller, um nach den Sämlingen zu sehen, die dort in Kästen wuchsen. Deren Pflege nahm sie sehr in Anspruch, dieser Garten der Dunkelheit, in dem so zarte kleine Sämlinge in der Wärme eines Kellers wuchsen.

Die Hausglocke erklang, als ihre Hände schmutzig waren. Sie lief sie schnell waschen. Sie öffnete dem Jungen vom Blumenladen die Tür, der einen Strauß roter Rosen in Seidenpapier in der Hand hielt. Rote Rosen! Und von wem? Legen Sie sie dorthin. Danke. Vor Ungeduld zu erfahren, wer die Rosen geschickt haben mochte, kann sie den kleinen Umschlag kaum öffnen. Endlich. Vorgedruckte Worte. Natürlich. Er hat noch keinen Namen. So ist es. Aber es stehen die Worte da: »Von Deinem Liebsten.« Und das Leuchten der Blumen verstärkt die einfache Botschaft tausendfach.

Das alles war so schön. Die verschneiten Träume waren nun draußen, sie lagen noch als weißer Teppich rund um das Haus. Und innen war die Flamme, viele kleine, ihr dargebrachte Flammen. Was konnte man mit Blumen anfangen? Die Freude war zu groß, sie fieberte. Das Glück konnte nicht in der schlichten Handlung enden, daß sie die Blumen in Wasser stellte! Die Initiationsrosen, den Augenblick des beschleunigten Rhythmus markierend, des Endes der Unbeweglichkeit. Nun bist du eine Frau. Jemand hat dich beachtet. Jemand hat dich erkannt. Jemand betet dich an. Das Haus ist so armselig. Das Treppengeländer fällt auseinander. An den Wänden sind Flecken. Die roten Rosen wirken hier verschwenderisch, extravagant, unglaublich. Im Zimmer ist es kalt. Im Kamin brennt kein Feuer. Die Rosen brennen wie ein Flammenbusch. Und je länger sie die Rosen betrachtet, desto stärker wird die Flamme in ihnen und in ihr. Die roten Rosen sind Flammen, die an die Flamme in ihr gerichtet sind. Sie kann sie nicht einfach in die Vase stellen. Sie wird überflutet von ihrer Röte. Es sind keine Blumen, nicht Blumen, sondern das rote Schlüsselwort zu neuen Welten des Feuers. Sie werden das Haus in Brand setzen, sie werden es niederbrennen und den Schnee schmelzen und alles verbrennen, sie, ihre Brüder und Schwestern, ihre Mutter, ihren Vater, die Nachbarn. Sie werden das Dorf niederbrennen und sich in Kreisen über das ganze Land ausbreiten und die Stadt brandmarken.

Sie nimmt sie in die Arme. Sie läuft fort vom Haus, wie um alle vor der Feuersbrunst zu retten. Mit den Rosen im Arm eilt sie zur Kirche. Die Kirche öffnet ihren gähnenden Schlund. Sie wird nicht brennen. Seit Jahrhunderten brennen in ihren Eingeweiden gefahrlos Kerzen und ewige Lichter. Blumen und Kerzen, die ewigen Opfergaben. Sie könnte ihre roten Rosen opfern, die roten Rosen, vom Mann der Jungfrau dargebracht, der Jungfrau geschenkt, als Opfergabe heimlichen Genusses und Verzichts.

Ich gebe Gott zurück, was er mir sandte. Ich bin dankbar, dankbar für das Geschenk. Ich bringe zurück, was mir gegeben wurde. Hör mein Gebet. Ich wollte rote Rosen. Vielleicht war das falsch. Doch wenn ich sie dir zum Opfer bringe, ist es nicht mehr falsch. Nimm sie. Ich bin eine Frau. Der Frau wurden rote Rosen geschenkt. Sie verbrennen mich. Jetzt brennen sie für dich. Aber mir bleibt die Freude, die Freude, Frau zu sein. Ich bin, unfaßliches Glück, eine Frau. Hör mein Gebet. Ich kann nicht beten. Das kommt vom Glück. So nimm denn mein Glück. Ist das falsch? Hier sind mein Glück und meine roten Rosen, aber ich kann nicht mehr so sein, wie ich gestern war, bevor sie kamen. Ich werde nie mehr so sein, wie ich gestern war. War das falsch? Nimm die Rosen und meine Dankbarkeit und das Glück, es ist zuviel für mich, all das an einem Tag. Ich kann es nicht ertragen, wenn meine Wünsche in Erfüllung gehen.

Hermann Lenz

Frau im Dornbusch

Ein kalter Tag mit funkelndem Himmel. Hinter der Tür hatte die Steintreppe löcherige Stufen, aus denen ein Stück ausgebrochen war; sie machte eine Kehre. In die Ecke des kopfhohen Steinschachts wurden trockene Blätter hereingeweht; die Wände waren rauh. Efeuranken, ein dunkles Gehänge mit schlangenbraunen Ruten zeigte dreizackige Zwergenhände. Grüner Schimmel, ein Belag aus Moos, hatte die Wände verfärbt und schien sich ständig auszubreiten oder zu verringern, zusammenzuziehen und zu langen Fransen zu erstarren, je nachdem das Licht sich änderte; denn das Licht war hier das Wichtigste. Ohne das Licht wäre nichts gewesen; die Leute vergaßen immer das Licht und daß es alles hervorlockte, was es gab. Denn die Geschichte spielt in einer Zeit, da alle Menschen verhängt waren, schwarz verhängt. In unserer Zeit spielt sie, jetzt. Passen Sie auf, wie verhängt die Menschen waren, auch die jungen; aber vielleicht werden Sie das gar nicht merken.

Hinter der Treppe mit den löcherigen Stufen, die in einen Vorgarten führte, war ein hoher, dichter und kahler, ein schwarzer Dornbusch in rotbraunem Erdreich festgewachsen. Schlehengebüsch, werden Sie sagen, ach, das kennt man doch. Ja, ein Schlehenbusch, aber ohne Schlehen; die waren alle abgefallen, denn jetzt herrschte grämlicher November.

Im Schlehenbusch lag eine Frau. Wenn sie sich bewegte, stachen ihr Dornen ins Kleid, rissen Fetzen heraus und kratzten sie. Unter ihrem linken Auge stak im Backenfleisch ein schwarzer Dorn, den sie nicht zu spüren schien; sie hätte ihn doch sonst herausgezogen; aber vielleicht konnte sie sich nicht mehr rühren? Einen Schuh hatte sie verloren, und ihre Zehen unterm dünnen Strumpf waren bläulich rot. Ich sollte einen Brief in dem Etagenhaus abgeben bei einem gewissen Doktor Bitter, Frauenarzt.

»Soll ich jemand rufen? Soll ich Ihnen helfen? Kommen Sie allein nicht mehr aus dem Dornbusch heraus?«

Sie sah mich glasigen Blicks an und sagte: »Nicht fragen ... Sie dürfen mir nicht helfen; es nützte nichts, wenn Sie versuchten, mich herauszuholen. Wenn Sie gingen, fiele ich sofort wieder hinein.«

»Von selbst?«

»Jawohl.«

Ich verstand sie nicht, aber wer versteht schon einen andern, und wenn eine Frau im Dornbusch liegen will, ist's schwierig, sie davon abzubringen. Also ging ich in das Etagenhaus hinein, suchte den Doktor Bitter, fand auch die Glastür im ersten Stock, wo das kahle Treppenhaus auffallend üppig verändert war und nach dem ersten Podest auf halber Höhe statt des wackligen Geländers eine armdicke Samtkordel hatte, die von Messingringen gehalten wurde und sich als dunkelrote Girlande an der mit Marmor verkleideten Wand hinaufwand. Die Stufen waren mit Läufern belegt, an der Glastür nahm mir ein Mädchen, das lila Lidschatten und halblanges schwarzes Haar hatte, meinen Brief ab.

Ich ging weg und fand im Schlehenbusch immer noch die Frau; an ihr war nichts verändert, sie lag auf dem Rücken, und unter ihrem linken Auge steckte der lange schwarze Dorn im Fleisch. Vielleicht, daß die Backe praller als zuvor geschwollen war.

»Bitte, stillsein. Sonst geschieht etwas. Tun Sie, bitte, so, als wäre ich nicht da«, flüsterte sie. Aber das konnte ich nicht, es mußte doch etwas geschehen. Freilich, reden nützte nichts; also irgendwo ein Buschmesser, eine Gartenschere oder wenigstens ein Beil holen, um den Dornbusch umzuhauen und sie herauszuziehen. Und mir fiel ein, im Vorplatz hinter der Glastür des Doktor Bitter über einer Barockkommode zwei gekreuzte japanische Schwerter gesehen zu haben; eines davon hätte genügt, um die Frau zu befreien, aber vielleicht half mir mit dem anderen das Mädchen, das meinen Brief für Doktor Bitter in Empfang genommen hatte. Eine hübsche Person, schlank, schmal, in engen Nietenhosen ... erinnerte ich mich und dachte, Nietenhosen seien die richtige Arbeitskleidung für ein solches Geschäft.

»Überlegen Sie sich nichts. Gehen Sie weg. Los ... schnell«, sagte sie und bekam weite Augen, als sähe sie etwas Bedrohliches. Dann machte sie die Augen zu und ließ den Kopf halboffenen Mundes noch tiefer zurückfallen. Ihr Haar, blond mit rötlichem Hauch, auffallend seidiges, glänzendes Haar, war mit dürren Blättern vermischt, erdschmutzig und verwirrt.

Hinter mir hörte ich Schritte, jemand pfiff durch die Finger, und eine Mädchenstimme lachte. Ein großer, breitschultriger Bursche kam aus dem Haus gelaufen und zog das hübsche Mädchen hinter sich her. Als sie mich sahen, wurden beide still und kamen langsam auf mich zu. Der Bursche hatte ein bleiches Gesicht und stellte sich neben mich. Dann fragte er, die Hände in den Taschen und den Kopf vorstreckend: »Sagen Sie, was wollen Sie eigentlich hier? Aber am besten ist, Sie sagen nichts und gehen still nach Hause.«

»Aber man kann doch die Frau nicht hier liegen lassen.«

»Das müssen wir besser wissen; schließlich sind wir ihre Kinder.« Der Bursche zog einen Revolver aus der Hosentasche, eine große und blanke Waffe, und begann die Trommel zu drehen, daß es leise knackte. Ich sah, daß keine Patronen darin steckten, und sagte: »Sapperlot, ein Smith and Wesson! Woher haben Sie ihn denn?«

»Aus der Altstadt. Sie interessieren sich auch für Pistolen?«

Jetzt wußte ich, daß er mich ›angenommen‹ hatte. Weil ich Bescheid wußte über Revolver und Pistolen, nahm er mich, den Älteren, ernster als zuvor. Aber ich kannte nur einen Smith and Wesson-Revolver, den wir in der Schule hatten abzeichnen müssen, erinnerte mich, im Frankreichfeldzug eine neue belgische Pistole für eine alte Reithose mit Lederbesatz umgetauscht zu haben, wußte notdürftig über die Pistole null acht Bescheid und sah eine Mauserpistole meines Vaters vor mir, als sich der Bursche zur Seite drehte und in den Dornbusch spuckte.

»Wundern Sie sich nicht darüber«, sagte die Frau. »Es ist

richtig, daß er das tut. Ich bin schuld daran, daß er im Examen durchgefallen ist und Autoschlosser lernen muß. Auch daß er bis vor kurzem Bettnässer gewesen ist, daran bin ich ebenfalls schuld. Ich habe meinen Kindern nicht die nötige Nestwärme geschenkt. Ich bin eine unfähige, eine launische und nervöse Mutter. Ich habe drauf gedrungen, daß ich von meinem Mann geschieden worden bin, und er sagt deshalb immer: ›*Deine* Scheidung hat mich zuviel Geld gekostet.‹ Mein Mann hat recht. Deshalb liege ich im Dornbusch.«

»Heute abend gehe ich wieder mit Erich fort«, sagte der Bursche und wandte sich mir zu: »Dieser Erich ist nämlich mein Freund. Manchmal bleibt er nachts bei mir. Das quält sie arg«, sagte er und zuckte mit der Schulter zur Frau im Dornbusch. »Aber jetzt kann sie nichts mehr machen. Übrigens: mein Vater gibt mir immer recht, wenn ich ihm erzähle, daß sich die Mama so aufregt. Ach, Sie wissen nicht, was die schon alles angestellt hat, alles wegen mir und Elfi ... Einmal ist sie gar zur Polizei gelaufen, aber das ist nicht das Schlimmste. Wenn sie allein zu Hause sitzt und sich betrinkt, weil wir ihr weggelaufen sind, das ist schon ärger. Was glauben Sie, wie die dann herumtelefoniert und lallend mit ihren Freunden und Freundinnen schwätzt, jammernd lallt sie, mein Herr, stellen Sie sich das bloß vor! Aber sie liebt doch ihre Kinder.«

»Wenn Ihnen das Spaß macht, wenn Sie sich darüber amüsieren, dann lassen Sie sie doch wieder heraus. Als eine, die im Dornbusch liegt, kann sie Ihnen doch wenig Gründe zum Gaudium vermitteln, oder?«

»Sie haben eine Ahnung! Was glauben Sie, was dessentwegen alles passiert ist! Es genügt schon, wenn der Briefträger kommt und sagt: ›Aber, Kinder, jetzt seid doch vernünftig und laßt eure Mutter wieder in die Wohnung!‹ Wissen Sie, der Mann hat einen harten Dienst, seine Tasche zieht ihm die Schulter schief, und trotzdem bringt er Mitgefühl ins Haus! Also, ehrlich gesagt, für mich und Elfi ist das komischer, als wenn uns der Herr Pfarrer ins Gewissen redet. Der macht's doch bloß aus beruflicher Routine, der ist nicht engagiert, und insgeheim hab' ich ihn im Verdacht, daß er froh ist, wenn er einen Grund hat, seine Amtswürde auszuspielen. Und das ist, weiß Gott, kein gewöhnlicher Grund. So immer zu alten Jungfern gehen, Betstunden halten oder sich überlegen müssen, ob er einen Selbstmörder beerdigen soll, das ist alltäglich; das langweilt den doch längst. Aber so etwas wie hier ... Das ist eine Aufgabe! Da kann er einen tiefen Blick tun in die grausame jugendliche Seele. Und dieser Blick eröffnet sich doch einem Pfarrer nicht an jedem Tag!«

Der Bursche redete sich in ein seltsames Feuer hinein, er war überzeugt, recht zu haben, und schien sich dabei weder etwas Zynisches noch etwas Grausames zu denken. Und die Frau sagte: »Ja, mein Sohn hat recht. Sie müssen zugeben, daß er im Recht ist. Sehen Sie, ich war eine pflichtvergessene Frau. Oh, Sie können es sich nicht vorstellen, wie sehr ich meinen Kindern geschadet habe durch allzu große Liebe. Ich ließ ihnen alles durchgehen. Und wenn ich beispielsweise meinem Sohn verbot, sein Dolchmesser gegen die Zimmertür zu werfen, daß es dort steckenblieb, lächelte mein Mann und sagte: Mach nur weiter ... So strafte mich mein Mann, der genau wußte, daß es ein Vergehen von mir war, dem Buben zu verbieten, da ... Aber ich brauche wohl kein Beispiel mehr zu nennen, um Ihnen zu beweisen, wie berechtigt, wie zutiefst in Ordnung es ist, wenn ich hier liege. Also, lassen Sie mich liegen, gehen Sie nach Hause. Sie haben Ihren Beschwerdebrief bei Dr. Bitter abgegeben, aber das ändert nichts an meiner Lage. Wie Sie wissen, bedauerte ich's nur, wenn an ihr etwas anders würde.«

Ich sah mich um. Das Mädchen mit den bläulichen Lidschatten pflückte eine Rose von einem Busch, eine späte Rose; jetzt im November eine Seltenheit. Aber was mich am meisten verwunderte, war dies: das Mädchen brauchte weder eine Schere, um die Rose vom Zweig zu trennen, noch riß es sie mühsam ab, denn Rosen haben zähe Stengel; sie knipste sie mühelos mit ihren langen, an den Rändern wohl geschärften Fingernägeln von der Ranke ab und gab sie mir. »Weil Sie einsichtsvoll sind, weil Sie uns verstehen und Achtung haben vor dem selbstgewählten Martyrium unserer Mutter, das wir nicht stören dürfen«, sagte sie, stellte den Fuß auf den Randstein der zerfallenden Rosenbeete und ließ überm Knie ein Stück Oberschenkel sehen, denn jetzt trug sie einen Rock, der an der Seite tief geschlitzt war.

Ich roch an der Rose, aber sie hatte kaum noch Duft. Dann ging ich fort und dachte, daß die Frau im Dornbusch glücklich sei; denn auch ich war schwarz verhängt.

Zu Hause füllte ich Wasser in eine Vase und stellte die Rose hinein. Da war es keine Rose, sondern ein Knochen.

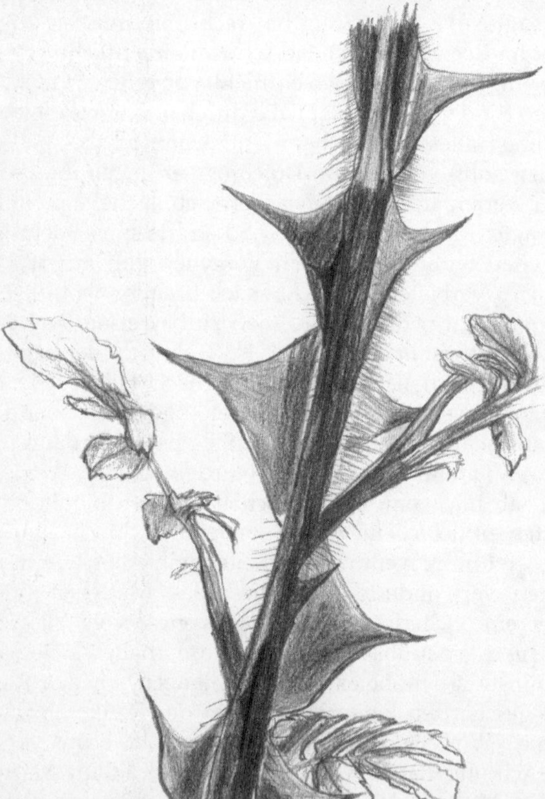

LUIGI PIRANDELLO

Das Gärtlein droben

Was wollte er mir sagen?

Die Erregung und Beängstigung erstickten seine Worte, die gewiß scharf und heftig sein wollten, nach den Blicken und Gebärden zu schließen, mit denen er sich hustend begreiflich zu machen strebte.

»Der Diener?« fragte ich ihn, indem ich besorgt nach einer Erklärung suchte.

Er bejahte mehrere Male mit zornigem Kopfnicken; dann machte er mit seiner zitternden Hand neue Gebärden.

»Sie haben ihn fortgejagt?«

Ja, ja, ja, nickte er wieder mit dem Kopf.

So sehr er sich jetzt auch die Entrüstung, von der der arme Kranke erfaßt zu sein schien, mir selbst mitteilte bei dem Gedanken, daß der niederträchtige Diener die wenigen Augenblicke des Tages benutzt hatte, während welcher ich gezwungen gewesen war, mich zu entfernen, so wurde ich doch ein wenig ratlos. Denn ich war gerade gekommen, um ihm anzukündigen, daß ich mich von nun an nicht mehr seiner Pflege widmen könnte wie in den ersten Tagen der Krankheit. Aber konnte man ihn ganz allein im Hause lassen, wenn er jetzt den Diener fortjagte?

Im ersten Augenblick kam mir der Gedanke, ihn zu überreden, er solle in einem Krankenhaus oder einem Sanatorium Aufnahme suchen, und ich machte ihm diesen Vorschlag.

Großvater Bauer (so nannte ich ihn von Kindesbeinen an) schaute mich bestürzt an, dann ließ er seinen Blick langsam über das Zimmer wandern, dessen alten Hausrat er so liebgewonnen hatte wie seine eigene Person, und aus dem Ledersessel, in den er wie versunken war, wandte er endlich die Augen zum Fenster, ohne mir zu antworten.

Draußen war ein Gärtchen. Es gehörte den Mietern des zweiten Stockes; wer es aber wirklich genoß, war er,

Großvater Bauer, der von dem niedrigen Fenster aus bequem mit dem Gärtner plaudern und, wenn er nur ein wenig den Arm ausstreckte, die Zweige eines Mandelbäumchens berühren konnte, das jetzt, im Blütenmonat, ganz wie von Schmetterlingsflügeln übersät zu sein schien.

Ich sah, daß zwei Tränen aus den wimpernlosen, eingesunkenen Augen meines lieben Alten hervorgequollen waren; zwei dicke Tränen, die jetzt über seine wachsbleichen Wangen liefen.

»Nicht wahr, Sie wollen nicht?« beeilte ich mich, ihn mitleidig zu fragen.

Er verneinte mit einer Kopfbewegung, ohne mich anzublicken, fast als schäme er sich, während die zitternden Lippen seine Erregung verrieten.

»Nein? Nun, dann wird sich schon eine andere Lösung finden. Machen Sie sich inzwischen keine Sorgen.«

Der arme Alte hob die tränenfeuchten Augen, um mir zu danken, und ein scheues, fast knabenhaftes Lächeln spielte um seine Lippen, bevor sie sich gleich wieder zum Weinen verzogen. Solche Rührung empfand er selbst über sein Schicksal!

Der arme Großvater Bauer! Er starb, oder besser, er verlöschte nach und nach, ganz allein; und jener vertrauten Gegenstände, der Zeugen des endlich errungenen Friedens am Ende eines langen, von Mühsal und Beschwer erfüllten Lebens, beraubt zu werden, schien ihm eine wahre Grausamkeit.

Er war in Italien von elsässischen Eltern geboren; und vom Jünglingsalter an hatte er bei meinem Großvater, dann bei meinem Vater die anspruchslose Stelle eines Bankbuchhalters bekleidet. Nach unserem finanziellen Zusammenbruch und dem darauffolgenden Tod meines Vaters war er ins Elsaß gegangen, um seine Verwandten aufzusuchen, die er nicht kannte. Aber nach sieben Jahren kam er wieder nach Italien zurück, überwältigt vom Heimweh nach dem Land, in dem er geboren und aufgewachsen war.

Er war mit einem bescheidenen Vermögen wiedergekommen, das er von einem unverheiratet verstorbenen Vetter geerbt hatte. In jenen sieben Jahren hatte ich alle meine Angehörigen verloren, auch meine Mutter, und war fast arm geworden. Gleich nach seiner Rückkehr kam Großvater Bauer zu mir und bot mir an, bei ihm zu wohnen. Ich nahm nicht an, da ich durch meine guten Beziehungen kurz zuvor einen Vertrauensposten erhalten hatte, der mich zwang, ständig zu reisen. Doch verlor ich den guten Alten niemals aus den Augen; jedesmal, wenn ich nach Rom zurückkam, besuchte ich ihn; und er empfing mich mit der Zärtlichkeit eines Vaters.

Es war eine tiefe Freude für mich, mit ihm zusammen zu sein. Wenn wir miteinander plauderten, schien es mir, als bade ich meine Seele in der schlichten Einfachheit der guten alten Zeit.

Großvater Bauer war in einem Zustand jungfräulicher Unwissenheit fast allen Dingen des Lebens gegenüber geblieben, und man mußte sehen, mit welchem Staunen sich sein Geist allmählich den selbstverständlichsten Kenntnissen öffnete, nun, da das Leben für ihn fast zu Ende war. Er verbrachte Stunden um Stunden in der Bibliothek, um zu lesen, zu studieren, um sich von unendlich vielen Dingen Rechenschaft abzulegen, an denen ihm jetzt wirklich nichts mehr hätte zu liegen brauchen. Er war ganz betäubt von all dem, was er so spät erfuhr, versetzte sich mit seinem jetzigen Wissen in die Zeit, da es ihm hätte nützen können, und verlor sich dann in langen und tiefen Betrachtungen, stellte sich den ganz verschiedenen Weg vor, den sein Leben hätte nehmen können.

Aber seine größte Leidenschaft waren die Pflanzen. Einmal zog er von einem Haus fort, um nicht einen Baum sterben zu sehen, der, wer weiß wie, mitten im Hof emporgewachsen war.

Dieser arme Baum – ich erinnere mich daran – hatte sich mit sichtlicher Mühe auf seinem mageren, aschfarbenen Stamm erhoben, hatte die Äste emporgereckt, voll Sehnsucht nach Sonne und freier Luft, und voll Angst, nicht soviel Kraft in sich zu haben, um über die Dächer der Häuser hinauszuwachsen, die ihn umgaben. Aber endlich war es ihm gelungen! Und wie glücklich glänzte das Laub des Wipfels, welcher Neid bei den Blättern, die ohne Luft und ohne Sonne blieben! Auch im Tod, wenn sie sich im Herbst von den Zweigen lösten, hatten die Blätter da droben ein fröhliches Los: sie flogen fort mit dem Wind, hoch hinaus, fielen auf die Dächer und sahen noch den Himmel, während die armen Blätter der unteren Äste im Schmutz der Straße starben, von den Schuhen der Passanten zertreten wurden.

In jeder Jahreszeit aber bevölkerte sich jener Baum zur Stunde des Sonnenuntergangs mit einem Heer von Sperlingen, die sich dort von allen Dächern der Stadt her ein Stelldichein zu geben schienen. Dann pulsten seine Äste mehr von Flügeln als von Blättern; jedes Blatt schien eine Stimme zu haben, der ganze Baum erbebend zu singen.

Von den Fenstern der Häuser lächelten die Kinder erstaunt zu jenem dichten, unaufhörlichen, ohrenbetäubenden Spektakel hinüber. Großvater Bauer lehnte mit mir am Fenster; er schmunzelte mit der geheimnisvollen Miene eines alten Magiers und sagte, indem er ein wenig die Augen schloß, zu mir: »Warte nur ...«, und klatschte zweimal laut in die Hände. Sofort schwieg wie durch Zauberwirkung der ganze Baum, erstarb alles Leben auf ihm.

»Was sagst du dazu?«

Aber bald begann der fröhliche Lärm von neuem: jeder Sperling berauschte sich wieder am eigenen Geschrei und dem der andern, und der Zusammenklang wurde allmählich noch stärker, noch betäubender als zuvor.

Nun kam der Eigentümer jenes Hauses eines Tages auf den Gedanken, ein weiteres Stockwerk aufzusetzen. Und der Baum, der mit soviel Mühe die Freiheit der Sonne und der Luft gewonnen hatte, beugte entmutigt den Wipfel, krümmte den Stamm.

Als Großvater Bauer das sah, verlor er seine Ruhe, empfand er einen Schmerz, der ihm den Atem raubte.

»Schau! schau!« sagte er zu mir, und zeigte mir die Sperlinge, die von den Dachtraufen aufflogen, und schreiend um den Baum flatterten, als wollten sie ihn ermahnen, sich wieder aufzurichten.

Und vielleicht wiederholten auch sie die üblichen Phrasen, die unnützen Ratschläge, die sinnlosen Aufforderungen, die man an die Gefallenen, die Trostlosen zu richten pflegt: »Habe Mut! Man darf nicht so verzagt sein! Nimm deine Kräfte zusammen! Steh wieder auf!«

Aber der alte Baum hatte nicht mehr die Kraft, sich wieder aufzurichten: er hatte sich so geplagt, um bis dort hinauf zu kommen: weiter, höher ging es nicht mehr. Besser sterben.

Nachdem er von dort fortgezogen war, hatte sich Großvater Bauer in diesem Haus eingerichtet mit dem Gärtchen, das nicht ihm gehörte. Seit einer Weile ging er nicht mehr zur Bibliothek; er hatte die Siebzig überschritten, und die Beschwerden des Alters begannen sich zu melden; und Großvater Bauer verbrachte, da er nicht mehr alle Tage ausgehen konnte, die Zeit am Fenster, im Geplauder mit dem Gärtner und (wie er sagte) im Geliebel mit den Rosen des Gartens.

In diese Rosen und in die anderen Blumen verliebte er sich so, daß er sich vor Sehnsucht zu verzehren begann, selbst ein Gärtchen zu haben. Da hatte er einen Einfall, der mir gar nicht gefallen wollte, als er ihn mir mitteilte, wenn er ihn auch höchst vernünftig begründete.

»Mein Sohn«, sagte er mir, »in meinem Alter muß man an den Tod denken. Und da ich nicht soviel Geld habe, um mir zwei Häuser mit zwei Gärten einzurichten, werde ich mir ein einziges bereiten, aber ein schönes, und mit einem Gärtchen, das ihrer zweie wert sein soll. Das Gärtchen wird mir dazu dienen, hier und jetzt die Sehnsucht zu befriedigen, die in mir erwacht ist, das Haus mir nachher dienlich sein ... Und wenn dieses Nachher da sein wird, dann wirst du an das Gärtchen des Großvaters Bauer denken.«

So erwarb er ein gutes Stück Erde auf dem Friedhof.

Das Haus drunten statt droben; ganz anspruchslos: eine kleine Nische, das war alles. Denn die Toten haben das Gute, daß sie auf Bequemlichkeit, auf Luft und Sonne und alles andere verzichten können, da sie sich nun einmal von dem lästigen Umherlaufen und Atmen befreit haben und, wenn sie kalt sind, kein Bedürfnis mehr fühlen, sich zu wärmen.

Aber Großvater Bauer, der ganze Tage dort droben verbrachte, wenn er sich gut fühlte, und geschäftig war, seinen Garten auf jenem Stück Erde erstehen zu lassen, schien wirklich ein aus seiner unterirdischen Nische hervorgekommener Toter, der sich noch zu schaffen machen, sich rühren und sich der Luft und der Sonne erfreuen wollte, still und betriebsam, ohne noch an das Leben zu denken, ohne irgendwelche Neugier, ja, selbst ohne das Erstaunen mancher Friedhofsbesucher zu bemerken, die in der Ferne stehenblieben, um ihn offenen Mundes zu betrachten, wie er sich mit der Gartenschere oder der Hacke oder der Gießkanne über diese oder jene Pflanze beugte, oder auf seinem Klappstühlchen saß, das er jeden Morgen unterm Arm mit sich trug, den Strohhut auf dem Kopf, den offenen Sonnenschirm auf der Schulter, unbeweglich, die Augen ins Leere gerichtet, in einen fernen Gedanken verloren, der ein leichtes Lächeln um seine Lippen zwischen dem Silberbart spielen ließ.

Manch einer mochte fast in Versuchung kommen, an ihm zu rütteln und ihm zu befehlen, sich gleich wieder niederzulegen, denn einem Toten ist es bei Gott nicht erlaubt, die Leute so aus der Fassung zu bringen, sie den Verstand verlieren zu lassen mit diesem ganzen Getue um sein Gärtchen oder durch diese Unbeweglichkeit auf seinem Stühlchen mit dem aufgespannten Sonnenschirm auf der Schulter.

Wenn Großvater Bauer dann am Abend nach Hause zurückgekehrt war, sprach er vom Fenster aus mit dem Gärtner. Diese Plaudereien mußte man hören! Er hatte von ihm Samen und Schößlinge erhalten, um sie in seinem Gärtchen einzupflanzen; und die Blumen – behauptete er – wüchsen und blühten schöner dort droben, viel schöner, denn schließlich seien die Toten doch zu etwas gut.

Nun war er seit vierzehn Tagen an jenen Ledersessel gefesselt, aus dem er nicht wieder aufstehen sollte; und er hatte keinen anderen Kummer als den, sich nicht mehr, auch nicht mit einem Wagen, zu seinem lieben Gärtlein da droben begeben zu können. So war es für ihn ein Trost, statt dessen jenes andere zu sehen, wenn er sich mühsam ein wenig aufrichtete und den Hals reckte, so weit er konnte. Waren denn die Rosen, die draußen blühten, nicht Schwestern der Rosen da droben? Weniger schön, aber Schwestern?

Und wißt ihr, warum ich an jenem Tag den Großvater Bauer so wütend auf seinen Diener fand? Weil dieser nicht wirklich jeden Morgen zum Friedhof gegangen war, um das Gärtlein zu pflegen, wie Großvater Bauer ihm befohlen hatte. Sein Gärtner-Nachbar, der ihn am Morgen besucht hatte, hatte ihm die schlimme Nachricht überbracht.

Es war nichts zu machen: ich mußte den Diener fortjagen; ich tat es auch wirklich, da er sich als so untreu und unfreundlich erwiesen hatte. Der Gärtner versprach mir, daß er jeden Tag nach den Pflanzen, den schöneren Schwestern, sehen würde, und so beruhigte sich Großvater Bauer.

Ich beschloß (da ich mir nicht verhehlen konnte, daß der Tod nicht mehr fern war) für jene letzten Tage zwei Krankenschwestern kommen zu lassen, und er widersetzte sich nicht. Er war sich seines Zustandes bewußt und klagte nicht; er hatte lange gelebt; er hatte noch den Frieden gefunden; jetzt fühlte er sich müde: es war Zeit, die Augen zu schließen und für immer zu schlafen, in der Nische droben, unter den Rosen des anderen Gartens.

Jeden Tag, wenn ich ihn besuchen ging, stieg in mir die Hoffnung auf, meine Betrübnis und meine Sorge könnten durch eine plötzliche Besserung überflüssig gemacht worden sein; aber die jüngere der beiden Schwestern, die mir die Tür öffnete, antwortete immer mit einer Gebärde trauriger Resignation auf meine erste, ungeduldige Frage.

Ich blieb ein paar Stunden bei ihm; aber das Gespräch stockte, weil er oft, nachdem er mich mit einem traurigen und stummen Lächeln begrüßt hatte, die Augen schloß; und ich saß dann, um ihn nicht zu stören, still bei ihm, wie die beiden Schwestern. Man wußte auch nicht mehr, wie man den Anblick dieser Augen ertragen sollte, so eingesunken waren sie von der Krankheit, die ihn verzehrte.

Kein Geräusch, kein Zeichen des Lebens drang in jenes saubere, abgelegene Häuschen, in dem der Alte still auf den Tod wartete. Manchmal kam durch das offene Fenster das Zwitschern eines Sperlings herein: die beiden Schwestern und ich erhoben den Blick; der Sperling saß auf einem blühenden Zweig des Mandelbäumchens und, das Köpfchen hin und her drehend, guckte er neugierig ins Zimmer, als wollte er fragen: »Was macht ihr denn da?« Dann plötzlich ein Flügelschlag, und fort war er, fast als hätte er begriffen, wen man in diesem Zimmer erwartete.

Eines Tages fragte mich Großvater Bauer, ob ich nach seinem Gärtchen gesehen hätte. Ich war dort gewesen, hatte es ihm aber nicht sagen wollen.

»Warum hast du mir's nicht gesagt?« fragte er. »Hier oder dort, ist das jetzt nicht schon dasselbe? Was sage ich … ist es nicht besser dort? Hast du gesehen, wie schön es ist? Ich falle euch allen zur Last, und habe doch solche Sehnsucht nach Ruhe …«

Da sprach ich von seinen Pflanzen, die alle in Blüte ständen, und übertrieb meine Bewunderung, um ihm eine Freude zu machen. Die Augen Großvater Bauers belebten sich vor Zufriedenheit.

»Bald werde ich dort sein … Schade, daß ich es nicht mehr sehen kann …«

Der Anblick dieses Wesens, das, noch bei vollem Bewußtsein, sich so ruhig mit dem Gedanken an den Tod versöhnt hatte, erweckte ein dunkles, unbestimmtes Gefühl in mir. Aber wenige Tage später sollte etwas anderes mich noch in weit größeres Staunen versetzen.

Das einzige Söhnchen eines vertrauten Freundes war schwer erkrankt – ein lebhafter und hübscher Bub von etwa sieben Jahren, der schon an einem imaginären Schnurrbart drehte und auf dem Rücken eines Stuhls, einen Holzsäbel in der Hand und einen Papphelm auf dem Kopf, in Afrika gegen die Beduinen zu Felde zog.

Ich hatte jenen Freund aus geschäftlichen Gründen aufgesucht und ihn und seine Frau in angstvoller Sorge am Bettchen ihres Kindes gefunden.

»Typhus ... Typhus ...«

Sie wußten nichts anderes zu sagen, Vater und Mutter, und verbargen das Gesicht in den Händen, wie um nicht das fieberglühende Kind zu sehen.

Noch ganz unter diesem Eindruck kam ich an jenem Tag sehr verspätet zu Großvater Bauer. Er lauschte auf die traurige Nachricht, die ich ihm mitteilte, um meine Verspätung zu entschuldigen; er wollte sogar wissen, wie alt das Kind sein, und welche Ärzte man zu Rat gezogen habe.

»Typhus?«

Er schüttelte mit zusammengezogenen Brauen den Kopf, dann schloß er die Augen, und in dem kleinen Zimmer kehrte wieder die gewohnte Stille ein.

»Seit wieviel Tagen geht das?« fragte er nach einer langen Weile, ohne die Augen zu öffnen.

Da ich nicht vermuten konnte, er denke noch an jenes kranke Kind und deshalb seine Frage nicht verstand, fragte ich meinerseits:

»Geht was?«

»Daß das Kind krank ist«, erklärte Großvater Bauer, als spräche er im Traum.

»Neun Tage«, antwortete ich. »Und das Fieber ist immer gleich hoch.«

»Machen sie ihm kalte Bäder? Notfalls alle zwei Stunden eines; es schadet gar nichts ... Sag es deinem Freund!«

Nach einem weiteren, langen Schweigen wollte er auch den Namen des Kindes wissen.

Tags darauf kam ich mit der gleichen Verspätung zu Großvater Bauer, und so an den folgenden Tagen. Zuerst holte ich die Nachrichten von dem Kind, und das nicht deshalb, weil dieses mir mehr am Herzen gelegen hätte als mein lieber Alter, sondern weil Großvater Bauer sich wärmer für den Kleinen interessierte als ich, und mich als erstes jeden Morgen, wenn ich hereinkam, fragte:

»Wie geht's ihm? Wie geht's ihm?«

Der Fall jenes Kindes, das gleichzeitig mit ihm starb, beschäftigte ihn, und während er für sich keine einzige Klage übrig hatte, war er um den Kleinen bekümmert, daß er gar keine Ruhe mehr finden zu können schien.

»Aber sag mir, haben sie denn noch kein ärztliches Urteil eingeholt?«

Und er nannte ein paar Ärzte, die man rufen solle. Er hätte den Jungen um jeden Preis retten wollen.

Aber leider war keine Hilfe mehr möglich. An dem Tag, an dem ich Großvater Bauer die traurige Nachricht brachte, war sein Nachbar, der Gärtner, bei ihm zu Besuch; er war mit einer freudigen Meldung gekommen: der Rosenstock stehe in solcher Blüte, daß der Grabstein darunter fast verborgen sei.

»Herr Bauer, die Rosen sagen: hier darf keiner herein!«

Aber auch dem Großvater Bauer ging es an jenem Tag schlechter. Er schaute mit erloschenen Augen umher und schien nichts zu verstehen.

Als der Gärtner fort war, fiel er in einen totenähnlichen Schlaf. Nach einer Weile schüttelte er sich mit einem Seufzer und flüsterte:

»Wenn sie ihn dorthin bringen wollten …«

Ich glaubte, er phantasiere, und um ihn zur Besinnung zurückzurufen, fragte ich:

»Wohin, Großvater Bauer?«

»Dorthin …«

Und er hob ein wenig die Hand.

Ich begriff und empfand eine heiße Zärtlichkeit für ihn. Er meinte, in sein Gärtlein droben auf dem Friedhof. Er wollte das Kind bei sich haben, dort in der Nische unter den Rosen.

»Sag es ihm, sag es ihm …«, wiederholte er dringend, indem er sich ein wenig belebte und mir in die Augen sah: »Wirst du's ihm sagen?«

LUISE RINSER

Die Lilie

Weihnachten, Nikolaustag und Ostern, das sind die Festzeiten der Kinder. Ich war ein Kind und liebte den Duft und Schimmer des Christbaums, die warme Dunkelheit des ausschwingenden Jahres, das Suchen der bunten Eier im frühlingsfeuchten Garten. Das Fest aber, das mir über allen stand, fiel in den Frühsommer und war ein Fest der Kirche: Fronleichnam. Es brachte keine Geschenke und war nicht eigens für die Kinder da; es hielt sich in einem reineren Abstand. Ich hatte in der Religionsstunde gelernt, daß es für Gott war, um ihn im ›Sakramente des Altares‹ zu ehren. Das ›Sakrament‹, das war das funkelnde, zart verschleierte Goldgehäuse, das der Priester trug. Darin, so hatte man mir gesagt, war Gott. Ich glaubte es inbrünstig, wenn ich daran dachte. Es schien mir keineswegs verwunderlich, daß Gott sich in einem so kleinen Brote verbarg. Auch in den Märchen geschahen derlei Verwandlungen: ein Frosch ist plötzlich König, ein Totenknöchelchen ist eine Flöte. Auch die so harmlos aussehenden Dinge, Pflanzen, Tiere und Menschen, die täglich mich umgaben, besaßen die verwirrende Fähigkeit zu täuschen: ein kleines rötliches Holzstäbchen, das man vertrauensvoll in die Hand nimmt, beginnt eilig wegzulaufen und ist ein Käfer; ein Mensch, der einem in der Dunkelheit begegnet, erstarrt zu einem Weidenstrunk. Keine Form war ein für allemal festgelegt, jedes Ding besaß vielerlei Gestalt, nichts war sicher, endgültig, einfach. Ich gewöhnte mich leicht daran, dieser gefährlichen Wandelwelt mit einer entzückten Vorsicht mich zu nähern, ja ich lernte bald selbst zaubern, nach Belieben meine Gestalt wechseln: im Wasser war ich ein Fisch, im Wald ein laubblättriges Wesen. Wenn solcher Spuk geschehen konnte, dann war es auch möglich, daß Gott sich in Brot verwandelte. Es fiel mir leicht, an diesem Tage fromm zu sein. Das Fest begann mit dem ersten Axthieb, der zwei Tage vor Fronleichnam aus den Flußauen schallte: junge Birken wurden geschlagen und an Wegrändern und Hauswänden aufgepflanzt. Am Vorabend des Festes wurden an vier Plätzen des Orts Bretter und hölzerne Sockel zu Altären im Freien gefügt. Der Klosterhof war lebendig wie nie sonst im Jahr: die Nonnen hämmerten an ihrem Altar, der vor dem Hauptportal aufgestellt wurde; sie kehrten die Wege, mähten das Gras an den Wegrändern und schnitten die Hecken. Weltlich geschäftig, doch wie unter einer gläsernen Glocke von Stille arbeiteten sie. Kinder liefen im Dorf umher, sonderbar und lächerlich verändert durch waagrecht und steif vom Kopf abstehende oder zu kleinen harten Nestern und Wickeln aufgedrehte Zöpfchen, die metallisch glänzten. Man hatte sie mit Butter oder Bier beschmiert, damit sie straff wurden. Am Festmorgen wurden sie gelöst und mühsam ausgekämmt. Dann fielen sie in strengen, strähnigen Locken nieder. Diese feierliche Haartracht verlieh den Kindergesichtern für einige Stunden den starren Ernst ägyptischer Plastiken. Meine Haare waren von Natur kraus und gelockt, darüber aber war ich nicht froh, denn die Qual des Zöpfchenflechtens, der die andern Kinder unterworfen waren, erschien mir nötig, war ein Opfer, gehörte zum Kult.

Zu zweien zogen am Vortag die Mädchen aus, um in großen Körben Salbei und Wucherblumen, Klee und entblätterte Pfingstrosen zu sammeln, die während der Prozession auf den Weg gestreut wurden. Da ich keine Einheimische war, gehörte ich nicht zur Dorfgemeinschaft und wurde nicht mit Blumenpflücken beauftragt. Ich stand am Fenster und sah die Dorfmädchen in den blühenden Wiesen untertauchen. Auch dieses Zusehen war schön und war eine Form tätiger Anteilnahme.

Am Fronleichnamsmorgen weckte mich das vielstimmige Geläut vom Turm der Klosterkirche. Niemand wußte, daß ich an diesem Tage von vier Uhr an am offenen Fenster saß, in ein Tuch gehüllt, frierend und selig. Mit nichts vergleichbar war die Schönbeit dieser Morgenfrühe. Die Nonnen waren wach und schon im Hof. Sie breiteten rote Tücher und Teppiche aus und streuten frisch gemähtes Gras auf die

Wege. Einige standen im Blumengarten und schnitten Pfingstrosen, Kaiserkronen und Iris, taufeucht, manche erst am Vorabend erblüht. Im Gebüsch standen die jungen Novizen. Sie griffen in das nasse duftende Blütengewirr des Jasmin und brachen Zweig um Zweig. In der Ferne krähten Hähne, als seien es nicht sie, die man kennt, die gierigen Anführer der Hühnerhöfe, sondern fremde Vögel, die früher als die andern den Tag verspüren und besingen.

Nie konnte ich, so sehr ich mich darum bemühte, die Stufen des Tagwerdens erkennen – ein wenig lichtes Grau am Himmel, ein paar Vogelrufe, und schon war es Morgen, schon streifte Sonnenschein die Giebel. Der Zauber der kalten, gläsernen Frühe war dahin.

Die Nonnen eilten in die Kirche, und ich konnte hören, wie sie den Morgenchoral sangen. Mochte nun der Tag werden wie er wollte – ich hatte ihn in seiner schönsten Stunde belauscht.

Im Innersten meines Herzens, beinahe vergessen, hockte ein Rest von Mißtrauen gegen das Fest, seitdem es mich einmal sehr unglücklich gemacht hatte. Ich war sieben Jahre alt. Ich weiß das ganz genau, denn ich durfte zum erstenmal in den Reihen der Schulkinder an der Spitze der Prozession gehen, nicht mehr wie bisher an der Hand der Mutter zwischen den dunklen, murmelnd und leiernd betenden Frauen am Ende des Zuges, dort, wo schon keine rechte Ordnung und Feierlichkeit mehr war, wo Kinder, die kleiner waren als ich, laut und unverständig plapperten, wo bald dieses, bald ein anderes greinte und müde war, auf den Arm genommen oder hinter einen Busch geführt werden wollte und Mütter einander verständnisvoll und nachsichtig zunickten. Schon als ich sechs Jahre alt gewesen war, hatte ich die Zumutung, hier bei Knirpsen mit nassen Hosen untergebracht zu sein, als tief entwürdigend empfunden. Einzig mit der Zusage, es sei das letztemal, hatte man mich zum Mitgehen überreden können. Während der Prozession tröstete mich ein Strauß Alpenveilchen, den ich trug und den ich unverwandt ansah und beroch, über das Unzulängliche meiner Umgebung hinweg.

Genau ein Jahr später aber waren Blumen bei der Prozession Anlaß zu großer Kümmernis.

Am Vorabend des Festes ging ich mit meiner Mutter in den Garten, um den Strauß, den ich tragen sollte, zusammenzustellen. Wir gingen sehr wählerisch dabei zu Werke, denn meine Mutter meinte, für den lieben Gott sei das Schönste noch kaum gut genug. Mit dieser geistlichen Absicht verband sich ihr eine recht weltliche: den schönsten Strauß von allen sollte ihr Kind tragen. – Vergißmeinnicht erschienen ihr zu gering im Wert; Maiglöckchen waren schon verblüht und hingen pergamenten gelb an ihren Stengeln; Goldlack roch zwar verlockend, aber war dies Jahr ein wenig zu sehr ins Kraut geschossen, und die Blüten standen spärlich; Pfingstrosen blätterten zu leicht ab; lange standen wir vor dem Schwertlilienbeet; die großen dunkelviolett gefleckten Blüten gefielen uns sehr, und schon hatte meine Mutter die Schere an einen der hohen Stengel gesetzt, da zögerte sie und fand, Schwertlilien seien eigentlich Sumpfpflanzen, bedürften vieler Feuchtigkeit und welkten allzu rasch, wenn sie geschnitten und in heißen Händen getragen würden. Ich hatte mich schon, leicht ungeduldig, kurz zu großen veredelten Margueriten entschieden, die zwar nicht kostbar, aber dafür kräftig und unempfindlich waren, als meine Mutter, die suchend den Garten durchwandelt hatte, eine halberblühte Lilie fand. »Willst du sie?« fragte meine Mutter; ich rief entschlossen ja und schaute zu, wie die Schere das grüne saftige Fleisch zwischen ihre blinkenden kalten Messer nahm. Aber noch ehe der Stengel durchschnitten war, schrie ich: »Nein, nicht!« Doch schon sah ich ihn sinken und fallen. »Was hast du?« fragte meine Mutter erstaunt. – »Nichts«, sagte ich leise und wußte nicht, warum ich auf einmal traurig war. Wir gingen ins Haus. Die Lilie wurde in einen hohen gläsernen Wasserkrug gestellt und in den Jagdsaal getragen, denn dort war es sehr kühl.

Tief in der Nacht erwachte ich. Ich hatte geträumt, doch war mir der Traum entglitten und hatte nichts zurückgelassen als eine unbestimmte Schmerzempfindung, die wie eine dunkle Welle mein Herz umspülte. Es war ein Gefühl von großer Trauer, dem ich hilflos preisgegeben war, da ich seine Ursache nicht kannte. Ich spürte, daß ich im Traum geweint hatte und im Wachen weiterweinte. Ich besann mich, ob ich etwas Böses getan hatte am Tage: hatte ich etwas zerbrochen oder verloren und es nicht gestanden? Nichts war mir bewußt. Wäre ich etwa fünf Jahre älter gewesen, so hätte ich aus einer Reihe ähnlicher Erfahrungen heraus diese scheinbar grundlose Trauer zu deuten vermocht als Vorahnung eines schlimmen Tages, der seinen Schatten in meinen Traum vorauswarf, mich zu warnen, als einen bitteren Vorgeschmack künftiger Tränen. Allmählich fühlte ich, wie mein Schmerz sich verdichtete und bestimmter wurde, und als ich eine letzte heftige Anstrengung meiner Erinnerungskraft gemacht hatte, stand das Bild meiner Lilie vor mir. Ich stieg aus dem Bett, schlüpfte in meine Schuhe, legte ein Tuch um und schlich durch das Zimmer, das neben dem meiner Mutter lag. Der Boden knarrte zwar, und die Tür schnappte mit einem Knacken ins Schloß, doch hatte niemand es gehört.

Ich stand an dem einen Ende des hundert Meter langen gepflasterten Ganges, der längs der bewohnten Zimmer und Säle lief und an dessen anderem Ende der Eingang zum Jagdsaal lag. Der Gang war nicht vom Mond, der in der östlichen Himmelshälfte stand, erhellt. Seine Fensterflucht lag nach Westen, doch gab das jenseits des Klosterhofes liegende, kräftig beglänzte weiße Gebäude einen dämmerigen Schein, in dem ich die alten Landkarten und Stiche an den Wänden unterscheiden konnte. In den tiefen Fensternischen aber lag ein unbestimmtes Dunkel, das vielleicht gefährlich war. Die alten Pflastersteine, die nur lose in ihre Unterlage eingefügt waren, verschoben sich und klickten leise unter meinen Tritten. Endlich stand ich vor dem Jagdsaal. Ich öffnete die Tür und fand mich mitten in einem wunderbaren Lichtsee. Die Saalfenster standen offen; breite sanfte Flüsse von Mondschein strömten herein. Draußen lag der Garten. Baumwipfel schwammen wie Inseln, wie Rücken dunkler Tiere still im Licht. Auf einem großen Blumenständer, der wie eine breite achtstufige Treppe war, die nirgendwohin führte, standen Topfpflanzen. Meine Lilie war nicht bei ihnen. Da sah ich sie in einer Fensternische auf dem Boden stehen, von Licht überstürzt. Sie schien aus dem Glas zu wachsen; Glas und Lilie waren aus demselben Stoff, aus flüssigem, in der Nachtkühle gefrorenem Licht. Die Blüte war leicht geneigt von ihrer Schwere. Ich sah, daß sie kaum merkbar schwankte. War es der Nachtwind, der sie berührte? Ich trat näher. Ein süßer, schwerer Duft entströmte dem leuchtenden Kelch. Wieder sah ich ihn erzittern. Das Beben rann über Stengel und Blätter. Ich sah die Blüte heftiger schwanken, beinahe leidenschaftlich geschüttelt. Da löste sich etwas Dunkles schattenhaft aus dem Blüteninnern, verweilte einen Augenblick schwebend über dem untersten Blütenblatt, streifte zärtlich, wie mir schien, an ihm entlang, verließ still den Kelch, breitete dunkle Flügel aus und entschwand in den Park. Ich stand atemlos, Zeuge eines Geheimnisses. Welches fremde Wesen hatte die weiße Blume heimgesucht? Ich wußte nichts von Nachtfaltern, die Lilien lieben. Klopfenden Herzens trat ich ganz nahe. Auf dem Blütenblatt, das der geflügelte Gast eben verlassen hatte, schimmerten helle Tropfen. Waren es Tränen? Neugier und Scheu hielten eine Weile sich in mir die Waage, ehe ich meine Finger in den Kelch legte, um das Feuchte zu befühlen. Es klebte ein wenig, es fühlte sich an wie Öl, es duftete. Es schien mir kostbar. Ich dachte, man könne vielleicht noch mehr davon aus dem weißen Kelche gießen. Ich hob die Blüte ein wenig hoch; meine Hände erschraken, denn sie fühlte sich ungewohnt an: wächsern, kalt und leblos. Trotzdem hielt ich sie; nun stand sie so, daß das Licht des Mondes durch den Kelchgrund brach und, vermischt mit einem Widerschein vom Grün der Pflanze, sich aus der weitgeöffneten Blüte ausgoß, als besäße die Lilie eine eigene starke Leuchtkraft. Bald aber ließ ich sie wieder sinken, denn ich fühlte, daß sie mir nicht zugetan war.

Doch bannte sie meinen Blick. Ich wurde nicht fertig damit, sie anzusehen. Ich kniete mich vor die Blume und schaute in ihren geneigten Kelch. Mir schien, er sei tief und man könne durch ihn hindurchsehen wie durch ein Fernrohr, das man aber nicht gegen den Himmel richtete, sondern gegen ein tiefes dunkles Wasser.

Plötzlich kam sie mir vor wie eine Trompete. Es lag etwas Heftiges, ja Gewaltsames darin, wie die Blüte aus dem Stengel drang. Sie tat es so ungestüm, daß sie von ihm noch Grünes mitriß, das nun an ihr hing und erst an den Blattspitzen sich ins reine strahlende Weiß verlor. Ich erwartete, daß diese Trompete einen durchdringenden metallenen Ton ausstoße.

Dann aber erschien sie mir wieder ganz sanft, als gleite sie still aus dem Stengel. Ich dachte, ob man etwa sie noch länger und länger ausziehen könne, ob im Stengel verborgen noch mehr Blühendes stecke; aber ich wagte keine Berührung mehr.

Mit einemmal nahm gerade dieses Gleiten, das so sanft und harmlos schien, etwas Unheimliches an. Die Blüte erschien mir wie der Kopf einer weißen Schlange, deren Leib schillernd in der grünen Stengelröhre lang ausgestreckt liege, bereit, aufzuschnellen und zu töten. Dieser Eindruck des Unheimlichen, Gefährlichen, Feindlichen wurde sehr mächtig in mir; ich dachte: die Lilie ist giftig. Gegen alles, was giftig ist, war mir ein zwiespältiges Gefühl angeboren. Ich fürchtete Schlange, Tollkirsche, Schierling und Orchidee, und doch konnte ich die Begierde, sie zu berühren und alle Gefahr auf mich zu nehmen, kaum bezwingen.

Der Mond wanderte seinen Weg am Himmel. Streifen um Streifen Helle ertrank im Schatten. Auch die Lilie erlosch. Nun konnte ich mich von ihr lösen. Unhörbar, lose Pflastersteine vermeidend, schlich ich in mein Zimmer und versank in einen tiefen Schlaf.

Als ich am Morgen ins Eßzimmer trat, stand die Lilie schon auf dem Tisch. Ich erschrak freudig, dann aber befiel mich Ernüchterung, denn mir war, als hätte die Blume nichts zu bewahren vermocht in ihrem leeren, belanglosen Gesicht von den geheimen Verwandlungen der Nacht. Ich nahm sie, ohne zu erschrecken, in meine Hand; sie war kühl und glatt, eine Pflanze, sonst nichts. Ich ging mit ihr zur Kirche.

Da aber begann mein Leiden. Ich schritt durch die Reihen der Kinderbänke, um in der ersten meinen Platz zu finden. Da sah ich, daß kein Kind außer mir Blumen trug. Die Mädchen stießen sich mit den Ellbogen an und kicherten. Meine Nachbarin flüsterte hämisch: »Du mußt immer was andres haben als wir.« Ich sah hilflos um mich. Ein größeres Mädchen riet wohlwollend: »Wirf's weg, wirf's unter die Bank!« Ich schaute starr nach vorne, auf meine unglückselige Lilie. Ich konnte nicht übersehen, daß sie schön war. Ein trotziges Gefühl überkam mich, das fast Liebe zu meiner Lilie war. Doch war die Versuchung, sie wegzuwerfen, mächtig lockend. Einen Augenblick war ich fest entschlossen, sie einfach fallen zu lassen. Schon lockerte sich der Griff meiner Hände. Da erschien mir das Bild meiner Mutter, wie sie, erfreut darüber, das Schönste für mich gefunden zu haben, die Lilie abschnitt. Eine Empfindung dankbarer Liebe flog durch mich und schien mich endgültig an meine Blume zu binden. Aber stärker und stärker spürte ich die verachtenden Blicke der Mädchen; eine Welle stummen Spottes brandete gegen mich. Würfe ich die Lilie unter die Bank, so wäre ich erlöst. Die Messe, die der Großonkel feierte, hatte begonnen und nahm ihren Fortgang; die Orgel brauste, Weihrauch und Birken verströmten eindringlichen Wohlgeruch. Verzweifelt suchte ich nach einem Gebet. Aber mein Herz war verödet. Endlich erschien mir ein Ausweg aus meiner Qual. Ich dachte: Wenn der Großonkel nun auf die rechte Seite des Altares geht, werfe ich sie weg; geht er auf die linke, so behalte ich sie. Aber er blieb in der Mitte, und ich bemerkte, daß er schon das letzte Gebet verrichtete. Damit wurde der Entschluß von neuem auf mich allein gelegt. Allerdings wurde er zunächst verzögert, denn die Kinder verließen die Kirche, um sich zur Prozession aufzustellen. Ich fand keine Zeit mehr, nachzudenken. Schon bewegten wir uns langsam unter wehenden Fahnen durch den Klosterhof, verließen das Dorf und zogen auf einer schmalen Straße zwischen hoch blühenden Wiesen über die Hügel. Nun aber fielen meine Blicke erneut auf die Lilie.

Bei jedem Schritt, den ich machte, nickte sie, schnell oder langsam, in lächerlicher Abhängigkeit von mir. Da riß ich das unterste Blatt vom Stengel und ließ es aus meinen Händen gleiten. Es fiel in den Straßenstaub. Ich trat nicht darauf. Jetzt aber war die Entscheidung gefallen. Ich sah und hörte nicht mehr; ich wünschte nicht mehr, nur die Lilie beseitigt zu haben, sondern ich brannte darauf, sie zu zerstören, nach und nach. Ich riß ein Blatt nach dem andern ab, erst mit Neugierde und Spannung, dann besessen, grausam, wollüstig, bis ich den nackten Stengel hielt. Er war nun wirklich wie eine Schlange: glatt und schlüpfrig. Er hatte böse klaffende Bruchstellen. Ich knickte, um zu versuchen, ob ich es könnte, ein Stück des Stengels ab. Lächerlich traurig hing nun die Blüte herab. Sie selbst aber war herrlich unversehrt. Ich hob sie in die Höhe, abschiednehmend.

Die Kinder beteten: »Gegrüßt seist du, Maria.« Wie die Blüte duftete! Jemand stieß mich an: »Bet doch mit!« Ich versuchte es, aber ich hörte und verstand meine Worte bald nicht mehr. Mein Blick war, wie in der Nacht, gebannt von meiner Lilie. Mir schien, es schaue ein fremdes Wesen mich an aus der Tiefe des leuchtenden Kelchs. Wie die Staubfäden züngelten aus dem wassergrünen Schlund! Ich kniff ein Staubgefäß ab. Ein wenig goldner Staub fiel heraus. Dann riß ich auch die übrigen ab. Nackte grüne Fäden hingen aus dem Kelch. Ich griff tiefer. Es war geheimnisvoll böse, dies zu tun; es war ein Raub, ein schamloser Einbruch. Der Stempel brach, streifte im Fallen meine Hand, Öl tropfte aus der verletzten Narbe. Ein Blütenblatt fiel, der Kelch lag offen. Mit jedem Blatte löste sich auch ein Staubfaden. Ich behielt alles Abgelöste in meiner Hand. Noch hingen zwei Blütenblätter am Stengel, schön und traurig wie weiße Falter, denen eine rauhe Hand den feinen Farbschmelz abgestreift hat. Die Adern traten nackt und hart vor, die Blütenränder waren braun, welk, zerknittert. Der Fruchtknoten starrte mich an. Ich ritzte ihn mit dem Fingernagel. Kleine grüne Samen lagen darin, feucht, ölig. Lilienöl, dachte ich. Das Wort hatte einen fremden, kostbaren Klang. Einige Augenblicke lang schien es mir, als wiege die Bekanntschaft mit diesem wunderbaren Worte ›Lilienöl‹ alle Marter der vorhergegangenen Stunden auf.

Meine Hände führten nun ihr Werk zu Ende; Blütenblätter und Staubfäden lagen in meiner Hand, ich drückte sie zusammen; der Stengel knirschte; Tropfen eines grünlichen Saftes rannen über meine Finger. Dieser Saft duftete nicht mehr, wie es die Blüte getan hatte; er roch widerlich, giftig. Ich preßte meine Hände stärker aufeinander. Ich fühlte, wie nach und nach jeder Widerstand der Pflanze schwand, bis ich nur mehr Fetzen von etwas ehemals Lebendigem hielt.

Plötzlich rührte sich das Totgeglaubte in meinen Händen. Ich öffnete sie erschrocken. Das Zerknüllte richtete sich auf zu einem letzten anklagenden Widerstand. Mit abgewandten Augen zerdrückte ich es noch einmal und stärker. Noch aber hielt ich es, noch war es da.

An einer Wegbiegung ließ ich es fallen. Nun waren meine Hände leer. Mäler von dem grünlichen Safte waren verblieben.

Ich kam zu mir. Lust, Qual und Bosheit fielen von mir ab. Ich war ernüchtert und begriff nicht mehr, was ich getan hatte. Ich bemerkte, daß meine Lippen die Worte des Gebetes mitsprachen, und ich sah, daß die Spitze der Prozession eben in den Klosterhof einbog. Das Fest war zu Ende. Ich ging nach Hause.

Keto von Waberer

Teresas Garten

Nach den langen Regentagen kamen hellgrüne Spitzchen unter den Grasbüscheln vom letzten Jahr hervor. Die Ahornbäume aus der Baumschule sahen aus wie biegsame Stöcke, die in einem runden Rupfenkissen mit Erdreich steckten. Die hellroten Himbeerruten erkannte Teresa an ihren Stacheln, daneben lagen die geheimnisvollen Knollen der Iris, die dunkellila Tulpenzwiebeln und ein mit Draht verschnürter Torfballen. Im großen Erdhaufen neben dem Hühnerstall krochen Regenwürmer herum, als Teresa eine Kiste mit Setzlingen aufhob. Sie besah die grünen glänzenden Blättchen, eins neben dem anderen, wie eine winzige Plantage.

Der Gärtnerbursche kam aus dem Schuppen und ging mit geschultertem Spaten über die Wiese. Er grub am Zaun Löcher für die Himbeeren.

Teresa hatte ihn aus ihrem Schlafzimmerfenster beobachtet. Er warf die Steine, die er aus der Erde klaubte, so flink und fröhlich über den Zaun, als spiele er mit ihnen. Er war ganz anders als der alte Gärtner Ignaz, der immer müde aussah. Ignaz, der in seinen Gummistiefeln neben Teresas Vater schwerfällig durch den Garten gegangen war, als noch Schnee lag, und von Blumen gesprochen hatte, von denen Teresa noch nie gehört hatte. »Rudbeckia, gelbe Sterne mit schwarzem Auge, eine Margeritensorte, Ola Cola, die gelbe Iris, Adonisröschen und Ochsenzunge«, sagte er, hob etwas Erde auf und zerrieb sie zwischen den Fingern wie ein Gewürz. »Für Obstbäume ist es hier nicht einfach, die Kiesschicht kommt dicht unter der Humusschicht, wir müssen Buschbäume nehmen. Gute Birnen werden wir hier nicht bekommen, aber Äpfel.« Teresas Vater sprach vom Rasen, und der alte Gärtner hatte gelächelt und gesagt: »Der muß ganz neu angelegt werden. Ich besorge Grassamen.«

Teresa bekam im hinteren Teil des Gartens ein kleines Stück Land neben den Gemüsebeeten. Sie grub es um und riß die Queckenwurzeln, die das Erdreich wie zähe Fasern durchzogen, heraus. Dann legte sie die kleinen bunten Kacheln um das feuchte dunkle Rechteck herum. Die hatte ihr Onkel Olaf geschenkt, er war Vertreter für eine Firma, die Badezimmer ausstaffierte. Keine Kachel glich der anderen, manche sahen aus wie Knäckebrote, auf denen Honig und Butter vermischt waren, andere wie ein Stückchen blauer Himmel mit Wolken drauf.

»Was kommt in deinen Garten?« fragte der Gärtnerbursche.

Teresa hockte auf dem Boden und wischte mit den Fingern die Platten sauber, auf denen der Regen vom Vortag eine dünne Staubkruste zurückgelassen hatte.

»Blumen«, sagte sie und sah zu dem Mann auf, der mit seinen schweren genagelten Schuhen behutsam zwischen den aufgeschüttelten Erdrabatten hin und her ging. »Was für Blumen?« Er zupfte an seinem Hemdkragen. »Das verrat' ich nicht«, sagte Teresa, weil ihr keine Blume einfiel.

Mittags aß er in der Küche.

Teresa mußte ihn rufen, und er kam nicht gleich, sondern spuckte noch einmal in die Hände und stach ein paar fettige Erdscheiben ab. »Warum tust du das?« fragte Teresa. Der Mann schaute sie an, als hätte sie ihn etwas Schwieriges gefragt und er müsse sich die Antwort gründlich überlegen. Teresa gefiel sein schwarzes Haar, das über der Nase mit einer Spitze tief in die Stirn wuchs. Seine Brauen waren dicht und liefen wie ein schwarzer Balken ohne Unterbrechung über die Nasenwurzel hin. Erdkrumen hingen darin. »Was?« sagte der Mann und steckte den Spaten mit einem Ruck ins Erdreich.

»Du spuckst in die Hand.« Teresa sah, wie er den Kopf zur Seite drehte und über die Beete schaute.

»Damit ich nicht rutsche, mit den Händen am Holz«, sagte er langsam. »Sag deiner Mutter, ich komme gleich.«

Teresa wußte, daß er sich an der Tonne die Hände und das Gesicht wusch, ehe er in die Küche kam. Auch seine Schuhe zog er aus. Das hatte der alte Gärtner nicht getan.

Teresas Mutter war verblüfft vor den Erdsternen gestanden, die seine Sohlen auf dem Teppich im Wohnzimmer hinterlassen hatten.

»Der Walter ist noch ein Bub«, sagte Teresas Mutter in der Küche und reichte Teresa einen Teller mit Gemüse und einer Scheibe Leberkäse. Teresa stellte ihn auf den Tisch neben das Bierglas. »Du darfst ihm nicht so zuschaun beim Essen, ich glaube, du machst ihn verlegen.« Teresa strich sich mit ihren beiden Zöpfen abwechselnd über die Nase und setzte sich auf den Küchenhocker neben dem Herd.

Wenn er in der Küche saß, gefiel er ihr nicht so gut wie im Garten. Er machte ein dümmliches Gesicht, wenn ihre Mutter mit ihm sprach, und nannte sie immer Frau Demmler, viel öfter als andere Leute nannte er sie so. »Es schmeckt sehr gut, Frau Demmler, ja ich bin fertig mit den Stiefmütterchen, Frau Demmler, danke, Frau Demmler.« Es war, als fühle er sich nur im Garten wohl, und in der Küche wurden seine Bewegungen linkisch. Einmal hatte er sogar mit dem Daumen ein Fleischstück auf den Löffel geschoben. »Ich schau ihm nicht beim Essen zu, ich will nur sehen, wie er sich bekreuzigt«, sagte Teresa.

»Tut man das da, wo du herkommst?« hatte sie ihn einmal gefragt, als er sich die Stirn berührte und dann die Finger küßte.

»Tust du das nie?«

»Nein«, sagte Teresa, »aber es ist lustig, zeig es mir.«

Aber er hatte das Brot langsam in die Suppe getaucht und sie nicht angesehen.

Walter war kleiner als Teresas Vater, aber Teresa kam er ziemlich alt vor. Er trank Bier aus der Flasche und wischte sich den Mund mit dem Handrücken ab. Er arbeitete den ganzen Tag, ohne sich zu beklagen und ohne zu Teresa herüberzusehen, wenn sie an der Hauswand Ball spielte und wartete, daß er mitspielen würde. Nur einmal!

Ich bin ein Student
Ich wasch mir die Händ
Ich trockne sie ab
Ich steck sie in Sack.

Dazwischen mußte man in die Hände klatschen, die Bewegungen vom Händewaschen und Abtrocknen nachahmen und schließlich die Hände in die Schürzentaschen stecken, ohne danach den Ball zu verfehlen. Teresa konnte das sehr gut. Wer weiß, wie er dabei abgeschnitten hätte.

»Er ist nur zehn Jahre älter als du, Teresa, und arbeitet wie ein Mann.« Teresas Vater ließ keine Gelegenheit aus, um ihr zu verstehen zu geben, wie gut sie es hatte.

»Aber ich hole doch auch Schafmist von den Wiesen und leere die Aschentonne aus.« Teresa kamen zehn Jahre vor wie eine unendlich lange Zeit. So lange lebte sie noch gar nicht. Ihr Vater streichelte ihr den Kopf und lachte. »Hol das Salz aus der Küche«, sagte er. »Ein fescher Bursche ist dieser Walter, nur sehr verschlossen.«

»Aber so höflich und so angenehm«, sagte Teresas Mutter und rührte im Gulasch. Teresa mochte es nicht, wenn sie so über Walter sprachen, aber sie wußte nicht genau warum. Sie sprachen von ihm genauso wie von der neuen silbernen Teekanne, die so gut gießen konnte.

Walter hatte Teresas Mutter von dem Bauernhof seiner Eltern erzählt. Er liege auf einem Hügel, wie ein Vogelnest, hatte er gesagt, und seine Mutter stehe auf, wenn es noch dunkel sei, um die Tiere zu füttern. Nein, er wollte nicht Bauer werden. Es war so einsam auf dem Hof, man traf selten einen anderen Menschen, er wollte in die Stadt und für Pflanzen habe er eine gute Hand, schon als Kind habe er den Garten der Mutter gepflegt. »Was wuchs da?« fragte Teresa. »Schnittlauch und Petersilie, Zwiebeln und Rüben«, sagte Walter und bekreuzigte sich schnell. Er schloß dabei kurz die Augen, und Teresa gefiel es gut, daß dabei am unteren Rand der Augen ein weißer glitzernder Streifen zwischen den Wimpern zu sehen war. Ob er auch, wenn er schlief, die Augen nicht ganz schloß?

»Und jetzt wenn du weg bist, wer pflegt da den Garten?« Er hob die Schultern.

Als Teresa aus der Schule kam, ging sie sofort in den Garten hinaus, um nach Walter zu suchen. Sie zeigte ihm die beiden bunten Tütchen mit gemischten Blumensamen, die sie gekauft hatte.

»Das ist nichts wert«, sagte er. Schweißtropfen standen auf seiner Brust. Sein Pullover hing über dem Zaun.

»Schau doch die schönen Blumen auf dem Bild!« Teresa konnte ihn riechen, er roch wie der Hase, den Teresa im letzten Jahr in einem Körbchen gepflegt hatte, bis er gesund war und weglief. Das hatte jedenfalls Teresas Mutter gesagt, als Teresa über das leere Heunest weinte und die kleine Fellflocke an die Backe hielt, die dort zurückgeblieben war.

»Ach, das machen sie einfach drauf, damit die Leute das kaufen.« Er kratzte sich und hinterließ eine braune Spur auf seiner hellen Schulter.

»Du hast dich schmutzig gemacht«, sagte Teresa feindselig, weil er ihre Blumensamen nicht mochte. Der kleine Hase hatte einen warmen Geruch gehabt, nach Klee und Fell. Walter drehte den Kopf zur Seite und rieb sein Kinn an der erdigen Schulter.

»Erde ist kein Schmutz«, sagte er. »Ich bring dir ein paar Pflänzchen aus der Gärtnerei.«

Teresa zog mit einem Stock Furchen in ihr Beet, bohrte mit dem Finger Löcher hinein und legte in jedes Loch einen Samenkern. Manche Samen waren so klein, daß sie mehrere in ein Loch steckte.

»Gut machst du das, Teresa«, rief Walter herüber und wickelte Bast auf seinem Arm auf. »Wirst du ein Gärtner werden, wenn du groß bist?«

»Vielleicht.« Teresa klopfte die Erde über den Rillen glatt. Sie wußte, daß sie kein Gärtner werden wollte, aber das sagte sie ihm nicht, vielleicht hätte es ihn gekränkt.

»Ein Obstbaum soll dir gehören«, sagte Teresas Vater, »such dir einen aus.«

An den Bäumchen mit ihren glatten Blättern hingen Papierzettel, auf denen ihr Name stand. Teresa wählte einen schönen Namen aus. »Er soll neben meinem Beet stehen«, sagte sie zu Walter.

»Du weißt ja, wo der Spaten steht«, sagte er. »Grab ein Loch, ich komme dann und schau nach, ob's tief genug ist.« Der belustigte Blick, den er ihrem Vater zuwarf, machte Teresa ungeduldig.

»Kann sie das?« fragte Teresas Vater, und Walter senkte den Kopf, daß sein schwarzes Haar über sein Gesicht rutschte.

»Teresa ist eine gute Gärtnerin«, sagte er und lächelte mit abgewandtem Gesicht.

»Da hörst du's.« Teresa sprang an ihrem Vater hoch und umarmte ihn. Eigentlich hätte sie gerne Walter umarmt.

Einmal hatte sie ihn schon umarmt. Sie hatte geprahlt, daß sie ihn hochheben könnte, und er hatte die Arme ausgebreitet und sich breitbeinig hingestellt, als verankere er sich mit seinen Nagelschuhen in der Erde.

Teresa hatte die Arme um ihn gelegt. Sie reichte ihm bis zur Achsel. Sie hatte ihr Gesicht an seine Brust gedrückt und die Arme um ihn gelegt. Unter den Händen hatte sie den rauhen Stoff seiner Arbeitshose gespürt. Die zog er abends im Schuppen aus, um die saubere Hose anzuziehen, die er ordentlich zusammengelegt über die Sprossen der Leiter hängte, wenn er morgens kam. Teresa wollte zusehen, wenn er sich umzog, aber das erlaubte er ihr nicht.

Walter häufte lockere Erde um die Wurzeln der Johannisbüsche. Er machte einen kleinen Graben um jeden Busch und stampfte ihn fest. Teresa goß mit der Gießkanne Wasser in den kleinen Graben. Wie vorsichtig und geschickt er die Stiefmütterchen in den großen irdenen Topf setzte, eins neben das andere, wie sanft er die Erde festdrückte, seine großen Hände hantierten zwischen den blauen Blumengesichtern. Er verletzte keine einzige. Sie schauten ihm alle zufrieden zu. Er machte es ihnen schön in dem fremden Topf. Dort wollten sie bleiben. Später steckte Teresa ihr Gesicht zwischen die samtigen Blütenblätter und küßte sie.

»Fällt Teresa Ihnen lästig?« hatte Teresas Mutter Walter am Abend gefragt. Er saß schon in sauberen Sachen und mit feuchtem gescheitelten Haar in der Küche und aß einen Teller Suppe. Er sah Teresas Mutter an, wie Teresa es schon kannte, nachdenklich, als müßten seine Augen sich erst langsam, während er nachdachte, an den Anblick des Fragenden gewöhnen. Dann senkte er den Kopf und schüttelte ihn, daß ein paar feuchte Strähnen aus der schon vom Kamm geriffelten Haarkappe herausrutschten und über seiner Stirn abstanden wie die Fühler eines Käfers. »Nein«, sagte er. »Teresa versteht die Pflanzen. Nein.« Teresa, die sich bei der Frage ihrer Mutter in die Hand gebissen hatte, sah, daß er rot wurde, und sie fühlte ein seltsames Ziehen in ihrem Magen. Aber als sie sich ein Leberwurstbrot gestrichen hatte, konnte sie es nicht essen.

»Er ist so geduldig mit Teresa«, sagte Teresas Mutter am Abend. Teresas Vater, der in der Zeitung las, schaute sie verständnislos über seine Brille an. »Er ist ein reizender Mensch.« Teresas Mutter betrachtete ihre Tochter mit einem zärtlichen Blick; wer gut zu Teresa war, hatte auch ihre Zuneigung.

»Ach, der Gärtnerbursche«, sagte Teresas Vater und faltete umständlich die Zeitung zusammen. »Der gefällt euch beiden besser als der alte Ignaz, was?« Er lachte. Ignaz hatte einen Kropf und erzählte Teresas Mutter immer von seiner zänkischen Frau. »Er ist ein Bauernbub aus St. Ottilien«, sagte Teresas Mutter nachdenklich. Was wußten sie schon von Walter? Teresa schloß die Augen und sah Walter auf einem Pferd durch einen Fluß reiten, das Wasser spritzte hoch um ihn auf. Er trug einen roten Rock, wie ihn Teresa an den jungen Männern in einem Buch gesehen hatte, die eine goldene Münze oder ein hohes Glas in den Händen hielten und ebenso unbeteiligt den Kopf zur Seite wandten wie Walter, wenn man ihn etwas fragte.

Sie wußte nicht, warum sie so verlegen wurde, wenn sie daran dachte. Sie mußte die Zähne zusammenbeißen bei diesem Gefühl. Sie hatte ihn nicht hochheben können. Wie fest sie die Arme um ihn geschlungen hatte, wie sie an ihm gezerrt und geschüttelt hatte, keinen Millimeter hatte sie ihn vom Boden heben können, und er hatte gelächelt über ihr, sein Kopf in der blauen Luft, seine Lippen blaßrot und gekräuselt wie eine seltene Gartenschnecke.

Teresa kämpfte mit den Schnecken, sie zogen silbrige Bänder über die Kacheln um ihr Beet, sie hockten wie braune Pilze im Erdreich und klebten an den winzigen Pflänzchen. Sie waren braun, manche hatten einen orangen geriffelten Rand. Sie konnte sie nicht töten, aber sie sammelte sie in einem Schuhkarton und fuhr mit dem Fahrrad abends zum Fluß, um sie dort unter die Weidenbüsche zu schütteln.

Walter hatte sich losgemacht und sie hochgehoben, so leicht, als wöge sie nicht mehr als das Knäuel von Bastfäden, mit denen er die Himbeerpflanzen an den Draht band. Er hatte sie hochgehoben, hoch über seinen Kopf, obwohl sie die Luft anhielt und ein böses Gesicht machte.

Teresa, die geglaubt hatte, sie wäre stark, fühlte sich gekränkt von der Leichtigkeit, mit der er sie hochgehoben hatte. Sie hatte seine harte Brust gefühlt, seine unnachgiebigen Arme, die nicht besonders kräftig aussahen, wenn sie aus den aufgekrempelten Hemdsärmeln kamen, abends, wenn er im Licht der Küchenlampe über seinen Teller gebeugt saß. Als er sie hochhob, hatte er sich nicht wie ein Mensch aus Fleisch und Blut angefühlt, sondern wie ein zäher Ledersack, wie der Ledersack, gegen den der Vater boxte und der in seinem Ankleidezimmer von der Decke hing.

Teresa zog ihre beiden Puppen, Lulu und Dede, warm an und trug sie in den Garten, sie setzte sie in ihr Beet. Sie hatte an einer Ecke einen kleinen künstlichen See aus Kacheln gemacht, aber jeden Morgen war das Wasser versickert, und Teresa mußte ihn neu mit der Gießkanne füllen, ehe sie um zehn zur Schule ging.

Lulu wollte nicht auf der Erde sitzen, und Teresa machte ihr ein Kissen aus altem Gras. Dede starrte mit ihren blauen Augen verzückt auf den roten Zelluloidfisch, der im Wasser schwamm. Teresa wollte Froschlaich aus dem See im Wald holen und eine Froschfamilie in ihrem See aufziehen, aber das Wasser versickerte in der Erde, und die Mutter versprach ihr einen alten Topf, den sie eingraben konnte. Teresa wußte nicht, ob ihr das gefallen würde. Einen kreisrunden See gab es nicht, und in der Tonne durften keine Frösche leben, hatte ihr Vater gesagt.

Teresa nahm einen Apfel und legte ihn auf ein Tablett, sie dachte nach, nahm noch einen Apfel und legte ein Messer dazu, daneben stellte sie einen Unterteller mit Erdbeermarmelade, überlegte, ob sie auch Gläser mit Milch dazustellen sollte. Sie kam davon ab, als sie sich das Tablett in den Garten hinaustragen sah.

Draußen riß ein kühler Wind an den Geranien in ihren Töpfen, und die frisch gepflanzten Rosen neben der Terrasse bogen sich.

Sie konnte Walter nicht sehen, aber sie hörte ihn singen, der Wind trug Fetzen einer Melodie herüber. Als sie nach ihm rief, tauchte er hinter den beiden Birken auf, die am Zaun standen. Er kam durch den Garten, machte einen Bogen um das frisch gesäte Stück Rasen und blieb, die schwarzen Brauen fragend erhoben, ein paar Meter vor Teresa stehen.

»Wir wollen Picknick machen«, sagte Teresa und ließ die Äpfel auf dem Tablett hin und her rollen.

»Es ist noch nicht Brotzeit«, sagte Walter und streckte sich. Er trug ein blaues verblichenes Hemd, Schweißflecken färbten den Stoff unter den Armen dunkel.

»Nur einen Apfel«, sagte Teresa und trug das Tablett vor sich her.

»Dein Vater bezahlt mich nicht fürs Faulenzen«, Walters Haare bewegten sieh im Wind.

»Wo sollen wir uns hinsetzen?« Teresa gefiel nicht, was er sagte. Sie glaubte nicht, daß ihr Vater Walter keine kleine Pause gönnen würde.

Sie hockten sich an die Holzwand des Hühnerstalls, die nach Carbolineum roch, mit dem Teresas Vater sie vor ein paar Tagen gestrichen hatte.

»Wo ist deine Mutter?« fragte Walter. Er sah zu, wie Teresa die Äpfel schälte. »Dünner mußt du sie schälen, du schneidest ja die Hälfte weg.« Er streckte die Hand nach dem Messer aus, aber Teresa gab es ihm nicht.

»Mama ist nicht da, ich weiß nicht, wo sie ist.« Teresa strich Marmelade auf einen Apfelschnitz und hielt ihn Walter hin. Er besah ihn, schielte dabei und nahm ihn schließlich entgegen.

»Wirst du später eine Gärtnerei haben mit einem großen Glashaus wie der Ignaz?« fragte Teresa. Walter kaute und senkte die Augen. Teresa beobachtete ihn. »Ich bin gerne in dem Glashaus, es riecht so gut dort, und vielleicht kann man darin auch wohnen. Stell dir vor, wenn es draußen regnet und blitzt, und man sieht alles, während man im Bett liegt.«

»Ich will keine Gärtnerei«, Walter sah Teresa an. »Ich will mir ausdenken, wie ein Garten sein soll, wo die Bäume stehen sollen und wo die Sträucher hinkommen und welche Blumen zusammenpassen, verstehst du. Es ist schon recht, wie Ignaz die Blumen auf eurem Beet vor dem großen Fenster haben will, aber er macht es immer so in Gelb und Braun und mit ein bißchen Blau am Rand, der Rittersporn.«

Walter schaute hinüber, als sähe er die Blumen. Seine Augen waren sehr dunkel, vielleicht war er böse.

»Wie würdest du's denn machen?« fragte Teresa schnell.

»Ganz anders. So blau und so verschieden hoch, wie Wasser, mit azurblauer Veronika, die über die Terrasse herunterhängt und sich bewegt, wenn der Wind ... es müßten verschieden hohe Büsche und Polster sein, blauer Mohn, Amethyst-Flamme, königsblaue Schwertlilien und wenn der Wind darüber weht ... man müßte auch was hören, schöne Töne, ich habe gelesen, es gibt Instrumente, die heißen Windharfen, das müssen Drähte sein oder Glocken, ich weiß nicht ... die Japaner machen mit Wasser Musik in ihren Gärten, Wasser, das auf Bambusrohre herunterläuft und dann die Bambusrohre zum Schwingen bringt, das habe ich gelesen.« So hatte Teresa ihn noch nie sprechen hören, sie wagte nichts zu sagen. Sie konnte sich das blaue Beet gut vorstellen und sah sich in einer Hängematte liegen, in einem blauen Kleid, und zu den Klängen der Windharfen, leise hin und herschweben. Sie hatte offenes Haar und war älter als jetzt und sehr schön. Sie kratzte die drei roten Stiche an ihrem Bein.

Walter schob ihre Hand weg und besah die roten zerkratzten Hautstellen. Er drückte den Daumennagel in die Schwellung. Er preßte den Nagel zweimal fest in die Haut und hinterließ zwei kleine gekreuzte Rillen und wirklich sie hörten auf zu jucken, es schmerzte ein wenig, wenn er den Daumennagel ansetzte.

»Leck dran.« Teresa hob ihm das Bein entgegen. Einen Moment fühlte sie seinen warmen Atem auf ihrer Wade, dann stieß er das Bein weg und schüttelte den Kopf. »Du bist mir eine«, sagte er, und als Teresa ihm einen Stoß gab, um ihn umzuwerfen, sprang er behende auf und ging mit langen Schritten in seiner ausgebeulten Hose am Zaun entlang davon. Teresa wollte ihm nachlaufen und ihn festhalten, aber sie wußte, daß er sie hochheben und beiseite stellen konnte, ohne sich anzustrengen. Sie aß die Apfelschalen auf und wischte mit den Fingern den Rest der Marmelade vom Teller. Wenn ich groß bin, soll er mir meinen Garten machen, dachte Teresa.

Sie sprang über die Schnur, die am Rand der Terrasse gespannt war, zwei Handbreit über den Boden, damit das Beet gerade wurde. Walter legte einen Weg aus grauen Platten durch das aufgelockerte Erdreich. Jede lag einen kurzen Schritt von der nächsten entfernt.

Teresa hüpfte von einer Platte zur anderen. Sie bewegten sich und federten, wenn man auf ihnen landete.

»Verschieb sie nicht, Teresa.« Walter betrachtete den halbfertigen Weg mit zur Seite gewandtem Kopf.

»Wir sind im Wasser«, rief Teresa, »das Wasser ist tief. Man muß auf die Hupfsteine treten, sonst ertrinkt man. Paß auf! Paß auf! Du wirst weggeschwemmt!« Sie reckte sich so weit es ging zu ihm hinüber, ohne die Füße von der Platte zu setzen, auf der sie stand. Sie streckte die Arme nach ihm aus.

»Schnell, ich zieh dich raus«, schrie sie. Walter legte die Platte, die er mit beiden Händen trug, vorsichtig an die Stelle, an der er einen Strich in die Erde gezogen hatte.

»Heut spinnst du wieder.« Er blies sich von unten mit vorgestreckter Unterlippe das Haar aus der Stirn.

Für Walters Marmeladebrot, das Teresas Mutter am Nachmittag auf einen Teller legte und Teresa reichte, nahm sie drei der kleinsten und zartesten Schnecken aus dem Schuhkarton und schob mit dem Finger Marmelade über sie. Sie sahen aus wie die schlaffen getupften Beeren, die im roten klebrigen Sirup lagen.

Sie riß sich ein Haar aus und spannte es quer über das Brot.

Walter aß das Brot und die Schnecken. Er lehnte an der Hauswand. Seine Zähne rissen gezackte Stücke aus der dicken Brotrinde. Als er zu kauen aufhörte und mit den Fingern nach etwas auf seiner Lippe suchte, wußte Teresa, daß er an das Haar gekommen war.

Sie lief zufrieden ins Haus.

Der Rasen war ausgesät und die Erde glatt gestampft. Teresa hatte eine Vogelscheuche gemacht: eine unförmige Gestalt aus einem alten Regenmantel, den sie mit Heu ausgestopft hatte. Über dem Stoffgesicht mit den wilden rotgemalten Augen saß ein Hut mit einer Feder. Sogar Teresa war die Gestalt unheimlich, wenn sie abends aus dem Fenster sah, aber die Vögel kümmerten sich nicht um sie, sondern saßen auf ihren ausgestreckten Armen. Sie wußte, daß Walter bald fertig war, und ihr wurde bang bei dem Gedanken, wie leer der Garten ohne ihn sein würde. Vielleicht starben alle Pflanzen, die er gesät hatte, wenn er fortging. Vielleicht mußte er wieder kommen, von vorne anfangen. Die Weißdornbüsche blühten. Auf ihrem Beet war die Saat aufgegangen, und die kleinen Pflanzen standen dicht und hellgrün wie ein Blätterfell. Teresa goß sie am Abend vorsichtig mit der Gießkanne und holte Walter, um ihn zu fragen, welche davon Unkraut waren und ausgerissen werden mußten. »Das sieht man erst, wenn sie größer sind«, er hockte neben ihr, und sie atmete seinen Geruch ein. »Wie bei den Menschen ist das, alle Kinder sind schön, und dann werden oft böse Menschen draus«, sagte er traurig. Teresa wollte ihn fragen, ob er glaube, sie werde ein böser Mensch werden, aber er schaute über den Garten hin, als sei sie gar nicht da.

In dem Film, den Teresa gesehen hatte, wucherten die Pflanzen durch die Fenster ins Haus hinein. Es war der erste Film, den Teresa gesehen hatte, an einem Wintertag, mit Schnee in der Luft und Krähen, die im Park auf den Bäumen hockten, als sie nach Hause ging. In dem Film hatten auch Arme aus der Wand gegriffen, Hände, die Fackeln hielten, die Hände des großen Katzenmannes hatten geraucht, er hatte diese rauchenden Hände verstört betrachtet, im Garten stand er lange unter den blühenden Büschen. Später wurde ein Mann, ein Prinz aus ihm, der mit starrem Gesicht in den Himmel aufstieg, an der Hand des Mädchens. Teresa war enttäuscht gewesen. Der Prinz hatte ihr nicht gefallen. Sie hatte gehofft, das Mädchen würde sich in eine Katze verwandeln, ihre Mutter hatte gesagt, es sei eine ausgedachte Geschichte, ein Märchen, aber Teresa verstand vieles nicht, es war kein Märchen für Kinder. Einmal hatte das blonde Mädchen das Tier dabei überrascht, wie es am See im Garten kauerte und Wasser leckte. Da hatte sie ihre Hände wie eine kleine Schüssel mit Wasser gefüllt und das Tier aus dieser Schüssel trinken lassen.

Teresa hielt Wasser in den Händen. Sie hielt es Walter hin. An der Tonne summte es von Bienen, die im feuchten Gras und am Rand der Tonne saßen und tranken. Teresa mußte jeden Tag ein paar mit Blättern aus dem Wasser fischen.

Sie wollte Walter trinken lassen aus ihren Händen, aber er verstand sie nicht, und das Wasser lief durch ihre Finger. Er trank unter dem Wasserhahn, gebeugt, mit geschlossenen Augen und prustend. Teresa versuchte es ihm nachzutun und machte ihr Kleid naß.

Einmal, als sie am Abend in die Küche kam, saß ihre Mutter mit Walter am Tisch und hielt seinen Kopf in den Händen, hielt sein Gesicht in beiden Händen, so wie sie es manchmal mit Teresa tat, wenn sie traurig war und weinte. Aber Walter weinte nicht, und ihre Mutter hatte Teresa nachdenklich betrachtet, als wisse sie nicht genau, wer dies Mädchen im

Nachthemd sei, das auf einem Bein in der Küchentür stand und sich mit dem anderen Fuß am Knie kratzte.

»Sie behandeln Walter schlecht bei Ignaz«, sagte sie zu Teresa, als sie später auf ihrem Bett saß. »Er möchte weg dort, sie nutzen ihn aus, und sein Zimmer ist feucht.«

Teresa schrieb ihm einen Brief und legte ihn unter den Stein neben dem Schuppen, unter dem der Schlüssel aufbewahrt wurde. ›Wenn du gehst, nimm mich mit‹, schrieb sie. Sie wußte gut, daß das nicht möglich war, aber es tat ihr wohl, den Satz aufzuschreiben. Sie wickelte einen Zahn in das Papier. Den kleinen weißen Zahn, der ihr an einem Nachmittag ausgefallen war, als sie in Walters Pullover gebissen hatte, das war in der Küche gewesen, und sie war, als die Mutter in den Keller ging, um ein Glas Pfirsiche zu holen, rasch auf Walters Schoß geklettert. Er hatte sich steif gemacht, und sein Gesicht hatte seltsam ausgesehen, so nah vor ihrem, als wäre er traurig und werde vielleicht sogar weinen. Sie atmete seinen Hasengeruch ein und wollte sich an ihn schmiegen, wie sie es auf dem Schoß ihres Vaters tat. Aber er half nicht mit. »Teresa«, sagte er, »du bist schon ganz schön schwer für ein kleines Mädchen.« Da biß sie ihn in die Schulter. Der Zahn hatte schon lange gewackelt, und sie hatte ihn mit der Zunge bewegt und unter ihm schon den neuen gefühlt, der aus dem Zahnfleisch drängte wie ein glatter kleiner Kieselstein. Blut lief über ihr Kinn, und Walter wischte es ab mit weit geöffneten Augen. »Das ist nicht schlimm, warte.« Er hatte die Finger befeuchtet und in ihrem Gesicht herumgewischt, so ungeschickt, als wäre sie ein Pfosten oder ein Stein. Aber es gefiel ihr, wie er das tat, so wie ihr vorher der tickende Schmerz gefallen hatte, wenn sie den lockeren Zahn hin und her schob mit ihrer Zunge. So wie sie gerne an den Mückenstichen kratzte, bis sie brannten wie Feuer. Sie hielt den Zahn hoch und ließ noch etwas Blut nachfließen, das sie im Mund spürte, und drückte ihr Gesicht an Walters Backe. Der Blutfleck saß neben seinem Mund wie ein roter Schmetterling. Er atmete, als sei er schnell gelaufen. Teresa hatte eine schreckliche

Verzweiflung gefühlt, wie sie ihn ansah und seine Brust sich dicht an ihr hob und senkte. Sie war weinend von seinem Schoß gesprungen.

Ihre Mutter hatte später ein Eiswürfelchen in ihren Mund geschoben und ihr einen Löffel Zucker gegeben, aber der Schmerz in ihrer Brust ließ nicht nach, und sie ging schluchzend zu Bett, ohne zu essen, den Zahn fest in der Faust.

Am Tag, als Walter in die Küche kam, um sich zu verabschieden, regnete es. Die blaue Schildmütze veränderte ihn sehr, sie verbarg sein Haar, und das Stück Gesicht zwischen Mantelkragen und Mütze sah fremd und nackt aus. Teresas Mutter hatte ein Paket mit Kleidern für ihn gemacht. Alte Hemden und Pullover von Teresas Vater und Kleider für seine Mutter, denn er wollte nach Hause fahren, um seine Leute wiederzusehen, wie er sagte. Teresa hielt sich nahe an der Mutter, war ihr im Wege, wenn sie zwischen Herd und Tisch hin und her ging, um die Teekanne abzustellen. Die Kekse im Schrank fand sie nicht, obwohl das Paket ganz vorne lag, und später, als Walter mit der Mutter über den Komposthaufen sprach, ging sie hinauf in ihr Zimmer und spielte mit ihren Puppen.

Sie zog alle schön an und setzte sie um den Tisch, stellte Tassen und Teller vor sie und ließ sie sich unterhalten. Wie immer war die blonde Lulu hochnäsig und boshaft mit der kleinen Dede, sie brachte sie zum Weinen, und Teresa mußte ihr die Röcke heben und ihr eine Tracht Prügel geben, daß es staubte. Sie aber blieb starrköpfig und trotzig, und Teresa warf sie in die Ecke und schrie: »Ich will dich nie mehr liebhaben – nie mehr. Ich gehe fort und du kannst in deiner Ecke bleiben. Dede nehme ich mit.«

In dem Jahr, als Teresa fünfzehn wurde, bekam sie einen Brief von Walter. Sonst hatte sie zum Geburtstag immer einen Blumentopf von ihm bekommen. Immer rote Blumen, Fuchsien, Geranien und Päonien, die wunderschön verpackt waren. Kleine Holzstäbe waren rings um den Topf in die Erde gesteckt, auf der ein rundes Stück Leinen festgebunden war. Teresa hatte sich nicht so gefreut wie ihre Mutter, die jedesmal ein großes Aufhebens von den Blumen machte und es ganz ›entzückend‹ von Walter fand, daß er so treu an Teresas Geburtstag dachte. Es war Teresa, als bekomme nicht sie, sondern die Mutter die Blumen geschickt. Auf ihrem Beet im Garten hatte sie schon lange Gemüse angepflanzt, und die Schnecken, die sie von den Salatköpfen klaubte, ertränkte sie in der Regentonne.

›Liebe Teresa‹, schrieb Walter mit steiler Schrift und dunkelvioletter Tinte. ›Ich habe dich gestern mit deiner Mutter im Kino gesehen. In ‚Der Mann mit der roten Maske'. Ich saß in der Reihe hinter dir. Ich hatte ein helles Jackett an. Du bist sehr groß geworden. Auch ich habe mich sehr verändert.‹ Er schrieb sehr groß und die Zeilen senkten sich zum rechten Blattrand wie Äste, an denen schwere Blüten hingen. ›Ich bin jetzt Gartenbauer und mein eigener Herr‹, stand da. Teresa las den Satz noch einmal. Das klang wie aus einer Lesebuchgeschichte: ›mein eigener Herr‹. Er schrieb von französischen Filmen und italienischen Schuhen. Sie sah die Nagelschuhe, an denen dicke Erdklumpen hingen. Vor ihrem Bett standen ein Paar hohe weiße Schuhe aus dünnem Leder. Das waren italienische Schuhe. ›Milano‹ stand auf einem Schildchen, das an der Sohle klebte. Er schrieb von einer Ausstellung in der Stadtgärtnerei. ›Vielleicht kommst du einmal mit mir hin. Die Passionsblume blüht.‹ Teresa setzte sich aufs Bett. ›Ich habe oft an dich gedacht.‹ Sie fühlte, wie sie rot wurde und ärgerte sich über die italienischen Schuhe und die lila Tinte. ›Damals, als ich vom Haus deiner Eltern Abschied nahm‹ – Abschied nahm, schrieb er – ›bist du auf den Koffer geklettert und wolltest, daß ich dich küsse. Das hätte ich gerne getan, heute kann ich dir's sagen, aber damals dachte ich, du wärst zu klein dafür.‹

Teresa stand auf und betrachtete sich im Spiegel. Ihre kurzgeschnittenen Haare ließen die Ohren frei wie bei einem Jungen. Sie schaute sich in die Augen und versuchte darin die Augen des Mädchens zu sehen, des kleinen Mädchens, das in jenem Frühling geweint hatte, im Schuppen neben der leeren Leiter, und das manchmal Zettelchen in die Erde gesteckt hatte neben den Himbeeren, auf denen stand ›ich liebe dich Walter‹. Einmal hatte sie geträumt, Walter hatte sie auf seinen Armen durch ein riesiges Feld blauer Blumen getragen und gesagt »das ist für dich, ich habe es für dich gemacht, siehst du?« Daran, daß sie auf den Koffer geklettert war, um ihn zu küssen, konnte sie sich nicht erinnern, und sie warf den Brief zusammengeknüllt hinters Bett.

Teresas Mutter kam herein und blieb mitten im Zimmer stehen. Sie sah Teresa an und dann den Briefumschlag, der auf dem Boden lag. Sie verschränkte die Arme, hob die Schultern und sagte mit einem kleinen Lächeln: »Was schreibt denn unser Walter?«

»Wieso unser Walter. Mein Walter ist er nicht, vielleicht deiner.«

Die Mutter lächelte nun mit breitem Mund. Sie stupste den Umschlag mit der Fußspitze an. »Du warst doch so verschossen ... wie eine Klette warst du.« Sie schüttelte lachend den Kopf. »Einen daumendicken Haarbüschel hast du dir abgeschnitten für ihn. Er hat's mir damals gegeben und gesagt, ich soll's aufheben für dich, später. Erst neulich hab' ich's gesehen, bei den Spielsachen in der Truhe.«

Teresa sprang vom Bett.

»Du sollst anklopfen, wenn du in mein Zimmer kommst.« Sie kniff die Augen zu, es tat weh, so laut zu schreien. »Anklopfen sollst du, anklopfen. Hast du gehört.«

Als ihre Mutter wortlos hinausgegangen war, versuchte Teresa sich zu beruhigen. Sie ging im Zimmer hin und her, stieß das Mobile aus bunten Glasblättchen an, nahm einen Apfel vom Tisch, biß hinein und legte ihn wieder hin. Draußen lag der Garten im Schnee. Die Rosenbüsche waren in unförmige Rupfensäcke verpackt. Über das glatte Weiß der Terrasse liefen Fußspuren.

Sie ekelte sich vor dem kleinen Mädchen und seinen Tränen, seinen Zöpfen und Mückenstichen.

Sie stand am Fenster und schaute hinunter in den Garten. Ihre Augen streiften über die verschneite Wiese, jenseits des

Zauns über die Äcker, und folgten den kahlen Bäumen der Allee bis hin zum dunklen Waldrand.

Walter hockte da, die Knie angezogen, und schnürte sich die Stiefel auf. Er lockerte die Schnürsenkel und keuchte, als er den Schuh an der Ferse festhielt und zog. Ein weißer nackter Fuß schlüpfte aus dem dunklen Leder wie aus einer Schale. Auf seinem Rist hatten sich die Schuhbänder eingedrückt, wie eine rote Naht, auch die Zehen waren gerötet. Er bewegte die Zehen, spreizte und streckte sie. Das kleine Mädchen, das neben ihm auf den Stufen der Terrasse saß, sah ihm dabei zu. Jetzt kam der zweite Fuß zum Vorschein. Er stellte die Stiefel nebeneinander. Teresa beugte sich vor, um mit den Händen nach seinen Füßen zu fassen. Sie wollte sie berühren. Sie sahen kalt aus. Walter aber streckte die Beine und stand auf.

Es fing an, dunkel zu werden. Teresa sah unten das Licht der Wohnzimmerfenster auf dem Schnee des großen Beetes liegen: Sie hatte damals seine Füße in den Händen halten wollen, hatte die Backe auf die gekreuzten Abdrücke der Schnürsenkel legen wollen, und einen Augenblick fühlte sie noch einmal die Sehnsucht von damals so stark und schmerzlich, daß sie die Augen schließen mußte.

In der Eisdiele saß Teresa an diesem Abend mit gelangweiltem Gesicht vor ihrem Schokoladeneis. Sie spielte mit der Waffel und zog mit dem Löffel Furchen in die glitzernden braunen Kugeln. Tom saß ihr an dem runden Marmortisch gegenüber. Er beugte sich über seinen Bananasplit. Er hatte sie mit dem Auto seines Vaters abgeholt, und während er aß, spielte seine Hand mit dem Autoschlüssel auf dem Tisch. Teresa sah seine blonden Brauen schön gebogen wie zwei Weidenblätter. Sie sah ihn sprechen und lachen. Sah das gelbe Eis in seinem Mund schmelzen, wenn er ihn beim Lachen weit aufmachte. Sie sah, wie er nachlässig in seinen Haaren wühlte, wie er das Geld aus seiner Hemdtasche holte, um für sie zu zahlen. Als er den Hals reckte und mit seinen runden Augen über den Tisch schaute und dann in den Becher mit zergangenem Schokoladeneis, der vor Teresa stand, fing sie zu zittern an. Sie umfaßte den schweren Glasbecher, sie hob ihn auf, um ihn nach Tom zu werfen. Sie wollte ihn treffen ... mitten hinein in dieses Gesicht mit den erstaunten Augen und dem eisverschmierten Mund. Sie holte aus. Aber ihre Hand ließ den Becher nicht los, nur eine braune dickflüssige Eiszunge schwappte über den Glasrand.

Ibrahim Schukrallah

Der Zitronenbaum

Wir waren Kinder, spielten unsere Spiele und träumten vom Erwachsensein. Alles hatte den Glanz und Zauber des ersten Schöpfungstages. Ich fragte meinen Vater soviel über die Dinge um mich herum, daß es ihm oft zu dumm wurde und er mich anfuhr: »Troll dich jetzt! Gib doch mal endlich Ruhe, du Quälgeist!« *Eine* Frage jedoch stellte ich nie, denn mir fehlten die Worte dazu.

Mitten in unserem Garten beim Haus stand ein großer Zitronenbaum, ein herrlich starker Baum mit vielen Ästen, die uns reichlich Schatten spendeten. Immer wenn ich ihn anschaute, hatte ich das Gefühl, daß ihn etwas Rätselhaftes umgab, etwas, das von ungeheurer Wichtigkeit war und dem ich in Landen würde nachspüren müssen, durch welche keine Pfade führten und die noch nie ein Mensch betreten hatte.

Tagsüber spielten wir unter dem Baum, und an ihm machten wir unsere ersten Schreibversuche, indem wir unsere Namen in seinen harten Stamm ritzten; und als unsere Beine kräftig genug dazu waren, bot er die erste Möglichkeit zum Klettern. Abends pflegte mein Vater den Garten zu gießen und dann unter dem Baum auszuruhen. Wenn an einem Sommerabend ein leichter Wind den Zitronenduft ins Haus trug, hob meine Mutter den Kopf, um den Duft einzuatmen, und lächelte beglückt. Darauf eilte sie wieder durch die Zimmer, fegte, putzte und kochte.

Im Sommer wachte ich jeden Morgen mit demselben Gedanken auf: Sind heute nacht wohl Zitronen vom Baum gefallen? Mit angehaltenem Atem verfolgte ich, wie die Zitronen vor Saft schwollen und in immer tieferem Gelb wie kleine Laternen an den Ästen schaukelten.

Ich war nicht der einzige, den es interessierte, ob Früchte vom Zitronenbaum gefallen waren: Auch meine Mutter überprüfte den Reifevorgang täglich mit freudiger Genugtuung. Dann, wenn sie ausgereift waren, sprach sie endlich die Worte, auf die wir so sehnsüchtig gewartet hatten: »Lauft, Buben, und sammelt die Zitronen ein!« Wir klaubten sie auf und füllten unsere Gallabiyen mit ihnen. Ein weiteres Schütteln des Baumes – und am nächsten Tag waren wieder Früchte gefallen.

Nachdem meine Mutter jede Frucht herumgedreht und von allen Seiten begutachtet hatte, sortierte sie die Zitronen in kleine Häufchen. »Geht«, sagte sie endlich, »und verteilt sie an Verwandte und Freunde.« Wir trugen die Zitronen in die Häuser unserer Nachbarn und Verwandten: »Gott erhalte euch gesund. Richtet Mutter unsere besten Wünsche aus.«

Aber zu Hause ging etwas vor sich, wovon die Wände zu flüstern schienen. Es war etwas Geheimes, dessen ich – wie das Haus selbst – gewahr wurde. Vater war nun häufig von Angst und Niedergeschlagenheit erfaßt. Oft schrie er uns an, wenn wir spielten, und schob uns hinaus. Verdrossen saßen wir dann draußen um das Haus herum und waren still, weil wir uns fürchteten.

Meine Mutter hatte ihren Bruder verloren und betrauerte ihn zutiefst. Sie sah aus, als wäre etwas in ihr zerbrochen; sie wehrte sich auch nicht mehr gegen die Zornesausbrüche meines Vaters, sondern nahm alles stillschweigend hin. Wenn sie mit der Hausarbeit fertig war, setzte sie sich ans Fenster mit dem Blick auf den Zitronenbaum, stützte den Kopf in die Hände und sang leise und unter Tränen von ihrer Trauer. Danach sah sie beruhigter aus und hantierte bald wieder im Haus, herum, eilte durch die Zimmer und sagte, uns beschwichtigend: »Geht spielen, Kinder – es ist weiter nichts, Vater hat sich nur etwas bei der Arbeit aufgeregt.«

Die Sache wurde aber ärger und machte sich wie ein gefährliches Gespenst im Hause bemerkbar. Am Morgen verließ der Vater wütend das Haus, um erst spät abends, manchmal betrunken, immer aber niedergeschlagen, heimzukehren. Zuweilen lachte er heiser auf, rief uns zu sich und ging mit uns unter Geschrei und Gelächter um das Haus; doch nach einer Weile hieß es: »Verschwindet!«, und er stieß uns von sich fort. »Kann man denn nie Ruhe haben? Ach, wie ekelhaft das alles ist!« Wenn Mutter dies hörte, senkte sie demütig ihren Kopf, oder sie weinte und sang: »Ein Baum warst du, Bruder mein, in dessen Schatten wir ruhten… Ein Baum, deine Schwester zu beschirmen, mein Geliebter.«

Eines Tages zeigte sich das Etwas, das im Hause umhergeisterte und Angst und Schrecken ausstrahlte, in seiner wahren Gestalt und tat seinen grausamen Willen kund. Vater sagte: »Wir werden ein paar Juwelen verkaufen, eine Hypothek aufnehmen und das Haus ausbauen.«

»Und der Garten – der Zitronenbaum?« schrie meine Mutter bestürzt.

»Eine zweite Wohnung wird uns Geld einbringen«, fuhr sie mein Vater an, »aber so ein dummer, blödsinniger Baum, der ausgerechnet in der Mitte unseres Gartens wachsen muß, ist niemandem etwas nutz. Also kommt er weg!«

Auf das Haus senkte sich eine Stille, schwer wie eine schwarze Wolke. Sogar mein Vater wirkte bekümmert, und er vertrieb seine Angst durch laute Beteuerungen seiner Unbeugsamkeit.

Mir griff die Angst nach dem Herzen. Der Zitronenbaum war der Mittelpunkt der Welt, in der ich mich bewegte, war der einzige feste Punkt in einer wirbelnden Welt. Ich sah ihn durch jene Bläue, die man vor dem Aufwachen erblickt, und in ihr berührten die Äste meines Baumes den Himmel; seine Zweige waren die Heimstatt fremdartiger Vögel, der göttlichen Dschinn, aber auch ruhiger Geister, die nicht sprachen, sondern mir zuwinkten und hinter ihren starren Masken lächelten.

Als der Gärtner mit seinem Spaten kam, um den Baum im Zug der Bauarbeiten auszugraben, glaubte ich, den Weltuntergang zu erleben; als der Baum wankte, schien mit ihm die ganze Welt zu wanken. Als er gefallen war, lief ich erschüttert auf die Straße und suchte im Bananenhain Zuflucht.

Was ich eben gesehen hatte, war das Sterben eines großen Mannes gewesen, der Anfang vom Ende.

Seit dem Fall des Zitronenbaums schien es, als ob etwas Göttlich-Erhabenes aus unserem Leben gewichen wäre, als ob ein Ideal zerstört worden und der Friede auf Erden für immer verlorengegangen wäre.

Von diesem Augenblick an war mein Vater nicht mehr derselbe, nicht mehr der robuste Mann von ehedem. Die Schulden, die er gemacht hatte, um das Haus auszubauen, lasteten schwer auf ihm. Eine Versetzung, die bald darauf folgte, warf sein Leben vollends aus der Ordnung; seine einstige Lebensfreude war erloschen, so als wäre sein Herz unter dem Tritt einer brutalen Macht zerbrochen.

Wir wurden groß; die hellen Farben unserer Kindheit verblaßten, und wir gingen hinaus in die lärmende Welt, in der wir versuchten, voranzukommen, Karriere zu machen.

Aus meinem Vater war ein altersschwacher Mann geworden, einer von den vielen Vergessenen, die stolpernd, tastend weiterleben. Eines Tages gingen wir zusammen zu unserem alten Haus, das wir verkauft hatten und zu dem für uns schon seit Jahren keine Verbindung mehr bestand.

Als wir davor stehenblieben, winkte mich mein Vater zu sich. Er glaubte, ich hätte in den vergangenen Jahren den Zitronenbaum vergessen. »Hier stand einmal ein ganz außerordentlicher Zitronenbaum. Seine Äste spendeten dem halben Garten Schatten. Als wir mit den Bauarbeiten begannen, mußten wir ihn ausgraben. Seit jenem Tag, mein Sohn, ist es mit mir bergab gegangen.«

Er wandte sich ab. Schwer auf seinen Stock gestützt wegen seiner rechtsseitigen Lähmung, ging er schleppenden Schrittes davon. Seine Augen starrten ins Leere.

Arthur Schnitzler

Blumen

Da bin ich nun den ganzen Nachmittag in den Straßen herumspaziert, auf die stiller weißer Schnee langsam herunterschwebte – und bin nun zu Hause, und die Lampe brennt, und die Zigarre ist angezündet, und die Bücher liegen da, und alles ist bereit, daß ich mich so recht behaglich fühlen könnte ... Aber es ist ganz vergeblich, und ich muß immer nur an dasselbe denken.

War sie nicht längst für mich gestorben? ... ja, tot, oder gar, wie ich mit dem kindischen Pathos der Betrogenen dachte, ›schlimmer als tot‹? ... Und nun, seit ich weiß, daß sie nicht ›schlimmer als tot‹ ist, nein, einfach tot, so wie die vielen anderen, die draußen liegen, tief unter der Erde, immer, immer, wenn der Frühling da ist, und wenn der schwüle Sommer kommt, und wenn der Schnee fällt wie heute ... so ohne jede Hoffnung des Wiederkommens – seither weiß ich, daß sie auch für mich um keinen Augenblick früher gestorben ist als für die anderen Menschen. Schmerz? – Nein. Es ist ja doch nur der allgemeine Schauer, der uns faßt, wenn etwas ins Grab sinkt, das uns einmal gehört hat, und dessen Wesen uns noch immer ganz deutlich vor Augen steht, mit dem Leuchten des Blickes und mit dem Klang der Stimme.

Es war ja gewiß sehr traurig, als ich damals ihren Betrug entdeckte ... aber was war da noch alles dabei! ... Die Wut und der plötzliche Haß und der Ekel vor dem Dasein und – ach ja, gewiß! – die gekränkte Eitelkeit – ich bin ja erst nach und nach auf den Schmerz gekommen! Und dann war ein Trost da, der zur Wohltat wurde: daß sie selbst leiden mußte. – Ich habe sie noch alle, jeden Augenblick kann ich sie wieder lesen, die Dutzende Briefe, die um Verzeihung flehten, schluchzten, jammerten! – – Und ich sehe sie selbst noch vor mir, in dem dunklen englischen Kleide, mit den kleinen Strohhut, wie sie an der Ecke der Straße stand, in der

Abenddämmerung, wenn ich aus dem Haustor trat … und mir nachschaute … Und auch an jenes letzte Wiedersehen denk' ich noch, wie sie vor mir stand mit den großen, staunenden Augen in dem runden Kindergesicht, das nun so blaß und verhärmt war … Ich habe ihr nicht die Hand gegeben, als sie zum letzten Male ging. – Und vom Fenster aus hab' ich sie noch bis zur Straßenecke gehen sehen, und da ist sie verschwunden – – – für immer. Jetzt kann sie nicht wiederkommen …

Daß ich es überhaupt weiß, ist ein Zufall. Es hätte auch noch Wochen, Monate dauern können. Ich begegnete vormittags ihrem Onkel, den ich wohl ein Jahr lang nicht gesehen hatte, und der sich nur selten in Wien aufhält. Nur ein paarmal hatte ich ihn früher gesprochen. Zuerst, vor drei Jahren, an einem ›Kegelabend‹, zu welchem auch sie mit ihrer Mutter hingekommen war. – Und dann im Sommer drauf: da war ich mit ein paar Freunden im Prater, in der ›Csarda‹. Und an dem Tisch neben uns saß der Onkel mit zwei oder drei Herren, sehr gemütlich, beinahe fidel, und trank mir zu. Und bevor er den Garten verließ, blieb er noch bei mir stehen, und wie ein großes Geheimnis teilte er mir mit, daß seine Nichte für mich schwärme! – Und mir kam das so im Halbdusel eigentümlich und lustig und beinahe abenteuerlich vor, daß der alte Mann mir das hier erzählte, unter den Klängen des Cymbals und der hellen Geigen – mir, der ich das so gut wußte, und dem noch der Duft ihres letzten Kusses auf den Lippen lag … Und nun, heute vormittag! Fast wäre ich an ihm vorbeigegangen. Ich fragte ihn nach seiner Nichte, mehr aus Höflichkeit als aus Interesse … Ich wußte ja nichts mehr von ihr; auch die Briefe waren schon längst nicht mehr gekommen; nur Blumen schickte sie regelmäßig. Erinnerungen an einen unserer seligsten Tage; einmal jeden Monat kamen sie; kein Wort dazu, schweigende, demütige Blumen … – Und wie ich den Alten fragte, war er ganz erstaunt. Sie wissen nicht, daß das arme Kind vor einer Woche gestorben ist? Ich erschrak heftig. – Er erzählte mir dann noch mehr. Daß sie lange gekränkelt habe, daß sie aber kaum acht Tage zu Bett gelegen sei … Und was ihr gefehlt habe? ... »Gemütskrankheit ... Blutarmut ... Die Ärzte wissen ja nie was Rechtes.« –

Ich bin noch lange auf der Stelle stehengeblieben, wo mich der alte Mann verlassen hatte – ich war abgespannt, als lägen große Mühen hinter mir. – Und jetzt ist mir, als müßte ich den heutigen Tag als einen betrachten, der einen Abschnitt meines Lebens bedeutete. Warum? – Warum? Mir ist nur etwas Äußerliches begegnet. Ich habe nichts mehr für sie empfunden, ich habe kaum noch ihrer gedacht. Und daß ich alles dies niederschrieb, hat mir wohlgetan: Ich bin ruhiger geworden ... Ich beginne die Behaglichkeit meines Heims zu empfinden. – Es ist überflüssig und selbstquälerisch, weiter darüber zu denken ... Es wird schon irgendwen geben, der tieferen Grund hat, heute zu trauern, als ich.

Ich habe einen Spaziergang gemacht. Heiterer Wintertag. Der Himmel so blaß, so kalt, so weit ... Und ich bin sehr ruhig. Der alte Mann, den ich gestern traf ... mir ist, als wenn es vor vielen Wochen gewesen wäre. – Und wenn ich an sie denke, kann ich sie mir in eigentümlich scharfen, fertigen Umrissen vorstellen; und nur eins fehlt: der Zorn, der sich noch bis in die letzte Zeit meiner Erinnerung beigesellte. Eine wirkliche Vorstellung davon, daß sie nicht mehr auf der Welt ist, daß sie in einem Sarg liegt, daß man sie begraben hat, habe ich eigentlich nicht ... Es ist gar kein Weh in mir. Die Welt kam mir heute stiller vor. Ich habe in irgendeinem Augenblick gewußt, daß es überhaupt weder Freuden noch Schmerzen gibt – nein, es gibt nur Grimassen der Lust und der Trauer; wir lachen und weinen und laden unsere Seele dazu ein. Ich könnte mich nun hinsetzen und sehr tiefe, ernste Bücher lesen, und dränge bald in all ihre Weisheit ein. Oder ich könnte vor alte Bilder treten, die mir früher nichts gesagt, und jetzt ginge mir ihre dunkle Schönheit auf ... Und wenn ich mancher lieben Menschen denke, die mir gestorben sind, so krampft sich das Herz nicht wie sonst – der Tod ist etwas Freundliches geworden; er geht unter uns herum und will uns nichts Böses tun.

Schnee, hoher weißer Schnee, auf allen Straßen. Da ist die kleine Gretel zu mir gekommen und hat gefunden, wir müssen endlich einmal eine Schlittenpartie machen. Und da waren wir nun auf dem Land und sind auf glatten, hellen Wegen mit Schellengeklingel hingesaust, den blaßgrauen Himmel über uns, rasch, rasch dahin, zwischen weißen, glänzenden Hügeln. Und Gretel lehnte mir an der Schulter; sah mit vergnügten Augen auf die lange Straße vor uns. Wir kamen in ein Wirtshaus, das wir gut vom Sommer her kannten, aus der Zeit, da es mitten im Grünen lag, und das nun so verändert aussah, so einsam, so ohne Zusammenhang mit der übrigen Welt, als müßte man's erst von neuem entdecken. Und der geheizte Ofen in der Wirtsstube glühte, daß wir den Tisch weit wegrücken mußten; weil die linke Wange und das Ohr der kleinen Gretel ganz rot geworden waren. Da mußt ich ihr die blassere Wange küssen. Dann die Rückfahrt, schon im halben Dunkel. Wie sich Gretel ganz nahe an mich schmiegte und meine beiden Hände in die ihren nahm. – Dann sagte sie: Heute hab' ich dich endlich wieder. Sie hatte so ohne alles Grübeln das rechte Wort gefunden, was mich ganz froh machte. Vielleicht auch hat die herbe Schneeluft auf dem Lande meine Sinne wieder freier gemacht, denn freier und leichter fühle ich mich, als alle die letzten Tage. –

Neulich wieder einmal, während ich nachmittags auf dem Diwan im Halbschlummer lag, beschlich mich ein sonderbarer Gedanke. Ich kam mir kalt und hart vor. Wie einer, der ohne Tränen, ja ohne jede Fähigkeit des Fühlens an einem Grabe steht, in das man ein geliebtes Wesen gesenkt hat. Wie einer, der so hart geworden ist, daß ihn nicht einmal die Schauer eines jungen Todes versöhnen… Ja, unversöhnlich, das war es.

Vorbei, ganz vorbei. Das Leben, das Vergnügen und das bißchen Liebe jagt all das dumme Zeug davon. Ich bin wieder mehr unter Menschen. Ich habe sie gern, sie sind harmlos, sie plaudern von allen möglichen heiteren Dingen. Und Gretel ist ein liebes, zärtliches Geschöpf, und am schönsten ist sie, wenn sie so bei mir in der Fensternische steht, nachmittags, und auf ihrem blonden Kopf die Sonnenstrahlen glitzern.

Etwas Seltsames ist heute geschehen… Es ist der Tag, an welchem sie mir allmonatlich die Blumen schickte… Und die Blumen sind wieder gekommen, als… als hätte sich nichts verändert. – Sie kamen frühmorgens mit der Post in einem weißen, langen, schmalen Karton. Es war noch ganz früh; noch lag mir der Schlaf über Stirn und Augen. Und erst wie ich daran war, den Karton zu öffnen, kam mir die volle Besinnung… Da bin ich beinahe erschrocken… Und da lagen, zierlich durch einen Goldfaden zusammengehalten, Nelken und Veilchen… Wie in einem Sarge lagen sie da. Und wie ich die Blumen in die Hand nahm, ging mir ein Schauer durchs Herz. – Ich weiß, wieso sie auch heute noch gekommen sind. Als sie ihre Krankheit nahen, als sie vielleicht schon eine Ahnung des nahen Todes fühlte, hat sie noch den gewohnten Auftrag in der Blumenhandlung gegeben. Ich sollte ihre Zärtlichkeit nicht vermissen. – Gewiß, so ist die Sendung zu erklären; als etwas völlig Natürliches, als etwas Rührendes vielleicht… Und doch, wie ich sie in der Hand hielt, diese Blumen, und wie sie zu zittern und sich zu neigen schienen, da mußt ich sie wider alle Vernunft und allen Willen als etwas Gespenstisches empfinden, als kämen sie von ihr, als wär' es ihr Gruß … als wollte sie noch immer, auch jetzt noch, als Tote, von ihrer Liebe, von ihrer – verspäteten Treue erzählen. – Ach, wir verstehen den Tod nicht, nie verstehen wir ihn; und jedes Wesen ist in Wahrheit erst dann tot, wenn auch alle, die gestorben sind, die es gekannt haben… Ich habe die Blumen heute auch anders in die Hand genommen als sonst, zarter, als könnte man ihnen ein Leids antun, wenn man sie zu hart anfaßte… als könnten ihre stillen Seelen leise zu wimmern anfangen. Und wie sie jetzt vor mir auf dem Schreibtisch stehen, in einem schlanken, mattgrünen Glas, da ist mir, als neigten sich die Blüten zu traurigem Dank. Das ganze Weh einer nutzlosen Sehnsucht duftet mir aus ihnen entgegen, und ich glaube, daß sie mir etwas erzählen könnten, wenn wir die Sprache alles Lebendigen und nicht nur die alles – Redenden verständen.

Ich will mich nicht beirren lassen. Es sind Blumen, weiter nichts. Es sind Grüße aus dem Jenseits ... Es ist kein Rufen, nein, kein Rufen aus dem Grabe. – Blumen sind es, und irgendeine Verkäuferin in einem Blumengeschäft hat sie ganz mechanisch zusammengebunden, ein bißchen Watte drum getan, in die weiße Schachtel gelegt und dann auf die Post gegeben. – Und nun sind sie eben da, warum denk' ich drüber nach? –

Ich bin viel im Freien, mache weite, einsame Spaziergänge. Wenn ich unter Menschen bin, fühle ich keinen rechten Zusammenhang mit ihnen; die Fäden alle reißen ab. Das merk' ich auch, wenn das liebe, blonde Mädel in meinem Zimmer sitzt und mir da alles mögliche vorplaudert von ... ja, ich weiß gar nicht wovon. Denn wie sie wieder fort ist, da ist sie gleich, im ersten Augenblicke schon, so fern, als wäre sie weit weg, als nähme die Flut der Menschen sie gleich auf immer mit, als wäre sie spurlos verschwunden. Wenn sie nicht wiederkäme, könnte ich mich kaum wundern.

Die Blumen stehen in dem schlanken, grün schimmernden Glas, ihre Stengel ragen ins Wasser, und das Zimmer duftet davon. – Sie duften noch immer – obwohl sie schon eine Woche in meinem Zimmer sind und langsam zu welken beginnen. – Und ich begreife allen möglichen Unsinn, den ich belacht habe, ich begreife das Zwiesprachpflegen mit Gegenständen der Natur ... ich begreife, daß man auf Antwort warten kann, wenn man mit Wolken und Quellen spricht; denn auch ich starre ja diese Blumen an und warte, daß sie anfangen zu reden ... Ach nein, ich weiß ja, daß sie immer reden ... auch jetzt ... daß sie immerfort reden und klagen, und daß ich nahe daran bin, sie zu verstehen.

Wie froh bin ich, daß nun der starre Winter zu Ende geht. Schon schwimmt ein Ahnen des nahen Frühlings in der Luft.

Die Zeit geht ganz eigen hin. Ich lebe nicht anders als sonst, und doch ist mir manchmal, als wären die Umrisse meines Daseins weniger fest gezeichnet. Schon das Gestern verschwimmt, und alles, was ein paar Tage zurückliegt, bekommt den Charakter eines unklaren Traumes. Immer von neuem, wenn Gretel mich verläßt, und insbesondere wenn ich sie mehrere Tage nicht sehe, da ist mir, als wäre das eine Geschichte, die längst, längst vorbei ist. Sie kommt immer von so weit, so weit! – Wenn sie dann zu plaudern anfängt, ist's freilich bald wieder beim alten, und ich habe ein deutliches Empfinden der Gegenwart und des Daseins. Und fast sind die Worte dann zu laut und die Farben zu grell; und wie das liebe Kind, kaum daß sie mich verläßt, in eine unsägliche Ferne entrückt ist, so jäh und glühend ist ihre Nähe. Sonst blieb mir doch noch ein Nachklang und ein Nachbild zurück von tönenden und lichten Augenblicken; jetzt aber verhallt und verlischt alles, plötzlich, wie in einer dumpfen Grotte. – Und dann bin ich allein mit meinen Blumen. Sie sind schon welk, ganz welk. Sie haben keinen Duft mehr. Gretel hatte sie bisher nicht beachtet; heute das erstemal weilte ihr Blick lange auf ihnen, und mir war, als wollte sie mich fragen. Und plötzlich schien sie eine geheime Scheu davon abzuhalten – sie sprach überhaupt kein Wort mehr, nahm bald Abschied von mir und ging.

Sie blättern langsam ab. Ich rühre sie nie an; auch würden sie zwischen den Fingern zu Staub werden. Es tut mir unsäglich weh, daß sie welk sind. Warum ich nicht die Kraft habe, dem blöden Spuk ein Ende zu machen, weiß ich nicht. Sie machen mich krank, diese toten Blumen. Ich kann es zuweilen nicht aushalten, ich stürze davon. Und mitten auf der Straße packt es mich dann, und ich muß zurück, muß nach ihnen sehen. Und da find' ich sie dann in demselben grünen Glas, wie ich sie verlassen, müd' und traurig. Gestern abend hab' ich vor ihnen geweint, wie man auf einem Grabe weint, und habe gar nicht an die gedacht, von der sie eigentlich kommen. – Vielleicht irre ich mich! Aber mir ist, als fühlte auch Gretel die Anwesenheit von irgend etwas Seltsamem in meinem Zimmer. Sie lacht nicht mehr, wenn sie bei mir ist. Sie spricht nicht so laut, nicht mit dieser frischen, lebhaften Stimme, die ich gewohnt war. Ich empfange sie freilich nicht mehr wie früher. Auch quält mich eine stete Angst, daß sie mich doch einmal fragen könnte; und ich weiß, daß mir jede Frage unerträglich wäre.

Oft nimmt sie ihre Handarbeit mit zu mir, und wenn ich noch über den Büchern bin, sitzt sie still am Tisch, häkelt oder stickt, wartet geduldig, bis ich die Bücher weglege und aufstehe und zu ihr trete, ihr die Arbeit aus der Hand zu nehmen. Dann entferne ich den grünen Schirm von der Lampe, bei der sie gesessen, und durchs ganze Zimmer fließt das freundliche, milde Licht. Ich habe es nicht gern, wenn die Ecken im Dunkeln sind.

Frühling! – Weit offen steht mein Fenster. Am späten Abend hab' ich mit Gretel auf die dunkle Straße hinausgeschaut. Die Luft um uns war weich und warm. Und wie ich zur Straßenecke hinsah, wo die Laterne ist, die ein schwaches Licht verbreitet, stand plötzlich ein Schatten dort. Ich sah ihn und sah ihn nicht… Ich weiß, daß ich ihn nicht sah… Ich schloß die Augen. Und durch die geschlossenen Lider konnte ich plötzlich sehen, und da stand das elende Geschöpf, im schwachen Licht der Laterne, und ich sah das Gesicht unheimlich deutlich, als wenn es von einer gelben Sonne beleuchtet würde, und sah in dem verhärmten, blassen Gesicht die großen, verwunderten Augen… Da ging ich langsam vom Fenster weg und setzte mich zum Schreibtisch; auf dem flackerte das Kerzenlicht im Windhauch, der von draußen kam. Und ich blieb regungslos sitzen; denn ich wußte, daß das arme Geschöpf an der Straßenecke stand und wartete; und wenn ich gewagt hätte, die toten Blumen anzufassen, so hätt' ich sie aus dem Glas genommen und sie ihr gebracht… So dacht' ich, dacht' es ganz fest, und wußte zugleich, daß es unsinnig war. Gretel verließ nun auch das Fenster und blieb einen Augenblick hinter meinem Sessel stehen und berührte mit ihren Lippen mein Haar. Dann ging sie, ließ mich allein…

Ich starrte die Blumen an. Es sind gar keine mehr, es sind fast nur mehr nackte Stengel, dürr und erbärmlich ... Sie machen mich krank und rasend. – Und es muß wohl zu begreifen sein; sonst hätte Gretel mich doch einmal gefragt; aber sie fühlt es ja auch – sie flieht zuweilen, als wenn Gespenster in meinem Zimmer wären. –

Gespenster! – Sie sind, sie sind! – Tote Dinge spielen das Leben. Und wenn welkende Blumen nach Moder riechen, so ist es nur Erinnerung an die Zeit, wo sie blühten und dufteten. Und Gestorbene kommen wieder, solang wir sie nicht vergessen. – Was hilft's, daß sie nicht mehr sprechen kann – ich kann sie ja noch hören! Sie erscheint nicht mehr, aber ich kann sie noch sehen! – – Und der Frühling draußen, und die Sonne, die hell über meinen Teppich fließt, und der Hauch von frischem Flieder, der vom nahen Parke hereinkommt, und die Menschen, die unten vorbeigehen, und die mich nichts kümmern, gerade das ist das Lebendige? Ich kann die Vorhänge herablassen, und die Sonne ist tot. Ich will von all diesen Menschen nichts mehr wissen, und sie sind tot. Ich schließe das Fenster, kein Fliederduft mehr weht um mich, und der Frühling ist tot. Ich bin mächtiger als die Sonne und die Menschen und der Frühling. Aber mächtiger als ich ist die Erinnerung, die kommt, wann sie will, und vor der es kein Fliehen gibt. Und diese dürren Stengel im Glas sind mächtiger als aller Fliederduft und Frühling.

Über diesen Blättern bin ich gesessen, als Gretel hereintrat. Noch nie war sie so früh am Tag gekommen; selten vor Eintritt der Dämmerung. Ich war erstaunt, fast betroffen. Ein paar Sekunden blieb sie in der Tür stehen; und ich schaute sie an, ohne sie zu begrüßen. Da lächelte sie und trat näher. Sie trug einen Strauß frischer Blumen in der Hand. Dann ist sie, ohne ein Wort zu reden, bis zu meinem Schreibtisch gekommen und hat die Blumen vor mich hingelegt. Und in der nächsten Sekunde greift sie nach den verwelkten im grünen Glas. Mir war, als griffe man mir ins Herz – aber ich konnte nichts sagen ... Und wie ich aufstehen will, das Mädel beim

Arm packen, schaut sie mich lachend an. Und hält den Arm mit den welken Blüten hoch, eilt hinter dem Schreibtisch zum Fenster und wirft sie einfach hinunter auf die Straße. Mir ist, als müßt' ich ihnen nach; aber da steht das Mädel, an die Brüstung gelehnt, das Gesicht mir zugewandt. Und über ihren blonden Kopf fließt die Sonne, die warme, die lebendige … Und reicher Fliederduft kommt von drüben. Und ich sehe auf das leere grüne Glas, das auf dem Schreibtisch steht; ich weiß nicht, wie mir ist; freier glaub' ich – viel freier als früher. Da kommt Gretel herzu, nimmt ihren kleinen Strauß und hält ihn mir vors Gesicht; kühlen weißen Flieder … Ein so gesunder, frischer Duft – so weich, so kühl; ich wollte mein Gesicht ganz darin vergraben. – Lachende, weiße, küssende Blumen – und ich fühlte, daß der Spuk vorbei war. – Gretel stand hinter mir und fuhr mir mit ihren wilden Händen ins Haar. Du lieber Narr, sagte sie. – Wußte sie, was sie getan? … Ich nahm ihre Hände und küßte sie. – – Und abends sind wir ins Freie hinaus, in den Frühling. Eben bin ich mit ihr zurückgekommen. Die Kerze habe ich angezündet; wir sind viel gegangen, und Gretel ist so müde geworden, daß sie auf dem Lehnstuhle neben dem Ofen eingeschlummert ist. Sie ist sehr schön, wie sie da im Schlummer lächelt.

Vor mir im schlanken grünen Glas steht der Flieder. – Unten auf der Straße – nein, nein, sie liegen längst nicht mehr da unten. Schon hat sie der Wind mit dem anderen Staub verweht.

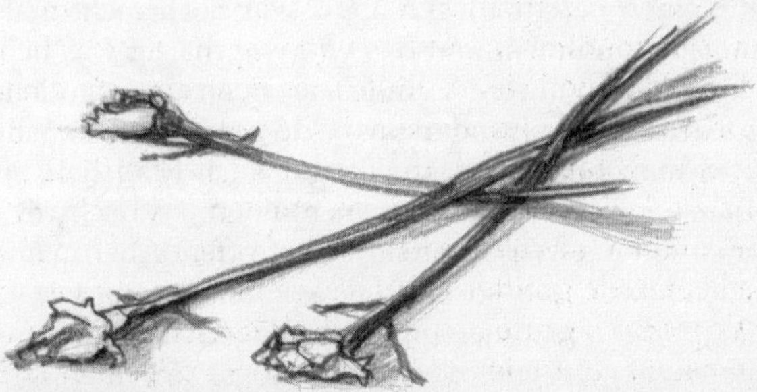

TRUMAN CAPOTE

Chrysanthemen sind wie Löwen

Von wegen gemein: das Gemeinste, was mir je in meinem Leben untergekommen ist, war Odd Henderson.

Und ich spreche von einem zwölfjährigen Jungen, nicht von einem Erwachsenen, der Zeit genug gehabt hätte, eine von Natur bösartige Veranlagung zur vollen Reife zu entwickeln. Jedenfalls war Odd zwölf, als wir im ländlichen Alabama zusammen in die zweite Klasse einer Kleinstadtschule gingen.

Groß für sein Alter, ein knochiger Junge mit schmutzigrotem Haar und schmalen Katzenaugen, überragte Odd alle seine Mitschüler, was er übrigens sowieso getan haben würde, denn wir anderen waren erst sieben oder acht Jahre alt. Odd war in der ersten Klasse zweimal sitzengeblieben und machte jetzt zum zweitenmal die zweite Klasse durch. Diese betrübliche Tatsache hatte nichts mit Dummheit zu tun – Odd war intelligent, oder vielleicht besser noch: gerissen, aber er war eben wie alle anderen Hendersons.

Die ganze Familie (Dad Henderson, den Alkohol-Schmuggler, der meistens im Gefängnis saß, nicht mitgerechnet, waren es zehn, die in einem Vierzimmerhaus neben der Negerkirche zusammenhockten) war eine faule, mißgünstige Bande, von der jeder nur auf die Gelegenheit wartete, einen hereinzulegen. Odd war noch nicht mal der Schlimmste von ihnen, und das will wahrhaftig was heißen.

Viele Kinder in unserer Schule stammten aus Familien, die ärmer waren als die Hendersons; Odd hatte ein Paar Schuhe, während manche Jungen, und sogar auch Mädchen, selbst bei bitterster Kälte barfuß gehen mußten – so schwer war Alabama von der Wirtschaftskrise betroffen. Aber niemand, ganz gleich wer, sah so heruntergekommen aus wie Odd: eine klapprige, sommersprossige Vogelscheuche in verschwitzten, abgelegten Overalls, die sogar für einen Kettensträfling eine Schande gewesen wären. Man hätte Mitleid mit ihm haben können, wäre er nicht ein solches Scheusal gewesen. Alle Kinder hatten Angst vor ihm, nicht nur wir Kleineren, sondern sogar die Jungen, die genauso alt waren wie er oder älter.

Nie fing jemand mit ihm eine Schlägerei an, ausgenommen einmal ein Mädchen, Ann ›Jumbo‹ Finchburg, die der zweite Schrecken der Stadt war. Jumbo, etwas kurz geraten, aber stämmig, ein halber Junge mit einer geradezu teuflischen Ringertechnik, sprang Odd an einem trüben Vormittag während der Pause von hinten an, und drei Lehrer, von denen jeder gewünscht haben muß, die zwei Kampfhähne würden sich gegenseitig den Hals umdrehen, hatten alle Hände voll zu tun, die beiden auseinanderzubringen. Das Ergebnis war eine Art von Unentschieden: Jumbo büßte einen Zahn ein und die Hälfte ihrer Haare, außerdem entwickelte sich in ihrem linken Auge eine Trübung (sie konnte danach nie mehr deutlich sehen); Odd trug unter anderem einen gebrochenen Daumen davon, dazu Kratzwunden, deren Narben er behalten wird, bis man den Sargdeckel über ihm zunagelt. Monatelang versuchte Odd mit jeder nur möglichen List, Jumbo zu einem neuen Kampf zu kriegen; aber Jumbo hatte die Nase voll und machte einen Bogen um ihm. Genau das würde auch ich getan haben, wenn er mich nur gelassen hätte; aber leider war ich der Gegenstand von Odds nicht nachlassender Aufmerksamkeit.

In Anbetracht der zeitlichen und örtlichen Umstände ging es mir recht gut – ich wohnte immerhin in einem alten Landhaus mit hohen Zimmern, das am Rand der Stadt lag, wo die Wohnhäuser aufhörten und die Farmen und Wälder anfingen. Das Haus gehörte entfernten Verwandten vorgerückten Alters, und diese Verwandten, drei unverheiratete Damen und ihr ebenfalls unverheirateter Bruder, hatten mich wegen Unstimmigkeiten innerhalb meiner engeren Familie bei sich aufgenommen; es ging dabei um einen Vormundschaftsstreit, in dessen Folge ich aus allen möglichen Gründen in diesen etwas merkwürdigen Haushalt nach Alabama verschlagen wurde. Nicht, daß ich mich da unglücklich gefühlt hätte; im Gegenteil, manches aus jenen wenigen Jahren erwies sich später als der glücklichste Teil einer im übrigen schwierigen Kindheit, und zwar hauptsächlich deshalb, weil die jüngste der Verwandten, eine Frau in den Sechzigern, mein erster Freund wurde. Da sie selber noch ein Kind war (manche hielten sie sogar für weniger als das und redeten von ihr, als wäre sie die Zwillingsschwester der netten armen Lester Tukker, die in sanftem Dämmerzustand durch die Straßen streifte), hatte sie Verständnis für Kinder, und mich verstand sie vollkommen.

Vielleicht war es seltsam für einen kleinen Jungen, eine alternde Jungfer als ›besten Freund‹ zu haben, aber wir waren beide ein bißchen Außenseiter, und so ergab es sich zwangsläufig, daß aus unserer beiderseitigen Einsamkeit eine Freundschaft erwuchs.

Mit Ausnahme der Schulstunden waren wir drei – ich, die alte Queenie, unsere dicke Terrierhündin, und Miss Sook, wie meine Freundin von allen genannt wurde, fast immer beisammen. Wir suchten im Wald Kräuter, gingen in abgelegenen Bächen fischen (mit getrockneten Zuckerrohrstangen als Angelruten) und gruben seltene Farne und andere Pflanzen aus, die wir zu Hause in Blecheimern und Nachttöpfen zu üppigem Gerank brachten. Hauptsächlich aber spielte sich unser Leben in der Küche ab – einer Farmhausküche, die, von einem großen, schwarzen, holzgeheizten Herd beherrscht, oft dunkel und sonnig zugleich war.

Miss Sook, empfindsam, scheu und so zurückgezogen lebend, daß sie niemals über die nächste Umgebung hinausgekommen war, war völlig anders als ihr Bruder und ihre Schwestern: die Schwestern, nüchtern und praktisch veranlagte, etwas maskulin wirkende Damen, betrieben einen Kurzwarenladen und versuchten sich in verschiedenen Spekulationen; der Bruder, Onkel B., besaß eine Anzahl von in der Umgebung verstreuten Baumwollfarmen. Da er es ablehnte, Auto zu fahren, und überhaupt mit Motorfahrzeugen irgendwelcher Art nichts zu tun haben wollte, trottete er den ganzen Tag zu Pferde von einer Farm zur anderen. Er war ein freundlicher, wenn auch schweigsamer Mann: er brummte ja oder nein und machte den Mund eigentlich nur richtig auf, wenn er ihn zum Essen brauchte. Bei jeder Mahlzeit entwickelte er den Appetit eines Grisly-Bären nach dem Winterschlaf, und Miss Sooks Aufgabe war es, ihn sattzukriegen.

Unsere Hauptmahlzeit war das Frühstück. Das Mittagessen – außer sonntags – und das Abendessen wurden weniger wichtig genommen und bestanden oft nur aus dem, was vom Frühstück übriggeblieben war. An diesem Frühstück, das punkt halb sechs auf den Tisch kam, konnte man sich jedesmal zum Platzen sattessen. Bis zum heutigen Tag bewahre ich ein sehnsüchtiges Andenken an diese frühmorgendlichen Schmausereien mit Schinken und Brathuhn, Schweinekoteletts, gebratenem Katzenwels, gebratenem Eichhörnchen (wenn die Zeit dafür war), Spiegeleiern, Maisgrütze mit Bratensauce, Erbsen, suppigem Kohlgemüse und Maisbrot zum Hineinbrocken, Waffeln, Gleichgewichtskuchen, Pfannkuchen mit Sirup, Wabenhonig, hausgemachten Marmeladen und Gelees, süßer Milch, Buttermilch und Kaffee mit Zichorie, so heiß wie die Hölle.

Die Köchin, unterstützt von Queenie und mir – ihren Gehilfen –, stand jeden Morgen um vier auf, um den Herd anzuheizen, den Tisch zu decken und alles in Gang zu bringen. Dieses frühe Aufstehen war weniger schlimm, als es sich anhört; wir waren daran gewöhnt, und im übrigen gingen wir sowieso immer zu Bett, sobald die Sonne unterging und die Vögel in den Bäumen zur Ruhe gekommen waren. Außerdem war meine Freundin gar nicht so zart, wie sie aussah. Zwar war sie als Kind oft krank gewesen und hatte krumme Schultern, aber ihre Hände waren stark und ihre Beine kräftig. Sie bewegte sich mit lebhafter, zielstrebiger Behendigkeit, wobei die abgetragenen Tennisschuhe, die sie immer trug, auf dem gebohnerten Küchenboden quietschten; und ihr außergewöhnliches Gesicht mit seinem rührend unbeholfenen Ausdruck und den schönen, jungen Augen verriet eine Kraft, die sichtlich mehr die Ausstrahlung eines inneren seelischen Glanzes als Zeichen bloßer körperlicher Gesundheit war. Immerhin waren es, je nach Jahreszeit und Anzahl der auf Onkel B.s Farmen beschäftigten Arbeiter, manchmal bis zu fünfzehn Personen, die sich zu dieser Tischrunde im Morgengrauen versammelten. Die Arbeiter hatten Anspruch auf eine warme Mahlzeit am Tag – das war ein Teil ihres Lohnes. Als einzige Hilfe kam eine Negerfrau ins Haus, die angeblich das Geschirr spülte, die Betten machte, das Haus putzte und die Wäsche besorgte. Sie war faul und unzuverlässig, aber Miss Sook war seit ewigen Zeiten mit ihr befreundet – was bedeutete, daß meine Freundin sich nie hätte einfallen lassen, jemand anders zu engagieren, und einfach die Arbeit selber machte. Sie hackte Holz, versorgte eine ganze Menagerie von Hühnern, Truthähnen und Schweinen, schrubbte, wischte Staub und hielt unsere Kleidung in Ordnung; aber immer, wenn ich aus der Schule nach Hause kam, war sie ganz für mich da, bereit, ein Kartenspiel mit mir zu spielen, das Rook hieß, oder mit mir auf Pilzsuche zu gehen oder eine Kissenschlacht zu veranstalten, oder mir, wenn wir im sinkenden Nachmittagslicht in der Küche saßen, bei den Hausaufgaben zu helfen.

Mit Hingabe vertiefte sie sich in meine Schulbücher, besonders in den Atlas (»Stell dir bloß mal vor, Buddy«, sagte sie dann – denn sie nannte mich Buddy –, »einen See, der Titicaca heißt, und den gibt es wirklich irgendwo auf der Welt!«) Was ich lernte, lernte sie auch. Weil sie als Kind so viel krank gewesen war, hatte sie fast keinen Unterricht gehabt; ihre Handschrift war eine Aneinanderreihung krakeliger Zacken, ihre Orthographie eine höchst eigenwillige Angelegenheit frei nach dem Gehör. Ich konnte schon jetzt müheloser und sicherer lesen und schreiben als sie (obwohl sie es fertigbrachte, jeden Tag ein Kapitel aus der Bibel zu ›studieren‹, und sich niemals ›Little Orphan Annie‹ oder ›The Katzenjammer Kids‹ – Bildergeschichten aus der Lokalzeitung von Mobile – entgehen ließ). Sie war mächtig stolz auf ›unsere‹ Zeugnisse (»Mein Gott, Buddy! Fünf Einsen. Sogar in Rechnen. Daß wir in Rechnen eine Eins kriegten, hätte ich nie geglaubt«). Es war ihr ein Rätsel, warum ich die Schule haßte, warum ich morgens manchmal weinte und

Onkel B., der das Machtwort im Haus sprach, anflehte, daheimbleiben zu dürfen.

Dabei haßte ich natürlich gar nicht die Schule: was ich haßte, war Odd Henderson. Was er sich für Quälereien ausdachte! Zum Beispiel wartete er mit Vorliebe auf mich unter einer Wassereiche, die eine Seite unseres Schulhofes in Schatten tauchte; in der Hand hielt er eine prallgefüllte Tüte mit Kletten, die er auf dem Weg zur Schule gesammelt hatte. Es war sinnlos, ihm weglaufen zu wollen, denn er war schnell wie eine Schlange im Angriff: einer Klapperschlange gleich fuhr er auf mich los, warf mich zu Boden und rieb mir mit schadenfrohem Glitzern in seinen Katzenaugen die Kletten in die Haare. Für gewöhnlich sammelte sich um uns ein Kreis von Kindern, die kicherten, oder wenigstens so taten; im Grunde fanden sie es gar nicht lustig, aber sie hatten Angst vor Odd und wollten sich bei ihm einschmeicheln. In der Knabentoilette versteckt, klaubte ich dann später die Kletten aus meinem verfilzten Haar; das dauerte eine Ewigkeit, und es bedeutete jedesmal, daß ich das erste Klingeln versäumte.

Unsere Klassenlehrerin, Miss Armstrong, zeigte Verständnis, denn sie ahnte, was vorging; aber eines Tages wurde ihr mein ständiges Zuspätkommen dann doch zu viel, und vor versammelter Klasse fuhr sie mich an: »Sieh mal an – unser Herr Gernegroß. Was bilden wir uns eigentlich ein? Zwanzig Minuten nach dem Klingeln hier hereinspaziert zu kommen. Eine halbe Stunde!« Da verlor ich die Beherrschung; ich zeigte auf Odd Henderson und schrie: »Den da sollten Sie anbrüllen. Der ist dran schuld, der verdammte Scheißkerl!«

Ich kannte eine Menge Schimpfwörter, aber selbst ich war erschrocken, als ich das, was ich gesagt hatte, in dem darauffolgenden entsetzten Schweigen nachhallen hörte, und Miss Armstrong, die mit einem schweren Lineal in der Hand auf mich zukam, sagte: »Hände her, Freundchen. Handflächen nach oben.« Dann bearbeitete sie, während Odd Henderson hämisch lächelnd zusah, mit ihrem Stahlkantenlineal meine Hände, bis mir das Klassenzimmer vor den Augen verschwamm.

Eine ganze, engbedruckte Seite wäre nötig, alle Quälereien aufzuführen, die Odd sich für mich ausdachte; aber das Schlimmste und worunter ich am meisten litt, war, daß er mich dauernd in einem Zustand angstvoller Spannung hielt. Einmal, als er mich mit dem Rücken gegen eine Wand gepreßt festhielt, fragte ich ihn verzweifelt, was ich ihm eigentlich getan hätte, und warum er mich nicht leiden könne. Da lockerte er plötzlich seinen Griff und sagte: »Du bist ein Schlappschwanz. Ich biege dich bloß ein bißchen zurecht.« Er hatte recht, ich war in gewissem Sinn ein Schlappschwanz, und in dem Augenblick, als er es sagte, wurde mir klar, daß ich durch nichts seine Meinung von mir würde ändern können, das heißt hart genug werden mußte, mich damit abzufinden und damit zu leben.

Sobald mich wieder der Frieden der warmen Küche umfing, wo Queenie vielleicht einen alten ausgegrabenen Knochen benagte und meine Freundin sich an einer Pastete zu schaffen machte, glitt die Last, die Odd Henderson für mich bedeutete, gnädig von meinen Schultern. Nachts aber leuchteten nur zu oft in meinen Träumen seine schmalen Raubtieraugen auf, und seine hohe, schrille Stimme zischte mir grausame Drohungen ins Ohr.

Das Schlafzimmer meiner Freundin lag gleich neben meinem; gelegentlich wurde sie von dem Schreien, die ich in meinen Alpträumen ausstieß, wach; dann kam sie und rüttelte mich aus meinem Odd-Henderson-Wahn auf. »Schau nur«, sagte sie und machte Licht, »du hast sogar Queenie erschreckt. Sie zittert richtig.« Und weiter: »Hast du am Ende Fieber? Du bist ganz naßgeschwitzt. Vielleicht sollten wir besser Dr. Stone holen.« Aber sie wußte, daß ich kein Fieber hatte, sie wußte, daß meine Nöte in der Schule schuld daran waren, denn ich hatte ihr wieder und wieder erzählt, was Odd Henderson mit mir machte.

Aber dann hatte ich es aufgegeben, davon zu sprechen, und erwähnte die Sache mit keinem Wort mehr, weil sie einfach nicht wahrhaben wollte, daß jemand so schlecht sein könnte, wie ich es von Odd behauptete. Ihre Arglosigkeit, ihr erhalten geblieben aus jenem Mangel an Erfahrung, der sie immer hatte ein wenig abseits stehen lassen, machte es Miss Sook unmöglich, sich etwas so durch und durch Böses vorzustellen.

»Weißt du«, sagte sie und rieb meine kalten Hände warm, »er hackt ja nur aus Eifersucht auf dir herum. Er ist eben nicht so hübsch und gescheit wie du.« Oder, weniger scherzhaft: »Du mußt dir klarmachen, Buddy, daß der Junge gar nichts dafür kann, daß er sich so häßlich aufführt; er weiß es eben nicht besser. Alle Henderson-Kinder haben es schwer gehabt. Dafür können sie sich bei Dad Henderson bedanken. Ich sag's nicht gern, aber der Mann war immer nur ein Taugenichts und ein Narr. Weißt du, daß Onkel B. ihn einmal mit der Pferdepeitsche verdroschen hat? Er erwischte ihn dabei, wie er einen Hund schlug, und hat ihn auf der Stelle verdroschen. Das Beste, was je passiert ist, war, daß sie ihn zu Zwangsarbeit verurteilt haben. Aber ich erinnere mich noch an Molly Henderson, ehe sie Dad heiratete. Fünfzehn oder sechzehn war sie damals, und gerade von irgendwo jenseits des Flusses neu hergekommen. Sie arbeitete bei Sade Danvers unten an der Straße, da lernte sie schneidern. Sie kam immer hier vorbei und sah mich im Garten arbeiten – so ein nettes Mädchen, herrliches rotes Haar hatte sie und war immer so dankbar für alles; manchmal gab ich ihr einen Strauß Wicken oder eine Kamelie, und sie war immer so dankbar. Dann fing sie an, Arm in Arm mit Dad Henderson hier vorbeizuspazieren – wo er doch so viel älter war und ein richtiger Halunke, nüchtern oder betrunken. Nun ja, der Herr wird schon Seine Gründe haben. Aber ein Jammer ist es doch; Molly kann nicht älter als fünfunddreißig sein, und sie hat keinen Zahn mehr im Mund und keinen Cent in der Tasche. Nur ein Haus voll Kinder hat sie, die sie sattkriegen muß. Das mußt du alles überlegen, Buddy, und etwas Geduld haben.«

Geduld! Was für einen Sinn hatte es noch, darüber zu reden? Aber schließlich begriff meine Freundin doch, wie verzweifelt ich war. Die Erkenntnis kam ihr nicht als Resultat meiner unseligen nächtlichen Angstträume oder meiner Bettelszenen mit Onkel B., sondern ganz beiläufig: in der

Dämmerung eines regnerischen Novembertages, als wir am verglühenden Herdfeuer zusammen in der Küche saßen. Es war nach dem Abendessen, das Geschirr war weggeräumt, und Queenie hatte sich in einen Schaukelstuhl gekuschelt und schnarchte. Unter dem Geräusch der hüpfenden Tropfen auf dem Dach hörte ich meine Freundin vor sich hinmurmeln, aber ich war in Gedanken bei meinem Kummer und gab nicht weiter acht, obwohl ich gemerkt hatte, daß es um den Thanksgiving Day eine Woche darauf ging.

Meine Verwandten hatten nicht geheiratet (Onkel B. zwar hatte *beinahe* geheiratet, aber seine Braut gab ihm den Verlobungsring zurück, als ihr klarwurde, daß das Zusammenleben mit drei sehr eigenwilligen alten Mädchen in diesen Handel einbegriffen sein würde); aber sie konnten sich einer weitverzweigten Verwandtschaft in der Gegend rühmen: massenhaft Vettern und Kusinen, dazu eine Tante, Mrs. Mary Taylor Wheelwright, die hundertunddrei Jahre alt war. Da unser Haus das größte und am günstigsten gelegene war, hatte es sich eingebürgert, daß diese Verwandtschaft sich jedes Jahr am Thanksgiving Day zu uns auf den Weg machte. Obwohl selten weniger als dreißig Festgäste zusammenkamen, war die Sache für uns keine zu große Belastung, denn wir stellten nur den äußeren Rahmen und eine reichliche Zahl gefüllter Truthähne.

Was sonst noch dazugehörte, lieferten die Gäste, wobei jeder seine Spezialität mitbrachte: Eine Kusine zweiten Grades, Harriet Parker aus Flomaton, machte eine vorzügliche Götterspeise aus durchsichtigen Apfelsinenscheiben und frischgeraspelter Kokosnuß. Harriets Schwester Alice kam für gewöhnlich mit einer Schüssel Batatenbrei mit Rosinen an. Familie Conklin, Mr. und Mrs. Bill Conklin und ihr Quartett hübscher Töchter, brachte immer eine köstliche Auswahl von Gemüsen, die sie während des Sommers eingemacht hatten. Meine Lieblingsspeise war ein kalter Bananenpudding – ein wohlgehütetes Rezept der alten Tante, die trotz ihrer Langlebigkeit noch rüstig im Haushalt tätig war; zu unserem Kummer nahm sie ihr Geheimnis mit, als sie 1934 im Alter von einhundertfünf Jahren starb (und es war nicht das Alter, das den Vorhang herunterließ: ein Bulle hatte sie auf der Weide angefallen und niedergetrampelt).

Miss Sook dachte über all das nach, während meine Gedanken, trübsinnig wie das nasse Zwielicht, sich in einem Irrgarten bewegten. Plötzlich hörte ich sie mit dem Knöchel auf den Küchentisch klopfen: »Buddy!«

»Ja?«

»Du hast mir überhaupt nicht zugehört!«

»Entschuldige.«

»Ich glaube, dieses Jahr brauchen wir fünf Truthähne. Als ich mit Onkel B. darüber gesprochen habe, sagte er, du solltest sie schlachten. Und auch rupfen und ausnehmen.«

»Warum das denn?«

»Er meint, ein Junge müßte so was können.« Das Schlachten war Onkel B.s Sache. Für mich war es eine Strafe, mitansehen zu müssen, wie er ein Schwein schlachtete oder auch nur einem Huhn den Hals umdrehte. Meiner Freundin ging es genauso. Jede Gewalttat, die über das Totschlagen von Fliegen hinausging, war uns schrecklich, und deshalb war ich entsetzt darüber, wie beiläufig sie mir diesen Auftrag mitteilte.

»Ich tu's aber nicht.«

Jetzt lächelte sie. »Natürlich nicht. Ich lasse es Bubber machen oder irgendeinen anderen Negerjungen. Der kriegt dann fünf Cent von mir dafür. Aber«, sagte sie und senkte verschwörerisch die Stimme, »Wir lassen Onkel B. in dem Glauben, daß du es warst. Dann freut er sich und hört endlich auf zu sagen, daß es nicht gut wäre.«

»Was soll denn nicht gut sein?«

»Daß wir immer zusammen sind. Er sagt, du müßtest Freunde haben, Jungens in deinem Alter. Na ja, er hat ja recht.«

»Ich will aber gar keine Freunde.«

»Jetzt sei mal ganz ruhig, Buddy. Du bist mir wirklich immer gut gewesen. Ich weiß nicht, was ich ohne dich täte. Einfach versauern, wahrscheinlich. Aber ich möchte dich glücklich sehen, Buddy. Stark, damit du mit dem Leben fertig wirst. Und das wirst du nie können, wenn du dich nicht mit Leuten wie Odd Henderson einigst und sie dir zu Freunden machst.«

»Ausgerechnet der! Der ist der Letzte, den ich zum Freund möchte.«

»Bitte, Buddy – lade den Jungen zum Thanksgiving Dinner zu uns ein.«

Obwohl wir beide uns gelegentlich kabbelten, hatten wir doch nie Streit. Zuerst wollte es mir nicht in den Kopf, daß ihre Bitte etwas anderes sein sollte als ein schlechter Witz; aber dann, als ich sah, daß es ihr ernst damit war, merkte ich zu meiner Bestürzung, daß wir auf dem besten Weg waren, uns zu entzweien.

»Ich dachte, du wärst mein *Freund.*«

»Aber das bin ich doch, Buddy.«

»Wenn du's wärst, dann könntest du dir so was nicht ausdenken. Odd Henderson haßt mich. Er ist mein *Feind.*«

»Er kann dich gar nicht hassen. Er kennt dich ja gar nicht.«

»Aber ich hasse ihn.«

»Bloß weil du ihn nicht kennst. Das ist ja das einzige, was ich möchte: daß ihr mal Gelegenheit habt, euch ein bißchen kennenzulernen. Ich glaube, dann wird der Ärger aufhören. Und vielleicht hast du sogar recht, Buddy, vielleicht werdet ihr nie Freunde. Aber ich glaube nicht, daß er dann noch weiter auf dir herumhackt.«

»Das verstehst du nicht. Du hast niemals jemand gehaßt.«

»Nein, hab' ich nicht. Uns allen ist auf dieser Erde nur eine bestimmte Zeit zugemessen, und ich müßte mich vor unserem Herrgott schämen, wenn ich die mit so was verschwenden wollte.«

»Ich tu's nicht. Er würde mich für verrückt halten. Und das wäre ich dann auch.«

Der Regen hatte aufgehört, und die Stille, die folgte, zog sich quälend in die Länge. Die klaren Augen meiner Freundin betrachteten mich abwägend, als wäre ich eine Rook-Karte, über deren richtiges Ausspielen sie nachdachte; sie strich sich eine weiß-graue Haarsträhne aus der Stirn und seufzte. »Dann tu *ich* es eben. Morgen«, sagte sie, »setze ich meinen Hut auf und mache Molly Henderson einen Besuch.« Diese Erklärung bewies ihre Entschlossenheit, denn ich hatte noch nie erlebt, daß Miss Sook sich einen Besuch bei jemand vornahm, nicht nur, weil sie keinerlei gesellschaftliches Talent hatte, sondern auch, weil sie viel zu bescheiden war, sich für einen willkommenen Gast zu halten. »Ich glaube kaum, daß bei denen zu Hause Thanksgiving groß gefeiert wird. Wahrscheinlich würde Molly sich sehr freuen, wenn Odd bei uns essen würde. Ich weiß natürlich, Onkel B. würde es nie erlauben, aber eigentlich wäre es nett, sie *alle* einzuladen.«

Mein Gelächter weckte Queenie auf; und nach einem Augenblick der Überraschung lachte meine Freundin mit. Ihre Wangen röteten sich, und in ihren Augen tanzten Lichter; sie stand auf, drückte mich an sich und sagte: »O Buddy, ich wußte ja, du würdest mir nicht böse sein und schon drauf kommen, daß meine Idee ganz vernünftig ist.«

Sie irrte. Meine Heiterkeit hatte andere Gründe. Zwei. Der eine war die Vorstellung, wie Onkel B. für diese ganzen widerlichen Hendersons Truthahn tranchierte. Der andere: Mir war eingefallen, daß ich gar keinen Grund zur Aufregung hatte; denn Miss Sook mochte zwar die Einladung aussprechen, und Odds Mutter mochte sie in seinem Namen annehmen, aber kommen würde Odd in hundert Jahren nicht.

Dazu war er viel zu stolz. Während der Wirtschaftskrise zum Beispiel gab es in der Schule umsonst Milch und Brote für alle Kinder, deren Eltern zu arm waren, ihnen ein Frühstück mitzugeben. Aber Odd, so abgemagert er auch war, wollte mit dieser Speisung nichts zu tun haben; er stand irgendwo für sich allein und verschlang eine Handvoll Erdnüsse oder knabberte an einer großen rohen Rübe. Diese Art von Stolz war typisch für die Hendersons: sie mochten stehlen oder einem Toten die Goldzähne ausbrechen, aber niemals würden sie ein Geschenk annehmen, weil alles, was nach Wohltätigkeit roch, ihnen verhaßt war. Entweder würde Odd Miss Sooks Einladung als wohltätige Geste auslegen, oder aber er würde – gar nicht zu Unrecht – darin einen Bestechungsversuch sehen, der ihn dazu bringen sollte, mich endlich in Ruhe zu lassen.

Ich ging leichten Herzens zu Bett an diesem Abend, denn ich war sicher, daß mir mein Thanksgiving nicht durch die Anwesenheit eines so unpassenden Gastes verdorben werden würde.

Am nächsten Morgen hatte ich eine schwere Erkältung, was mir sehr angenehm war; denn das hieß, daß ich nicht zur Schule brauchte. Es hieß außerdem, daß der Ofen in meinem Zimmer angemacht wurde, daß ich Tomatencremesuppe bekam und mich stundenlang ungestört mit Mr. Micawber und David Copperfield beschäftigen konnte: die schönste Art, das Bett zu hüten. Es regnete wieder leicht; aber ihrem Vorhaben getreu holte meine Freundin ihren Hut, ein mit verblichenen Samtrosen geschmücktes Wagenrad aus Stroh, und machte sich auf den Weg zu den Hendersons. »Ich bin gleich wieder da«, sagte sie. Tatsächlich blieb sie fast zwei Stunden fort. Ich konnte mir nicht vorstellen, daß Miss Sook je ein so langes Gespräch führen könnte, es sei denn mit mir oder mit sich selber (sie führte nämlich oft Selbstgespräche: eine Angewohnheit durchaus vernünftiger Leute, die einsam sind); und als sie zurückkam, sah sie denn auch regelrecht erschöpft aus.

Noch den Hut auf und ihren alten schlotterigen Regenmantel an, steckte sie mir das Thermometer in den Mund und ließ sich am Fußende meines Bettes nieder. »Ich mag sie«, sagte sie mit Nachdruck. »Ich habe Molly Henderson immer gemocht. Sie tut, was sie kann, und das Haus war so sauber wie Bob Spencers Fingernägel« – Bob Spencer war ein für seine strahlende Sauberkeit berühmter Baptistenpfarrer –, »aber bitterkalt war's. Stell dir vor, ein Blechdach, der Wind direkt im Zimmer und kein bißchen Feuer im Ofen. Sie bot mir was zu trinken an, und ich hätte bestimmt gern eine Tasse Kaffee gehabt, aber ich hab' danke gesagt. Denn ich glaube kaum, daß sie überhaupt Kaffee im Hause hatte. Oder Zucker.

Ich fühlte mich beschämt, Buddy. Es tut mir im Herzen weh, wenn ich jemand sich so abplagen sehe wie Molly. Und keine Hoffnung, daß sich das je ändert. Ich sag' ja gar nicht, daß jeder alles haben soll, was er will. Obwohl ich, wenn ich mir's recht überlege, eigentlich auch nicht einsehe, was daran falsch sein soll. Du zum Beispiel solltest ruhig ein Fahrrad haben, und warum sollte Queenie nicht jeden Tag einen Rindsknochen kriegen? Natürlich, jetzt komme ich erst darauf, jetzt wird es mir klar: Eigentlich sollte jeder von uns alles haben, was er will. Ich mache jede Wette mit dir, das ist genau das, was unser Herrgott im Sinn hat. Und wenn ich rings um uns Menschen sehe, die nicht einmal das Nötigste zum Leben haben, schäme ich mich. Natürlich nicht meinetwegen, denn wer bin ich schon? Eine alte Null, die nie auch nur einen Cent besessen hat; wenn meine Familie nicht für mich gesorgt hätte, wäre ich verhungert oder im Armenhaus gelandet. Nein, schämen tu' ich mich für uns alle, die wir mehr haben, als nötig ist, während andere überhaupt nichts haben.

Ich erwähnte Molly gegenüber, daß wir mehr Steppdecken hätten, als wir jemals brauchen könnten – auf dem Boden steht eine ganze Truhe mit Flickendecken, die ich als junges Mädchen gemacht habe, als ich nur selten aus dem Haus konnte. Aber sie schnitt mir das Wort ab, sagte, die Hendersons kämen sehr gut zurecht, schönen Dank, und das einzige, was sie sich wünschten, wäre, daß Dad freigelassen und wieder nach Hause geschickt würde. ›Miß Sook‹, sagte sie, ›Dad ist ein guter Ehemann, egal, was er sonst noch sein mag.‹ Na ja, bis dahin hat sie ja genug mit ihren Kindern zu tun.

Und was ihren Odd angeht, Buddy, da mußt du wohl im Unrecht sein. Wenigstens teilweise. Molly sagt, er ist ihr eine große Hilfe und ein großer Trost. Beklagt sich nie, ganz gleich, was sie ihm alles aufträgt. Sie sagt, er kann so schön singen wie jemand im Radio, und wenn die Kleineren Krach anfangen, bringt er sie damit zur Ruhe, daß er ihnen was vorsingt. Lieber Gott«, seufzte sie und nahm mir das Thermometer aus dem Mund, »das einzige, was wir für Leute wie Molly tun können, ist, sie achten und in unser Gebet einschließen.«

Das Thermometer hatte mich gehindert, was zu sagen; jetzt wollte ich wissen: »Und was ist mit der Einladung?«

»Manchmal«, sagte sie und betrachtete mißbilligend die dünne Quecksilbersäule, »manchmal scheint mir, meine Augen lassen nach. In meinem Alter fängt man an, sich alles ganz genau anzusehen. Damit man nicht vergißt, wie eigentlich Spinnweben aussehen. Aber um auf deine Frage zu antworten: Molly hat sich sehr gefreut darüber, daß du so viel von Odd hältst, ihn zu Thanksgiving einzuladen. Und«, fuhr sie fort, ohne von meinem Stöhnen Notiz zu nehmen, »sie sagte, sie wäre überzeugt, daß er mit Vergnügen kommen würde. Du hast ein bißchen erhöhte Temperatur. Ich glaube, du kannst auch morgen noch zu Hause bleiben. Na, wenn das kein vergnügtes Gesicht wert ist! Komm, mach doch mal ein vergnügtes Gesicht, Buddy.«

Wie sich die Dinge entwickelten, machte ich in den darauffolgenden Tagen vor dem Fest sogar noch oft ein vergnügtes Gesicht, denn meine Erkältung wuchs sich zu einer Bronchitis aus, und ich brauchte die ganze Zeit nicht in die Schule. Ich kam mit Odd Henderson nicht zusammen und konnte deshalb nicht feststellen, wie er auf die Einladung reagierte; aber ich konnte mir nichts anderes denken, als daß er zuerst gelacht und dann gespuckt hatte. Die Aussicht, er könnte tatsächlich bei uns auftauchen, beunruhigte mich nicht; sie war ebenso unwahrscheinlich wie die Möglichkeit, daß Queenie mich anknurrte oder Miss Sook mein Vertrauen in sie enttäuschte.

Dennoch blieb Odd gegenwärtig, ein rothaariger Schatten an der Schwelle meiner Fröhlichkeit. Und zu alledem quälte mich die Beschreibung, die seine Mutter von ihm gegeben hatte, und ich dachte darüber nach, ob es vielleicht stimmte, daß er noch eine andere Seite hatte, daß irgendwo unter dem Bösen in ihm eine Spur Menschlichkeit verborgen lag. Aber das konnte nicht sein! Wer so etwas glaubte, konnte ebensogut seine Haustür offen lassen, wenn die Zigeuner in der Stadt waren. Man brauchte ihn ja nur anzusehen.

Miss Sook hatte bald gemerkt, daß meine Bronchitis nicht so schwer war, wie ich vorgab; darum erlaubte sie mir morgens, wenn die anderen aus dem Haus waren – Onkel B. auf seinen Farmen, die Schwestern in ihrem Kurzwarenladen –, aufzustehen und ihr sogar bei dem frühjahrsmäßigen Hausputz zu helfen, der unserer Thanksgiving-Gesellschaft immer voraufging. Es gab eine Menge zu tun, genug, zwölf Leute zu beschäftigen. Wir polierten die Möbel im Wohnzimmer, das Klavier, den schwarzen Raritätenschrank (der nichts weiter enthielt als einen Stein vom Stone Mountain, den die Schwestern von einer Geschäftsreise nach Atlanta mitgebracht hatten), die schweren Nußbaum-Schaukelstühle und die verspielten Biedermeierstücke – bearbeiteten sie mit zitronenparfümiertem Wachs, bis alles wie eine Zitronenschale glänzte und wie eine Zitrus-Plantage roch. Die Vorhänge wurden gewaschen und wieder aufgehängt, die Kissen geschüttelt, die Läufer geklopft; wohin man auch sah, überall in dem glitzernden Novemberlicht, das in die hohen Zimmer eindrang, schwebten Stäubchen und winzige Federn. Die arme Queenie war in die Küche verbannt, aus Furcht, sie könnte im vornehmeren Teil des Hauses ein paar Haare oder gar einen Floh verlieren.

Das Schwierigste war, die Servietten und Tischtücher in Ordnung zu bringen, die gebraucht wurden. Die Tischwäsche stammte noch von der Mutter meiner Freundin und war ein Hochzeitsgeschenk gewesen; obwohl sie nur ein- oder zweimal im Jahr benutzt worden war, also vielleicht zweihundertmal in den vergangenen achtzig Jahren, war sie eben doch achtzig Jahre alt, und Flickstellen und Stockflecken waren nicht zu übersehen. Wahrscheinlich war der Stoff von vornherein nicht allzu gut gewesen, aber Miß Sook behandelte ihn, als hätten ihn goldene Hände auf himmlischen Webstühlen gewebt. »Meine Mutter sagte immer: ›Der Tag könnte kommen, wo wir nichts anderes anzubieten haben als Brunnenwasser und kaltes Maisbrot, aber wenigstens können wir das immer auf einem schön gedeckten Tisch auftragen.‹«

Spät abends, wenn die Lauferei des Tages zu Ende war und das übrige Haus im Dunkeln lag, brannte immer noch eine schwache Lampe, und meine Freundin saß aufrecht im Bett, den Schoß voll Servietten, und besserte mit Nadel und Faden Risse und schadhafte Stellen aus, die Stirn in Falten gelegt, die Augen mühsam zusammengekniffen, aber dennoch erleuchtet wie von der erschöpften Verzückung eines Pilgers, der am Ende seiner Reise dem Altar sich nähert.

Jede volle Stunde, wenn die zittrigen Glocken des fernen Gerichtsgebäudes zehn und elf und zwölf schlugen, wachte ich auf und sah ihre Lampe noch brennen und schlurfte schlaftrunken in ihr Zimmer, um vorwurfsvoll zu sagen: »Du solltest wirklich jetzt schlafen!«

»Gleich, Buddy. Aber im Augenblick kann ich noch nicht. Wenn ich an all die Leute denke, die kommen, kriege ich Angst. Alles in meinem Kopf fängt an sich zu drehen«, sagte sie, hörte einen Moment auf zu arbeiten und rieb sich die Augen. »Ich sehe schon lauter Sterne.«

Chrysanthemen: einige so groß wie ein Kinderkopf. Büschel sich wellender, kupferfarbener Blütenblätter, mit schwankenden Blautönen dazwischen. »Chrysanthemen«, erklärte meine Freundin, während wir durch den Garten gingen und uns mit mörderischer Schere an die prächtigsten Exemplare heranpirschten, »sind wie Löwen. Majestätische Wesen. Ich bin immer drauf gefaßt, daß sie mich anspringen. Daß sie knurrend und brüllend auf mich losfahren.«

Aussprüche dieser Art waren es, die die Leute an Miss Sook zweifeln ließen, wenn mir das auch erst rückblickend klar wird, denn ich selber wußte immer genau, was sie meinte, und in diesem Fall machte uns die Vorstellung, all die knurrenden, prächtigen, brüllenden Löwen ins Haus zu schleppen und in enge Vasen zu sperren (unsere letzte Tätigkeit am Vorabend des Thanksgiving), so albern, überdreht und verrückt, daß wir schon bald außer Atem waren.

»Guck mal Queenie an«, sagte meine Freundin, kicksend vor Vergnügen, »guck mal ihre Ohren, Buddy. Kerzengerade nach oben. Sie denkt: Ach du meine Güte, was sind das bloß für Verrückte, unter die ich da geraten bin? Arme Queenie. Komm her, Schatz. Kriegst auch 'ne Waffel, schön in heißen Kaffee getunkt.«

Ein lebhafter Tag, dieses Thanksgiving: Regenschauer wechselten ab mit plötzlich aufreißendem Himmel, aus dem frostige Sonnenstrahlen fielen, und Windböen rissen die letzten Herbstblätter von den Bäumen.

Lebhaft ging es auch im Haus zu: in das Klappern der Töpfe und Pfannen mischte sich die rostige, selten zu hörende Stimme Onkel B.s, der in seinem knarrend steifen Sonntagsanzug in der Diele stand und die eintreffenden Gäste begrüßte. Einige kamen zu Pferd oder in Maultierwagen, die meisten mit frischgeputzten Farm-Lastwagen oder alten Klapperkisten. Die Conklins mit ihren vier Töchtern fuhren in einem grasgrünen 1932er Chevrolet vor (Mr. Conklin stand sich gut; er besaß mehrere Fischkutter, die vor Mobile auf Fang gingen): ein Gegenstand, der unter den anwesenden Männern lebhaftes Interesse wachrief, sie untersuchten ihn von vorn bis hinten und hätten ihn am liebsten auseinandergenommen.

Als erste Gäste trafen Mrs. Mary Taylor Wheelwright und ihre Betreuer, ein Enkel und dessen Frau, ein. Sie war eine hübsche kleine Person, diese Mrs. Wheelwright; sie trug ihr Alter ebenso nonchalant wie den winzigen roten Hut, der wie die Kirsche auf einem Sahne-Eis keck auf ihrem schneeweißen Haar saß. »Bobby, mein Liebling«, sagte sie und umarmte Onkel B., »ich weiß, wir sind ein ganz klein bißchen zu früh dran, aber du kennst mich ja: immer etwas vor der Zeit.« Eine berechtigte Entschuldigung, denn es war noch nicht einmal neun, und die Gäste wurden erst gegen Mittag erwartet.

Aber es kamen *alle* früher, als sie sollten – ausgenommen Familie Perk McCloud, die auf einer Strecke von fünfundvierzig Kilometer zwei Reifenpannen hatte und in so wütender Verfassung eintraf – besonders was Mr. McCloud betraf –, daß wir um unser Geschirr zitterten. Die meisten dieser Menschen lebten das ganze Jahr über in einsamen Gegenden, aus denen sie nur schwer fortkamen, auf einzeln gelegenen Farmen, in kleinen Nestern und Weilern, verlassenen Uferdörfern oder Holzfällersiedlungen tief in den Kiefernwäldern; und so war es natürlich ihre Ungeduld, die sie zu früh kommen ließ, in erwartungsvoller Hoffnung auf ein herzliches und noch lange erinnertes Zusammensein.

Und das wurde es auch. Vor einiger Zeit bekam ich einen Brief von einer der Conklin-Schwestern, die jetzt mit einem Marineoffizier verheiratet ist und in San Diego lebt; sie schrieb: »Ich denke oft an dich um diese Jahreszeit, wahrscheinlich wegen der Sache, die sich bei einem unserer Thanksgivings in Alabama zutrug. Es war ein paar Jahre, bevor Miss Sook starb – 1933 vielleicht? Mein Gott, diesen Tag werde ich nie vergessen.«

Um die Mittagszeit war das Wohnzimmer zum Bersten voll: ein Bienenstock, erfüllt vom zungenfertigen Schwatzen der Frauen und weiblichem Duft; Mrs. Wheelwright roch nach Fliederparfüm und Annabel Conklin wie Geranien nach dem Regen. Tabakschwaden zogen über die Veranda, wo trotz dem unbeständigen Wetter mit seinem dauernden Wechsel zwischen Regenschauern und von hervorbrechender Sonne begleiteten Windstößen die meisten Männer beisammenstanden. Tabak war etwas ganz Ungewohntes bei uns. Zugegeben, Miss Sook nahm hin und wieder heimlich eine Prise Schnupftabak, etwas, woran sie unter mir unbekannter und von ihr auch nie enthüllter Anleitung Geschmack gewonnen hatte. Ihre Schwestern wären entsetzt gewesen, hätten sie davon geahnt; Onkel B. ebenso, denn er hatte strenge Ansichten, was Stimulantien anging, und verurteilte sie sowohl moralisch wie medizinisch.

Das herbe Aroma der Zigarren, der beißende Geruch des Pfeifenrauchs, dieser ganze fremdartig-würzige Duft, der sich dort verbreitete, lockte mich immer wieder aus dem Wohnzimmer auf die Veranda, obwohl ich das Wohnzimmer eigentlich vorzog, weil da die Schwestern Conklin waren, die – begabt, übermütig und ohne jede Ziererei – abwechselnd auf unserm verstimmten Klavier spielten. Zu ihrem Repertoire gehörte der ›Indianische Liebesruf‹, außerdem eine Kriegsballade von 1918, die Klage eines Kindes, das einen Einbrecher anfleht: »Stiehl nicht Daddys Orden, er hat sie sich tapfer verdient.« Annabel spielte und sang dazu; sie war die älteste der Schwestern und auch die hübscheste, obwohl die Wahl zwischen ihnen nicht leicht fiel, denn sie waren wie Vierlinge von unterschiedlicher Größe. Man dachte bei ihrem Anblick an Äpfel: fest und aromatisch-süß, aber dennoch herb wie frischer Most. Ihre lose geflochtenen Haare hatten den bläulichen Schimmer eines sorgsam gestriegelten schwarzen Rennpferdes, und einige ihrer Züge – Augenbrauen, Nase, Lippen – verzogen sich beim Lachen auf eine kuriose Weise, die ihrem Liebreiz eine humoristische Note hinzufügte. Das Netteste an ihnen war, daß sie ein bißchen mollig waren; ›angenehm mollig‹ wäre der richtige Ausdruck.

Es geschah in dem Augenblick, als ich Annabel am Klavier zuhörte und mich gerade in sie verliebte, daß ich Odd Henderson spürte. Ich sage *spürte,* weil ich mir seiner Gegenwart bewußt war, noch bevor ich ihn sah: dasselbe Gefühl für Gefahr, das zum Beispiel den erfahrenen Jäger warnt, wenn er auf eine Klapperschlange oder Wildkatze stößt, hatte auch mich alarmiert.

Ich drehte mich um, und da stand der Bursche im Eingang zum Wohnzimmer, halb drin, halb draußen. Für die anderen muß er nur ein schlaksiger zwölfjähriger Lulatsch gewesen sein, der sich bemüht hatte, dem festlichen Anlaß dadurch gerecht zu werden, daß er sein widerspenstiges Haar gescheitelt und naß an den Kopf geklatscht hatte; die Kammspuren waren noch zu sehen. Mir aber erschien er so unerwartet-unheilvoll wie ein aus seinem Flaschengefängnis befreiter böser Geist. Was für ein Narr war ich doch gewesen, zu glauben, daß er sich hier nicht sehen lassen würde! Nur ein Dummkopf wäre nicht darauf gekommen, daß er aus purer Bosheit erscheinen würde: aus Freude daran, mir den langerwarteten Tag zu verderben.

Odd hatte mich jedoch noch gar nicht gesehen: Annabel, deren kräftige Finger geschickt über die verzogenen Tasten turnten, hatte ihn abgelenkt, und mit leicht geöffnetem Mund und zusammengekniffenen Augen beobachtete er sie, als hätte er sie nackt bei einem kühlen Bad in unserem Flüßchen überrascht. Es war, als ob er ein langersehntes Wunschbild betrachtete; seine ohnehin roten Ohren wurden tomatenfarben. Der bezaubernde Anblick blendete ihn so, daß ich mich unmittelbar an ihm vorbeiquetschen und durch die Diele in die Küche rennen, konnte. »Er ist da!«

Meine Freundin war schon seit Stunden mit ihrer Arbeit fertig; außerdem hatte sie noch zwei Negerinnen zur Aushilfe. Trotzdem hielt sie sich seit dem Beginn unseres Festes in der Küche verborgen, angeblich, um der dorthin verbannten Queenie Gesellschaft zu leisten. In Wirklichkeit hatte sie Angst vor jeder Ansammlung von Menschen, selbst wenn sie nur aus Verwandten bestand, was auch einer der Gründe dafür war, daß sie trotz ihrem Vertrauen in die Bibel und deren Held nur selten in die Kirche ging. Obwohl sie Kinder liebte und sich unter ihnen wohl fühlte, konnte man sie doch nicht als Kind gelten lassen; sie selber wiederum betrachtete sich nicht als zu den Erwachsenen gehörig und benahm sich in ihrer Gesellschaft wie eine schüchterne junge Dame, schweigsam und leicht verlegen. Aber sich eine Gesellschaft vorzustellen, stimmte sie freudig; schade nur, daß sie nicht unsichtbar daran teilnehmen konnte: wie festlich wäre ihr dann zumute gewesen.

Ich bemerkte, daß die Hände meiner Freundin zitterten, und meine zitterten auch. Für gewöhnlich trug sie Baumwollkleider, Tennisschuhe und Onkel B.s abgelegte Pullover; für förmliche Anlässe dagegen hatte sie nichts. Heute ertrank sie in etwas, das sie von einer ihrer kompakten Schwestern ausgeliehen hatte, einem verkrumpelten dunkelblauen Kleid, das dessen Besitzerin seit undenklichen Zeiten bei jeder Beerdigung in der Umgebung angehabt hatte.

»Er ist da«, verkündete ich zum drittenmal. »Odd Henderson.«

»Warum bist du dann nicht bei ihm?« sagte sie tadelnd. »Das ist unhöflich, Buddy. Er ist dein spezieller Gast. Du solltest drin sein und dich darum kümmern, daß er alle kennenlernt und sich gut unterhält.«

»Ich *kann* nicht. Ich kann nicht mit ihm reden.«

Queenie lag zusammengerollt auf ihrem Schoß und ließ sich den Kopf kraulen; meine Freundin stand auf, setzte Queenie auf den Boden, wobei ein dunkelblaues, mit Hundehaaren übersätes Stück Stoff zum Vorschein kam, und sagte: »*Buddy.* Willst du etwa sagen, daß du mit dem Jungen überhaupt noch nicht gesprochen hast?« Meine Ungezogenheit ließ sie ihre Schüchternheit vergessen; sie nahm mich bei der Hand und steuerte mit mir auf das Wohnzimmer zu. Sie hätte sich um Odd keine Sorgen zu machen brauchen. Annabel Conklins Reize hatten ihn zum Klavier hingezogen. Da hockte er doch tatsächlich neben ihr auf der Klavierbank, hockte da und starrte ihr hinreißendes Profil an, mit Augen, so stumpfsinnig, wie ich sie bei dem ausgestopften Walfisch gesehen hatte, als im Sommer eine Wanderschau in die Stadt kam (er war angekündigt als *Der Echte Moby Dick,* und es kostete fünf Cent, seine Überreste zu besichtigen – so ein Schwindel!). Was Annabel anging, die flirtete mit allem, was ihr in den Weg kam – das heißt nein, das ist ungerecht; denn eigentlich war das bei ihr nur eine Form von Großherzigkeit, von Lebensfreude. Trotzdem versetzte es mir einen Stich, als ich sah, wie sie diesem Pferdeschlächter schöntat.

Mich hinter sich herziehend, stellte meine Freundin sich ihm vor: »Buddy und ich, wir freuen uns so, daß du gekommen bist.« Odd hatte die Manieren eines Ziegenbocks: weder stand er auf, noch gab er ihr die Hand, er sah sie kaum an, und mich schon gar nicht. Zwar eingeschüchtert, doch ohne sich geschlagen zu geben, sagte meine Freundin: »Vielleicht singt Odd uns etwas vor. Ich weiß, daß er das kann; seine Mutter hat es mir gesagt. Annabel, Liebling, spiel doch mal was, das Odd kennt.«

Erst jetzt, beim Wiederdurchlesen, fällt mir auf, daß ich Odd Hendersons Ohren noch gar nicht richtig beschrieben habe – eine schwere Unterlassungssünde, denn sie waren wirklich eine Sehenswürdigkeit, genau wie die von Alfafa in den komischen ›Our Gang‹-Filmen. Jetzt, als Annabel in schmeichelhafter Weise auf die Bitte meiner Freundin einging, wurden sie so knallrot, daß es einem in den Augen weh tat. Er murmelte etwas vor sich hin und schüttelte mit Armesündermiene den Kopf; aber Annabel fragte: »Kennst du ›Ich sah das Licht leuchten‹?« Er kannte es nicht, aber ihr nächster Vorschlag wurde mit einem Grinsen des Erkennens begrüßt; auch der größte Narr mußte merken, daß seine Bescheidenheit nur gespielt war.

Kichernd schlug Annabel einen vollen Akkord an, und Odd begann mit frühreif männlicher Stimme: »Wenn der Zei, Zei, Zeisig baut flei, flei, fleißig sein Nest.« Der Adamsapfel hüpfte in seinem angespannten Hals auf und ab; Annabels Begeisterung wuchs; das schrille Gegacker der Frauen ließ nach, als sie merkten, daß da etwas geboten wurde. Odd war gut, er konnte singen, gar kein Zweifel, und die Eifersucht, die mich durchfuhr, hatte genügend Kraft, einen elektrischen Stuhl unter Strom zu setzen. Mord war, was ich im Sinn hatte. Ich hätte ihn ebenso leicht umbringen können, wie man eine Mücke zerquetscht. Leichter sogar.

Wieder, und ohne daß selbst meine Freundin es merkte, die in den musikalischen Genuß vertieft war, entwischte ich aus dem Wohnzimmer und suchte ›Die Insel‹ auf. Diesen Namen hatte ich der Stelle im Haus gegeben, wo ich hinging, wenn ich niedergeschlagen war oder unerklärlich übermütig, oder wenn ich einfach nur nachdenken wollte. Es war ein riesiger Wandschrauk, der zu unserem einzigen Badezimmer gehörte. Von den sanitären Einrichtungen abgesehen, glich das Badezimmer einem gemütlichen Wohnraum mit einem zweisitzigen Roßhaarsofa, Flickenteppichen, einer Kommode, einem Kamin und gerahmten Reproduktionen von ›Der Arzt-Besuch‹, ›Septembermorgen‹, ›Schwanenteich‹ und einer Menge von Kalendern.

Der Wandschrank hatte zwei kleine Fenster mit bunten Glasscheiben; das Licht drang in rosa, bräunlich und grün gefärbten rautenförmigen Mustern durch die Fenster, die auf das eigentliche Badezimmer gingen. An einigen Stellen war die Farbe der Scheiben verblichen oder abgesprungen; wenn man an eine solche Stelle das Auge lehnte, konnte man jeden, der den Raum aufsuchte, erkennen. Nachdem ich mich dort eingeschlossen und eine Zeitlang mit finsteren Gedanken über den Erfolg meines Feindes nachgebrütet hatte, störten mich Schritte auf: Mrs. Mary Taylor Wheelwright blieb vor einem Spiegel stehen, bearbeitete temperamentvoll ihr Gesicht mit einer Puderquaste, legte Rouge auf ihre welken Wangen und verkündete, nachdem sie sich von der Wirkung überzeugt hatte: »Sehr hübsch, Mary. Auch wenn Mary das selber sagt.«

Es ist bekannt, daß Frauen länger leben als Männer; sollte es einfach ihre größere Eitelkeit sein, die sie am Leben hält? Jedenfalls besänftigte Mrs. Wheelwright mein Gemüt so, daß ich, als kurz nach ihrem Abgang die kräftig geläutete Essensglocke durch das Haus schallte, beschloß, mein Versteck aufzugebeu und das Fest zu genießen – Odd Heuderson hin oder her.

Aber genau in diesem Augenblick näherten sich von neuem Schritte. *Er* erschien, und er sah weniger mürrisch aus als je zuvor. Selbstbewußt. Pfeifend. Und während er seine Hose aufknöpfte und einen kräftigen Strahl losließ, pfiff er, munter wie ein Vogel in einem Sonnenblumenfeld, weiter. Als er gerade gehen wollte, erregte eine offene Schachtel auf der Kommode seine Aufmerksamkeit. Es war eine Zigarrenkiste, in der meine Freundin neben Zeitungsausschnitten mit Kochrezepten und allem möglichen anderem Kram auch eine Kamee-Brosche aufbewahrte, die sie vor langer Zeit von ihrem Vater bekommen hatte. Abgesehen davon, daß ihr das Stück als Andenken teuer war, schrieb ihre Einbildungskraft ihm auch noch außergewöhnliche Kostbarkeit zu. Immer, wenn wir Anlaß hatten, uns über ihre Schwestern oder Onkel B. zu beklagen, sagte sie einfach: »Laß nur, Buddy. Wir verkaufen meine Kamee und gehen fort. Wir fahren mit dem Bus nach New Orleans.« Obwohl wir nie darüber sprachen, was wir in New Orleans eigentlich anfangen wollten, oder wovon wir leben würden, wenn das Geld für die Brosche einmal zu Ende ging, waren wir von dieser Vorstellung berauscht. Vielleicht ahnte jeder von uns insgeheim, daß die Brosche nur ein Modeschmuck aus dem Warenhaus war; dennoch war sie für uns ein Talisman von echter, wenn auch unerprobter magischer Kraft: ein Zaubermittel, das uns Freiheit verhieß, sollten wir tatsächlich beschließen, unser Glück in der Fremde zu suchen. Darum trug meine Freundin die Brosche auch nie, denn sie war ein viel zu kostbarer Schatz, als daß man ihren Verlust oder ihre Beschädigung hätte riskieren können.

Nun sah ich Odd seine frevelhaften Finger danach ausstrecken, sah, wie er die Brosche ein paarmal auf seiner Hand tanzen, sie in das Kistchen zurückfallen ließ und zur Tür ging. Dann zurückkam. Diesmal holte er die Kamee rasch heraus und ließ sie in seine Tasche gleiten. Meine erste wütende Regung war, aus dem Schrank zu stürzen und ihn zu stellen; ich glaube, in diesem Augenblick hätte ich ihn auf den Rücken legen können. *Aber* – Erinnern Sie sich, wie früher die Witzblattzeichner einen plötzlichen Einfall darstellten, in dem sie über die Stirn von Tom oder Bill oder sonstwem eine aufleuchtende Glühbirne malten? Genauso ging es mir: eine glühendheiße Birne erleuchtete blitzartig und strahlend mein Gehirn. Mir wurde heiß und kalt dabei – aber lachen mußte ich auch. Odd hatte mir ein ideales Rachewerkzeug in die Hand gegeben, mit dem ich ihm all seine Kletten heimzahlen konnte.

Im Eßzimmer hatte man lange Tische so aneinandergesetzt, daß sie ein T bildeten. Onkel B. saß obenan in der Mitte, Mrs. Mary Taylor Wheelwright rechts und Mrs. Conklin links von ihm. Odd saß zwischen zwei der Conklin-Schwestern, eine von ihnen Annabel, deren Komplimente ihn bei bester Stimmung hielten. Meine Freundin hatte sich an das untere Tischende zwischen die kleinsten Kinder gesetzt; angeblich hatte sie sich diesen Platz ausgesucht, weil sie von da aus schneller in die Küche kam, aber in Wirklichkeit wollte sie natürlich gar nicht woanders sitzen. Queenie, die es fertiggebracht hatte, aus der Küche zu entwischen, lief zitternd und schwanzwedelnd vor Aufregung zwischen den vielen Beinen unter dem Tisch hin und her, aber niemand schien etwas dagegen zu haben, wahrscheinlich, weil alle fasziniert waren vom Anblick der noch untranchierten, knusprig gebratenen Truthähne und den köstlichen Düften, die aus den Schüsseln mit Mais- und Eibischgemüse, gebratenen Zwiebeln und heißen Fleischpasteten aufstiegen.

Auch mir wäre das Wasser im Mund zusammengelaufen, wenn die atemberaubeude Aussicht auf totale Rache ihn nicht völlig ausgetrocknet hätte. Einen Moment lang verspürte ich beim Anblick von Odd Hendersons erhitztem Gesicht zwar so etwas wie Bedauern, aber wirkliche Skrupel hatte ich nicht.

Onkel B. sprach das Tischgebet. Mit gesenktem Kopf und geschlossenen Augen, die schwieligen Hände voll Andacht gefaltet, dröhnte er: »Gesegnet seist Du, Herr, für die Freigebigkeit, mit der Du unseren Tisch bestellt hast, die mannigfachen Früchte, für die wir an diesem Thanksgiving Day eines mühevollen Jahres Dir zu danken haben« – seine so selten gehörte Stimme krächzte hohl wie eine verstimmte alte Orgel in einer leeren Kirche – »Amen.«

Dann, als die Stühle gerückt und raschelnd die Servietten entfaltet wurden, trat die notwendige Pause ein, auf die ich gewartet hatte. »Einer hier am Tisch ist ein Dieb.« Ich sprach klar und deutlich und wiederholte meine Beschuldigung mit noch nachdrücklicherer Betonung: »Odd Henderson ist ein Dieb. Er hat Miss Sooks Kamee gestohlen.«

Servietten schimmerten in halberhobenen, bewegungslosen Händen. Männer husteten, die Conklin-Schwestern schnappten im Quartett nach Luft, und der kleine Perk McCloud kriegte einen Schluckauf, wie das bei Kindern, wenn sie sich erschrecken, leicht vorkommt.

Mit einer Stimme, die halb vorwurfsvoll, halb ängstlich klang, sagte meine Freundin: »Das ist nicht Buddys Ernst. Er macht nur Spaß.«

»Es ist wohl mein Ernst. Wenn du mir's nicht glaubst, dann sieh doch in deinem Kästchen nach. Die Kamee ist nicht mehr drin. Odd Henderson hat sie in der Tasche.«

»Budd hat eine schwere Bronchitis gehabt«, murmelte sie. »Nimm es ihm nicht übel, Odd. Er weiß nicht, was er redet.«

Ich sagte: »Sieh in deinem Kästchen nach. Ich habe gesehen, wie er sie genommen hat.«

Onkel B., der mich mit erschreckender Kälte anstarrte, griff ein: »Vielleicht gehst du wirklich mal nachsehen«, sagte er zu Miss Sook. »Dann ist die Sache klar.«

Es kam nicht oft vor, daß meine Freundin sich ihrem Bruder widersetzte; auch jetzt tat sie es nicht. Aber ihre Blässe und ihre ängstlich zusammengezogenen Schultern verrieten, mit welcher Abneigung sie seiner Aufforderung nachkam. Sie blieb kaum eine Minute fort, aber mir kam es wie eine Ewigkeit vor. Feindseligkeit keimte auf und legte sich um die Tischrunde wie eine mit tückischer Geschwindigkeit aufschießende Dornenhecke – und das Opfer, das in ihr gefangen saß, war nicht der Angeklagte, sondern der Kläger. Mir wurde übel; Odd dagegen schien ruhig wie ein Toter.

Miss Sook kam zurück, und sie lächelte. »Schäm dich, Buddy«, schalt sie mit drohend erhobenem Finger. »Solche Scherze zu machen. Meine Kamee war genau da, wo ich sie hingetan hatte.«

Onkel B. sagte: »Du wirst dich jetzt sofort bei unserem Gast entschuldigen, Buddy.«

»Nein, das braucht er nicht«, sagte Odd Henderson und stand auf. »Er hat die Wahrheit gesagt.« Er griff in die Tasche und legte die Kamee auf den Tisch. »Ich wollte, ich könnte was zu meiner Entschuldigung sagen. Aber ich kann's nicht.« Auf dem Weg zur Tür sagte er noch: »Sie müssen wirklich 'ne prima Dame sein, daß Sie so für mich geschwindelt haben, Miss Sook.« Und dann ging er, verdammt noch mal, einfach weg.

Ich auch. Nur daß ich rannte. Ich stieß meinen Stuhl zurück, so daß er umfiel. Der Krach scheuchte Queenie auf; sie schoß unter dem Tisch hervor, bellte und bleckte die Zähne. Miss Sook versuchte mich aufzuhalten, als ich an ihr vorbeikam: »Buddy!« Aber ich wollte nichts mit ihr zu tun haben, genausowenig wie mit Queenie. Der Hund hatte mich angeknurrt, und meine Freundin hatte für Odd Henderson Partei ergriffen; um ihn zu retten, hatte sie gelogen, hatte unsere Freundschaft und meine Liebe verraten: alles Dinge, die ich nie für möglich gehalten hätte.

Unterhalb des Hauses lag Simpsons Weide, eine Wiese, leuchtend von Novembergold und rötlichbraunem Gras. Am Rand der Weide lagen eine graue Scheune, ein Schweinestall, ein umzäumter Hühnerhof und ein Räucherhaus. In dieses Räucherhaus, einen dunklen Raum, der selbst an den heißesten Sommertagen kühl war, flüchtete ich mich. Er hatte einen Lehmboden und eine Feuerstelle, die nach Asche von Hickoryholz und Kreosot roch; an den Dachsparren hingen reihenweise Schinken. Es war ein Ort, der mir immer unheimlich gewesen war, aber jetzt empfand ich seine Dunkelheit als Schutz. Ich warf mich zu Boden; mein Brustkorb arbeitete wie die Kiemen eines auf den Strand geworfenen Fisches; es war mir ganz egal, daß ich meinen einzigen guten Anzug verdarb, den mit den langen Hosen: ich lag auf dem mit Asche und heruntergetropftem Fett verdreckten Boden und schlug um mich.

Eins wußte ich genau: Noch heute abend würde ich dieses Haus und diese Stadt verlassen. Mich auf die Landstraße machen. Einen Laster anhalten und Kurs auf Kalifornien nehmen. Mir damit mein Geld verdienen, daß ich in Hollywood Schuhe putzte. Fred Astaires Schuhe. Clark Gables Schuhe. Vielleicht konnte ich auch selber Filmstar werden. Wie Jackie Coogan. Dann würde es ihnen leid tun. Wenn ich erst reich war und berühmt und nicht im Traum daran dachte, ihre Briefe zu beantworten, ja nicht einmal ihre Telegramme.

Plötzlich fiel mir etwas ein, das ihnen vielleicht noch mehr leid tun würde. Die Tür der Hütte war nur angelehnt, und der schmale Sonnenstrahl, der hereinfiel, beschien ein Bord mit Flaschen. Staubigen Flaschen, mit zwei gekreuzten Knochen und einem Totenkopf auf dem Etikett. Wenn ich aus einer von denen trank, dann würden die da oben im Eßzimmer, diese ganze fressende und saufende Bande, dann würden die schon merken, wie sehr einem was leid tun kann. Es lohnte sich, schon um Onkel B.s Reue zu erleben, wenn sie mich kalt und steif hier auf dem Boden des Räucherhauses fanden; es lohnte sich, schon um das Jammern der Leute und das Geheul von Queenie zu hören, wenn mein Sarg in die Friedhofserde gesenkt wurde.

Das Dumme dabei war nur, daß ich von alledem weder etwas sehen noch hören würde, denn wie konnte ich das, wenn ich tot war? Und wenn man nicht das Schuldgefühl und die Reue der Leidtragenden beobachten kann, verschafft einem Totsein doch eigentlich gar keine richtige Genugtuung.

Onkel B. muß Miss Sook verboten haben, nach mir zu sehen, bevor der letzte Gast vom Tisch aufgestanden war. Erst am späten Nachmittag hörte ich über die Wiese hinweg ihre Stimme; sie rief meinen Namen, sanft und klagend wie eine trauernde Taube. Ich blieb, wo ich war, und antwortete nicht.

Queenie war es, die mich schließlich fand; sie schnüffelte um das Räucherhaus herum und kläffte, als sie mich witterte; dann kam sie herein, kroch auf mich zu und leckte mir die Hand, ein Ohr und das Gesicht; sie wußte, daß sie häßlich zu mir gewesen war.

Gleich darauf ging die Tür auf, und in breiter Bahn strömte das Sonnenlicht herein. Meine Freundin sagte: »Komm her, Buddy.« Und ich ging gern zu ihr. Als sie mich sah, lachte sie. »Ach du meine Güte! Du siehst aus wie geteert – als ob du gefedert werden solltest.« Aber sie machte mir keine Vorwürfe und sagte auch nichts über meinen verdreckten Anzug. Queenie trottete davon, ein paar Kühe ärgern; und wir gingen hinter ihr her über die Weide und setzten uns auf einen Baumstumpf. »Ich hab' dir einen Truthahnschlegel aufgehoben«, sagte sie und gab mir ein in Butterbrotpapier gewickeltes Päckchen. »Und was du immer am liebsten ißt, ein Stück von der Brust.«

Der Hunger, den bis dahin stärkere Gefühle betäubt hatten, traf mich jetzt wie ein Schlag in den Bauch. Ich nagte den Schlegel ab, dann machte ich mich über das Bruststück her, das zarte Fleisch am Gabelbein.

Während ich aß, legte Miss Sook mir den Arm um die Schultern. »Etwas möchte ich dir noch sagen, Buddy. Aus zweimal Unrecht ist noch nie einmal Recht geworden. Es war unrecht von ihm, die Kamee zu nehmen. Aber wir wissen ja nicht, warum er sie genommen hat. Vielleicht wollte er sie nicht einmal behalten. Aber ganz gleich, was ihn dazu gebracht hat, er kann sich nichts dabei gedacht haben. Darum ist das, was du getan hast, viel schlimmer: du hast dir vorgenommen, ihn zu demütigen. Es war Absicht. Und jetzt hör mir einmal gut zu, Buddy: es gibt nur eine unverzeihliche Sünde – *absichtliche Grausamkeit*. Für alles andere gibt es Vergebung. Dafür nicht. Verstehst du das, Buddy?«

Ich verstand es, wenn auch nur halb, und die Zeit hat mich gelehrt, daß sie recht hatte. Damals allerdings begriff ich vor allem, daß, da meine Rache fehlgeschlagen war, meine Methode falsch gewesen sein mußte. Odd Henderson war – weiß der Teufel wie und warum – aus der Sache herausgekommen, nicht nur als der Überlegenere, sondern auch der Ehrlichere.

»Verstehst du's wirklich, Buddy?«

»So ungefähr schon. Zieh mal«, sagte ich und hielt ihr das eine Ende des Gabelbeins hin.

Wir zogen; das Stück, das ich in der Hand behielt, war das größere – darum durfte ich mir etwas wünschen. Sie wollte wissen, was ich mir wünschte.

»Daß du mein Freund bleibst.«

»Dummkopf«, sagte sie und zog mich an sich.

»Immer?«

»Immer werde ich nicht dasein, Buddy. Du auch nicht.« Ihre Stimme sank wie die Sonne über dem Rand der Weide, verstummte einen Augenblick und hob mit der Kraft der neuaufgehenden Sonne wieder an. »Doch, immer. So Gott will, wirst du noch lange leben, wenn ich nicht mehr da bin. Und solange du an mich denkst, werden wir immer zusammen sein.«

Von da an ließ Odd Henderson mich in Ruhe. Er fing an, sich mit einem gleichaltrigen Jungen, Squirrel McMillan, anzulegen. Und im Jahr darauf ließ unser Schulleiter ihn wegen seiner mangelhaften Zensuren und seiner schlechten Führung nicht mehr zum Unterricht zu, und er verbrachte den Winter als Arbeiter auf einer Farm mit Milchwirtschaft. Das letztemal sah ich ihn, kurz bevor er per Anhalter nach Mobile fuhr, zur Handelsmarine ging und verschwand. Das muß in dem Jahr gewesen sein, bevor man mich zu einem trübseligen Dasein auf der Militärakademie verurteilte, zwei Jahre bevor meine Freundin starb. Im Herbst 1934 also.

Miss Sook hatte mich in den Garten gerufen; sie hatte eine blühende Chrysanthemenstaude in einen Waschbottich umgepflanzt und brauchte Hilfe, ihn die Stufen hinauf auf die Veranda zu tragen, wo er sich prächtig ausnehmen würde. Das Ding war schwerer als vierzig fette Seeräuber, und während wir uns erfolglos mit ihm abmühten, kam Odd Henderson vorbei. Er blieb am Gartentor stehen, dann kam er herein und sagte: »Lassen Sie mich das machen, Ma'am.« Das Leben auf der Farm hatte ihm gutgetan; er war breiter geworden, seine Arme waren sehnig, und seine früher rote Gesichtsfarbe hatte sich zu einem gesunden Braun vertieft. Mühelos hob er den großen Bottich auf und setzte ihn auf die Veranda.

Meine Freundin sagte: »Ich bin Ihnen sehr verbunden, Sir. Das war wirklich freundlich von Ihnen.«

»Nicht der Rede wert«, sagte er; und mich behandelte er nach wie vor wie Luft.

Miss Sook brach ein paar ihrer schönsten Blumen ab. »Bring die deiner Mutter mit«, sagte sie, als sie ihm den Strauß gab, »und grüß sie herzlich von mir.«

»Danke Ma'am. Mach' ich.«

»Aber vorsichtig, Odd«, rief sie ihm nach, als er schon wieder auf der Straße war, »das sind Löwen!«

Aber er war schon außer Hörweite. Wir sahen ihm nach, bis er um die nächste Biegung verschwand – nicht ahnend, welche Gefahr er in Händen trug: Chrysanthemen, die loderten und in die grünlich sich herabsenkende Dämmerung hinein knurrten und brüllten.

Ruth Rendell

Unkraut

»Ich bin mir gar nicht sicher«, sagte Jeremy Flintwine, »ob ich Unkraut überhaupt unterscheiden kann von allem, was das Gegenteil von Unkraut ist.«

Das Mädchen sah ihn argwöhnisch an. »Na, richtige Pflanzen.«

»Unkraut ist aber doch auch eine Pflanze.«

Emily Hithe war nicht bereit, sich auf einen Streit einzulassen. »Dann erkläre ich Ihnen das Spiel eben noch einmal«, sagte sie. »Sie müssen versuchen, ein Unkraut zu finden. In den Blumenrabatten, in den Rosenbeeten, irgendwo. Wenn Sie eins finden, brauchen Sie es bloß meinem Vater zu zeigen, dann gibt er Ihnen dafür ein Pfund. Haben Sie's jetzt verstanden?«

»Ich dachte, es wäre zugunsten der Krebsforschung. Dabei springt aber nicht sehr viel Geld heraus.«

Sie lächelte ziemlich unfreundlich. »Sie werden auch kein Unkraut finden.«

Die Besichtigung des Gartens kostete zwei Pfund Eintritt pro Person. Jeremy, der Verleger war und in Islington wohnte, hatte die Wragleys mitgenommen, bei denen er gerade zu Besuch war. Sie waren von ihrem Haus im Dorf zu Fuß hergekommen, ein recht ausgiebiger Spaziergang für einen sommerlichen Sonntagnachmittag nach einem reichhaltigen Mittagessen. Von Wohltätigkeitsveranstaltungen oder Gesellschaftsspielen war keine Rede gewesen. Jeremy überlegte sich bereits, wie er von hier wieder weg konnte. Ihm war sehr daran gelegen, den Zug um zwölf nach sieben von Diss nach London noch zu erreichen.

Die Wragleys und ihre achtjährige Tochter Penelope waren auf einem der Pfade verschwunden, die durchs Gebüsch führten. Ein paar Leute standen auf dem Rasen herum, tranken Tee und aßen Vollkornkekse, für die man zahlen mußte. Jeremy bot das Landleben immer wieder

Anlaß zum Staunen. Zum Beispiel, daß die Leute einander alle kannten. Diese extreme Exzentrik bei fast allen, so daß man fälschlicherweise den Verdacht bekam, sie sei aufgesetzt. Die Kleidung. Sachen, die er für unmodern gehalten hatte, Baumwollkittel und Sportjacken, waren überall zu sehen. Er hatte eigentlich gedacht, er sei passend gekleidet, aber nun war er sich dessen nicht mehr so sicher. Jeans waren offensichtlich nicht korrekt, außer bei unter Zwölfjährigen, und er trug Jeans, ein altes, sehr sauberes, sorgfältig ausgewähltes Paar Schuhe, ein offenes Hemd und eine italienische Seidenstrickweste von lässiger Eleganz. Außerdem stak im obersten Knopfloch der Strickjacke eine rote Klatschmohnblüte, die Penelope Wragley mitsamt den Wurzeln aus dem Gras am Wegrand gerissen hatte.

Das Blumengeschenk hatte er anläßlich einer von George Wragleys literarischen Anekdoten erhalten. George, der Dichterbiographien schrieb, war keiner von Jeremys Autoren, sondern seine Frau Louise, die Kinderbuch-Bestseller produzierte und ihren Mann vergötterte. Deshalb fand Jeremy es angebracht, mehr oder weniger höflich zuzuhören, wenn George unablässig von Francis Thompson und den Meynells schwafelte. Während des mühseligen Fußmarschs zum Garten der Hithes erzählte George, wie eines der Meynell-Kinder dem opiumsüchtigen Thompson in einem Feld in Suffolk mit der angemessenen Symbolik eine Mohnblume überreichte und ihm gebot: »Behalte sie in Ewigkeit!« Penelope hatte Jeremy daraufhin, sehr zum Entzücken ihrer Eltern, den Knopflochschmuck präsentiert, obgleich er weder Dichter noch opiumsüchtig war.

Sie waren am Eingang angekommen und hatten das Eintrittsgeld bezahlt. Eine Menge Leute standen auf der Terrasse und auf den Rasenflächen. Die Makellosigkeit der Gartenanlagen war beinahe erdrückend, einige Blumen sahen wie gewaschen und gebügelt aus, andere wie aus Wachs. Das Gras hatte den Grünton eines Billardtisches und war fast genauso glatt. Jeremy fragte eine ältere Frau, eine der Teetrinkerinnen, ob Rodney Hithe das alles selbst instand halte.

»Er hat natürlich einen Gehilfen«, sagte sie.

Ihr kühler Ton war wenig ermutigend, aber Jeremy gab nicht auf. »Das ist bestimmt eine Menge Arbeit.«

»Ach, der alte Rod hat das schon im Griff«, sagte das Mädchen neben ihr, vielleicht ihre Enkelin. »Der läßt die Puppen ganz schön tanzen.«

Daran hatte Jeremy keinerlei Zweifel. Rodney Hithe war ein lauter und schriller Mann. Seine Stimme war laut, und er trug ein Jackett aus schrillem, blaurot kariertem Tweed. Obwohl er recht umgänglich wirkte, die Frauen mit ›Liebling‹ und die Männer mit ›alter Junge‹ anredete, vermutete Jeremy, daß er ein Mensch war, dem man besser nicht in die Quere kam. Seine rauhe Stimme und sein blechernes, lustloses Lachen waren von einem Ende des Gartens bis zum anderen vernehmbar.

»Ich möchte lieber kein Unkraut finden«, sagte die Enkelin und sprach damit Jeremy aus der Seele. »Nicht einmal für ein Pfund. Nicht auf die Gefahr hin, Rod damit unter die Augen treten zu müssen.«

Während er den Gehweg entlangging, den die Wragleys vorher eingeschlagen hatten, sah Jeremy Leute auf allen vieren hier einen blühenden Farnwedel, dort einen doldenblütigen Strunk hochheben, in der schwachen Hoffnung, darunter einen Schatz zu entdecken. Die Wragleys waren nirgends zu sehen. In einer entlegenen Ecke des Gartens, wo symmetrisch angelegte Rosenbeete auf zwei Seiten von Steinmauern eingefriedet waren, stand ein gemauertes Bänkchen. Jeremy wollte sich auf dem Bänkchen ein wenig niederlassen und eine Zigarette rauchen. Bestimmt hatte niemand etwas dagegen, wenn er an diesem weit abgelegenen Plätzchen rauchte. Jedenfalls konnte ihn hier keiner sehen.

Er nahm gerade sein Feuerzeug aus der Hosentasche, als von der anderen Seite der Mauer plötzlich ein Geräusch zu hören war. Er lauschte. Das Geräusch wiederholte sich; es klang wie ein Atemzug und ein tiefer Seufzer. Jeremy fragte sich später, weshalb er eigentlich nicht sofort begriffen hatte, welche Art von Betätigung so ein Seufzen, ja fast Schluchzen hervorrief, und weshalb er anfänglich gedacht hatte,

Schmerz, nicht Lust sei der Auslöser gewesen. Jedenfalls war er ein neugieriger Mensch. Ohne langes Zögern stemmte er sich hoch, um über die Mauer sehen zu können. Seine bisherigen Erfahrungen mit dem Landleben hatten ihn auf derartiges nicht vorbereitet. Jenseits der Mauer lag eine kleine, umfriedete Fläche, eine Art Innenhof, der von Schweine- oder Kuhställen begrenzt war. In einer Öffnung an einem dieser Gebäude sah er auf einem Heuhaufen ein nacktes Mädchen in den Armen eines Mannes liegen, der seinerseits nicht nackt, sondern mit einem Hemd und einer Trainingshose bekleidet war.

›In seinen Armen liegen‹ konnte man das, was das Mädchen tat, nicht gerade nennen, aber es war ein beschönigender Ausdruck, der Jeremy lieber war als ›zusammen schlafen‹ oder etwas noch Freizügigeres. Er ließ sich wieder an der Mauer hinunter, nicht ohne vorher festgestellt zu haben, daß der Mann tief gebräunt war und einen schwarzen Bart hatte und die Ähnlichkeit des Mädchens mit Emily Hithe die Vermutung nahelegte, sie sei ihre Schwester.

Das hier war kein Platz für eine ruhige Rauchpause. Er wanderte zwischen dem Buschwerk hindurch zurück und zündete sich im Gehen eine Zigarette an. Die Unkrautjagd war immer noch in vollem Gang, unter den Büschen und zwischen den Bergblumen im Felsengarten, und wurde in letzterem natürlich äußerst behutsam mit den Fingerspitzen ausgeführt, um ein Verletzen der Blütenblättchen zu vermeiden. Ihm fiel auf, daß keine der Frauen hohe Absätze trug. Rodney Hithe sagte gerade zu einer Frau, die einen Pekinesen mitgebracht hatte, daß sie den Hund tragen müßte. Die Wragleys standen auf dem Rasen mit einem Paar mittleren Alters zusammen; beide hatten Strohhüte auf, und George Wragley erzählte ihnen gerade eine Anekdote über eine alte Dame, die bei einem Abendessen neben P. G. Wodehouse gesessen und während des ganzen Essens enthusiastisch über sein Werk gesprochen hatte in der Annahme, er sei Edgar Wallace. Man lachte höflich. Jeremy erkundigte sich bei Louise, wann sie denn vorhätte, nach Hause zu gehen.

»Keine Sorge, wir kommen nicht zu spät. Wir bringen Sie schon zum Bahnhof. Es gibt ja immer noch den letzten Zug, nicht, den um acht Uhr vierundvierzig?« Sie fügte vertraulich hinzu: »Ich möchte doch nicht, daß der gute alte Rod sich über uns ärgert, wenn wir, kaum daß wir da sind, schon wieder gehen. Unter uns gesagt, in seiner Ehe hat's in letzter Zeit etwas gekriselt, und ich möchte es ihm nicht noch schwerer machen.«

Diese Kostprobe von Louises Arroganz verschlug Jeremy ganz schön die Sprache. Zweifellos wollte die Frau damit sagen, daß die Anwesenheit einer Berühmtheit wie ihr in diesem Garten Rodney Hithe eine große Ehre erwies, die ihn reichlich für sein zerfallendes Familienleben entschädigte. Eben sann er über Eitelkeit und Autoren und Selbsttäuschung nach, als der Gegenstand von Louises Bemerkung auf die beiden zukam und Jeremy befahl, seine Zigarette auszumachen. Er sprach im Tonfall eines Gefängniswärters, der einen gewohnheitsmäßigen Gewaltverbrecher zusammenstaucht. Jeremy, der eine gehörige Portion Humor besaß, beschloß, sich von Hithe nicht einschüchtern zu lassen.

»Hier draußen kann doch bestimmt nichts passieren.«

»Es wäre mir lieber, Sie würden Ihre dreckigen Kippen im Empfangszimmer meiner Frau rauchen als in meinem Garten.«

Die Zigarette mit dem Fuß auf dem Rasen auszudrücken, wäre ein eklatanter Fauxpas gewesen. »Da«, sagte Jeremy, »drücken Sie sie doch selbst aus«, und er bemühte sich, Hithes starrem Blick standzuhalten. Louise kicherte nervös. Hithe hielt die Zigarette weit von sich weg und ging auf der Suche nach einem geeigneteren Untergrund, um sie auszudrücken, aufs Haus zu und kam mit einem Gewehr zurück.

Jeremy bekam einen gewaltigen Schock. Er war entsetzt. Er wich ein paar Schritte zurück. Obwohl er sofort begriff, daß Hithe nicht zurückgekommen war, um Rache zu üben, sondern um dem Mann mit dem Strohhut seine neue Flinte zu zeigen, war er doch ziemlich erschüttert. Dann ging die Zeremonie des Einschießens, wie das wohl hieß, vonstatten. Der Mann mit dem Strohhut blinzelte den Gewehrlauf entlang. Jeremy versuchte sich zu erinnern, ob er schon einmal ein echtes Gewehr gesehen hatte. Dies war eine Seite des ländlichen Lebens, die er mehr als alles andere mißbilligte.

Vor den Terrassentüren wurde von einem aufgebockten Tisch aus immer noch Tee serviert. Er kaufte sich eine Tasse Tee und ein paar von den nahrhaften Keksen. Es war ziemlich unwahrscheinlich, daß ein Zug, der am Sonntagabend durch Nord-Suffolk fuhr, ein Restaurant oder zumindest einen Büfettwagen führen würde. Es ging auf sechs Uhr zu. Und da bemerkte er auf einmal das Mädchen, das er zuletzt in den Armen des bärtigen Mannes gesehen hatte. Sie war nun nicht mehr nackt, sondern trug ein T-Shirt und ein Paar kurze Hosen. Trotz dieser Kleidungsstücke, oder vielleicht deswegen, sah sie um einiges älter aus als vorhin. Jeremy hörte, wie sie zu der Frau mit dem Hund auf den Armen sagte: »Eigentlich müßte man ihn ja einen Beijinesen nennen« und in schallendes Gelächter ausbrach.

Er fragte die Hundebesitzerin, eine praktisch aussehende Frau, wie weit es nach Diss sei.

»Nicht weit«, erwiderte sie. »Zwei bis drei Meilen. Was meinst du, Deborah, zwei Meilen oder eher drei?«

Deborah Hithes Ansicht über die Entfernung sollte Jeremy nie erfahren, denn als sie gerade den Mund aufmachte, brachte ein bellender Aufschrei von Rodney alle Gespräche zum Verstummen.

»Das haben Sie aber nicht hier im Garten gefunden!«

Er stand mitten auf dem Rasen; das Gewehr hielt er nicht mehr in den Händen, sondern hatte es einem Mädchen in Reithosen zur Ansicht gegeben. Vor ihm stand der braungebrannte, bärtige junge Mann, den Jeremy unzweifelhaft als Deborahs Geliebten identifizierte. Er hielt mit einer foppenden Gebärde, um Hithe zu provozieren, ein Pflänzchen mit roter Blüte in die Höhe. Einen Augenblick lang war nur Louises Kichern zu hören, ein Geräusch, von dem er vor diesem Wochenende nie gedacht hätte, daß sie es so oft machte.

Rasch hatte sich eine Menschenmenge gebildet, bestimmt sämtliche Dorfbewohner, so kam es Jeremy jedenfalls vor; von Louise wußte er, daß es etwas über dreihundert waren.

Der Mann mit dem Bart sagte: »Aber ja doch. Soll ich Ihnen zeigen, wo?«

»Natürlich hätte er es nicht rausreißen dürfen«, flüsterte Emily. »Ich fürchte, wir haben vergessen, das in die Spielregeln zu schreiben, daß man sie nämlich nicht rausreißen soll.«

»Das ist der Freund von deiner Schwester, stimmt's?« riet Jeremy.

Er erntete einen Blick voller Wut und Entrüstung. »Meine *Schwester?* Ich habe gar keine Schwester.«

Deborah beobachtete die beiden auf dem Rasen. Er sah, wie sie ein Zittern durchfuhr. Der Mann, der das Unkraut gefunden hatte, forderte Hithe mit einer Handbewegung auf, ihm auf dem heckengesäumten Pfad zu folgen. George Wragley zuckte übertrieben mit den Schultern und fing an, dem Mädchen in Reithosen eine lange, witzlose Geschichte über Virginia Woolf zu erzählen. Auf einmal merkte Jeremy, daß es viel kälter geworden war. Es war ein kühler blaßgrauer, windstiller Tag gewesen, ein typischer englischer Sommertag, und nun wurde es allmählich frostig. Er wußte nicht, weshalb er plötzlich wieder an das Gewehr denken mußte und sein Fehlen bemerkte.

Penelope Wragley, die sich bei der Frau am Teeausschank lieb Kind gemacht hatte, war gerade damit beschäftigt, die Biskuitreste zu vertilgen. Sie konnte er am besten fragen, wer Deborah war, sie würde es ihm wahrscheinlich am wenigsten so unverständlich übelnehmen, obwohl ihm aufgefallen war, wie mißbilligend sie ihn und besonders seine Strickweste gemustert hatte. Er beschloß, es zu riskieren.

Sie sah ihn unverwandt an und sagte, als ob er es eigentlich wissen müßte: »Deborah ist doch Mrs. Hithe.«

Die Schlußfolgerung aus dieser Tatsache hätte ausgereicht, um Jeremys Gedanken für die Dauer seines Aufenthalts in diesem Garten und darüber hinaus zu beschäftigen, wenn nicht im gleichen Augenblick ein lauter Knall zu hören gewesen wäre. Es hallte wie eine erschütternde Explosion in seinen Ohren wider und kam von der anderen Seite des Gebüschs herüber. Die Leute begannen, in Richtung auf das Geräusch zu rennen, noch bevor der Nachhall verebbt war. Der Rasen leerte sich. Jeremy bemerkte, daß er auf einmal zitterte. Er sagte zu der Kleinen, die aber nicht auf ihn hörte: »Geh da nicht hin!« und lief dann hinter ihr her.

Der Mann mit dem Bart lag auf dem Rücken im Rosengarten; im Gras war Blut. Deborah kniete sich neben ihn und stieß einen lauten, wehklagenden, heulenden Schrei aus, und Hithe stand zwischen zwei quadratischen Rosenbeeten und hielt das Gewehr in den Händen. Das Gewehr rauchte nicht mehr, aber man konnte den starken Geruch von Schießpulver wahrnehmen. Ein gewaltiger Tumult entstand unter den Unkrautjägern; die ganze Szene wurde von Penelope Wragley mit einem gewissen hämisch faszinierten Entsetzen beobachtet, sie war ins infantile Stadium regrediert und sah mit dem Daumen im Mund zu. Das Pflänzchen war nirgends zu sehen.

Jemand sagte überflüssigerweise oder vielleicht doch nicht überflüssigerweise: »Es war natürlich ein ganz besonders tragischer Unfall.«

»Unter diesen Umständen.«

Das Geflüster stammte wahrscheinlich von Louise. Jeremy beschloß, die Bestätigung seiner Annahme nicht abzuwarten. Hier hatte er nichts mehr zu schaffen. Er wollte nur noch so schnell wie möglich weg von diesem Ort des Schreckens, irgendwie nach Diss und den Zug nehmen, irgendeinen Zug, vielleicht den letzten. Die Wragleys konnten ihm seine Sachen ja nachschicken.

Er ging den Weg zurück, den er gekommen war; überrascht stellte er fest, daß er auf Zehenspitzen ging, was natürlich unnötig war. Emily rannte an ihm vorbei ins Haus zum Telefon. Der Pekinese beziehungsweise Beijinese hatte angefangen, wild zu kläffen. Jeremy ging leise ums Haus herum, an den Salonfenstern vorbei und durch das offene Eingangstor hinaus auf die Straße.

Der Schuß hallte ihm immer noch im Ohr, der Anblick des

roten Blutes stand ihm immer noch vor Augen. Der ungewohnte Fußmarsch hätte vielleicht eine wohltuende Wirkung auf ihn. Da ein dünner Regen eingesetzt hatte, war es ein Trost, das Hinweisschild zu erreichen, auf dem stand, daß dies die Richtung nach Diss war und es nur noch eineinhalb Meilen waren. Eines war ihm klar: auf dem Land schienen sich Mensch und Natur in aller Blöße zu zeigen. Was für ein Alptraum war dieser Nachmittag gewesen, der in dieser furchtbaren Gewalttat gegipfelt hatte! Wie furchtbar aber auch diese Wragleys und Penelope waren, so wie er es früher nie für möglich gehalten hätte! Wieso waren Autoren eigentlich immer so scheußlich? Warum hatten sie solche abscheulichen Ehegatten und ungezogenen Kinder? Penelope hatte ihn, als er sie nach Deborah Hithe gefragt hatte, dermaßen angewidert gemustert, als sei er blutüberströmt wie der arme Kerl.

Da faßte Jeremy mit der Hand an seine Strickweste und befühlte die Vorderseite, klopfte sie mit beiden Händen ab, als suchte er seine Brieftasche, sah hinunter, sah, daß der rote Klatschmohn, den sie ihm geschenkt hatte, weg war. Das erklärte ihre Entrüstung. Die Mohnblüte mußte herausgefallen sein, als er sich hochgestemmt und über die Mauer geschaut hatte.

Es dauerte ein paar Augenblicke, bis ihm der Grund für sein plötzliches, furchtbares Entsetzen klar wurde.

Wilhelm Raabe

Holunderblüte

Ich bin Arzt, ein alter Praktiker und sogar Medizinalrat. Seit vier Jahren besitze ich die dritte Klasse des Roten Adlerordens; dem Jahrhundert schreite ich um einige Jahre voran und stehe deshalb dem biblischen Lebenspunktum ziemlich nahe. Ich war verheiratet; meine Kinder sind gut eingeschlagen; die Söhne sind auf ihre eigenen Füße gestellt, meine Tochter hat einen guten Mann. Über mein Herz und meine Nerven habe ich mich nicht zu beklagen, sie bestehen aus zähem Material und halten gut bei manchen Gelegenheiten, wo andere Leute ihren Gefühlen nicht mit Unrecht unterliegen. Wir Ärzte werden, sozusagen, innerlich und äußerlich gegerbt, und wie wir unempfindlich werden gegen den Ansteckungsstoff der Epidemien, so hindert uns nichts, inmitten des lauten Schmerzes und der stummen Verzweiflung den ergebenen und gelassenen Tröster zu spielen. Jedermann soll seine Pflicht tun, und ich übe hoffentlich die meinige nach bestem Vermögen. Das sind schlechte Doktoren, die da glauben, daß ihre Aufgabe gelöst sei, wenn sie in ihrer Krankenliste ein Kreuz oder irgendein anderes Zeichen hinter dem Namen eines Patienten gemacht haben. Unsere schwierigste Aufgabe beginnt sehr oft dann erst; wir, deren Kunst und Wissenschaft sich so machtlos erwiesen, wir, die wir so oft von den Verwandten und Freunden unserer Kranken nicht mit den günstigsten und gerechtesten Augen angesehen werden, wir sollen noch Worte des Trostes für diese Freunde und Verwandten haben. Die Stunden und Besuche, welche wir, nachdem der Sarg aus dem Hause geschafft ist, den Überlebenden widmen müssen, sind viel peinlicher als die, welche wir am Lager des hoffnungslosen Kranken zubrachten.

Doch das hat eigentlich nichts mit diesen Aufzeichnungen zu tun; ich will nur an einem neuen Beispiele zeigen, welch ein wunderliches Ding die menschliche Seele ist. Nicht ohne guten Grund überschreibe ich dieses Blatt: Holunderblüte; der Leser wird bald erfahren, was für einen Einfluß *Syringa vulgaris* auf mich hat.

Es war ein klarer, kalter Tag im Januar; die Sonne schien, der Schnee knirschte unter den Füßen der Wanderer, die Wagenräder drehten sich mit einem pfeifenden, kreischenden Ton. Es war ein gesunder, herzerfrischender Tag, und ich holte noch einmal aus voller Brust Atem, ehe ich um die dritte Nachmittagsstunde die Türglocke eines der ansehnlichsten Häuser in einer der ansehnlichsten Straßen der Stadt zog.

Ich wußte, was ich tat, wenn ich so viel Lebensfrische als möglich in dieses stattliche Haus mit hineinzunehmen trachtete. Und doch lag darin kein Schwerkranker und kein Leichnam; ich hatte darin weder Rezepte zu schreiben, noch hatte ich darin mit dem Seziermesser zu tun.

Nicht lange brauchte ich vor der Türe zu warten; ein alter Diener mit einem kummervollen Gesicht öffnete mir und neigte stumm grüßend den Kopf. Ich schritt durch die kalte, weite Halle, ich stieg die breite Treppe hinauf – langsam, Stufe für Stufe.

In den letzten Zeiten war ich sehr häufig diese Treppe hinaufgestiegen – zu jeder Stunde des Tags, zu jeder Stunde der Nacht. Oben auf dem Eckpfosten der Brüstung stand ein schöner Abguß jener sinnenden Muse, die, so anmutig in ihre Schleier gewickelt, das Kinn mit der Hand stützt. Wenn die große Stadt schlief, wenn das Licht der Lampe, welche mir der alte Diener tief in der Nacht vorantrug, auf dieses weiße Bild fiel, hatte ich es im Vorübergehen fest angeblickt und versucht, etwas von der hohen, ewigen Ruhe dieser Statue mit hinter die Tür zu nehmen, wo – – – doch das war ja vorüber, das Fieber hatte gesiegt, der Sarg mit der jungfräulichen Krone auf dem weißen Atlaskissen war diese Treppe herabgetragen, vorüber an dieser selben Bildsäule. Der Sarg war durch die Halle getragen worden, durch die Gassen der Stadt – der Schnee deckte das Grab, zwanzig Tage waren darüber hingegangen, und jetzt schien die kalte Wintersonne darauf.

Ich schritt durch wohlausgestattete Gemächer, wo schöne Gemälde an den Wänden hingen, wo Blumen in den Fensterbänken standen, wo weiche Teppiche den Boden bedeckten. Aber alle diese Räume waren kalt, und niemand befand sich darin.

Ich öffnete eine Tür nach der andern und schloß sie leise. Dann stand ich vor der letzten, welche in das letzte Gemach dieses Flügels des Hauses, ein mir wohlbekanntes Eckzimmer, führte; da horchte ich einen Augenblick: drinnen regte sich jemand.

Was mich drinnen erwartete, wußte ich; aber doch kroch es mir ganz leise, feucht und kalt über die Stirn und berührte leise, leise, leise alle Nervenausläufer in der Haut. Selbst der gegerbteste Doktor ist noch immer nicht gegerbt genug; ich sollte das heute wieder erfahren.

Es war ein heiteres, warmes, behagliches Gemach, in welches ich eintrat; die Sonne strahlte auch hier glänzend durch die großen Spiegelscheiben. Am Fenster standen auch hier viele und teure Blumen, und ein schönes Vogelbauer mit zwei Gesellschaftsvögeln war mitten dazwischen aufgestellt. Ein offenes Klavier, mit einem aufgeschlagenen Liederbuch darauf und einem gestickten Sesselchen davor, war ebenfalls vorhanden. Alles ringsum deutete an, daß ein Weib, und zwar ein junges Weib, hier wohnte – gewohnt hatte. Alles hatte etwas mädchenhaft Zierliches; eine Verheiratete, eine alte Jungfer hätten ihren Wohnort so nicht ausgestattet: die bleiche Frau in Trauerkleidung, welche ich stumm begrüßte und welche, auf dem Teppich vor einer geöffneten Schieblade kniend, mit tränenleeren, ach so tränenleeren, traurigen Augen zu mir emporblickte, berauschte sich täglich – in jeder Minute, im tödlichen Schmerz, in diesem Duft und Glanz – Duft und Glanz des Gewesenen, Nimmerwiederkehrenden.

Wir sprachen nach den ersten Worten der Begrüßung nicht viel mehr miteinander. Die trauernde Mutter sagte noch, wie gewöhnlich: »Ich danke Ihnen, lieber Freund, daß Sie kommen!«, und dann saß ich nieder auf dem gestickten Sessel vor dem Fortepiano und stützte die Stirn mit der Hand, die niedergebeugte Mutter beobachtend.

Sie war beschäftigt, die kleinen Schätze, welche ihr Kind zurückgelassen hatte nach seinem kurzen Erdendasein, zu ordnen; aus diesem bittern Kelche der Erinnerung, welchen die Leidtragenden so krampfhaft fest in den Händen halten, trank sie Tag für Tag.

Briefe der Freundinnen, Geschenke fröhlicher Feste, Schmucksachen, hunderterlei Einzelheiten aus der bunten unendlichen Mannigfaltigkeit, welche die Kunst in allen ihren Verzweigungen für die bevorzugten Kinder dieser Welt schafft, hatte sie zu ordnen. Alles, was ihr in die Hand fiel, wurde von der armen Mutter wie ein lebendiges, gefühlbegabtes Ding behandelt. Sie tändelte und sprach mit ihm und erinnerte es und sich an die Stunden, wo es in dieses Haus gekommen, um der Toten Freude oder vielleicht auch wohl einen kleinen Kummer zu machen.

Da war eine zerbrochene Schäferin von Porzellan, und eine ganze lange Geschichte hing daran, und die Mutter erzählte sich, mir und der bunten vergoldeten Figur diese ganze Geschichte mit allen ihren Wendungen. Als ich dann in der Zerstreutheit über die Tasten des Klaviers neben mir griff, schoß ein Strahl von Eifersucht über das Gesicht der beklagenswerten Erzählerin: durfte eine fremde Hand diese Klänge, die der Toten gehörten, von neuem aufwecken?

Als sich das bleiche Gesicht wieder herabgesenkt hatte, fiel mein Blick auf die geöffneten Notenblätter. Es war ein trauriges Lied. Hatte das der Zufall dahin gelegt, oder hatte die Tote mit ahnungsvoller Hand es aufgeschlagen? Es lautete:

Legt in die Hand das Schicksal dir ein Glück,
Mußt du ein andres wieder fallen lassen;
Schmerz wie Gewinn erhältst du Stück um Stück,
Und Tiefersehntes wirst du bitter hassen.

Des Menschen Hand ist eine Kinderhand,
Sie greift nur zu, um achtlos zu zerstören;
Mit Trümmern überstreuet sie das Land,
Und was sie hält, wird ihr doch nie gehören.

Des Menschen Hand ist eine Kinderhand,
Sein Herz ein Kinderherz im heftgen Trachten.
Greif zu und halt! ... Da liegt der bunte Tand;
Und klagen müssen nun, die eben lachten.

Legt in die Hand das Schicksal dir den Kranz,
So mußt die schönste Pracht du selbst zerpflücken;
Zerstören wirst du selbst des Lebens Glanz
Und weinen über den zerstreuten Stücken.

Mit diesem Liede kam mir die erste Mahnung aus langvergangener Zeit; aber ein Zweites mußte dazukommen, ehe sich die Gedanken- und Bilderreihe entspann, welche ich diesen Papieren jetzt anvertraue.

Kaltblau war der Himmel draußen über den gegenüberliegenden Dächern; immer noch schien die Sonne durch die hohen Fenster; aber die Eiskristalle, die unter Mittag ein wenig aufgetaut waren, schossen bereits wieder zusammen; ich hatte einen Ballkranz von künstlichen Blumen von einem Nähtischchen genommen und die Sonne schien auch auf diesen Kranz.

Es war ein kunstreiches und zierliches Gewinde von weißen und blauen Holunderblüten und Blättern, und ein langes einzelnes blondes Haar hatte sich darin verflochten, als die Tote diesen Kranz nach jener Ballnacht, welcher das böse Fieber folgte, aus den Locken nahm.

Viele Arten von Kränze gibt es in der Welt, und auf mancherlei Weise strebt die Welt danach, gewinnt oder verliert sie. Ist nicht jedes Leben an und für sich der Versuch, einen Kranz zu winden? Jeder begibt sich nach besten Kräften und Vermögen ans Werk; man hat Glück oder Unglück dabei: es kommen oft sehr schöne, oft aber auch sehr häßliche Machwerke zutage. Manch ein Kranz wird zerrissen, noch ehe er vollendet ist, und manch ein stolzer Kranz, den irgendein Menschenkind lange auf erhobenem Haupte trug, fällt zuletzt in eine fremde Hand, die ihn hält, die ihn, Blatt für Blatt, untersucht und zerpflückt, während eine winterlichnüchterne Sonne, allem falschen, geborgten Schimmer abhold, darauf scheint.

So war es freilich nicht mit dem Gewinde, welches ich jetzt in der Hand hielt. Zu allem andern bestand es aus den Blüten des Holunders, und trotzdem, daß es nur ein künstlich angefertigtes Ding war, war es doch von so frischer Lebendigkeit, daß der Greis, auf dessen Haupte längst der Schnee des Alters sich sammelte, in immer entlegenere, in immer blauere Fernen seines Lebens entrückt wurde. Erinnerungen wachten auf, welche im Grunde wenig mit diesem Putz der jungen Abgeschiedenen zu tun hatten.

Die Holunderblüte war schuld daran, daß ich im tiefen, bittern Ernst an das Gewinde dachte, welches auch um mein Leben, teilweise von meiner eigenen Hand geschlungen, lag und dessen beide Enden sich nun so bald berühren mußten.

Das Lied, welches auf dem Klavier aufgeschlagen lag, war viel mehr für mich geschrieben als für die junge Tote, die nach kurzem und glücklichem Atmen auf dieser Erde sanft, still und schmerzlos eingeschlafen war, welche diesen Kranz von schönen Frühlingsblüten auf schönerem Köpfchen getragen hatte, ein liebliches Symbol ihres Lebens und Kranzwindens. –

Früh war ich in die Welt hinausgeschleudert worden, hatte als ein verwaister Knabe, Erbe eines nicht unbedeutenden Vermögens, in dem Hause eines finstern hypochondrischen Verwandten gelebt, und dieser, welcher in den heitersten Tag seine krankhaften Grabesgedanken hinein trug, band mich mit harten eisernen Ketten an die tägliche Arbeit, das unablässige Studium. Mißmutig und widerwillig saß ich in seinem verdunkelten Gemach und verbrachte unter seinen mürrisch-wachsamen Augen meine Knabenzeit – sonst die glücklichste Zeit des Lebens – elend und kläglich genug. Die wilde Lust, das tolle Jauchzen im Kreise sorgloser Genossen lernte ich nicht kennen. Ich habe niemals eine Tracht Schläge für einen unsinnigen Jungenstreich bekommen, und daß mir damit ein großer Segen entging, den alles ›Traktieren‹ der Grammatik nicht ersetzen konnte, wird mir mehr als ein sehr gelehrter Herr bezeugen.

Es war viel lustiges und viel ernst-buntes Leben in manchem der Bücher, über denen ich meine Tage verbringen mußte; aber die heitersten, herrlichsten Götter und Göttinnen erschienen mir nur als griesgrämliche Quälgeister, und die Helden und Weisen schienen ihre Schlachten nur deshalb zu schlagen und ihre Weisheit nur deshalb von sich zu geben, um einen unmotivierten Groll an mir armem eingesperrtem Teufel auszulassen. Sie hatten nur gelebt und gewirkt, um mich nach ein paar tausend Jahren durch schauderhafte Irrgärten voll gräßlicher Vokabeln zu schleppen und mich in dunkle Abgründe voll scharfeckiger Konstruktionen zu stürzen.

Als endlich diese siebenjährige Jammerknechtschaft aufgeschlossen wurde, brach ich natürlich los wie ein Tier von der Kette, und die uralten und doch nimmer begriffenen Konsequenzen solcher Erziehung traten ein. Ich gehörte auf der Universität zu den wildesten, meisterlosesten Gesellen, und mein Ruhm war weniger groß im würdigen Kreise meiner Professoren als in der unwürdigen Mitte meiner Genossen. Ich floh natürlich aus dem Bereich meines Vormunds und Oheims soweit als möglich fort und begann meine akademische Laufbahn in Wien, welches damals noch das alte lustige Wien war. Und als mir dort der Boden unter den Füßen zu heiß geworden war und zu viele Augen auf mein Treiben achteten, ging ich nach Prag, hochberühmt seiner medizinischen Lehrstühle wegen. –

Die Sonne umflimmerte noch immer den Ballkranz in meiner Hand, und das einzelne Haar, welches die schöne Trägerin zwischen den weißen und rötlichen Blüten zurückgelassen hatte, glänzte wie ein Goldfaden; – ich gedachte der alten hunderttürmigen Stadt Prag und eines andern schönen Mädchens, welches aber schwarze Haare hatte, und ich gedachte anderer Holunderblüte.

O Prag, du tolle, du feierliche Stadt, du Stadt der Märtyrer, der Musikanten und der schönen Mädchen, o Prag, welch ein Stück meiner freien Seele hast du mir genommen!

Sie sagen, wenn die tschechische Mutter ihr Kind geboren habe, so lege sie es auf das Dach: halte es sich fest, so werde es ein Dieb, rolle es herunter, so werde es ein Musikant. Wäre dieses Wort einem deutschen Kopfe entsprungen, so würde es viel böhmisches Gebrumm darum geben, da es aber ein panslavistisches Diktum ist, so muß man es nehmen, wie es sich gibt. Und nun gab es in der alten wundervollen Stadt Prag, als ich dort die Medizin studierte, solch ein Kind – es war freilich von einer böhmisch-jüdischen Mutter geboren –, welches nicht von dem Dache gerollt war, sondern sich recht fest gehalten hatte, welches also von Rechts wegen stehlen durfte und mußte. Mein Herz nahm es mir, und doch liebte ich es nicht, und eine traurige Geschichte ward daraus.

Damals war es fast noch schwerer als heute, den berühmten Kirchhof der Juden zu finden, wenn man fremd in der Stadt war. Man tat und tut am besten, nach dem Wege zu fragen und sich führen zu lassen, und so fragte auch ich am Tage nach meiner Ankunft, nachdem ich, vom großen Ring kommend, aus der Geiststraße mich in das namenlose Gewirr von Gassen und Gäßlein verloren hatte, welches um den ›guten Ort‹ liegt.

Da es mein Grundsatz ist, mich bei Verlegenheiten in fremder Umgebung an das angenehmste Gesicht zu wenden, so sah ich mich auch jetzt nach demselben um, geriet aber aus einer Verlegenheit in die andere: das Volk, welches mir begegnete, war durchgängig häßlich wie die Nacht. Hätte ich mich an die abschreckendste Physiognomie wenden wollen, so würde ich eher zu einem Resultat gelangt sein. Endlich erblickte ich aber, was ich suchte.

Es hing ein alter Frauenanzug vor einer dunkeln Haustür, und an dem Türpfosten lehnte träge, doch nicht unzierlich, ein fünfzehnjähriges Mädchen. Sie hielt die Arme und Hände auf dem Rücken verborgen und sah mich an. Ich sah sie wieder an und beschloß, meine Frage vorzubringen. Ein Gesicht aus den vornehmen Ständen hatte ich freilich nicht vor mir, und ehe mir Antwort ward, kam eine kleine braune Hand hinter dem Rücken des Kindes hervor, fuhr mir geöffnet mit unverkennbarem Verlangen entgegen, und ich konnte nicht umhin – sechs Kreuzer hineinzulegen.

»Nach unserm alten Kirchhof? Nun, ich will hinbringen den Herrn.«

Herab von den drei schmutzigen Stufen sprang die schmächtige Gestalt, glitt mir voran, ohne sich umzusehen, und führte mich kreuz und quer durch die abscheulichsten Winkel, Gassen und Durchgänge, wo mir von allen Seiten mehr oder weniger vorteilhafte Handelsanträge in betreff meines schwarzen altdeutschen Sammetrockes gemacht wurden. Ich hielt mich nicht damit auf, diese Anerbietungen abzulehnen, sondern achtete nur auf das zierliche Irrlicht, welches mich durch diese seltsamen Regionen leitete und endlich neckisch schadenfroh mich verleitete.

Wir kamen in eine enge Sackgasse, dann rechts ab zwischen zwei hohe Steinmauern, an deren Ende eine unheimliche Rundbogentür in einen unheimlichen dunkeln Gang führte. An dieser Pforte stand meine leichtfüßige Führerin still, wies in die Finsternis hinein und sagte unübertrefflich treuherzig:

»Klopfen Sie dort an.«

Obgleich ich eigentlich durchaus nicht wußte, wo ich anklopfen sollte, so tappte ich doch auf gut Glück den Gang entlang, bis ich gegen eine andere schwarze, feuchte Tür stolperte. Ich klopfte und vernahm drinnen ein Ächzen, Stöhnen und dann ein Schlürfen. Dann öffnete sich die Pforte, und ich stand entsetzt vor einer unappetitlichen alten Hexe, welche mich auf tschechisch ankreischte. Drei andere ähnliche Zauberschwestern krochen an Krücken langsam herzu und schnarrten mir ebenfalls Unverständliches entgegen. Höchst verblüfft sah ich mich in dem halbdunkeln, weiten, niedern Raume um. Sechs Betten standen darin, und aus zwei derselben richteten sich zwei entsetzliche Gespenster auf und starrten mich an wie die unglückseligen Geschöpfe, welchen Gulliver auf seinen Reisen begegnete, diese Wesen, welche mit einem schwarzen Fleck vor der Stirn geboren werden und nicht sterben können. Ich hatte die Frechheit, meine Frage nach dem Judenkirchhof zu wiederholen, obgleich mir eine Ahnung sagte, daß ich an der Nase geführt und daß diese Frage an diesem Orte sehr unstatthaft sei. Und richtig – im nächsten Augenblicke befand ich mich wieder in dem vorhin geschilderten dunkeln

Gange, froh, mit gesunden, unausgekratzten Augen davongekommen zu sein. Drinnen erschallte ein höllisches Gezeter: der Schalk, mein Irrlicht, mein allerliebstes Judenkind hatte mich für meine sechs Kreuzer in ein Spital für sechs christliche alte Weiber geführt, statt zu dem ehrwürdigen Israeliten, welcher den Schlüssel zu dem Beth-Chaim in Verwahrsam hat.

Ein helles Gelächter erweckte mich aus meiner ärgerlichen Erstarrung; draußen in die Winkelgasse schien die Sonne, und im Sonnenschein am Ende des dunkeln Ganges tanzte auch eine Hexe; aber diese Hexe war jung und reizend und

»'s isch ke liebliger G'schöpf aß so ne Hexli, wo jung isch.«

In dem Sonnenschein tanzte sie und drehte mir eine lange Nase, und ich drohte ihr mit der Faust: »Wart, Hexe, Verführerin, kleine Prager Teufelin!«

Sie aber deutete mit dem Finger auf den Mund und rief mir spöttisch zu:

»Strc prst skrz krk!«

welche melodischen, durch Vokalreichtum sich auszeichnenden Worte im rauhen Deutsch ungefähr bedeuten: »Stecke den Finger durch den Hals.« Dann verschwand der Kobold, und ich mochte nach Belieben über den tiefen Sinn dieser Worte nachsinnen, tat es aber nicht und fragte auch nach solcher üblen Erfahrung niemand mehr um den Weg nach dem Judenkirchhof, sondern fing an, ihn mit germanischer Ausdauer selbst zu suchen. Meinen eigenen Sternen vertraute ich, und sie ließen mich auch nicht im Stich und führten mich endlich durch das schmutzigste Labyrinth, welches die menschliche Phantasie sich vorstellen kann, zu der Pforte, welche in das schauerliche, oft beschriebene Reich des tausendjährigen Staubes führt.

Ich sah die unzähligen aneinandergeschichteten Steintafeln und die uralten Holunder, welche ihre knorrigen Aste drumschlingen und drüberbreiten. Ich wandelte in den engen Gängen und sah die Krüge von Levi, die Hände Aarons und die Trauben Israels. Zum Zeichen meiner Achtung legte ich, wie die andern, ein Steinchen auf das Grab des Hohen Rabbi Jehuda Löw bar Bezalel. Dann saß ich nieder auf einem schwarzen Steine aus dem vierzehnten Jahrhundert, und der Schauer des Ortes kam in vollstem Maße über mich.

Seit tausend Jahren hatten sie hier die Toten des Volkes Gottes zusammengedrängt, wie sie die Lebenden eingeschlossen hatten in die engen Mauern des Ghetto. Die Sonne schien wohl, und es war Frühling, und von Zeit zu Zeit bewegte ein frischer Windhauch die Holunderzweige und -blüten, daß sie leise über den Gräbern rauschten und die Luft mit süßem Duft füllten; aber das Atmen wurde mir doch immer schwerer, und sie nennen diesen Ort Beth-Chaim, *das Haus des Lebens?!*

Aus dem schwarzen, feuchten, modrigen Boden, der so viele arggeplagte, mißhandelte, verachtete, angstgeschlagene Generationen lebendiger Wesen verschlungen hatte, in welchem Leben auf Leben versunken war wie in einem grundlosen, gefräßigen Sumpf – aus diesem Boden stieg ein Hauch der Verwesung auf, erstickender als von einer unbeerdigten Walstatt, gespenstisch genug, um allen Sonnenglanz und allen Frühlingshauch und allen Blütenduft zunichte zu machen.

Ich habe schon erzählt, daß ich in dieser Zeit meines Lebens ein toller, wilder Geselle war; aber das Gefühl, welches mich an dieser Stelle erfaßte, enthielt die Bürgschaft dafür, daß ich noch ernst genug werden könne.

Immer tiefer sank mir die Stirn herab, als ich plötzlich dicht neben mir – über mir ein kindlich helles Lachen hörte, welches ich schon einmal vernommen hatte. Dieses Mal erschreckte es mich fast, und als ich schnell aufsah, erblickte ich ein liebliches Bild.

In dem Gezweig eines der niedern Holunderbüsche, die, wie schon gesagt, das ganze Totenfeld überziehen – mitten in den Blüten, auf einem der wunderlichen, knorrigen Äste, welche die Pracht und Kraft des Frühlings so reich mit Grün und Blumen umwunden hatte, saß das neckische Kind, welches mir vorhin so schlecht den Weg hierher gewiesen hatte, und schelmisch lächelte es herab auf den deutschen Studenten.

Als ich aber die Hand nach dem Spuk ausstreckte, da war er blitzschnell verschwunden, und einen Augenblick später sah das lachende bräunliche Gesicht, umgeben von schwarzem Gelock, um das Grab des Hohen Rabbi, als wolle es mich von neuem verlocken, und zwar zu einer Jagd über den alten Totenort. Aber dieses Mal ließ ich mich nicht verleiten; denn ich wußte klar, daß es mir doch nichts nutzen würde, wenn ich dem Ding nachspränge. In die Erde, in den schwarzen Boden hätte es sich verloren, oder, noch wahrscheinlicher, in die Holunderblüten über den Gräbern wäre es verschwunden. Wie angewurzelt stand ich auf meinen Füßen und traute dem hellen Tag, der glänzenden Mittagsstunde nicht im mindesten: wer konnte sagen, ob an dieser geisterhaften Stelle nicht andere Regeln der Geisterwelt galten als anderwärts?

Still stand ich und hütete mich wohl, mich zu rühren, und als nun das Ding sah, daß sein lockendes Lachen, Blicken und Winken ihm nichts half, da fing's den Zauber auf eine andere Art an. Sein Gesichtchen wurde ernst, sein Köpfchen neigte sich, und schüchtern schlich's heran, neigte sich wiederum sittsam und stand vor mir und sagte: »Schöner Herr, verzeih, ich will nicht wieder böse sein.«

Ruhig duldete es, daß ich seine Hand nahm; es wehrte sich nicht, als ich es näher zu mir heranzog, um ihm besser ins Auge sehen zu können. Es gab wundersamerweise auch klaren und vernünftigen Bericht, als ich es fragte, woher es sei und wie es heiße. Wenn es nicht nach Elfenart log, so gehörte dieses verwahrloste und doch so reizende Geschöpf keineswegs ganz der Geisterwelt an, war nicht eine Tochter Oberons und Titanias, sondern der Sprößling sehr irdischer Eltern, welche in der Josephsstadt zu Prag mit alten Kleidern und Gerätschaften handelten. Auch die Hausnummer und den Namen erfuhr ich: Jemima hieß es, wie die Tochter Hiobs, des trefflichen Mannes aus dem Lande Uz, und Jemima bedeutet auf deutsch: *Tag*.

Obgleich der Vater nicht Hiob hieß, sondern Baruch Löw, so war er doch ein gutes Seitenstück zu jenem Dulder in der Zeit der Plagen. Von der Mutter Jemima Löws will ich lieber ganz schweigen.

O über den Schmutz, den ich in dem Hause Nummer fünfhundertdreiunddreißig in der Judenstadt sah, als ich zum erstenmal nach dem Bekanntwerden mit der Tochter des Hauses kam und schlau meine Uhr versetzte, obgleich ich einen frischen, nicht unbedeutenden Wechsel in der Tasche hatte. Und was ich roch, war fast noch schlimmer als das, was ich sah.

Aber der Zauber lag einmal auf mir, und es war ein mächtiger Zauber und sollte ein böser Zauber werden: wie hätte er auch sonst in diesem ruhigen, reinlichen, vornehmen Hause in Berlin vierzig Jahre später von neuem dadurch erweckt werden können, daß mir ein Kranz von Holunderblüte, welchen ein junges Mädchen auf dem Ball getragen hatte, in die Hand fiel? –

Von dem lustigen Wien war ich mit dem festen Vorsatz herübergekommen, dem collegio medicorum zu Prag alle Ehre zu machen, sehr fleißig zu sein und mit Eifer das Versäumte nachzuholen. Daraus wurde nichts. Nicht daß ich mich wieder dem vorigen wilden Treiben ergeben hätte, welches schon manchen Studenten der Medizin dahin gebracht hat, daß er kläglich die edle Heilkunst an seinem eigenen Leibe praktizieren konnte. Im Gegenteil – weder nächtliches Schwärmen und tolles Trinken, weder Melniker, Pilsener Bier und Slibowitz hatten mehr den gewohnten Reiz für mich; aber berauscht war ich nichtsdestoweniger, und unendliche Quantitäten ungarischen Tabaks konsumierte ich über meinen verworrenen Träumen. Auf meine Stube in der Nekazalkagasse, ins Kollegium, an den Seziertisch, überallhin verfolgte mich die kleine Hexe aus der Judenstadt, Jemima Löw. Es war keine Möglichkeit, jetzt Pathologie, Therapeutik zu studieren und menschliche Leichname und lebendige Hunde, Katzen, Kaninchen und Frösche zu zergliedern. So gab ich's denn auch in Prag auf und verlegte den Vorsatz, fleißig zu sein, auf eine andere, spätere Zeit und auf eine andere Universität.

In meiner Stube in der Nekazalkagasse lag ich auf dem harten Sofa, eingehüllt in dichte, blaue, duftende Wolken, und stellte die tiefsinnigsten, aber auch unvernünftigsten Betrachtungen an über die Wunder der menschlichen Seele. Ein Buch darüber, wie die Leidenschaft entstehe und vergehe, hätte ich freilich darum doch nicht schreiben können. Wenn ich dann genug geraucht und geträumt hatte, so erhob ich mich, das Träumen stehenden Fußes fortzusetzen, und durchstreifte die Gassen dieser Stadt, die selbst einem Traume gleich ist.

Auf dem großen Ring hörte ich die Mädchen am Brunnen böhmisch und deutsch durcheinanderschwatzen, hörte am Abend den Liedern der frommen Beter an der Mariensäule zu. Die ungarischen Grenadiere auf der Wache am Rathause wurden von Italienern abgelöst; wie in einer Zauberlaterne wechselte das bunteste Leben. Dann schlenderte ich ein andermal auf dem Wissehrad umher, wo über versunkenen königlichen Palästen die Gänse schnattern und die Ziegen weiden und wo ungemein zerrissene Wäsche getrocknet wird. Wieder ein andermal lehnte ich unter dem Schutze des heiligen Johannes von Nepomuk auf der berühmten Brücke und sah, ohne meiner unsterblichen, vernünftigen Seele einen Grund dafür angeben zu können, stundenlang in die Moldau hinab. Dann stieg ich nachher wohl durch die steilen Gassen der Kleinseite die Treppe zum Hradschin herauf und sah über die Mauerbrüstung die stolze Böhmenstadt zu meinen Füßen liegen. Manche heiße Sommerstunde verbrachte ich in der kühlen, dämmerigen Halle des Domes von Sankt Veit; aber Jemima Löw verfolgte mich bis unter den purpurnen Baldachin, der das Grab des heiligen Nepomuk überhängt. Da ist an der Wenzelskapelle der große Türring, an welchem sich der heilige Herzog und Landespatron im Todeskampfe hielt, als er von dem verräterischen Bruder erschlagen wurde. Wenn man diesen Ring mit Ehrfurcht küßt, so ist das nützlich und gut gegen mancherlei Übel: ach, gegen das, was mich bedrückte, hätte solch ein Kuß doch nicht geholfen. Ein gutes Mittel gegen Kopfweh ist's ferner, wenn man von einem alten Holzschnitzwerk neben der Tür den Staub abreibt und damit drei Kreuze auf die Stirn macht – ich hatte auch öfters Kopfweh – echtes körperliches, nicht nur geistiges – in jenen seltsamen Tagen; ach, ich konnte es nicht heilen durch solches Bekreuzigen. Die Pein legte sich nur dann ein wenig, wenn ich spornstreichs die Treppe von der Kaiserburg und dem Dom wieder herabsprang und über die Brücke, vorüber am heiligen Nepomuk und den andern Bildern, zur Josephsstadt rannte. Erst im Schatten der alten grimmigen Mauern und Häuser des Judenviertels wurde mir die Stirn wieder freier; aber fieberkrank blieb ich darum doch.

Schon längst hatte ich Freundschaft geschlossen mit dem Pförtner des berühmten Kirchhofes, und schon längst bezahlte ich nicht mehr jedesmal, wenn ich Einlaß in das Reich des Todes verlangte, die sechs Kreuzer, welche die kaiserlich-königliche Polizeibehörde dem Pförtner bewilligt hat aus dem Geldbeutel, der Reisekasse der neugierigen Fremden.

Recht schnell hatte ich die Zuneigung des Graubarts gewonnen, denn ich verstand es, auf seine Anschauungen von dem Wert und der Geschichte des jüdischen Volkes einzugehen, und so wandelten wir unter den Gräbern, und manche Biographie und manche Sage habe ich mir erzählen lassen – wahrlich, vieles konnte man lernen unter diesen grauen Steinen, diesen Monumenten, welche so sehr denen gleichen, die im Tal Josaphat zerstreut liegen.

Jemima Löw aber war die Verwandte des Pförtners, seine Enkelin, Urenkelin, Großnichte oder dergleichen – die langen Jahre haben mir den Verwandtschaftsgrad aus dem Gedächtnis gewischt. Sie ging oft mit uns, saß neben uns und gab altklug, oft treffend genug, ihr Wort zu unserem Gespräch.

Es waren Tage, es waren Stunden, es waren Augenblicke, deren melancholischen Reiz ich in keiner Weise wahr genug zu schildern vermag. O über diesen uralten Totenacker und seine Holunder! Nun war die Luft an diesem Ort nicht mehr unatembar für mich, und keine Gespenster traten mehr in das Sonnenlicht, welches durch die Blätter schoß und über den Gräbern tanzte. Immer vertrauter wurde ich mit den grauen Steinen. Noch besser als der Alte machte mich Jemima damit bekannt. Wenn der Pförtner in seinem Lehnstuhl eingeschlafen oder zu tief in die unergründlichen Spitzfindigkeiten des Talmuds geraten war, so hüteten wir uns wohl, ihn aufzustören. Hand in Hand schlüpften wir in das Beth-Chaim und waren uns selbst genug in diesen seltsamen Sommertagen, welche die Welt lange nicht so lieblich gesehen hatte.

Ja, Beth-Chaim! Wohl wurde mir dieser Kirchhof zu einem ›Haus des Lebens‹! Wenn mir dieses junge Mädchen die wunderlichen Hieroglyphen der hebräischen Grabtafen deutete, so beschwor es dadurch ein Leben herauf, von welchem ich bis dahin keinen Begriff gehabt hatte. Weise, tugendhafte, fromme Männer und Frauen, edle Dulder und Dulderinnen, schöne Mädchen und Jünglinge erwachten aus einem Schlummer, der Jahrhunderte hindurch gewährt hatte, und ihre Schatten gewannen lebendigstes Leben. Bald stand ich mit allen diesen Leuten aus einer unbekannten Welt, aus der doch noch so viele Bezüge in die Gegenwart herüberliefen, auf Du und Du und glaubte an sie wie an die Gestalten der Geschichte und Sage meines eigenen Volkes.

Gewöhnlich saßen wir neben der Tumba des Hohen Rabbi Löw, aus dessen Geschlecht meine kleine Lehrerin abzustammen glaubte und auf den sie sehr stolz war. Viel erzählte sie mir von dem weisen Mann: wie er mit dem Kaiser Rudolf dem Zweiten verkehrte und ihm die Geister der Patriarchen erscheinen ließ, wie er Bescheid wußte im Talmud und in der Kabbala, wie er einen Golem, das heißt, einen Diener aus der Geisterwelt hatte, wie er seine Frau, die schöne Perl, die Tochter Samuels gewann, wie er vierhundert Schüler hatte und wie er sein Leben auf hundertundvierzig Jahre brachte.

Ich aber glaubte an alles und hing an dem Munde der Erzählerin, wie keiner der vierhundert Schüler an dem Munde des Hohen Rabbi in der Schule ›Zu den drei Klausen‹.

Von Liebe sprachen wir nicht; ich liebte auch dieses Mädchen gar nicht; aber einen Namen für die Gefühle zu finden, welche mich gegen es bewegten, war und ist unmöglich. Sie wechselten wie die Launen des Mädchens selbst, wie das Wetter an einem Apriltage, wie die leichten Sommerwölkchen, die über der Stadt Prag und den Fliederbüschen von Beth-Chaim zogen. Bald hielt ich diese Jemima, die in gerader Linie von Chajim, dem ältesten Bruder des hohen Rabbi Jehuda Löw, abstammte, für ein kleines, schmutziges, boshaftes Ding, mit dem man wohl des Spaßes wegen eine Viertelstunde verschwatzen konnte; bald hielt ich sie für eine Fee, ausgerüstet mit großer Macht, die Menschen zu quälen, und dem besten Willen, diese Macht zu mißbrauchen. Dann war sie wieder nur ein armes, schönes, holdseliges, melancholisches Kind der Menschen, für welches man sein Herzblut hätte lassen mögen, für welches man hätte sterben mögen. Krank zum Sterben war ich damals, ein schleichendes Fieber verzehrte mich, und nur im Fiebertraum gehen solche wechselnde Gestalten und Empfindungen durch des Menschen Seele.

In jener Epoche las ich mit großem Eifer und schmerzlichem Genuß den Shakespeare, und zuletzt bildete ich mir ein, alle Frauen dieses Dichters in diesem unerzogenen Judenmädchen vereinigt zu finden, die zänkische Katharina nicht weniger als die süße Imogen, Rosalinde nicht weniger als Helena, Titania, Olivia, Silvia, Ophelia, Jessica, Porzia und wie sie alle heißen.

Jemima Löw las den Shakespeare nicht, hatte auch in ihrem Leben nichts von dem Mann gehört, und sie verstand aus meinen verworrenen Reden über diesen Punkt nur, daß ich sie mit allerlei christlichen und heidnischen Frauen vergleiche, und lächelte ungläubig, und eines Tages, um die Mitte des Herbstes, als die ersten winterlichen Ahnungen durch die Welt gingen, als die Blätter des Flieders nicht weniger wie alle andern Blätter sich bunt färbten, – eines Tages um die Mitte des Herbstes faßte sie meine Hand und zog mich durch einen düstern Gang nach der Mauer des Kirchhofs zu einem Grabstein, den wir bis jetzt noch nicht betrachtet hatten.

Auf diesen Stein deutete sie und sprach:

»Das bin ich!«

In hebräischer Schrift stand auf dieser Platte:

Mahalath

Und darunter die Jahreszahl:

1780.

Wie kam es, daß ich so sehr erschrak? War es nicht Torheit, daß ich so erstarrt, wortlos das Mädchen neben mir ansah?

Ja, es lachte nicht, es freute sich nicht eines gelungenen närrischen Einfalls. Ernst und traurig, mit gekreuzten Armen stand es da, lehnte sich über den Stein und sagte, ohne eine Frage abzuwarten:

»Sie hieß Mahalath, und sie war Mahalath, das ist eine Tänzerin. Sie hatte ein krankes Herz wie ich und ist die letzte gewesen, welche auf diesem unserm Beth-Chaim eingesenkt wurde – die allerletzte. Nachher hat's der gute Kaiser Joseph verboten, daß sie noch einen aus unserm Volk hier zu Grabe brächten; die Mahalath ist die letzte gewesen. Der gute Kaiser hat auch die Mauern der Judenstadt niedergeworfen und hat ihr seinen eigenen milden und glorreichen Namen zu seiner und unserer Ehre gegeben. Er hat dies Gefängnis zerbrochen und uns atmen lassen mit dem andern Volk; der Gott Israels segne seine Asche.«

»Aber wer ist die Mahalath? Was hast du mit der Mahalath, Jemima?« rief ich.

»Sie hatte ein krankes Herz, und es zersprang.«

»Sei keine Törin, Mädchen, was weißt du von dieser Toten, die im Jahre siebenzehnhundertachtzig begraben wurde?«

»Wir gedenken lange unserer Leute. Ich kenne die Mahalath ganz genau und weiß, daß ihr Los das meinige sein wird.«

»Dummes Zeug!« rief ich; aber Jemima Löw drückte plötzlich die Hand auf das Herz, und über ihr Gesicht zuckte es, als erdulde sie einen großen physischen Schmerz.

Ich erschrak wiederum heftig, und als sie meine Hand nahm und dieselbe auf ihre Brust legte, erschrak ich noch mehr.

»Hörst du, wie es klopft und pocht, Hermann? Das ist die

Totenglocke, welche mir zu Grabe läutet. Du bist ein großer Doktor und hast das nicht gemerkt?«

Dieses Letzte sagte sie mit einem so hellen Lächeln, daß die Idee dieses frühen Sterbens mir um so schrecklicher erschien. Ich faßte beide Hände des Mädchens und schrie sie zornig an: »Scherze nicht auf so tolle Weise! Alles will ich dir hingehen lassen, nur nicht solche Worte.«

»Es ist kein Scherz«, antwortete sie, »soll ich dir die Geschichte der Mahalath erzählen?«

Nur nicken konnte ich, ergriffen von einem dumpfen, unendlich bangen Schmerzgefühl.

Jemima Löw erzählte:

»Die hier liegt, wurde Mahalath genannt, weil ihre Glieder schlank und leicht waren und weil ihre Füße sich wie im Tanze bewegten, wenn sie ging. Sie war auch im Schmutz und in der Dunkelheit geboren wie ich und in noch größerem Schmutz und noch schlimmerer Finsternis wie ich; denn unter der großmächtigen Kaiserin Maria Theresia war die Stadt der Juden zu Prag ein viel traurigerer Ort als heute, und sie gönnten uns die reine Luft nicht, und bezahlen mußten wir jährlich zweihundertelftausend Gülden für die gnädige Erlaubnis, hier zu verkümmern in Dunst und Finsternis. Aber die Mahalath hatte eine freiere Seele als die stolzeste Christin in der Stadt Prag; sie wurde auch gelehrt in den Büchern und schlug die Laute mit ihrer feinen Hand, daß sie eine Perle in unserm Volk genannt wurde, gleich der Perle des Hohen Rabbi Jehuda. Sie war in der Dunkelheit geboren und sehnte sich nach dem Licht: viele große Männer aus allen Völkern sind darum gestorben, weshalb sollte darum nicht auch ein armes Mädchen sterben? Was siehst du mich so an, Hermann? Denkst du auch, ein Mädchen könne nur um der Liebe willen sterben? Glaub es nicht; – die Mahalath ist nicht an der Liebe gestorben, wenngleich ihr Herz brach; und die irren, welche meinen, daß sie starb um den jungen Grafen, der sie mit Gewalt aus ihres Vaters Hause reißen wollte und gegen den die hohe Kaiserliche Majestät Maria Theresia nachher erkannte, daß er hat müssen ins Ausland entweichen. Die Mahalath lachte über den Toren, der nichts hatte als seinen Namen, seinen Reichtum, Sammetrock und Federhut. Sie nannten sie die Tänzerin, und sie starb, weil ihre Seele zu stolz war, um äußerlich zu zeigen, was sie duldete um ihr Volk. Der einzige Ort, wo sie die Sonne sah, war dieses Beth-Chaim, sie las die Schriften auf diesen Steinen und lernte die Geschichten derer, die unter den Steinen liegen, und ihre Seele tanzte über den Gräbern, bis die Toten sie herabzogen, zu sich – hinab!«

Wie das junge Mädchen an meiner Seite das kleine Wort ›hinab‹ aussprach!

»Jemima«, rief ich, die Hände faltend, ohne zu wissen, was ich tat, »Jemima, ich liebe dich!«

Sie aber streckte drohend die Hand gegen mich aus, stampfte zornig mit dem kleinen Fuße auf. »Es ist nicht wahr. Der junge Herr in Grün und Gold, der mit dem weißen Federhut, liebte die Mahalath auch nicht, und wer sagt, daß sie um ihn gestorben sei, der lügt. Einen Herzfehler hat sie gehabt, und unser totes Volk hat sie zu sich herabgezogen. Du sagst, du liebst mich, Hermann; aber wenn ich in dieser Stunde wie sie herniederstiege zu den Toten, du würdest mich nicht zurückhalten mit deiner Hand.«

Wie sie mich ansah! Es war, als ob ihr schwarzes Auge die tiefsten Verborgenheiten meines Herzens hervorholte; hätte ich sie wirklich geliebt, so würde ich diesen Blick ertragen und erwidert haben; aber sie hatte recht, ich liebte sie nicht, ich war nur fieberkrank, und so mußte ich das Auge abwenden und niederschlagen.

Ich war nicht falsch, war kein Verräter; kein böser Gedanke war während meines Umgangs mit diesem armen Mädchen in meiner Seele wach geworden. Woher nun die schneidende Angst, diese Gewissensbisse, für die ich nirgends in meiner Erinnerung einen Grund fand? Ich fühlte eine furchtbare Verantwortung auf mir lasten, als ich scheu, fast furchtsam auf die herrliche Kreatur sah, wie sie mir drohend, mit blitzenden Augen die Hand entgegenballte und sich in Verzweiflung wehrte – gegen ihre eigene Liebe.

»O Jemima! Jemima!« rief ich; und nun sahen wir uns gegenseitig in die Augen. Allmählich wurden ihre Blicke milder und milder, sie wurden voll feuchten Glanzes; die geballte Hand öffnete sich und legte sich auf meinen Arm.

»Betrübe dich nicht, mein Freund. Du bist ja nicht schuld daran; du hast mir unnützen, unwissenden, schmutzigen kleinen Ding viel Freude gebracht, und ich verdanke dir so viel – o so viel. Du kannst nichts dafür, daß ich ein so albernes Herz habe, welches über den Raum, den ihm Gott in der Brust bestimmt hat, herauswachsen will. Fühle, wie es klopft; wir haben hier eine große Doktorin in der Judenstadt; hinter der Tür hab' ich gelauscht, als sie und meine Mutter über mich gesprochen haben. Es kann nicht anders sein; ich muß an dem Herz, das zu groß wird, sterben.«

»Jemima, Jemima, ich will dir andere, bessere Ärzte bringen, die sollen deine Brust untersuchen und dir sagen, daß du dich irrst, daß die alte Quacksalberin sich irrt!« rief ich. »Du wirst leben – lange leben, wirst eine schöne, holde Jungfrau sein und fortgehen aus diesem Dunst und Moder, diesem uralten Schauder!«

»Wohin werd ich gehen? Nein, ich werde hier bleiben, wo meine Väter begraben liegen seit des Tempels Zerstörung. Du aber, mein Freund, wirst fortgehen nach deinem Vaterland und wirst mich vergessen, wie man einen Traum vergißt. Ich bin ja auch nur ein Traum! Was kannst du dafür, daß der Traum zu Ende ist und der blasse verständige Morgen dich weckt und dir sagt, daß es nichts war. Gehe fort und gehe bald; es ist dein und mein Geschick. Du wirst ein gelehrter und guter Herr sein in deinem Vaterlande, mild und barmherzig gegen die Armen und Schwachen; bist du doch auch mild und barmherzig gegen mich gewesen, und ich war auch arm und schwach, und viel Schmerz hättest du mir schaffen können, viel Böses hättest du mir bereiten können, wenn du gewollt hättest. Jetzt sind diese Holunder verblüht, und ich lebe; aber wenn diese alten Bäume und Büsche im nächsten Frühling ihre Blüten einander über die Gräber entgegenreichen werden, dann werde ich so ruhig und still liegen unter meinem Stein wie Mahalath, die Tänzerin hier, die mit der großmächtigen Kaiserin Maria Theresia in einem Jahre starb. Wie lange wirst du wohl denken an Jemima Löw aus der Judenstadt zu Prag in der Zeit der Fliederblüte?«

Noch einmal versuchte ich es, allerlei sehr Verständiges über diese törichten Reden zu sagen, aber es gelang mir nicht, und wenig besser gelang mir das Zürnen darüber. Zuletzt standen wir zwei stumm nebeneinander am Grab der Tänzerin, und wie an jenem ersten Morgen, wo ich diesen Ort betrat, erfaßte mich das Grauen mit gespenstischer Hand am hellen Tage. Es war, als rege sich der Boden wie ein Würmerhaufen, es war, als schöben überall bleiche Knochenhände die Steine zurück und die Blätter und das Gras auseinander; ich stand wie zwischen rollenden Totenköpfen, und all der lebendige Moder griff grinsend nach mir und dem schönen Mädchen an meiner Seite.

Es war höchst wunderlich, daß der hagere lange Herr aus Danzig und der dicke Herr aus Hamburg, welche sich eben von dem Oheim das Beth-Chaim zeigen ließen, so gar nichts von dem Graus bemerkten. Sie gingen ganz ruhig, mit den Händen in den Hosentaschen, und klimperten jedem verwesten Jahrhundert mit barer Münze in das hohläugige grinsende Gesicht. Die Gegenwart dieser beiden Herren verscheuchte das Grauen gar nicht, wie man doch hätte meinen sollen. Im Gegenteil, sie machten es nur noch eindringlicher; denn es war doch allzu widernatürlich, daß sie gar nichts merken sollten von dem, was um sie her und was unter ihren Füßen vorging.

Sie kamen auf uns zu, und ich hörte, wie der Hamburger Herr zu dem Danziger Herrn sagte, er halte diesen hoch- und falschberühmten Prager Judenkirchhof für nichts mehr und nichts weniger als einen verdammten Humbug und verteufelten alten Steinbruch, und noch einmal raffte ich alle Kraft zusammen, fuhr mit der Hand über die Stirn und rief:

»Nein, nein, es ist eine Tollheit! Es ist krankhafte Phantasie! Wie kann man sich von solch dummem Ding so sehr in Schrecken jagen lassen? Wenn ich nicht krank wäre, würde ich hier ebenso ruhig umherspazieren wie diese beiden Herren!«

»Wehre dich nicht dagegen«, sagte aber Jemima, und weil

eben die beiden Fremden mit dem Oheim näher kamen, trat sie von mir weg, hüpfte leicht über das Grab der Mahalath, bückte sich nieder, um unter den niedern Zweigen der Fliederbüsche durchzuschlüpfen, und aus dem Grün noch einmal zurückblickend, rief sie, nach ihrer Gewohnheit den Finger an den Mund legend:

»Gedenke der Holunderblüte!«

Dann war sie verschwunden, und – ich habe sie nicht wiedergesehen. Ist es nicht eine bittere Wahrheit, daß die Hand des Menschen eine Kinderhand ist, welche nichts festhalten kann? Gierig greift sie nach allem, was in irgendeiner Weise glänzt und lieblich ist oder was ihr verboten wurde anzugreifen. Sie zerstört das eine mit kindischer Neugier und verwundet sich an dem andern oder läßt es fallen aus Furcht.

»Wer war die Mahalath, welche unter diesem Steine liegt?« fragte ich den Pförtner, nachdem sich die beiden norddeutschen Herren entfernt hatten.

Der Alte zuckte die Achseln:

»Ihre Nachkommen leben noch hier am Orte; 's ist ein angesehenes Geschlecht bei uns, und so spricht man nicht gerne davon. Es hat sich viel Fabelei seit den vierzig Jahren, daß sie tot ist, über sie entsponnen. Sie hatte eine Liebschaft mit einem jungen Herrn von der Kleinseite, vom Malteserplatz; wir aber sind ein Volk, das was gibt auf seine Ehre; wir sind ein genaues Volk und können sehr grausam sein. So hat das arme Geschöpf sein Leben mit Kummer beschlossen – 's ist eine traurige Geschichte.«

Als der Alte auch mir die Pforte des Beth-Chaim öffnete, hatte er Grund, mir kopfschüttelnd nachzublicken. Gleich einem Trunkenen irrte ich an diesem Tage umher und versuchte es vergeblich, meine Schuld und Unschuld gegeneinander abzuwägen. Vergeblich versuchte ich alles mögliche, die Last von meiner Seele abzuwälzen oder sie wenigstens leichter zu machen, indem ich mir die Worte dieses jungen Mädchens als nichtsbedeutende Grillen und Phantasien eines törichten Kindskopfes darstellte. Endlich schwankte ich heim in die Nekazalkagasse, holte meine Bücher und mangelhaften, liederlichen Kollegienhefte hervor und fing an, mit zitterndem gierigem Eifer alles das, was darin über das Herz des Menschen, das körperliche Herz, seine Funktionen, seine Gesundheit und Krankheit geschrieben war, zu lesen. Ich habe nachher selbst ein Buch darüber geschrieben, welches von der Wissenschaft für sehr brauchbar erklärt wird und welches manche Auflagen erlebt hat; – ach, wenn nur die Wissenschaft wüßte, was mich dieser Ruf als Autorität in Herzkrankheiten gekostet hat! Es gehen nicht bloß Dichterwerke aus großem Schmerz und Unmut hervor.

Sehr schwül war es an diesem Tage, weiße schwere Wolken wälzten sich über die Dächer herauf und zogen sich zu drohenden, bleigrauen Massen zusammen, und trotzdem, daß die Luft kaum zu atmen war, trieb's mich doch wieder herab von meiner Stube in die heißen Gassen. Als eben der erste Donner dumpf rollend die Fenster der Stadt erklirren machte, zog ich abermals die klappernde Glocke des Pförtnerhauses am Judenkirchhof.

Statt des langbärtigen, ehrwürdigen Greisenkopfes erschien in der Türöffnung das verrunzelte gelbe Gesicht der alten Dienerin des Pförtners.

»Wo ist Euer Herr? Ich muß ihn sprechen – auf der Stelle!«

»Gott Israels, wie Ihr ausseht, junger Herr! Mein, was ist Euch begegnet? Was wollt Ihr schon wieder? Was bannt Euch an diesen Ort?«

Ich antwortete ihr nicht, sondern drängte mich an der Schwätzerin vorüber. Durch die dunkeln – jetzt während des Gewitters so schrecklich, furchtbar dunkeln Gänge des Friedhofes – eilte ich, und am Grabe des Hohen Rabbi Löw fand ich den Alten, unbekümmert um den immer stärker losbrechenden Sturm.

Wer diesen Ort nicht in solcher Stunde gesehen hat, der kennt nichts von ihm. Es gibt keinen andern Gottesacker in der ganzen Welt, wo man, wenn der Himmel schwarz wird ›wie ein härener Sack‹, wenn der Blitz zuckt und der Donner kracht, mit solchem Zittern das Haupt beugt und den Anfang des Jüngsten Gerichtes erwartet. O wie sich diese alten Fliederbüsche winden und sich gegen den Sturm stemmen!

Wie lebendige Wesen ächzen und stöhnen sie in großer Not. Sie rauschen nicht wie andere Bäume und Sträucher im Regen: und mit einem unheimlichen Gegurgel schlürft der Boden die Wasserströme, die von den an- und übereinandergetürmten Grabsteinen herniederrieseln – es ist wirklich wie ›eine Verwüstung vom Allmächtigen‹.

Wir suchten einen Winkel, wo wir etwas vor der Wut des Sturmes geschützt waren, und fanden ihn nur an der Mauer in der Ecke, wo Mahalath, die Tänzerin, begraben lag. Dort sprach ich zu dem Alten und verschwieg ihm nichts. Ich erzählte ihm mein Bekanntwerden mit Jemima vom ersten Anfang an; so klar und deutlich, als mir nur möglich war, legte ich ihm unsern Verkehr dar. Ich hätte ihm Rechenschaft über jede Stunde und Minute geben mögen.

Er hieß mich aussprechen, ohne mich zu unterbrechen; als ich endlich atemlos zu Ende gekommen war, strich er mit der knochigen harten Hand über die Haare und die Stirn und sagte:

»Mein Sohn, dein Herz ist gut, und es freut mich sowohl um deiner selbst willen, als der Jemima wegen, daß du zu mir gesprochen hast, wie du tatest. Es ist ein edel Ding um ein Gewissen, das sich leicht regt und welches nicht erst durch Posaunenstöße geweckt zu werden braucht. Ich danke dir, daß du zu mir gekommen bist, dein Herz auszuschütten; du brauchst auch nicht zu sorgen, daß ich dich mit zornigen Worten kränken werde; – wer unter diesen Steinen wandelt, wer die Luft dieses Ortes atmet, der gewinnt ein mildes Auge für das Tun und Lassen seiner Mitmenschen. Du hättest mir viel Schlimmeres berichten können, und immer hätte es hier Gräber gegeben, unter denen noch Furchtbareres verscharrt liegt oder an die sich dergleichen knüpft. Gott segne dich, daß du nicht zu den Schlechten gehörst, die nach angerichtetem Elend noch spotten und lachen und groß Rühmens davon erheben. Leichtsinnig und unbedacht bist du gewesen – was gestern noch ein Spiel war, kann heute blutigster Ernst sein; der Funke ist zur Flamme geworden, ehe wir's denken, und wir schlagen um uns in großer Not und Angst, können's aber nicht mehr löschen. Arme kleine

Jemima! Immer ist sie ein wunderlich Geschöpf gewesen – es war nicht gut, daß ich es duldete, daß sie diesen meinen alten schauerlichen Garten zu ihrem Spielplatz machte. Was hatte ich greiser Narr nötig, sie so manchen Sommertag hindurch hier an meiner Seite festzuhalten und ihr die Geschichten dieser Steine zu erzählen, wie man andern Kindern Märchen von Feen und Zwergen erzählt? Ihr Herz sei krank, sagte sie? Wehe mir, wer ist schuld daran, daß dem so ist? ... Aber es kann ja nicht sein, sie ist ja noch ein halbes Kind, und wir können noch gutmachen, was wir gesündigt haben. Wehe, was gingen sie die Toten an! Weil ich nur in diesen Mauern leben konnte, hab' ich ihr junges Dasein mit hineingeschlossen, und so ist sie wohl vor dem Schmutz draußen in der Gasse bewahrt geblieben, aber sie hat die Sonne und die Frühlingsblüte nur hier gesehen – die Sonne der Toten – die Fliederblüte der Gräber! – Aber sie soll nicht mehr den Fuß hierher setzen; sie soll das Leben sehen wie andere – sie wird nicht sterben; – nicht wahr, sie wird nicht sterben durch unsere – meine Schuld?«

Ich vermochte nicht zu antworten; wieder zuckte ein roter Blitz über unsern Häuptern, und wieder krachte der Donner schmetternd nach.

»Auch Ihr, Herr, sollt diesen Ort nicht wieder betreten!« fuhr der Alte fort. »Auch für Euch paßt er nicht! Auch Ihr seid zu jung, um hier Atem zu holen. Fort mit Euch, und Fluch Euch, wenn Ihr morgen früh noch hier in Prag gefunden werdet!«

»Ihr wollt mich von ihr trennen? Jetzt wollt Ihr mich von ihr trennen?« schrie ich. »Oh, das ist nicht gut, das heilt sie nicht. Auch Ihr, Greis, wißt nichts von den Lebendigen. Um Gottes willen, trennt mich nicht von der Armen – es kann nicht gut werden, wenn Ihr mich jetzt forttreibt.«

»Es ist keine Wahl für uns übriggeblieben«, sagte der Alte wieder milder. »Ihr seid nicht weniger ein krankes Kind als das Mädchen. Heil ist nur in der Trennung für den einen wie für die andere.«

Ich hatte nicht *eine* Waffe gegen diesen grausamen alten Mann. Er drohte, er bat, und ich – wich ihm zuletzt, obgleich

ich wußte, daß es nicht gut war, und so habe ich die arme Jemima aus der Judenstadt zu Prag getötet, und deshalb ist mir die Holunderblüte, welche alle andern Menschen so sehr erfreut, immerdar die Blume des Todes und des Gerichtes.

Ich floh, aber ich entfloh mir nicht. Ich stopfte mir die Ohren zu, um die klagende Stimme nicht zu hören, welche mich zurückrief. Ich hörte sie aber doch, bei Tag und bei Nacht.

Ich habe den folgenden Winter in Berlin studiert und, was auf den ersten Blick unwahrscheinlich scheinen sollte – wirklich studiert. Ich glaube auch nicht, daß eine andere Wissenschaft, als die der Gebrechen und Krankheiten des Menschen, jetzt für mich möglich gewesen wäre. Dieses Studium aber mußte mir jetzt zusagen, und mit schmerzhaftem Behagen überließ ich mich ihm und fand verhältnismäßige Ruhe darin. Später sagte man mir, es sei ein böser, kalter Winter gewesen: ich habe nichts von Schnee und Sturm, nichts vom Frost gespürt. Erst mit dem neuen Frühlinge erwachte ich aus diesem unglücklichen Zustande; aber es war kein gesundes Erwachen, sondern ein Auffahren unter der Berührung einer kalten Gespensterhand.

Als ich mich schreckhaft emporgerichtet hatte, sah ich, daß *niemand da war!*

Es war am neunten Mai 1820, an einem Sonnentage; ich saß in einem Vergnügungsgarten vor dem Schönhauser Tor, ohne daß ich recht wußte, wie ich dahin geraten war. Um mich her herrschte viel Jubel der Frühlingsgäste. Kinder spielten, Alte schwatzten, Liebespaare verkehrten durch Blicke oder Flüsterworte; ich saß allein an meinem Tische, sah traumhaft in mein Glas, und mich fröstelte. Welche Lust hatte mir früher solch buntes Treiben um mich her gewährt, und wie wenig kümmerte ich mich jetzt darum!

In diesem Augenblick kam mir die Gewißheit, daß der Winter vorübergegangen und daß es Frühling geworden sei, wie eine Offenbarung.

Nicht weit von meinem halbversteckten Platz fing ein Mädchen an, hell, herzlich und lange zu lachen; – ich aber war auf dem alten Kirchhof der Juden zu Prag, die Sonne schien durch die Holunderbüsche, hinter dem Grabmal des Hohen Rabbi Jehuda Löw bar Bezalel lachte lieblich Jemima, und gleich mußte sich das schöne Gesicht und Bild über die moosige Tumba erheben. Als ich aufsah, war die Phantasie natürlich verflogen; ich fragte den Kellner nach dem Datum und wiederholte es verwundert, nachdem ich es erfahren hatte.

Empor richtete ich mich und sah mich um. Die Bäume waren grün oder standen in voller Blütenpracht; die Luft war warm, der Himmel war klar – es war Frühling geworden, ohne daß ich es gemerkt hatte. Vielen Menschen ist es schon so gegangen, und viele Dichter haben klagend davon gesungen; die große Angst, welche einen überfällt, wenn man in dieser Weise erwacht, ist ein gutes, dankbares Thema für ein Gedicht. Dieses unbemerkte Weggleiten des Lebens gehört mit zu den bittersten Dingen, über welche der arme Mensch dann und wann nachzudenken hat.

Auch die Holunder blühten – über mir, um mich her. Eben durchschimmerte es die Knospenhülsen weiß und rötlich, es ging ein Säuseln durch die glänzenden grünen Blätter, die Blumentrauben leise, ganz leise bewegend. Am folgenden Tage war ich auf der Reise nach Prag, nachdem ich in der Nacht hart und vergeblich gegen den Geist gekämpft hatte, welcher mich dahin rief. –

Ich reiste Tag und Nacht durch; aber da es damals noch keine Dampfwagen gab, die uns heutzutage so über alle Beschreibung langsam dahinzukriechen scheinen, so kam ich erst am Nachmittag des fünfzehnten Mai in der Stadt, die ich so sehr fürchtete, an, und schon in der Ferne verkündete mir der feierliche Klang aller Kirchenglocken das Getümmel, in welches ich geraten würde. Am folgenden Tage war das große Fest des hohen Landesheiligen, das Fest des heiligen Johannes von Nepomuk, und ganze Dörfer zogen mit Kreuzen, Fahnen, Weihkesseln und Heiligenbildern, uralte Lieder zum Preise des armen Beichtvaters der Königin Johanna singend, auf dem nämlichen Wege wie ich zur Stadt. Die alte graue Stadt selbst war fast nicht wiederzuerkennen; alle Häuser waren bis an die Giebel mit Grün, Blumengewinden und Teppichen geschmückt; überall sah man Vorbereitungen zur festlichen Erleuchtung, die Gassen und Plätze waren fast nicht zu passieren, und wie ein vom Strudel ergriffener Schwimmer mußte man in dem Gewühl des Volkes kämpfen, um nicht die Richtung zu verlieren.

Mit vieler Mühe erhielt ich endlich noch ein Unterkommen in der Goldenen Gans auf dem Roßmarkt, den man jetzt Wenzelsplatz nennt.

Das Gemach, welches mir in dem ›Hostinec‹ angewiesen wurde, zeichnete sich nicht durch Räumlichkeit aus und durch eine schöne Aussicht noch weniger. Aus dem einzigen Fenster desselben sah man in einen langen Hof, der von hohen Gebäuden und Galerien umgeben war. Ein tolles Gewirr von Lastwagen und Stellwagen hatte sich daselbst zusammengedrängt, und doch fand sich immer noch Platz für neu anlangende Fuhrwerke der letzteren Art, und immer neues Volk in den wunderlichsten, buntesten Kostümen stieg herab. Fuhrknechte und Stallknechte fluchten Himmel und Erde zusammen auf böhmisch und auf deutsch. Weiber und Kinder kreischten und heulten in allen Tonarten; Landvolk, Kleinbürgertum und Kriegerstand bemühten sich, den Damen das Absteigen zu erleichtern oder, unter Umständen, auch wohl zu erschweren. Gerade mir gegenüber hatte ein Schneider den letzten Stich an einer Feiertagshose, auf welche der Kunde mit Schmerzen wartete, getan und blies nun auf einem Waldhorn den eigenen Festtagsjubel zum Fenster hinaus. Dazu fingen wiederum die Glocken in der ganzen Stadt an zu läuten, und betäubter als je lehnte ich am Fenster.

Eben wollte ich es schließen, da nicht die allerfeinsten Düfte zu mir emporstiegen, als mein Auge auf eine Gestalt fiel, deren Anblick mir sogleich die volle Besinnung zurückgab.

In einem Kreise lachenden deutschen und böhmischen Volkes stand ein Handelsjude mit einem Bündel der grellfarbigsten Tücher und Bänder, welche er den von den Wagen niedersteigenden Frauen und Jungfrauen mit großem Geschrei zum Kauf anbot. Ich erkannte den Mann auf der

Stelle, es war Baruch Löw, der Vater Jemimas, und barhäuptig stand ich eine Minute später vor ihm und hielt seinen Arm mit eiserner Faust.

»Sie lebt? Sie lebt? Sie ist nicht gestorben? Ihr habt sie nicht begraben wie Mahalath?«

»Gerechter!« rief der Hausierer, erschreckt über den wilden Anfall. »Was soll? ...«

Er erkannte mich und dachte natürlich nur an die Uhr, welche ich ihm einst ins Haus getragen und nicht zurückgefordert hatte. Mit verlegenem Lächeln sah er mir ins Gesicht.

»Soll mich Gott leben lassen hundert Jahre, 's ist der schöne, hochgelehrte Herr Student – welch 'ne grausame Freud! Nu, weshalb soll sie nicht leben – sie läuft auf die Minut' – aber, aber der Herr wird entschuld'gen, ich hab' sie nicht mehr; – womit kann ich dem Herrn dienen?«

Ich zog den Mann fort vom Hofe der Goldenen Gans hinaus auf den Roßmarkt. Dort wiederholte ich meine Frage, indem ich den Namen seiner Tochter nannte, und jetzt veränderte sich sein Gesicht so sehr, und er starrte mich so stier, steinern und schmerzensvoll an, daß ich seine Antwort nicht abzuwarten brauchte. Eine Prozession, welche eben über den Markt zog, trieb uns voneinander, und willenlos ließ ich mich von der Menschenflut schieben, treiben und tragen.

In der Judenstadt aber war es totenstill, o so schauerlich still! Wieder einmal zog ich die Glocke des Beth-Chaim, und wieder einmal öffnete sich die Klappe in der Pforte, das runzelvolle, fast hundertjährige Gesicht des Hüters des Hauses des Lebens erschien in der Öffnung, und in demselben Augenblick wurde der Riegel zurückgeschoben.

»Da seid Ihr!« sagte der Greis, sein Haupt neigend. »Ich wußte wohl, daß ich Euch noch einmal sehen würde. Kommt!«

Er schritt nun voran, und ich folgte ihm in die schattigen Gänge, und in das Schweigen des Todes versank der tausendstimmige Festlärm der großen Stadt Prag. In vollster Blüte prangten die Fliederbüsche über den Gräbern, aber kein Vogel sang in ihnen.

»Ihr wißt schon, daß sie doch fortgegangen ist?« fragte der Greis.

Ich nickte, und jener fuhr fort und sprach fast mit den Worten des Sängerkönigs aus seinem Volke:

»Ich bin unter den Toten verlassen – meine Freude ist ferne von mir getan. Die lieblichste Blume ist gepflückt, und die lieblichste Stimme ist verhallt, wir werden sie nicht mehr hören!«

Sanft nahm er meine Hand: »Weine nicht, mein armer Sohn; man kann immer nur dasselbe alte Wort sagen: die Tränen bringen sie uns nicht wieder. Vielleicht hätte ich dich damals nicht forttreiben sollen; aber wer konnte damals sagen, welches das Rechte sei? Vor acht Tagen ist sie begraben; wir haben die größten Doktoren an ihrem Lager gehabt, aber sie konnten ihr nicht helfen. Sie hatte recht, ihr Herz war zu groß; macht Euch nicht zuviel Sorgen um Eure Schuld an ihrem Tode. Ihr waret damals so krank wie sie. Alle die gelehrten Herren meinten, sie habe nicht länger leben können. Euer, mein Sohn, hat sie nur mit Freude und leisen, lieblichen Worten gedacht; Ihr seid ein Sonnenstrahl in ihrem armen, kurzen, dunkeln Leben gewesen, durch Euch hat sie den blauen Himmel und die Welt der Lebendigen, die ich ihr so grausam-unwissend verschlossen hatte, kennengelernt. Ihr habt ihr viel Freude und Glück gebracht, und sie ist mit tausend Segenswünschen für Euch auf den Lippen eingeschlafen. Ach, es war ein großes, schönes, trauriges Wunder, wie ihr Wesen und all ihr Denken so anders geworden war. Der Gott aller Völker weiß die beste Art, wie er seine Kinder aus jeder Dunkelheit, aus allen Kerkermauern in das Licht und die Freiheit führen kann. Sie ist so schön gestorben, o so schön! Ich konnte sie nur hierher bannen, und so hat sie der Gott des Lebens mir genommen, um sie in das wahre ›Haus des Lebens‹ zu führen – sein Name sei gepriesen!«

Was ich dem Alten auf diese Worte antwortete, weiß ich nicht mehr. »Gedenke der Holunderblüte!« hatte sie gesagt, und wie ich derselben mein ganzes Dasein hindurch gedenken muß, habe ich schon verkündet. Ihr Grab befand sich nicht auf dem alten Kirchhof in der Judenstadt; der gute Kaiser Joseph hatte ja verboten, daß noch jemand daselbst beerdigt werde. Die Mahalath war die letzte gewesen, welche man dort eingesenkt hatte.

*

Lange Zeit habe ich gebraucht, um die Erinnerungen niederzuschreiben, welche mich durchzogen, während ich den Kranz von Holunderblüten, den eine andere Tote getragen hatte, in der Hand hielt. Jetzt nahm ihn mir die trauernde Mutter leise fort und legte ihn wieder in die hübsche Schachtel, aus welcher sie ihn hervorgezogen hatte.

Sie legte mir die Hand auf die Schulter:

»Lieber Medizinalrat, wie danke ich Ihnen, daß Sie so vielen Anteil an meinem Schmerz nehmen.«

Ich sah auf und konnte nicht antworten. Das Feuer im Ofen war erloschen, das Gemach war kalt geworden; die Sonne war hinter die Dächer gesunken, der Glanz des Wintertags war vergangen. Schwer, unbeschreiblich schwer fühlte ich das Alter auf mir lasten.

Als ein trauriger, aber nicht schlechterer Mann schritt ich wieder an der ewig jungen, sinnenden Muse vorüber und verließ dieses stille, kalte, tote Haus.

Klaus Rifbjerg

Sonntagsfrühstück im Garten

Er versuchte sich vorzustellen, er sei ein Pferd. Falls er jetzt ein Pferd war, das mit dem einen Vorderbein gebeugt dasaß und den Huf unter der Wange hatte, würde das vielleicht eine Reaktion hervorrufen, die anders war als die, welche jetzt von seinem Schwiegervater kam. Vielleicht würde er dann einen Augenblick das Maul halten. Oder von etwas anderem sprechen. Im Augenblick war da nämlich gar nicht die Rede von einer Reaktion. Es war ein Bombardement, und er selbst war kein Pferd, sondern ein junger Mann.

Trotzdem versuchte er, sich die Situation vorzustellen: Dort in dem Gartenhäuschen unter dem wilden Wein und mit der an der Wand emporkriechenden Waldrebe, am Frühstückstisch, sonntags, wurde er plötzlich in ein großes, blankgestriegeltes Pferd verwandelt, das mit seinem Hinterteil den Gartenstuhl fast sprengte, aber trotzdem ruhig dasaß und einer ellenlangen Auseinandersetzung über den Vorteil von Obligationen im Verhältnis zu Aktien lauschte. Oder den Vorteil bei Aktien im Verhältnis zu Obligationen. Nichts konnte ein Pferd weniger interessieren. Pferde hatten keinen Verstand für Aktien und Obligationen. Und was schlimmer war: sie besaßen nichts von dem und kamen wahrscheinlich niemals dazu, und das tat er auch nicht. Plötzlich begann er zu wiehern. Es war kein langes Wiehern, aber trotzdem ein ungewöhnliches Geräusch, das den grauhaarigen Herrn in Hemdsärmeln ihm gegenüber einen Augenblick dazu brachte, mit dem Redestrom innezuhalten und ihn anzustarren. Das war nur ein kleiner Augenblick, aber er hatte doch reagiert. Der junge Mann lächelte und legte den Kopf schief. Er war kein Pferd. Noch nicht. Jedoch wieherte er, und das klang sehr überzeugend.

Das Pferd sagte ihm zu, aber man könnte ja auch ein Schwein sein. Oder ein Stier. Oder vielleicht ein Elch. Elche hatten etwas Phantastisches an sich, sie waren groß und unförmig, eckig, aber trotzdem weich und graziös. Sie hatten Köpfe wie Koffer und Geweihe wie alte Bäume mit Moos darauf, und ihre Mäuler waren enorm und feucht und warm. Ein Elch in den alten Garten von Frederiksberg würde eine Sensation sein. Besonders dann, wenn er so wie er Karl hieß und in einem weißgestrichenen Gartensessel mit dem Huf unter der Wange saß und Heringssalat aß, den die Schwägerin zubereitet hatte, und einem Viertelstundenvortrag über die Schwankungen auf dem Kapitalmarkt zuhörte. Wenn später zum Kaffee die Zigarren herumgereicht würden, würde der Elch seine mit norrländischer Sorgfalt anzünden und den Rauch durch die gigantischen Nasenlöcher auspusten, zwei Fahnen von einem Dampfkessel mit Überdruck. Es war schön, ein Elch zu sein. Ihnen ging es auch innerlich gut. Sie waren souverän in Mooren, Gebüsch und Wald. Sie hatten Stil und rauchten mit der allergrößten Selbstverständlichkeit Zigarren. Herrgott, sie konnten über den Oresund schwimmen, falls es nötig war, oder wenn sie *Lust bekamen!* Das war das Unglaubliche: Elche machten faktisch genau das, was ihnen einfiel und ganz nach ihrem eigenen Kopf. Ihre Elch-Liebe war auch imponierend. Bei dem Punkt war man weit über das Kofferformat hinaus! Was das betraf, mußte man ganz nach oben in die Güterwagenklasse – so sah es aus. Zwei Güterwagen, die auf einem Gleis zusammenlaufen und nach einem weichen, murrenden Zusammenstoß einander besteigen, während ihnen der Zigarrenrauch vor den Nüstern steht.

Das Sitzen war für einen Elch keine ganz natürliche Stellung. Andererseits ist das Tier gänzlich unkonform und unkonventionell. Man hat Löwen – den König der Urwälder – in verschiedenen Stellungen sitzen sehen. Und in einem gewissen römischen Zusammenhang war es jedenfalls nicht undenkbar, ihn bei Tisch liegen zu sehen. Und der Elch war und blieb der König der nordischen Wälder. Und wenn man näher nachdachte, dann lag über dem älteren schwedischen Monarchen (der immer im Bewußtsein mit dem Elch zusammengekoppelt wird) etwas – Elchartiges. Also: Mensch–Elch–König. Der Elch saß wie auf einem Thron. Der

Elch hatte unzählige Jahre die schwedische Nation regiert und sich gleichzeitig seinem Tennisspiel gewidmet. Selbstverständlich konnte ein Elch mit bei Tisch sitzen. In der Realität konnte man sich homosexuelle Elche vorstellen. Homosexuelche? War da nicht etwas dran, daß der schwedische König...? Nur war der Gedanke an Heringssalat und an das Tier aus dem Moor nicht ganz mit der Wirklichkeit vereinbar. Es war übrigens ein vortrefflicher Heringssalat. Es war übrigens ein vortrefflicher Sonntag. Es war übrigens Sommer. Es war übrigens vortrefflich. Er wußte nur nicht, wie ein Elch redete. Aber als er versuchte, einen Ton wie ein Elch hervorzubringen, klang das tatsächlich überzeugend, fast wie ein Brüllen. Und selbstverständlich brüllten Elche.

Einen Augenblick herrschte Stille am Tisch. Die Sonne schien durch das Weinlaub, und die Stare hüpften auf dem Rasen herum, als seien sie aufgezogen. Vielleicht war der Vortrag über den Valutabuckel vorbei. Vielleicht handelte der Vortrag in erster Linie von einem Buckel, der nach innen ging. Oder vielleicht hatten die Teilnehmer an der Sonntagsmahlzeit das Essen in den verkehrten Hals gekriegt, weil Karl wie ein Elch gebrüllt hatte. Oder vielleicht hatte er überhaupt nicht gebrüllt. Er räusperte sich, und man brauchte schon eine gute Portion Phantasie, um sich vorzustellen, daß das dem Brüllen eines Elches aus den Mooren ähnlich sein sollte. Es war mehr ein Husten, etwas, das ein sehr kleines Pferd, eventuell eine Ziege oder ein Zicklein, hätte hervorbringen können. Es war nichts, was der Rede wert war. Er sah die anderen vier Personen am Tisch an. Gerade in diesem Augenblick aßen sie und sahen weg. Vielleicht war er wirklich zu einem Tier geworden, das sie nicht anzusehen wagten. Vielleicht saßen sie da und sagten zu sich selbst: dort sitzt ein Elch, oder das ist ein Gnu oder ein *wildbeast* in dem weißgestrichenen Gartensessel auf der anderen Seite des Tisches. Aber das kann nicht richtig sein. Das muß der Schnaps oder das Wetter sein. Aber Gott weiß, ob es die anderen gesehen haben. Und falls es nun richtig sein sollte, sollen wir dann schreien, weglaufen, den Zoologischen Garten oder die Feuerwehr anrufen?

Das Merkwürdige an der Valutasituation und im ganzen genommen an dem, was man als ›Situationen‹ charakterisierte, war die Tatsache, daß man sie als so fernliegend empfand. Menschen lebten in allen Zeiten. Und betrachtete man die Geschichte, so war sie voll von ›Situationen‹. Sie nahmen die Menschheit in hohem Grad gefangen, und nicht zuletzt seinen Schwiegervater und Leute vom selben Typ. Die konnten sich stundenlang damit beschäftigen, ›die Situation‹ zu diskutieren. Für sie war diese nicht etwas Abstraktes, sondern etwas sehr Konkretes und offenbar äußerst Lebendiges. Vielleicht deshalb, weil sie selbst daran beteiligt waren, ›die Situation‹ zu schaffen, oder sie glaubten zumindest, daß sie es waren. Karl legte den Kopf schräg und versuchte intelligent auszusehen. Das mit dem Scharfsinn war vielleicht nicht gerade die vornehmste Eigenschaft des Elchs. Aber Tiere haben eine besondere Fähigkeit, zu bluffen oder sich anzustellen (das hat etwas mit dem Kampf ums Überleben zu tun), und das Verblüffende ist, daß sich der Herausforderer so leicht von der Gebärde narren läßt oder sie geradezu als eine Einladung aufnimmt.

Die Pause war längst vorbei, und der Sparkassenleiter fuhr in seiner Lektion fort, die schwerlich als eindeutig negativ oder das Entgegengesetzte zu bewerten war. Es ging die ganze Zeit zwar um *eine Sorge* (die war grundlegend), aber wer es war, der sparen sollte, wer geben sollte, wann man Geld auf die Bank bringen und ob man kaufen oder verkaufen sollte, das war nicht zu entscheiden. Zwar handelten die Ausführungen genau davon, und sie wurden auch mit Leidenschaft, zweifellos mit Sachlichkeit und beißender Ironie (denen gegenüber, die mit dem Leiter nicht einig waren), vorgetragen, man mußte aber trotzdem als Elch einräumen, daß sie jenseits der Interessen lagen, die etwas mit dem Magen, dem Kopf, Händen und Füßen samt dem Geschlecht zu tun haben. Und nicht deshalb, weil der Elch notwendigerweise ein träges Tier war. Es war gut denkbar, daß er zeitweise sogar außerordentlich scharfsinnig war. Aber mehr vielleicht in bezug auf Gras & Zweige, den Wechsel durch den Sumpf, die frühen Morgennebel, den

Sonnenuntergang über dem Birkenwald, das schwedische Königshaus und dessen hochausgebildete Scharfschützen samt Frau Elch oder mit wem der Elchbulle nun einmal Verkehr hatte, als in bezug auf Nationalökonomie und die Schwankungen auf dem Obligationsmarkt.

Karl schaute zu Lissen, die ihm gegenüber neben der Schwägerin saß und eine Zigarette zu rauchen begonnen hatte, obwohl sie den Käse noch gar nicht einmal angeschnitten hatten. Sie brauchte das Weinlaub und die Rebenbüsche der Welt nicht zu verlassen und ganz hinein in das Tierreich zu treten, um fortzukommen. Sie betrachtete Diskussionen über die politische und ökonomische Zusammensetzung der Welt als etwas, das irgendwo begann und etwas später aufhörte. Und dann war es vorbei, und man konnte über etwas anderes reden. Das war das Verblüffende und Beruhigende an Lissen, daß sie beispielsweise zu einem Haus kam und klingelte, und wenn dann die Tür geöffnet wurde, lächelte sie und stand in ihrem langen Rock, der bis mitten auf die Waden reichte, da und sagte Guten Tag und Wie geht's euch, und dann ging sie hinein und hängte den Regenmantel auf und kam mit in das Wohnzimmer, und da saß vielleicht jemand, der gern über Hausbäckerei und Kreuzstichstickerei sprechen wollte, und falls dort andere saßen, die lieber über Racine oder Danny Kaye in ›On the Riviera‹ reden wollten, so unterhielt sie sich darüber, und wenn der Sparkassenleiter die ökonomische Situation ins Visier nahm, schwieg sie einfach und sah zur Seite oder kriegte eine Zigarette zu fassen und saß mit abgewandtem Gesicht da und starrte mit ihren großen, blauen Augen auf den Rasen oder auf eine Amsel, und wenn er dann fertig war, war Lissen wieder da und drückte ihre Zigarette aus und warf sie in die Rosen, während der Sparkassenleiter sie böse anstarrte (aber er enthielt sich der Worte, weil er froh war, seine Tochter zum Sonntagsfrühstück zu Hause zu haben), und es war im Bett vielleicht ein bißchen dasselbe, wo sie auch – buchstäblich gesprochen – den Kopf wegdrehte und auf eine andere Seite starrte und später zurückkam und klar war, über Kreuzstichstickerei, Corbeille und Bogart in ›The

Treasure of Sierra Madre‹ zu reden. Lissen war sehr schön, aber ihre Zerstreutheiten waren fürchterlich effektiv und exklusiv (wenn auch freundlich), jedoch ungeheuer weit von der Welt der Elche entfernt, die komplexer gefahrdrohend war und das Risiko für plötzliches Brüllen und Hufschläge enthielt, eine Klaue mitten in die Butter gepflanzt oder für Schnaps, ausgespien von den beiden Dampflöchern im Maul über Schwiegermutter und Schwägerin. Lissen war weder Opfer der oder Herr über die Situation. Sie war einfach ein Teil davon, allerdings nicht auf dieselbe Art wie der Vater, der sich gleichzeitig für ihren Herrn und Schöpfer hielt.

Mit der Elchwelt hatten sie eins gemeinsam. Es war selbstverständlich, daß Elche einen Hausstand gründeten und sich verheirateten und Elchkinder kriegten. Das nannte man ja die Ordnung der Natur. Karl hatte auch die Bezeichnungen ›Schwiegervater‹ und ›Schwiegermutter‹ und ›Schwägerin‹ für den internen Gebrauch akzeptiert. Es war praktisch, um herauszufinden, wer da wer war, um sie einzuordnen und zu plazieren. Aber er lehnte es ab, Lissen als ›seine Verlobte‹ gutzuheißen, und ohne Gänsefüßchen wollte er auch mit der Klassifizierung der anderen Personen nichts zu tun haben. Sie hatten wortlose und wortreiche Kämpfe darüber durchgestanden, was passend und unpassend für ein ›junges Paar‹ war, aber das Resultat war eben doch – trotz der roten Augen der ›Schwiegermutter‹ –, daß Lissen bei Karl zum Weekend wohnte. Und ihr Sonntagsfrühstücksbesuch war sowohl eine Abbitte für das ›sündige Leben‹, als auch ein Versuch, etwas von der Schuld abzubezahlen, die junge Menschen immer Älteren gegenüber haben. Vielleicht sprach der Sparkassenleiter deshalb so lange und so intensiv über die ökonomische Situation: alle schuldeten allen etwas, wenn man aber tüchtig genug war, konnte es einem glücken, in die Gruppe zu kommen (denn so etwas gab es nämlich), wo es die anderen waren, die einem etwas schuldeten. Die Jungen schuldeten den Alten etwas (es kam also darauf an, alt zu werden), und die Armen schuldeten den Reichen etwas (es kam also darauf an, reich zu werden). Alt wurde man von ganz alleine, wollte man reich werden (und damit wertvoll und schön alt), mußte man lernen, wie man in die richtige Gruppe kommen konnte. Und wenn Karl auch nicht verstand wie, und das ihn auch nicht so sehr interessierte, hatte er dennoch herausgefunden, daß man auf jeden Fall abziehen können sollte und zusammenlegen, daß man sehr verschlagen sein mußte, sehr tüchtig und (aber das wagte er nicht zu sagen) auch gut im Betrügen. Nicht weil der Schwiegervater betrog, ihm konnte es nicht einmal im Traum einfallen zu betrügen, aber er grinste trotzdem so merkwürdig heiter und geheimnisvoll, wenn er mit Heringssalat im Mundwinkel beim Sonntagsfrühstück im Garten die Ökonomie auslegte, sowohl die der Sparkasse als auch die des Landes. Und es war auf jeden Fall klar, daß er seinen eigenen Scharfsinn genoß. Und falls er über das Ganze zu bestimmen hätte, würde es phantastisch gut gehen – für einige, auch wenn man nicht richtig sagen konnte für wen.

Karl hatte mit den Mahlzähnen des Elchs Probleme. Wie würde es mit kleinem Gebäck bei einem Wiederkäuer bestellt sein? Oder war der Elch gar kein Wiederkäuer, auch wenn er von Blättern und Rinde und Gras lebte? Würde das kleine Gebäck nicht hinuntersinken und den Schmelz vernichten; denn der Elch bürstete sich ja nicht die Zähne. Er fühlte den Schweiß auf der Stirn und sah am Laubwerk empor und weiter hindurch zur Sonne, die herausschlüpfte und nach rechts und links stach, aber direkt herunter und breit auf sie alle schien, die auf dem Strandweg radfuhren oder in Bussen und Straßenbahnwagen hingen, um nach Kastrup-Fort hinauszukommen oder Dagens Nyheder zu kaufen und im Liegestuhl saßen und nach dem Sonntagsfrühstück in einen kleinen Schlummer fielen, so wie es gleich der Sparkassenleiter tun würde.

Lissen war mit ihrer Zigarette fertig und nahm sich noch eine, als die rote Kaffeekanne auf den Tisch kam, und sie ihre blumenbemalten Kaffeetassen vollgegossen bekommen hatten. Sie lächelte zu Karl hinüber, und er blickte auf ihre Zähne, die ganz regelmäßig und breit und stark waren, und auf ihre Unterlippe, die sich hervorwölbte, und die Oberlippe, die sinnlich geschwungen war und sich fein nach oben in den Mundwinkeln bog. Er hätte ihr gern seine Klaue gereicht, aber vielleicht fand sie, daß sie zu groß und schwer und aufdringlich und behaart war, und das würde mitten während des Essens verkehrt sein, auch wenn er der König des Großwaldes war und die Adler um den Kebnekaise hatte schweben sehen und den keilförmigen Zug der Wildgänse unter dem Frühlingshimmel, während das Nordlicht immer noch orgelartig flimmerte und sich nur langsam vor dem großen, klar durchsichtigen und kühlen Frühling und Sommer zurückzog, wo die Sonne niemals, niemals verschwand.

Wenn sie heirateten, würden sie sicher dieselbe Partei wählen, die absolut nicht dieselbe war, die der Sparkassenleiter wählte. Die Frage war da nur, ob es eine Partei gab, die Rücksicht auf Blattfresser nahm. Oder ob Lissen akzeptieren konnte, daß er solche Rücksicht nahm. Sie hatten das nie diskutiert. Aber hin und wieder lief Karl wiehernd und brüllend in seinem Zimmer herum und schlug mit den Hinterbeinen aus, und das fand Lissen lustig. Aber sie machte sich nicht viel daraus, daß er in Trunkenheit den Kopf gegen die Zementwand stieß oder sagte, daß draußen auf der Treppe ein Eimer mit Blut stünde und mit einem abgeschlagenen Kopf und daß sie nur selbst nach draußen zu gehen und nachzusehen brauchte, falls sie nicht glaubte, daß das richtig sei.

Er konnte nicht ganz so wie Lissen nach oben an die Tür gehen und klingeln und Guten Tag sagen und Wie geht es euch, wenn aufgemacht wurde. Das heißt, er konnte es schon, aber er sagte auch ein bißchen mehr Dinge inwendig. Er pfiff vielleicht oder dachte daran, daß, falls er jetzt ein Stück Hundekot unter dem Schuh kleben hätte, das dann zu riechen beginnen würde, bevor sie die Diskussion über Pascal begannen, oder erst wenn der Vortrag über ›die Situation‹ im Gang war. Und sollte er dann aufstehen und hinausgehen und es entfernen oder vielleicht nur sitzenbleiben und so tun, als habe er (oder vielleicht einer der anderen) schlechten Atem oder vielleicht noch schlimmer: einen hinter die Binde gegossen? Es war nicht Unsicherheit, die sich geltend machte, eher Widerwille gegenüber den eingeschränkten Möglichkeiten der existentiellen Planwirtschaft. Das Pferd, das Schwein, der Elch hatten nicht die Chance des Menschen bezüglich einer Entfaltung über die ganze Skala. Dafür waren sie in ihrem Dasein als Pferde, Schweine und Elche frei von Restriktionen. Sie konnten ganz bis zum Rand gehen. Da gab es keine Diskussion. Sie füllten ihre Rollen bis zum äußersten Nasenloch aus, zum fernsten Huf, zum durchdringendsten Nutsch-nutsch-nutsch des Schweins. Der Homo sapiens mußte sich mit einem eingebildeten Stück Hundekot unter der Schuhsohle begnügen und mit stundenlangen Vortragen im Gartenhaus über das Manko bei der Valutarechnung und die Möglichkeiten für Eingriffe, über ökonomische Strategie und den Mangel an Überblick bei den bestimmenden Behörden, ihren Provinzialismus und die Ineffektivität. Unerwartet lief Karl von einer großen und unwiderstehlichen Zärtlichkeit voll. Er schaute sich am Tisch auf eine andere Weise als vorher um, und er sah, daß sowohl der Sparkassenleiter als auch seine Frau und ihre Tochter Chancen als Elch hatten. Lissen war ja bereits so etwas Ähnliches, das wußte er schon. Sie akzeptierte jedenfalls, daß er einmal zwischendurch brüllte und stieß. Und wenn sie sich in der höchsten Vereinigung eifriger Härte und unendlicher, empfangender Süße trafen, wippte sie mit den Ohren, wie er fand, richtete sie auf und ließ sie in einer selbstumschließenden Liebkosung gegen die bewachsenen Hörner gleiten. Aber jetzt blickte er auf den Mann gegenüber und sah, daß seine Ohren auch Chancen in sich bargen, ja, vielleicht hatten sie bereits zu wachsen begonnen. Und die ›Schwiegermutter‹ – hatten ihre Augen nicht in all ihrer frustrierten und sehnsuchtsvollen Zerstreutheit diesen sanften Moorschimmer? Stand da nicht auch in ihren Pupillen der fern reflektierte Schatten einer lieblichen Birke, auf der die Zeisige hüpften und sich die Kätzchen im Winde drehten? Und die Schwägerin? Ein Lamm. War sie das nicht? Ein Tier hinter beschützenden Büschen, das sich niederbeugt und äst, ein wenig zu sich nimmt, mit dem Maul um weiche Halme faßt, sie abreißt und kaut und schnell den

Kopf hebt, aber vorsichtig, um zu sehen, ob der Feind nahe ist oder ob der nächste Bissen in Ruh' und Frieden verspeist werden kann. Er mußte lächeln und hatte nicht den Eindruck, daß die Zigarre, die ihm zum Kaffee aufgenötigt worden war, zu groß oder unnatürlich wirkte. Er zog daran und hielt sie von sich weg und wollte gerade wegen der letzten Bewegungen auf der Fondsbörse eine Frage stellen. Aber dann verkniff er sich das, weil niemand am Tisch einen Muck sagte. Alle lehnten sich, sozusagen jeder in seiner Richtung, zurück – Ellbogen auf dem Tisch, Rücken gegen den Gartenstuhl, Beine übergeschlagen, das Gesicht abgewandt. Der Rauch von Zigarren und Zigaretten stieg zum Himmel und verschwand in einem geduldigen Raum, während hinter Haut, Fett und Speck gewaltige Umformungsprozesse im Gang waren, Heringssalat wurde zu Blut, Leberpastete zu Lymphe, und in ein kleines Stückchen unten am Körper tropfte vertrauensvoll und unangefochten eine Million Fortpflanzungszellen nach der anderen, während die Samenstauung stieg. Und die Fortpflanzungszellen waren nicht nur aus Salamiwurst und Heringssalat und handgeschnittenen Filets und Kaffee und Zigarren. Sie ließen sich auf jeden Fall beeinflussen von den nationalökonomischen Auseinandersetzungen, dem Duft der Waldrebe, jenem einzelnen Blatt, das vom Weinlaub fiel, und vor allem von der schwindelnden Balance zwischen dem Leben als Pappente und dem vollentfalteten, aber dennoch heimlichen Tanz über die mondbeschienenen Sümpfe, in Hainen und großen Wäldern, unter den Sternen und mit dampfenden Mäulern, triumphierend erhoben über den Wellen auf der strapaziösen, aber entschlossenen Schwimmtour von Schweden nach Dänemark.

Er erinnerte sich an die Nacht. Und selbst deren Zerstreuungen nahmen sich wie eine Art Bestätigung aus. Mußten nicht alle einmal zwischendurch den Kopf wegdrehen, während vielleicht die Ohren wuchsen und sozusagen eine Selbstaustreibung vornahmen? Sah er nicht eine fast unübersteigbare Bresche über dem Tisch, gerade jetzt, genau jetzt, und war es nicht diese, die die Begegnung anziehenswert machte, wenn sie endlich kam? Das war vielleicht eine Form von Mystik. Trotzdem fühlte sich Karl in ein überwirkliches Wirklichkeitserlebnis zurückgeschleudert, das eine nach vorn gerichtete Nostalgie entfachte, die ihn halb dazu bekam, sich des Samens zu erleichtern. Er hätte sich auf den Schoß des Mannes da drüben setzen, ihm für den Vortrag danken sollen, hätte ihm leicht an den Ohrläppchen zupfen sollen, merken, daß sie behaart wurden. Er hätte ihm danken sollen, weil er nicht nur zu einem gewissen Zeitpunkt seine Samenstauung wie einen Geysir hatte springen lassen, mit Lissen als Resultat, sondern weil er auch zu Branntwein und mariniertem Hering und Sonnenschein durchs Gartenhaus und naive Vorträge über ›die Situation‹ einlud. Welch ein Supplement zum Leben in den Wäldern, welche verblüffende Unterhaltung in all ihrer kompakten Trivialität, welch ein Auftakt zu der späten Nachmittagsbegegnung, wo die beiden zielsuchend sein würden, hitzig, verfolgend, grapschend, küssend, beißend, klammernd, krabbelnd, aber zwischendurch auch ein Auge auf ein Muster der Tapete werfend, an einer ganz verkehrten Stelle ein Jucken merkend oder den Drang zum Gähnen fühlend.

Sie wuschen ab und trockneten ab. Sie saßen ein wenig in den Liegestühlen. Sie schliefen vielleicht ein wenig. In der Stadt begannen die Leute wieder zu kommen. Die Sonne stand nicht mehr so hoch. Sie konnten es sich bald erlauben zu gehen. Sie erlaubten es sich zu gehen. Sie drehten sich an der Gartentür um und winkten. Sie machten die Gartenpforte hinter sich zu. Sie begannen zu laufen. Sie faßten sich an. Sie legten die Köpfe zurück. Sie gingen zum Galopp über. Die Sonne fiel schräg durch die Tür in das große Haus am Ende der Straße. Die Straßenbahnwagen kreuzten vorbei und brachen das Licht. Sie sprangen über die Straße. Sie liefen ins Licht. Sie verschwanden.

GUY DE MAUPASSANT

Rose

Es sieht aus, als wären die beiden jungen Frauen unter einer dichten Blumendecke begraben.

Sie sitzen allein in dem großen Landauer, der wie ein Riesenkorb mit Blumen vollgeladen ist. Auf dem Vordersitz stehen zwei weißseidene Körbchen voller Veilchen aus Nizza, und auf dem Bärenfell, das über ihre Knie gebreitet ist, liegen ganze Haufen von Rosen, Mimosen, Levkojen, Margeriten, Tuberosen und Orangeblüten, mit schmalen Seidenbändern zusammengebunden, daß es aussieht, als würden die beiden zarten Frauen erdrückt. Aus dem bunten, duftenden Bett ragen nur Schultern und Arme und ein Stück des Oberleibs hervor, blau bei der einen und lila bei der andern.

Die Peitsche des Kutschers ist mit Anemonen umwunden, die Zugstränge der Pferde sind mit Goldlack besteckt, die Radspeichen mit Reseda verkleidet, und statt der Laternen leuchten zwei riesige runde Blumensträuße wie die beiden seltsamen Augen dieses rollenden, blütenüberwachsenen Tieres.

Der Landauer fährt in raschem Trab durch die Straße, die Rue d'Antibes; voraus, hintennach und links und rechts von ihm fahren andere mit Girlanden geschmückte Wagen voll Frauen, die unter einer Flut von Veilchen verschwinden. Denn man feiert das Blumenfest von Cannes.

Nun gelangt der Wagen zum Boulevard de la Foncière, wo die Blumenschlacht stattfindet. In der ganzen Länge der endlosen Avenue wogt eine doppelte Reihe blumenbekränzter Kutschen hin und her wie ein Band, das kein Ende hat. Von einer Seite dieser langen Wagenreihe zur andern wirft man sich Blumen zu. Sie fliegen wie Bälle durch die Luft, treffen die jugendfrischen Gesichter, überschlagen sich und fallen in den Staub, wo ein ganzes Heer von Straßenjungen sie aufliest.

Eine dichtgedrängte Menge steht Kopf an Kopf längs der Trottoirs und schaut lärmend oder auch ruhig zu. Berittene

Gendarmen halten sie zusammen; sie reiten rücksichtslos dicht an den Leuten entlang und treiben die schaulustigen Fußgänger zurück, als wollten sie dem gemeinen Volk nicht erlauben, sich unter die Reichen zu mischen.

Die Herrschaften in den Kutschen rufen einander zu, erkennen sich und bewerfen sich mit Rosen. Ein Wagen, voll mit hübschen Frauen, die rot wie Teufel gekleidet sind, zieht alle Blicke auf sich und bezaubert die Zuschauer. Ein Herr, der aussieht wie ein lebendig gewordenes Bildnis Heinrichs IV., schleudert mit übermütigem Eifer ein riesiges Bukett, das an einem Gummiband befestigt ist. Vor dem drohenden Wurf halten die Damen die Hände vor die Augen, die Männer ducken sich, doch das graziöse Wurfgeschoß beschreibt rasch und gelehrig einen Bogen und kehrt zu seinem Herrn zurück, der es alsbald einem neuen Opfer zuwirft.

Die beiden jungen Frauen verschießen mit vollen Händen ihren Vorrat an Sträußchen, bis nichts mehr da ist, und erhalten dafür einen Hagel von Blumen. So dauert die Schlacht gut eine Stunde; dann werden sie ein bißchen müde und befehlen dem Kutscher, die Landstraße zum Golfe Juan einzuschlagen, die am Meer entlangführt.

Die Sonne verschwindet hinter dem Esterel und zeichnet auf feuerrotem Himmel tiefschwarz die gezackte Silhouette des langgestreckten Gebirges ab. Das ruhige Meer dehnt sich blau und klar bis zum Horizont hin, wo es sich mit dem Himmel vermischt, und das Geschwader, das mitten im Golf vor Anker liegt, sieht aus wie eine Herde unförmiger Tiere, die regungslos auf dem Wasser schwimmen wie gepanzerte, höckerige apokalyptische Gebilde, mit Masten, zerbrechlich wie Federn, besteckt und mit Augen, die aufleuchten, wenn die Nacht hereinbricht.

Die jungen Frauen, wohlig unter der schweren Pelzdecke ausgestreckt, schauen matt und unbeteiligt darauf hinab. Endlich sagte die eine:

»Welch köstliche Abende es doch gibt! Alles scheint dann gut. Findest du nicht auch, Margot?«

»Ja, alles ist gut«, erwiderte die andere. »Aber etwas fehlt immer.«

»Was denn? Ich fühle mich ganz glücklich. Mir fehlt nichts.«

»Doch. Du denkst bloß nicht daran. Wie groß auch das Wohlgefühl sein mag, das unseren Körper empfindungslos macht, wir sehnen uns doch stets nach etwas, das uns abgeht … etwas für das Herz.«

Und die andere fragte lächelnd: »Ein bißchen Liebe?«

»Ja.«

Sie schwiegen beide wieder und schauten vor sich hin; dann murmelte die eine, die Marguerite hieß:

»Das Leben scheint mir ohne das unerträglich. Ich brauche Liebe, wäre es auch nur die Liebe eines Hundes. Übrigens sind wir Frauen alle so, was du auch sagen magst, Simone.«

»Nein, nein, meine Liebe. Ich will lieber gar nicht geliebt werden, als von irgendwem. Glaubst du, es wäre mir angenehm, zum Beispiel geliebt zu werden … von … von …«

Sie dachte nach, wer sie wohl lieben könnte, und ihre Blicke schweiften über die weite Landschaft hin. Als ihre Augen den ganzen Horizont ringsum abgesucht hatten, fielen sie auf die beiden blitzenden Metallknöpfe am Rücken des Kutschers, und sie fuhr lachend fort: »Von meinem Kutscher.«

Madame Margot lächelte kaum und sagte leise:

»Ich versichere dir, es ist sehr spaßig, von einem Bedienten geliebt zu werden. Das ist mir zwei- oder dreimal passiert. Sie rollen dann so komisch die Augen, daß man vor Lachen fast umkommt. Natürlich zeigt man sich um so strenger, je verliebter sie sind, dann setzt man sie eines Tages unter dem erstbesten Vorwand vor die Tür, weil man ja lächerlich würde, wenn es jemandem auffallen sollte.«

Madame Simone blickte starr vor sich hin und hörte ihr wortlos zu, dann erklärte sie:

»Nein, entschieden, am Herzen meines Dieners fände ich kein Genüge. Erzähl mir doch, wieso du darauf gekommen bist, daß sie dich liebten.«

»Das merkte ich wie bei den anderen Männern: wenn sie blöde wurden.«

»Mir kommen die andern nicht so dumm vor, wenn sie mich lieben.«

»Völlig verblödet, meine Liebe, außerstande, ein Gespräch zu führen, vernünftig zu antworten, überhaupt etwas zu begreifen.«

»Und wie war denn dir dabei zumute, wenn dich ein Diener liebte? Wie warst du? … Erregt? Geschmeichelt?«

»Erregt – nein. Geschmeichelt – ja, ein wenig. Die Liebe eines Mannes, er sei, wer er wolle, schmeichelt uns ja immer.«

»O Margot, hör doch auf!«

»Doch, meine Liebe. Paß auf, ich will dir ein seltsames Erlebnis erzählen, das ich einmal hatte. Du wirst sehen, wie sonderbare und verworrene Vorgänge sich bei solchen Gelegenheiten in unserem Innern abspielen.

Es wird im Herbst vier Jahre her sein, da war ich einmal ohne Kammerzofe. Ich hatte nacheinander fünf oder sechs Mädchen versuchsweise eingestellt, aber sie taugten alle nichts, und ich hatte schon jede Hoffnung aufgegeben, eine geeignete Zofe zu finden, da las ich im Anzeigenteil einer Zeitung, daß ein Mädchen, das nähen, sticken und frisieren könne, eine Stelle suche und die besten Zeugnisse beibringen könne. Zudem spreche sie Englisch.

Ich schrieb an die angegebene Adresse, und tags darauf stellte sich die fragliche Person vor. Sie war ziemlich groß, schlank, ein bißchen blaß und wirkte recht schüchtern. Sie hatte schöne dunkle Augen, eine entzückende Haut; sie gefiel mir auf den ersten Blick. Ich verlangte ihre Zeugnisse zu sehen. Sie gab mir ein englisch abgefaßtes; wie sie sagte, hatte sie bis dahin im Hause der Lady Rymwell gedient, wo sie zehn Jahre geblieben sei.

In dem Zeugnis wurde bescheinigt, daß das Mädchen aus eigenem Entschluß fortgegangen sei; sie habe nach Frankreich zurückkehren wollen, und man habe ihr, von ein wenig ›französischer Koketterie‹ abgesehen, im Lauf ihrer langjährigen Dienstzeit nichts vorzuwerfen gehabt.

Die schamhafte Wendung des englischen Satzes nötigte mir sogar ein leises Lächeln ab, und ich stellte die Kammerzofe ohne weiteres ein.

Rose – so hieß sie – trat noch am selben Tag ihren Dienst bei mir an.

Nach einem Monat betete ich sie an.

Sie war ein Glücksfall, ein Fund, eine Perle, ein Phänomen.

Sie verstand es meisterhaft und mit größtem Geschmack, mein Haar zurechtzumachen; sie richtete die Spitzen an einem Hut geschickter zu als die besten Modistinnen, ja, sie konnte sogar Kleider schneidern.

Ich war verblüfft über ihre Fähigkeiten. Noch nie war ich so gut bedient worden.

Sie kleidete mich mit erstaunlich leichter Hand an. Nie spürte ich ihre Finger auf meiner Haut, und doch ist mir nichts so widerwärtig wie die Berührung durch die Hand einer Zofe. Bald ergab ich mich einem genießerischen Faulenzen und gewöhnte mir an, mich mit größtem Wohlbehagen von diesem großen, schüchternen Mädchen von Kopf bis zu den Füßen, vom Hemd bis zu den Handschuhen ankleiden zu lassen. Sie errötete leicht und sprach nie ein Wort. Wenn ich aus dem Bad stieg, rieb sie mich trocken und massierte mich, während ich ein wenig auf meinem Diwan schlummerte. Ich sah in ihr wahrhaftig eher eine aus geringeren Verhältnissen stammende Freundin als eine gewöhnliche Zofe.

Eines Morgens aber wünschte mich der Concierge, der sehr geheimnisvoll tat, zu sprechen. Ich war ganz überrascht und ließ ihn hereinkommen. Er war ein verläßlicher Mann, ein alter Soldat, die frühere Ordonnanz meines Mannes.

Er war sichtlich verlegen über das, was er zu bestellen hatte. Endlich stammelte er:

›Madame, unten ist der Polizeikommissar des Viertels.‹

Ich fragte unwirsch:

›Was will er denn?‹

›Er will eine Haussuchung vornehmen.‹

Gewiß, die Polizei ist zu vielem nütze, aber ich kann sie nicht ausstehen. Ich finde, das ist kein anständiger Beruf. So gab ich gereizt und auch gekränkt zur Antwort:

›Wozu diese Haussuchung? Aus welchem Grund? Ich lasse ihn nicht herein.‹

Der Concierge erwiderte:

›Er behauptet, im Haus sei ein Verbrecher versteckt.‹

Jetzt bekam ich doch Angst und befahl, den Polizeikommissar zu mir hereinzuführen. Er sollte mir nähere Auskunft geben. Er war ein recht gut erzogener Mann; im Knopfloch trug er das Bändchen der Ehrenlegion. Er entschuldigte sich, bat um Verzeihung und bestätigte mir dann, ich hätte unter meiner Dienerschaft einen Zuchthäusler.

Ich war empört und antwortete ihm, ich stehe für die ganze Dienerschaft im Haus ein, und zählte sie ihm auf.

›Der Concierge, Pierre Courtin, ein ehemaliger Soldat.‹

›Der ist es nicht.‹

›Der Kutscher, François Pingau, ein Bauer aus der Champagne, Sohn eines Pächters meines Vaters.‹

›Der ist es nicht.‹

›Ein Stallknecht, ebenfalls aus der Champagne, auch Sohn von Bauern, die ich gut kenne, dazu ein Diener, den Sie eben gesehen haben.‹

›Auch der ist es nicht.‹

›Nun, mein Herr, Sie sehen, daß Sie sich täuschen.‹

›Verzeihung, Madame, ich bin sicher, daß ich mich nicht täusche. Da es sich um einen gefährlichen Verbrecher handelt, wollen Sie die Güte haben, hier vor Ihnen und mir Ihre gesamte Dienerschaft antreten zu lassen.‹

Erst wollte ich nicht, dann gab ich nach und ließ alle meine Dienstboten, Männer und Frauen, heraufkommen.

Der Polizeikommissar warf einen prüfenden Blick über sie hin und erklärte dann:

›Das sind nicht alle.‹

›Pardon, mein Herr, es ist nur noch meine Zofe da, ein junges Mädchen, das Sie doch wohl nicht mit einem Sträfling verwechseln können.‹

Da fragte er: ›Kann ich sie ebenfalls sehen?‹

›Natürlich.‹

Ich klingelte nach Rose, und sie erschien sogleich. Kaum war sie eingetreten, winkte der Kommissar, und zwei Männer, die ungesehen hinter der Tür versteckt gestanden hatten, warfen sich auf sie, packten sie an den Händen und fesselten sie mit Stricken.

Ich stieß einen Wutschrei aus, wollte eingreifen und sie verteidigen, die Beamten hinausdrängen. Doch der Kommissar gebot mir Einhalt.

›Madame, dieses Mädchen ist ein Mann und heißt Jean-Nicolas Lecapet, er wurde 1879 wegen Notzucht und Mordes zum Tode verurteilt. Seine Strafe wurde in lebenslängliches Zuchthaus umgewandelt. Vor vier Monaten ist er ausgebrochen. Seither suchen wir ihn.‹

Ich war vor Angst halb von Sinnen, starr vor Entsetzen. Ich konnte es nicht glauben. Der Kommissar sagte lachend:

›Ich kann Ihnen nur einen Beweis geben: Er ist am rechten Arm tätowiert.‹

Man streifte seinen Ärmel hoch. Es war so. Dann setzte der Mann von der Polizei reichlich geschmacklos hinzu:

›Die übrigen Feststellungen können Sie ruhig uns überlassen.‹

Dann führte man meine Zofe ab!

Und nun, ob du mir's glaubst oder nicht, was mir vor allem zu schaffen gab, war nicht etwa der Zorn darüber, daß ich so hinters Licht geführt, getäuscht und lächerlich gemacht worden war, auch nicht Scham, weil ich auf diese Art von einem Mann an- und ausgekleidet, berührt und betastet worden war... sondern eine... tiefe Demütigung... eine Demütigung als Frau. Verstehst du, was ich meine?«

»Nein, nicht recht.«

»Nicht? Aber so überleg doch nur einmal... Er war verurteilt... wegen Notzucht... dieser Bursche... nun ja, ich dachte... an die Frau, die er vergewaltigt hatte... und das... das demütigte mich... Das war's... begreifst du jetzt?«

Madame Simone antwortete nicht. Sie sah geradeaus vor sich hin, mit einem eigentümlich starren Blick auf die beiden blitzenden Knöpfe der Livree, mit einem sphinxhaften Lächeln, wie es Frauen zuweilen haben.

André Kaminski

Die Gärten des Mulay Abdallah

Ich wollte Rami bekehren. Einen Menschen aus ihm machen. Oder mindestens das, was ich mir damals darunter vorstellte. Meine Absicht war praktisch aussichtslos und darum reizte sie mich.

Er saß hinten im Wagen und furzte. Eigentlich saß er nicht, sondern lag und verdaute. Er dünstete Schläfrigkeit aus und einen Gestank, der den Wagen zur fahrenden Latrine machte.

Er konnte es sich leisten, denn er ist der älteste Sohn der ältesten Familie von Fes, und Fes ist die älteste Stadt von Marokko. Als Mulay Idriss die Stadt gründete, das war vor über tausend Jahren, ernannte er einen Rami zum Generalintendanten des Habus. Das bedeutete, daß sämtliche Heiligtümer – Bethäuser, Ablutionsstätten, Reliquien und alle dazu gehörigen Grundstücke – von Abkömmlingen dieser Sippe verwaltet wurden. Und zwar gut verwaltet, bis zum heutigen Tag, mit Vorteil für die Familie, die im Lauf der Epochen selbst zu einem Heiligtum wurde.

Abderachman saß am Steuer. Seine Statur war untersetzt. Sein Schädel glich einem Kugelkaktus. Er hatte Fuchsaugen und borstige Locken auf dem Kopf. Er haßte Rami mit der Leidenschaft eines Erbsklaven für seinen Herrn. Wenn Rami eines unnatürlichen Todes sterben sollte, dann könnte man sich an den Fingern abzählen, wer ihn ermordet hat. Er gehorchte, doch seine Unterwürfigkeit war widerwillig, und er wagte nicht, die Fenster herunterzudrehen, wenn uns Rami die Luft verpestete. Das war ein Stellungskrieg, bei dem nicht einmal Worte gewechselt wurden.

Meine Beziehung zu Rami war auch nicht einfach. Im Prinzip war ich sein Meister und er mein Schüler. Oder sagen wir mein Lehrling. Ich sollte einen Reporter aus ihm machen. Er hingegen war mein Reiseführer und Dolmetscher zugleich. Außerdem bespitzelte er mich und meldete weiter, was ich sagte und wohin ich ging. Er sprach die Dialekte des Landes, kannte die Sitten und Gebräuche, las zwischen den Zeilen und wußte, was die Leute verschwiegen, wenn sie unsere Fragen beantworteten. Wir brauchten uns und betrieben eine Art friedlicher Koexistenz, die darin bestand, daß wir uns nicht gegenseitig umbrachten, wenn wir einander auf die Nerven gingen. Und wir gingen einander auf die Nerven. Wenigstens er mir. Nur hatte ich keine Angst vor ihm. Ich fragte ihn nicht, ob ich die Scheiben herunterkurbeln dürfe. Ich tat es. Rami winselte, es sei ihm kalt. Der Luftzug mache ihn fertig. Das war lächerlich. Er wollte uns nur die Reise verleiden und zeigen, daß er jemand war. Doch ließ ich mich nicht beirren. Abderachman deutete aufs Thermometer, es zeigte 43 Grad Celsius. Wir rollten durch die Wüste. Am späten Nachmittag wollten wir in Figig sein, wo wir beabsichtigten, einen Film zu drehen. Über die Nomaden der Hochebene, die nach sieben Trockenjahren vom Hungertod bedroht waren.

Wir hatten bereits ein Dutzend Filme miteinander gemacht, trostlose Dokumente über die Agonie marokkanischer Unterhunde, und jedesmal hatte ich auf eine Reaktion in Ramis Gemüt gehofft. Auf einen Dammbruch in seinem Denksystem. Es schien mir einfach ausgeschlossen, daß ihn das alles gleichgültig ließ. Wir waren bei den Sardinenfischern in Safi gewesen, wir hatten die Teppichweber an den Hängen des Dschebel Sirhua besucht, wir waren in die Kobaltgruben von Taznakht hinabgestiegen und hatten bei den Höhlenbewohnern in den Kalkfelsen des Tizintest gehaust. Rami machte seine Arbeit tadellos. Gewissenhaft sammelte er ethnographische Informationen, notierte linguistische Einzelheiten, befragte die Alten und die Jungen; aber er tat es mit der Teilnahmslosigkeit eines Kammerdieners. Die Probleme interessierten ihn nicht.

Ich war aufgewachsen mit Rousseau und Tolstoi. Ich glaubte, daß der Mensch gut sei, wenn er zur Welt kommt. Also war Rami für mich nur verschüttet. Möglicherweise versteinert. Eines Tages aber würde er schmelzen – hoffte ich – wie ein Eisberg an der Sonne, und ich setzte meine Ehre daran, ihn einer intensiven Bestrahlung auszusetzen.

Es war zwölf Uhr mittags, als wir uns der Oase näherten, die zu unserem – und vor allem zu meinem – Schicksal werden sollte. Der Ort ist so bedeutungslos, daß er auf den meisten Landkarten gar nicht vermerkt wird. Er heißt Tendrara und ist der höchstgelegene Punkt einer Strecke, die von Uschda nach Beni Unif führt.

Es waren noch 182 Kilometer bis zu unserem Ziel. Wir hatten Sand im Mund, wir schwitzten aus allen Poren und wollten dringend eine Herberge finden, um uns zu waschen, auszuruhen und etwas zu essen. Aber es gab nicht einmal eine Tankstelle in Tendrara, und wir waren gezwungen, uns beim Kaid zu melden, was wohl besser unterblieben wäre. Nicht wegen des Kaids selbst, sondern wegen der Folgen, die daraus erwachsen sollten.

Der Kaid war ein sonderbarer Mensch. Er hieß Mulay Abdallah, blickte mit einem Auge zum Himmel und mit dem andern in seine Westentasche. Als erstes bat er uns um Verzeihung, daß ihm stets Tränen über die Wangen flössen. Er sei so zur Welt gekommen. Er habe keinen Kummer, doch ein bedrücktes Gemüt. Bei Tag und bei Nacht. Alles sei schon versucht worden: Ärzte, Medikamente, Thermalquellen und Frauen. Ohne Erfolg. Sein Sinn bleibe düster, seine Melancholie unheilbar. Doch, fügte er schnell hinzu, er wolle einen Mann kommen lassen; den Stammesältesten der Beni Mathar, der uns das Mittagsmahl erheitern werde. Den spaßigsten Menschen der westlichen Sahara, der Possen reiße, bis die Nähte platzen.

Ich war todmüde, doch konnte ich es kaum erwarten, diesen Spaßvogel kennenzulernen. Wie mochte er wohl aussehen, fragte ich mich. Vielleicht würden wir einen Film drehen über ihn. Endlich einmal etwas anderes. Zum Lachen oder mindestens zum Schmunzeln. Ich spazierte auf und ab im Paradiesgarten des Kaids. Es duftete nach Zitronenblüten, Grillen zirpten, und ich zerbrach mir den Kopf, was für eine Frage ich ihm stellen sollte. Etwas Originelles müßte es sein, um ihn zu überrumpeln.

Und plötzlich stand er da. Zwei Meter groß. Schwarz wie eine Todsünde, mit weißem Burnus und silbernem Turban. Dann erschienen die Gäste. Würdenträger, Verwaltungsbeamte, Kamelhändler, ein jüdischer Juwelier und der Bewässerungsinspektor. Zuletzt kam der Kaid in Begleitung von Rami und Abderachman.

Der Spaßmacher lehnte sich an den Rand des Springbrunnens und verschränkte die Arme über dem Bauch. Er wußte, daß er der Mittelpunkt war; doch er schwieg noch und wartete. Niemand sprach ein Wort. Man hörte die Vögel, das Plätschern des Wassers. Ich spürte, daß entweder er reden würde oder ich. Und da er nichts sagte, war die Reihe an mir. Ich ging einige Schritte auf ihn zu und stellte die Frage, die ich mir zurechtgelegt hatte:

– Sie seien der schlagfertigste Mann der westlichen Sahara, habe ich gehört, Sie führen ein Leben der Tugend und heiteren Weisheit. Es ist mir eine Ehre, Sie kennenzulernen, und ich möchte Ihnen eine Frage stellen, um klüger zu werden und Vorteil zu ziehen aus Ihrer Erfahrung. Welches war die größte Dummheit, die Sie jemals begangen haben?

Der Possenreißer durchbohrte mich mit lodernden Augen. Ein boshafter Übermut zuckte um seinen Mund, und er antwortete:

– Daß ich einen Hornochsen in den Arsch genudelt habe, der dir ähnlich sah, teurer Freund!

Gottlob konnte ich nicht verstehen, was er gesagt hatte. Der Witzbold sprach den lokalen Berber-Dialekt, und nicht einmal Rami, der mir mit Freuden eins ausgewischt hätte, fand den Mut, diese Unverfrorenheit zu übersetzen. Wenigstens nicht sofort. Trotzdem war mir klar, daß der Kerl einen Pfeil abgeschossen hatte. Den Gästen blieb die Sprache weg. Dann aber begann jemand zu hüsteln, nach Luft zu schnappen, schließlich zu wiehern, bis die ganze Tischgesellschaft vom Lachen geschüttelt wurde. Alles wand und krümmte sich. Außer mir und dem Kaid.

Ich fragte voll Neugier, was denn der Possenreißer gesagt

habe. Der Kaid schaute in die Ferne, saß da wie eine indische Gottheit und seufzte. Plötzlich sprach er so laut, daß alle zusammenzuckten:

– Dieser schwarze Teufel hat Sie verhöhnt. Er gab eine häßliche Antwort auf eine schöne Frage, aber er vergißt, daß auch er seinem Schicksal entgegenstürzt, und daß ihn morgen schon der Richter nach den Irrtümern seines Lebens fragen wird. Dann wird er nicht spotten, sondern zittern!

Jetzt schämten sich alle, und der Witzbold senkte die Augen. Mulay Abdallah ergriff meine Hand und sagte, scheinbar zur Wiedergutmachung des mir geschehenen Unrechts, auch er wolle nun eine Frage stellen, und zwar an mich, den man in seinem Hause dem Gespött preisgegeben habe:

– Welches war die größte Weisheit, die Sie je begangen haben, verehrter Fremdling?

Weisheiten begeht man nicht, dachte ich. Die Frage war verfänglich. Eine Falle, möglicherweise um mich aus dem Busch zu klopfen. Rami war bei ihm gewesen, bevor noch die Gäste kamen. Darum sagte ich, mit einem Seitenblick zu Rami, die größte Weisheit meines Lebens sei wohl gewesen, daß ich das Alphabet gelernt und somit das einträglichste Vermögen erworben hätte, das ein Mensch erwerben kann. Zwei Dutzend Buchstaben, aus denen ich zusammensetze, wonach nur mein Herz begehrt. Es gibt keine Köstlichkeiten auf Erden, die ich nicht imstande wäre, mit den vierundzwanzig Schriftzeichen herbeizuzaubern. Und was am Erstaunlichsten sei – hier appellierte ich an Ramis Krämerseele, an die tausendjährige Profitgier seiner Sippe –, die Buchstaben kosten nichts. Die liegen auf der Straße. Jeder kann sie auflesen und ein Vermögen daraus machen!

Das war nicht besonders originell, zugegeben. Aber es war der Versuch, meine Wertbegriffe begreiflich zu machen. Rami sollte einsehen, daß ich nichts anderes wollte als sein Koran: den Sieg des Geistes über das Fleisch. Nur eines hatte ich vergessen: Rami spuckte auf den Geist. Er fraß Fleisch. Soviel wie möglich und besonders Schweinefleisch, was für seine Religion als Todsünde galt. Um so gewaltiger wirkten meine Worte auf den Kaid, der damals 40 Jahre alt war und zugeschnürt wie ein Postsack. Nie war ein Lächeln über seine Lippen gehuscht. Weder der Abzug der Franzosen noch die Verkündung der nationalen Unabhängigkeit hatten die Nebelschwaden von seiner Seele geblasen. Das irdische Dasein war für ihn ein Leidensweg. Ein beständiger Sturz in den Abgrund, und er dachte längst nicht mehr daran, einen Sinn des Lebens zu entdecken. Doch heute geschah das Wunder. Nach vierzig Jahren lösten sich seine Kiefer, und er lächelte. Meine Worte hatten ihn verzaubert. Zum erstenmal strahlte er; und die Gäste merkten es. Der Kaid verkehrte sich in sein Gegenteil. Er öffnete sich wie die Seerose am Morgen. Nur Rami verzog seine Lippen und nahm mir die letzte Lust, ihn zu bekehren. Sogar der Possenreißer drückte theatralisch seine Handflächen auf die Brust und murmelte »hamdulillah«, was bei uns soviel bedeutet wie »Ehre sei Gott in der Höhe!«

Ich war zufrieden mit mir. Ich hatte geredet wie ein Sonntagsschullehrer. Einen glänzenden Eindruck hatte ich gemacht, und jedermann freute sich, daß ich Mulay Abdallahs Herz erheitert hatte. Als er in die Hände klatschte, um uns zur Tafel zu bitten, folgte ich voll eitler Demut. Ich sonnte mich im Staunen der Anwesenden, denn es war offensichtlich, daß ich ein Mirakel vollbracht hatte. Das war nicht derselbe Kaid. Er war ein Greis gewesen. Jetzt war er ein Jüngling, und der Spaßmacher sagte zu seinem Tischnachbarn: »Schöpf mir den Teller voll Buchstaben, Bruder; vielleicht schwillt auch mir wieder das Fleisch, und ich zeuge noch ein paar Soldaten für den König und das Vaterland!« Da verdoppelte sich das Wunder. Der Kaid lachte; und wir wußten, daß der Geist über ihn gekommen war.

Nach dem Segensspruch geschah ein weiteres Wunder. Mulay Abdallah ging hinaus und kehrte mit einem Korb zurück, in dem sich zwölf Flaschen befanden. Der Koran verbietet den Genuß alkoholischer Getränke. Weder der Kaid noch irgendeiner seiner Gäste hatten je davon gekostet. Wein oder Schnaps sind haschumah, so absolut untersagt, daß man sie nicht einmal beim Namen nennt. Nur ich und

Rami hatten eine Ahnung, wie das schmeckt. Ich, weil ich kein Mohammedaner bin. Und Rami, weil er ein gottloser Schurke ist, der sich über die Gesetze hinwegsetzt. Schließlich ist er ein Rami, ein Abkömmling von Mulay Idriss und ein Nachfahre des Propheten. Auch der Kaid ist ein Nachfahre des Propheten. Statthalter des Sultans im Lande der Giftkröten und Skorpione. Scheriff aller Analphabeten zwischen Uschda und Beni Unif. Wenn er Alkohol anbietet, gibt es keine Widerrede. Die Aufforderung eines Kaids ist Gebot des Himmels. Mulay Abdallah ließ uns einschenken und basta. Gottes Zorn lag im Raum, der Statthalter aber erhob sich, nahm das Glas in die Hand, füllte es mit Wein und hielt eine Ansprache, deren Gedanken er sich selbst wohl nicht zugetraut hätte. Das war vor einem Vierteljahrhundert und ich zitiere aus der Erinnerung:

– Gott wird uns verzeihen, denn ER ist die Vernunft. ER hat den Wein erschaffen; also will er, daß wir ihn trinken. Er ließ die Äpfel reifen am Baum der Erkenntnis, damit seine Kinder davon essen. Wozu gab er uns einen Kopf, meine Brüder? Nicht um einfältig zu bleiben wie die Würmer. Er hat das Alphabet erfunden, damit wir es erlernen. Er hat die Bücher geschrieben, damit wir sie lesen. Denket nach, und ihr werdet erkennen, daß die Unwissenheit eine Sünde ist. Wir müssen sie ausrotten wie das Unkraut aus dem Garten. Dann werden wir Gott gefallen, denn er will, daß wir Brot machen aus seinem Korn, Tücher aus seiner Wolle und ein Paradies aus seiner Erde. Er will, daß wir die Welt verbessern. Er will nicht, daß wir gehorchen wie das Vieh, das man mit der Peitsche zur Arbeit zwingt. Er schuf uns, nach seinem Ebenbild, aufrecht, damit wir unser Schicksal in die Hand nehmen. Fünfmal am Tag werfen wir uns auf die Knie und feilschen mit ihm, daß er Regen schicke, die Heuschrecken vertilge, die Weiber fruchtbar mache und uns reich. Dabei gab uns Allah ein Hirn und zehn Finger, daß wir uns Rat schaffen auf der Welt. Lernt von diesem Fremdling! Er hat mir die Augen geöffnet, und ich danke ihm dafür. Ich habe beschlossen, ab heute keine Zeit mehr zu verlieren. Wir werden nur noch einmal beten am Tag und viermal nachdenken. Wir ziehen eine neue Frucht in unserer Wüste! Wir pflanzen das Alphabet in die Köpfe der Beduinen, denn sie hungern an Körper und Geist. Eine Saat wird aufgehn, meine Brüder! Mit vierundzwanzig Buchstaben entzünden wir die Revolution. Wir waren bisher ein gelber Fleck auf der Landkarte. Ein Niemandsland für Habenichtse und Unwissende. Dieses Niemandsland werden wir bewässern mit den Fluten der Bildung. Und aus der Bildung werden Städte emporwachsen. Fabriken und Bergwerke, Straßen werden das Land durchziehen, und man wird kommen aus allen Himmelsrichtungen, um uns zu bestaunen. Erhebet eure Gläser, meine Brüder, und trinket mit mir. Gegen die Macht der Gewohnheit. Zu Ehren des Allmächtigen!

Wir erhoben unsere Gläser und leerten sie in einem Zuge. Erstens, weil der Kaid es so wollte, und zweitens lockten uns die verstaubten Flaschen. Sie übten einen unwiderstehlichen Reiz aus, regten die Phantasie an und den Durst. Montrachet 1949. Ein Sündentropfen aus der Kolonialzeit. Der französische Kommandant hatte ihn zurückgelassen, als er vor Mulay Abdallah das Feld räumen mußte. Dann begann die Mahlzeit, und wir ließen uns nachfüllen. Wir wiederholten die Übung. Immer von Neuem, und als der Kaffee kam, befanden wir uns in höchst ausschweifender Stimmung. Ganz besonders Abderachman, unser Chauffeur, der ahnte, daß eine solche Gelegenheit nie wiederkehren würde. Und außerdem stand er unter dem Eindruck der beispiellosen Rede. Der Kaid hatte ihm einen Weg gewiesen. Ein Programm, für das es sich lohnte zu leben. Der Kaid glühte. Abderachman aber loderte und mit siegestrunkenen Augen blickte er zu Rami hinüber. Rami sagte nichts. Niemand sagte etwas. Doch als Abderachman die dritte Flasche entkorkte, mahnte ich zum Aufbruch. Der Kaid bat uns, bei ihm zu übernachten. Aber ich erklärte, wir müßten uns auf den Weg machen, da ich noch vor Sonnenuntergang drehen wollte. Das stimmte nicht. Wir hätten morgen drehen können oder übermorgen. Die Beduinen rannten uns nicht davon. Ihre Sorgen würden weiterbestehen; noch hundert

Jahre lang. Aber die Sache wurde mir unheimlich. Abderachman war in einem Zustand, der zu gewissen Befürchtungen Anlaß gab. Irgend etwas lag in der Luft. Ich wußte nicht was; aber ich hatte das unbestimmte Gefühl, jetzt, auf dem Höhepunkt meines Triumphs, verschwinden zu müssen. Vielleicht plagte mich das Gewissen, bereits zuviel Unruhe gestiftet zu haben. Ich verabschiedete mich; voller Eitelkeit und Angst. Ich hatte eine Lawine in Bewegung gebracht und fürchtete, von ihr verschüttet zu werden. So machten wir uns auf den Weg und überließen die Tischgesellschaft ihrem Schicksal.

Von Tendrara bis Figig sind es nicht ganz 180 Kilometer. Die Straße ist miserabel. Von Schlaglöchern ramponiert. Die Temperatur unerträglich. Rami verlangt, daß die Scheibe hochgedreht wird. Abderachman starrt gläsern in die Ferne und drückt auf den Gashebel. Zumachen! schreit Rami.

Abderachman reagiert nicht. Ich drehe die Scheibe noch weiter herunter und versenke mich wieder in eine Zeitung, die ich bald auswendig kenne. Hinter uns wirbelt eine Staubwolke zum Himmel. Auflehnung ist in der Luft, und Rami spürt es. Der Sklave verweigert den Gehorsam. Er hat sich verführen lassen, von diesem Psychopathen in Tendrara. Übergelaufen ist er, glaubt an die Macht der Vernunft. Haha. Eine köstliche Vernunft ist das! Die Menschen verbessern! Ihr werdet sehn, wie euch das gelingt! Rami wird angriffig, er keift in sich hinein.

– Das Alphabet will er verbreiten. In der Steinwüste. Wie will er das machen? Wem will er sie bringen, seine Buchstaben? Den Beduinen? Den Beni Mathar oder den Beni Guil? Nomaden, die ständig unterwegs sind. Ohne festen Wohnsitz. Wie stellt er sich das eigentlich vor? Lehrer mit Flügeln am Arsch? Fliegen hinter den Karawanen her wie die Geier hinterm Leichenzug.

Ich erwähnte bereits, daß Abderachman gesündigt hatte. Es war auf Befehl eines Scheriffs geschehen, eines Abkömmlings des Propheten. Dennoch war es Sünde. Schlimmer, eine Todsünde. Wein hatte er getrunken, zum erstenmal im Leben, und jetzt wußte er genauer als zuvor, daß Rami ein

Lump war. Abderachman entblößte grimmig seine Vorderzähne, drückte den Gashebel noch tiefer. Wir rasten mit 130 Stundenkilometern dem Dschebel Eschuahan entgegen. Die Landschaft glich einem ausgetrockneten Flußbett.

– Lehrer will er finden. Hoho! Hier im Hinterzimmer von Afrika. Keinen einzigen wird er auftreiben. Weder bei uns noch im Ausland. Die Leute sind zwar blöd. Aber nicht so blöd, daß sie nach Tendrara kommen, um den Urmenschen das Alphabet einzutrichtern. Und wenn er sogar welche fände, wenn er jedem Lehrer ein eigenes Auto gäbe, um diesen Halbwilden nachzufahren. Die Beduinen würden ihm ins Gesicht lachen, weil sie – fahr nicht so schnell – weil sie keine Buchstaben brauchen. Weil sie seit Jahrtausenden durch die Wüste latschen – von einer Quelle zur andern – ohne Bücher und Bildung. Weil sie Heuschrecken fressen und Flöhe knacken, und wenn einer kommt, um sie zu belehren, ziehen sie ihm die Haut vom Leib und fressen ihn auf.

Etwas war mit dem Wagen nicht in Ordnung. Wir kurvten von einem Wegrand zum andern. Aber woher sollte ich wissen, ob das Wirklichkeit war oder Sinnestäuschung? Schließlich war ich selbst nicht mehr ganz nüchtern, und bei dieser Hitze ist alles möglich. Rami schien auch nichts zu bemerken, und so schwieg ich.

– Ein Stellvertreter des Sultans. Mit dem Hirn einer Mücke! Geht hin und wiegelt – nicht so schnell, hab' ich gesagt – das Volk wiegelt er auf mit seinem Fieberwahn. Gräbt uns eine Grube und ahnt nicht, daß er als Erster hineinfallen wird. Selber denken sollen sie. Hihi! Wenn das Pack anfängt zu denken, wird es gefährlich. Ein Rudel von tollwütigen Hunden. Laß nur einmal die Leine locker und sie reißen dich in Stücke. Ich wette, daß sie ihn – langsamer fahren sollst du, du Kamelmist!

»Kamelmist« hat er gesagt. Abderachman hat sich nicht verhört. Die Augen treten ihm aus dem Kopf. »Tollwütige Hunde.« Damit ist er gemeint und seinesgleichen. Er beschleunigt, jetzt sind wir auf hundertfünfzig. Jetzt weiß ich mit Gewißheit, daß wir hin und her schleudern. Ein Reifen muß geplatzt sein. Hinten rechts. Ich lege die Hand auf die Schulter Abderachmans, will ihn mäßigen, doch zu spät. Eine Sandwolke strudelt empor. Ich spüre einen Hieb in den Nacken. Wir überschlagen uns; und Hals über Kopf stürzen wir eine Böschung hinunter.

Der Wagen wog vier Tonnen. Ein Reportagewagen des marokkanischen Rundfunks. Nach der Katastrophe sah er aus wie von einer Dampfwalze überfahren. Als ich aus der Bewußtlosigkeit erwachte, hatte ich Blut im Mund. Der Schädel schmerzte. Meine Zunge schien aus Holz, es war stockfinster um mich herum. Ich lag eingekeilt zwischen dem, was einmal Dach und Türe war. Ich dämmerte vor mich hin, bis plötzlich ein Gedanke in meinen Kopf blitzte. Wir hatten Munition bei uns – 500 Patronen – und ein halbes Dutzend Kanister mit Reservebenzin. Wir mußten uns aus dem Staub machen. Da fiel ein Lichtstrahl in mein Nirwana. Ich bemerkte die Öffnung – eine romboidale Luke, das fatale offene Fenster.

Wir kletterten ins Freie. Im Laufe von Sekunden. Kurz darauf gab es einen Donnerknall. Der Schrotthaufen wurde zum Feuerwerk, das berstend und krachend zum Himmel sprühte.

Das geschah am 20. Oktober 1959. Um sechs Uhr abends. In der Wüste des Mader el Massarin. Mehr tot als lebendig hofften wir auf Hilfe. Jemand würde vorbeifahren. Dann verlor ich das Bewußtsein. Zum zweitenmal.

Ich habe nie erfahren, wer uns zurücktransportierte. Jemand mußte uns mitgenommen und beim Kaid abgeliefert haben. Da war ich wieder, im Palast des Mulay Abdallah, des Statthalters von Tendrara. Ich befand mich in einem Zimmer, wo es nach Jasmin duftete und Chloroform. Mein Kopf schmerzte, die Zunge war geschwollen, Durst quälte mich. Ich hörte nicht auf zu trinken, Zitronenwasser, Orangensaft. Ich hatte einen Verband um den Schädel, und jeden Abend kam jemand, um ihn zu erneuern. Ich konnte weder sehen noch reden. Dafür hörte ich Gesprächsfetzen, aus denen ich zusammenreimte, was los war. An meinem Bett erschienen Unbekannte. Amtspersonen, Hausangestellte, ein polnischer

Arzt. Unverschämt besprachen sie meinen Fall und konstatierten – voll Schadenfreude –, daß ich um ein Haar ins Gras gebissen hätte. Sie fügten hinzu, mein Alphabet hätte mir auch nichts genützt, im Gegenteil. Schaut euch an, wie der aussieht! Aber der Kaid will nichts lernen aus der Erfahrung. Schon fängt er an mit seiner Buchstabenrevolution. Mulay Abdallah ist ein ehrenwerter Mann, aber unberechenbar. Das kommt davon, daß er noch keine Frau hat. Ein Mann ohne Frau ist kein Mann, sagt das Sprichwort. Hätte er sein Vergnügen in der Nacht, würde er tagsüber keinen Unsinn treiben. Bildung will er pflanzen in der Wüste, obwohl es keine Lehrer im Amtsbezirk gibt. Ohne Lehrer keine Schule, das sieht doch ein Blinder. Zugegeben, man kann sie kommen lassen. Für teures Geld. Aus dem Ausland. Aber dann reden sie eine fremde Sprache, und niemand wird sie verstehen!

Da trat jemand ins Zimmer und brachte ein Gerücht, das Entsetzen auslöste. Mulay Abdallah sei daran, einen Zivildienst aufzubauen. Die Listen seien schon angefertigt. Wer lesen könne und schreiben, werde abkommandiert. Ein Jahr lang. Als Schulmeister für die Nomaden.

Ein Jahr lang? schrien die Leute durcheinander. Dazu ist er nicht befugt. Er will uns ruinieren. Wer schaut nach unseren Geschäften, wenn wir weg sind? Unsere Familien gehen zugrunde. Das ist rechtswidrig. Wir sind die Elite dieser Gegend. Man kann uns doch nicht bestrafen, weil wir lesen und schreiben gelernt haben. Das lassen wir uns nicht bieten. Wäre der Kaid verheiratet, würde er auf seine Familie hören und nicht auf einen hergelaufenen Ausländer.

Der Ausländer war ich. Mir schwante nichts Gutes. Die Stimmen wurden lauter: Eine Idee ohne Zukunft. Überlegt euch das: eine Schule für die Nomaden! Heut sind sie da, morgen dort. Ein Topf mit durchlöchertem Boden. Beklagt euch nicht, meine Brüder! Mulay Abdallah gab euch Alkohol, und ihr habt ihn getrunken. Gesündigt habt ihr, ohne euch zu schämen. Jetzt schickt er euch in die Wüste, und ihr bekommt die Strafe, die ihr verdient. Nehmt euch in acht, Brüder! Der Kaid war ein Kaninchen, jetzt lächelt er und ist ein Skorpion!

Ich hörte das alles unter meinen Bandagen. Meine Zunge war trocken wie ein Stück Leder. Ich trank jetzt fünfzig Liter am Tag und der polnische Arzt fand das kirjee, was auf französisch curieux und bei uns kurios heißt. Er äußerte die Vermutung, ich sei traumatisiert. Mein Durst sei psychosomatisch, und man müsse etwas unternehmen. Er unternahm nichts. Am zwanzigsten Tag meiner Konvaleszenz stellte ich fest, daß im Garten eine Versammlung stattfand. Der Kaid hatte Soldaten ausgeschickt, um seine Elite zusammenzutreiben. Hundertelf Männer waren da, doch keiner wagte aufzumucken.

– Morgen beginnt die Revolution, begann Mulay Abdallah. Alle machen mit. Drückeberger werden ausgepeitscht! Der Zivildienst dauert ein Jahr. Wer nicht bei der Sache ist, bleibt zwei Jahre. Bei diesen Worten ging ein Raunen durchs Volk.

– Wer meutert sogar drei. Der Prophet sagt: Die Kleinmütigen werden verdammt. Ich sage: Sie werden ausgerottet! Jeder von euch bekommt ein Zelt, ein Gewehr, eine Fibel, zwei Wolldecken und Proviant. Jedem von euch wird eine Quelle zugewiesen. Mitten in der Sahara. Dort wartet ihr, bis sie kommen. Sie kommen bestimmt, weil sie Durst haben. Wir haben hundertelf Quellen im Verwaltungsbezirk. Und hundertelf Soldaten des Alphabets. Das seid ihr, meine Brüder. Ich befördere euch mit dem heutigen Tage zu Kriegern eines heiligen Feldzugs. Zu Feddajin im Kampfe um Wissenschaft und Aufklärung. Wenn eine Sippe zur Quelle kommt, treibt ihr die Kinder in euer Zelt und hämmert ihnen die Buchstaben in den Kopf. Wenn nötig mit dem Stock. Bei Sonnenaufgang fangt ihr an. Wenn es heiß wird, hört ihr auf. Normalerweise bleiben sie sechs Wochen. Wenn sie weiterziehn, schreibt ihr ein Zeichen in die Fibel und übergebt sie dem Stammesältesten. Bei der nächsten Quelle wartet der nächste Lehrer. Der Stammesälteste bringt ihm die Fibel, und der neue fährt dort weiter, wo der alte sein Zeichen hinterließ. So macht ihr Kapitel um Kapitel. Bis das Buch durch ist. Dann können die Kinder lesen. Eine neue Epoche bricht an und ihr dürft nach Hause zurück. Lohn gibt es keinen; denn ihr steht im Dienst eures Königs. Deserteure werden erschossen.

Ich war überwältigt. Endlich ein Märchen nach meinem Geschmack. Die Idee schien mir genial. Die Quadratur des Kreises. Mulay Abdallah hatte die Formel gefunden, um in einem Jahr drei Zeitalter zu überspringen. Von der Prähistorie in die Neuzeit. Mein Herz jubelte vor Entzücken. Wenn ich etwas zu sagen hätte, gäbe ich ihm den Nobelpreis. Doch leider habe ich nichts zu sagen. Ich bin der einzige, der an ihn glaubt. Mit einer Ausnahme: Abderachman. Aber der hat noch weniger zu sagen als ich.

Ich lag und meditierte, als die Tür aufgerissen wurde. Zum erstenmal seit zwanzig Tagen die widerlich schnarrende Stimme von Rami:

– Da hast du's. Gott straft uns für den Schnaps, den wir gesoffen und die Weiber, die wir entehrt haben. Feddajin der Wissenschaft sollen wir werden. In die Wüste schickt er uns, um Buchstaben zu pflanzen. Aber dich hat es ebenfalls erwischt. Weißt du es schon? Zuckerkrank bist du. Der polnische Arzt hat es mir gesagt. Daran krepiert man. Garantiert. Langsam, aber sicher. Dein Leiden sei unheilbar, hat er gesagt, und das ist mein Trost!

Jetzt wußte ich es. Mein Schädelbruch war verheilt, doch eine Zuckerkrankheit ist geblieben. Ein diabetes mellitus auf traumatischer Grundlage. Die Bauchspeicheldrüse ist ausgebrannt. Kein Insulin mehr. Als Folge des Schocks. Wenn ich leben will, muß ich mir Spritzen geben, dreimal täglich, bis ans Ende der Tage. Weil ich glänzen mußte bei Tisch, mit dem Alphabet, der größten Weisheit meines Lebens! Ach, du lieber Gott, wann gibst du mir endlich Verstand?

Am vierundvierzigsten Tag wurden wir abgeholt. Von einem perlweißen Cadillac. Gechajlt entlassen, erklärte der polnische Arzt, und er grinste vieldeutig. Abderachman hatte eine Narbe quer übers Gesicht. Rami hinkte auf beiden Beinen und schleppte sich mit Krücken zum Auto. Mir sah man überhaupt nichts an. Die Hirnerschütterung bebte nur noch undeutlich durch mein Bewußtsein. Die Zuckerkrankheit schwelte harmlos in der Bauchhöhle. Wir lagen in weichen Sitzen und ließen uns nach Rabat kutschieren. Gechajlt entlassen. Krüppel an Körper und Seele. Und der

Film, den wir drehen sollten, blieb ungedreht. Eine klägliche Bilanz.

Die Strecke zwischen Taza und Fes ist ereignislos. Wir sprachen kein Wort. Jeder horchte in sich hinein. Ich saß hinten. Neben Rami. Abderachman vorne, neben dem Chauffeur. Ich spürte, wie er brütete und haßte. Sein Unfall war ihm mißlungen. Das schlug ihm aufs Gemüt. Er hatte beabsichtigt, Rami zu pulverisieren. Aber Rami lebte und er wartete nun auf den Moment der Vergeltung. Ich verstand, daß ich für Abderachman gar nicht zählte. Wenn ich draufgegangen wäre bei seiner Katastrophe; kifkif! Er hätte es nicht einmal bemerkt. Nicht daß er etwas gegen mich oder meine Ideen gehabt hätte, im Gegenteil. Sein Instinkt aber sagte ihm, daß Leute von meiner Art auf der anderen Seite stehn. Ich mochte reden soviel ich wollte. Ich überzeugte ihn nicht. Er traute weder meinem Idealismus noch meiner Sympathie für die Namenlosen, zu denen er gehörte. Ein Hobby, eine Liebhaberei, die ich ablegen würde wie ein verschwitztes Hemd, sagte er. Und außerdem war ich ein Ausländer. Ob ich da war oder nicht, änderte wenig an seinem Schicksal. Kifkif, sagen die Araber! Er schwieg von Tendrara bis Rabat. Fast tausend Kilometer. Ein unvorsichtiges Wort und er hätte sich verraten. Vorläufig war alles in Ordnung. Niemand würde ihm nachweisen, daß er das Unglück gewollt hatte. Man konnte ihn verdächtigen, aber nicht überführen. Schließlich war er am Steuer gesessen. Hatte sich selbst der gleichen Gefahr ausgesetzt wie uns. Und übrigens konnte er sich ausrechnen, daß ihn Rami nicht verpfeifen würde. So dumm war der auch nicht. Er hatte mitgesündigt. Mitgesoffen und nichts getan, um die Sauferei zu verhindern. Rami war mitschuldig. Vielleicht sogar einer der Hauptschuldigen. Er hatte so viel Dreck am Stecken, daß er schweigen würde. Theoretisch war der Fall erledigt. Praktisch ganz und gar nicht, denn Abderachman ist ein Schlöh. Ein dunkelhäutiger Berber aus dem Süden. Er glaubt an Allah und seine Gesetze, aber in seinem Innersten ist er ein Heide. Er weiß, daß man nicht töten soll. Das steht im Koran, doch gibt es Ausnahmen. Rami zum Beispiel ist eine Ausnahme. Man muß ihn ja nicht umbringen. Man kann ihn auch, sagen wir, ins Jenseits befördern. Durch einen Unfall. Oder ein Mißgeschick. Abderachman nimmt die Gebote nicht allzu genau, interpretiert sie nach seinen Bedürfnissen. Seine Urahnen sind zwar bekehrt worden. Vor zwölfhundert Jahren, als der berühmte Sidi Okhba durch ganz Afrika sprengte, vom Nil bis zum Ued Suss, und alles zermalmte, was der Botschaft des Propheten im Wege stand. Sein Schwert war furchtbar. Sogar die Schlöh mußten sich unterwerfen. Wenigstens äußerlich. Abderachman ist ein mustergültiger Moslem, heißt es, er betet fünfmal täglich zu Allah. Er fastet im Monat Ramadan. Er spart Geld, um eines Tages nach Mekka zu pilgern. Um die Sünden von seiner Seele zu waschen und ein Hadsch zu werden. Er hat drei legale Frauen und elf Kinder, davon acht Söhne, hamdulilah. Er verrichtet vorschriftsmäßig seine Waschungen, wenn er sich befleckt hat, und jeden Abend liest er eine Sure aus dem heiligen Buch. Man kann ihm nichts vorwerfen. Außer vielleicht, daß er in Marrakesch einen Zauberer kennt. Er trägt geheimnisvolle Beutelchen unterm Hemd und schüttet, wenn es niemand sieht, zerriebene Flöhe in den Tee. Manchmal soll er eine Hexe besuchen. In einer Lehmhütte am Meer. Um sich einreiben zu lassen. Mit der Galle eines Chamäleons, weil ihm hin und wieder die Männlichkeit versagt. Er hat zwei Herzen in seiner Brust. Ein frommes, das sich nach Unsterblichkeit sehnt, und ein heidnisches, das tobt und nach Rache dürstet. Er ist ein unheimlicher Geselle, und ich kann begreifen, warum ihm Rami nicht über den Weg traut. Eines Tages könnte es passieren. Irgend etwas Schreckliches, denn Abderachman zweifelt an der göttlichen Gerechtigkeit. Er weiß nicht, ob im Himmel die Guten belohnt und die Schurken bestraft werden. Der Schlöh in ihm spürt, daß man Allah etwas nachhelfen muß. Daß es nötig sei, im Diesseits zu besorgen, was im Jenseits nicht mehr nachzuholen ist. Mit der Härte eines Mulay Abdallah. Mit Stock und Peitsche, und wenn es sein muß mit dem Messer. Mulay Abdallah ist sein Vorbild. Wer säen wird, hat er gesagt, der wird ernten. Wer glaubt, der versetzt Berge. Aber so ein Rami glaubt überhaupt nichts.

Will weder säen noch ernten und schon gar nicht Berge versetzen. Dazu ist er zu faul. Nur schmarotzen will er. Verbreitet Fäulnis um sich herum und Unglauben. Sogar den Engeln stutzt er die Flügel. Verspottet den besten Kaid der Welt, solche Ramis muß man bestrafen. Nicht erst nach dem Tode.

So dachte wohl Abderachman auf der Heimreise, nehme ich an. Sicher bin ich nicht, denn er sagte kein Wort. Ich hatte andere Sorgen. Ich war 35 Jahre alt. Machte mir nichts draus, eine Reportage mehr oder weniger zu drehen. Aber ich war abergläubisch. Ich glaubte fest an das Sprichwort, daß es mit den Filmen geht wie mit guten Taten. Wenn man sie hinausschiebt, vergiften sie das Gewissen. Bis zum jüngsten Tag, heißt es, wo wir Rechenschaft ablegen über alle guten Taten und Filme, die wir versäumt haben. Aus Trägheit oder Kleinmut. Die Reportage über die Beduinen lag mir jetzt im Magen. Oder, besser gesagt, in der Bauchspeicheldrüse, die nicht mehr funktionierte. Die Beduinen verhungerten. Die Trockenheit dauerte an. Die Leute verreckten wie die Fliegen, wir aber flüchteten nach Hause. In einem perlweißen Cadillac. Ich fühlte, daß zwischen meinem Gewissen und der Bauchspeicheldrüse ein Zusammenhang bestand. Je mehr ich mich schämte, desto höher stieg der Blutzucker. Vielleicht war das Selbstschutz. Gegen die Realität, die häßlich war und bitter. Realisten vom Typ eines Rami widerten mich an, denn mit ihrem gesunden Menschenverstand erstickten sie das heilige Feuer. Dafür liebte ich Menschen wie Mulay Abdallah. Seine Gedanken waren verworren, aber er hob einen empor, in die Welt der Phantasie. Vielleicht sind es die Miesmacher, die recht haben, die ewigen Spielverderber. Doch was soll ich machen, ich bin ein Enthusiast. In solche Grübeleien versunken kehrte ich nach Rabat zurück.

Dann gingen die Jahre ins Land, und wir hatten keine Nachrichten vom Kaid. Niemand wußte, was aus ihm geworden war. Wir hätten schreiben können. Anrufen oder selbst hinfahren. Aber wir hatten unsere Beweggründe, es zu unterlassen. Rami fürchtete den Erfolg, Abderachman und ich den Mißerfolg des großen Experiments. Darum steckten wir den Kopf in den Sand.

Doch dann drängte es mich, noch einmal hinzufahren, nachzuholen, was wir versäumt hatten. Dieselbe Route mit denselben Gesichtern. Rami, Abderachman und ich. Alles da capo, bis zu jener Stelle, die beinahe unser Grab geworden war.

Ich bin unverbesserlich, ich hoffte auf ein happy end. Ich hoffe immer auf ein happy end, obwohl ich längst wissen müßte, wie selten es eintrifft. Ich hatte einen Funken ins Pulverfaß geworfen und keine Ahnung, was daraus geworden war. Ich wünschte innig den Sieg Mulay Abdallahs über die Hoffnungslosigkeit. Ich träumte von der ersten Generation lesender Beduinen. Von Industriezentren und modernen Siedlungen, die aus der Einöde hervorwachsen.

Die Wirklichkeit war zunächst zwiespältig. Aus der Rumpelpiste war eine Asphaltstraße geworden. Tankstellen alle fünfzig Kilometer. Herbergen in den verlorensten Oasen. Hinter den Sanddünen Riesenreklamen: Coca-Cola! Storkbier! Bastoszigaretten! Wir glitten geräuschlos durch die Hochebene und warfen uns unsichere Blicke zu. In der Gegend von Gur Leham begegneten wir einer Lastwagen-Kolonne mit dreihundert Bergleuten, die nach Dscherrada fuhren. In die Kohlengruben. Ich traute meinen Augen nicht. Beduinen mit Schutzhelmen und Preßlufthämmern. Ich jubilierte: »Nicht schlecht, unser Kaid. Aus Halbwilden macht er Bergarbeiter.« – »Zwangsarbeiter«, korrigierte Rami. Dann schwiegen wir. Die Reise war unbehaglich. Damals waren wir aufgebrochen zu entdecken. Diesmal nicht. Wir fuhren hin, um eine Schuld zu begleichen, weil wir damals unser Ziel nicht erreicht hatten. Weil Abderachman besoffen war und Rami aus der Welt schaffen wollte. Weil Mulay Abdallah von einem Anfall revolutionärer Schwärmerei erfaßt worden war und ich ihn verursacht hatte.

Wir kamen nach Tendrara und gingen ins Büro des Kaids. Alles war an seinem Platz. Derselbe Mokhazni stand am selben Ort. Mit demselben Gewehr auf derselben Schulter. Mulay Abdallah saß auf seinem Stuhl wie an jenem Tag, als wir ihn kennenlernten. Nur ein paar Jahre älter. Doch. Etwas hatte sich verändert. Von seiner Schwermut war keine Spur mehr geblieben, eine pfiffige Vergnügtheit hatte sich auf seinem Gesicht ausgebreitet. Er freute sich über unseren Besuch. Nach einer kurzen Begrüßung bat er uns zum Mittagsmahl, zu dem er wieder dieselben Gäste geladen hatte. Dieselben Kamelhändler, lokalen Würdenträger und den Bewässerungsinspektor. Auch der jüdische Juwelier war erschienen und natürlich der Possenreißer. Nur der polnische Arzt fehlte, was ich als günstiges Zeichen für meine Gesundheit deutete. Ich ging auf den Spaßmacher zu und fragte ihn erwartungsvoll, was aus ihm geworden sei, seit er jenen Hornochsen in den Hintern genudelt hatte. Er gab zurück, daß er inzwischen in Mekka gewesen und Hadsch geworden sei, weshalb er sich nun aller Lustbarkeiten enthalten müsse. Es würde ihn jedoch interessieren, wie sich mein Schicksal entwickelt habe und insbesondere meine Zuckerkrankheit. Darauf erwiderte ich, auch ich müsse mich der meisten Lustbarkeiten enthalten und bekäme jetzt täglich drei Spritzen Insulin. Der Witzbold freute sich unumwunden und erklärte, das sei die Strafe für den Floh, den ich damals dem Kaid ins Ohr gesetzt hätte: Aus dem Floh ist ein Elefant geworden, werter Freund, und du ahnst gar nicht, wie schlecht es Mulay Abdallah bekommt, Gutes zu tun. Er hämmert den Beduinen Buchstaben in den Schädel. Und wie danken sie es ihm? Sie werden frech. Er brachte einen Tubib zu den Beni Mathar, einen Arzt aus Deutschland. Und was tun die Nachbarn, die Beni Guil? Sie schimpfen, weil sie noch keinen haben. Nie haben sie einen Arzt gehabt, jetzt aber fängt er plötzlich an, ihnen zu fehlen. Der Kaid ließ eine Straße durch die Wüste bauen, den Stolz unseres Amtsbezirks. Und was sagen die Leute? Daß ihre Kamele keinen Wert mehr haben, daß man die Straße in die Luft sprengen sollte, weil sich die Karawanen nicht mehr rentieren. Der verdammte Autoverkehr habe sie arbeitslos gemacht, und das paßt ihnen nicht, obwohl sie faul sind wie der Schlamm im Tümpel. Mulay Abdallah fand auch da eine Lösung. Er hat die Beduinen nach Dscherrada geschickt, in die Kohlengruben, wo sie dreimal soviel verdienen wie vorher. Er drückte ihnen einen Preßlufthammer in den Arm und zeigte ihnen, wie man arbeitet. Aber der Preßlufthammer machte zuviel Lärm und von fünftausend Männern sind viertausend davongelaufen. Zurück in die Zelte. Der Kaid ließ ihnen Häuser bauen. Gleich neben dem Bergwerk. Aus Backstein und Mörtel. Mit Wasser und elektrischem Licht. Und was haben sie gemacht? In den Innenhöfen der Häuser stellten sie ihre Zelte auf. Dort hausen sie wie eh und je und beweisen der Welt, daß es hier nie etwas Neues geben wird …

Bei diesen Worten erhob sich Mulay Abdallah vom Tisch, mit bebenden Nasenflügeln und flackernden Augen. Er werde jetzt eine Spazierfahrt machen. Wer Lust habe, möge ihm folgen. Niemand hatte Lust, denn das Essen hatte erst angefangen. Ich aber wollte wissen, was den Kaid so verstört hatte und bedeutete meinen Gefährten mitzukommen. Wir bestiegen einen Landrover. Abderachman setzte sich ans Steuer. Neben ihm der Kaid, hinten Rami und ich. Und so rollten wir nach Osten. Über die Straße, auf der wir um ein Haar ums Leben gekommen wären. Wo das Dorf zu Ende war, wartete ein Fellache, der mitfahren wollte. Die Straße war nicht wiederzuerkennen. Die Landschaft noch weniger. Olivengärten so weit das Auge reicht. Dattelpalmen und Zitronenhaine, wo früher Steine in der Sonne flimmerten. Mulay Abdallah winkte dem Fellachen einzusteigen und fragte:

– Seit wann gibt es hier Oliven?

– Das weißt du doch, Assidi. Seit vier Jahren.

– Und wer hat sie gepflanzt?

– Wir.

– Freiwillig?

– Nein.

– Was heißt nein?

– Mit dem Stock hast du uns zur Arbeit getrieben, Assidi.

– Was gab es hier vorher?

– Nichts, Assidi. Steine.

– Und wer hat sie weggeschafft, die Steine, aus der Wüste?

– Wir.

– Freiwillig?
– Mit der Peitsche.
– Warum mit der Peitsche?
– Weil wir nicht glauben wollten, Assidi.
– Woran nicht glauben?
– Daß man hier entsteinen und etwas pflanzen kann.
– Woher habt ihr das Wasser für eure Gärten? Hier gibt's doch kein Wasser.
– Wir haben eine Rhetara gegraben. Unter der Erde. Zwanzig Kilometer lang.
– Freiwillig?
– Nein.
– Wie lange habt ihr gearbeitet?
– 700 Nächte.
– Wer?
– Wir, Assidi. Und du hast mitgearbeitet. Jede Nacht.
Abderachman fuhr jetzt langsamer:
– Wem gehören diese Gärten?
– Uns, jeder, der mitgearbeitet hat, bekam seinen Anteil.
– Was macht ihr aus den Oliven?
– Öl. In einer Presse, die wir gekauft haben. Und das Öl verkaufen wir in Uschda. Alle bekommen wir Geld.
– Wieviel Hektar habt ihr entsteint, alles in allem?
– Tausendsechshundert. Vorläufig. Aber wir werden weitermachen.
– Freiwillig?
– Ja.
– Was hast du gesagt? Freiwillig?
– Natürlich freiwillig; wir sind doch nicht dumm!
Bei diesen Worten bremste Abderachman, als hätte ihn eine Wespe gestochen. Er drehte sich zu Rami um, der hinter ihm saß, packte ihn an beiden Schultern, haßerfüllt und siegreich zugleich, und spuckte ihm ins Gesicht. Mulay Abdallah sah zur Seite und lächelte.

Hermann Hesse

Der Pfirsichbaum

Heut nacht ging der Föhn gewaltig und erbarmungslos über das geduldige Land, über die leeren Felder und Gärten, durch die dürren Reben und den kahlen Wald, zerrte an jedem Ast und Stamm, heulte fauchend vor jedem Hindernis, klapperte knöchern im Feigenbaum und trieb die Wolken welken Laubes in Wirbeln bis in alle Höhen. Sauber in große Haufen hingestrichen lag es am Morgen, plattgedrückt und geduckt, hinter jeder Ecke und jedem Mauervorsprung, die einen Windschutz boten.

Und als ich in den Garten kam, war ein Unglück geschehen. Der größte von meinen Pfirsichbäumen lag am Boden, nahe über der Erde abgebrochen und über die steile Böschung des Rebbergs hinabgestürzt. Sie werden ja nicht sehr alt, diese Bäume, und gehören nicht zu den Riesen und Helden, sie sind zart und anfällig, gegen Verletzungen überempfindlich, ihr harziger Saft hat etwas von altem, überzüchtetem Adelsblut. Es war kein besonders edler oder schöner Baum, der da gefallen war, aber er war eben doch der größte meiner Pfirsichbäume gewesen, ein alter Bekannter und Freund, schon länger als ich auf diesem Grundstück heimisch. Jedes Jahr hatte er bald nach der Mitte des März seine Knospen geöffnet und seine rosig blühende, schaumige Krone kraftvoll vom Blau des Schönwetterhimmels und unendlich zart vom Grau eines Regenhimmels abgehoben, hatte in den launigen Böen frischer Apriltage geschaukelt, durchflogen von den goldenen Flammen der Zitronenfalter, hatte sich gegen den bösen Föhn gestemmt, war still und wie träumerisch im nassen Grau der Regenzeiten gestanden, leicht gebeugt zu seinen Füßen niederblickend, wo mit jedem Regentag das Gras der steilen Rebhänge grüner und fetter wurde. Manchmal hatte ich einen kleinen blühenden Zweig von ihm mit ins Haus und Zimmer genommen, manchmal ihm zur Zeit, wo die Früchte schwer zu werden begannen, mit einer Stütze geholfen, manchmal auch hatte ich in frühern Jahren, frech genug, ihn in seiner Blütezeit zu malen versucht. In allen Jahreszeiten hatte er dagestanden, seinen Ort in meiner kleinen Welt gehabt und mit dazu gehört, hatte Hitze und Schnee, Sturm und Stille miterlebt, hatte seinen Ton zum Liede, seinen Klang zum Bilde beigetragen, war allmählich hoch über die Rebenpfähle hinausgewachsen und hatte Generationen von Eidechsen, Schlangen, Schmetterlingen und Vögeln überdauert. Er war nicht ausgezeichnet, nicht besonders beachtet, aber unentbehrlich gewesen. Zur Zeit der beginnenden Reife hatte ich jeden Morgen den kleinen Abstecher vom Treppenwegchen zu ihm hinüber gemacht, die in der Nacht gefallenen Pfirsiche aus dem feuchten Grase gelesen und sie in der Tasche, im Korb oder auch im Hut mit zum Hause hinaufgebracht und auf die Terrassenbrüstung an die Sonne gelegt.

Nun war am Ort, der diesem alten Bekannten und Freund gehört hatte, ein Loch entstanden, die kleine Welt hatte einen Riß, durch den das Leere, das Finstre, der Tod, das Grauen hereinblickte. Traurig lag der gebrochene Stamm, das Stammholz sah mürbe und etwas schwammig aus, die Äste waren im Sturz geknickt, in zwei Wochen vielleicht hätten sie wieder einmal ihre rosenrote Frühlingskrone getragen und den blauen oder grauen Himmeln entgegengehalten. Nie mehr würde ich einen Zweig, nie mehr eine Frucht von ihm pflücken, nie mehr die eigenwillige und etwas phantastische Struktur einer Verästelung nachzuzeichnen versuchen, nie mehr am heißen Sommermittag vom Treppenweg zu ihm hinübergehen, um einen Augenblick in seinem dünnen Schatten zu rasten. Ich rief Lorenzo, den Gärtner, und wies ihn an, den Gestürzten zum Stall zu tragen. Da würde er am nächsten Regentag, wenn es gerade keine andre Arbeit gab, zu Brennholz zersägt werden. Unmutig sah ich ihm nach. Ach, daß auch auf Bäume kein Verlaß ist, daß auch sie einem abhanden kommen, einem wegsterben, einen eines Tages im Stich lassen und ins große Dunkel hinüber verschwinden können!

Ich sah Lorenzo nach, der schwer an dem Stamm zu

schleppen hatte. Leb wohl, mein lieber Pfirsichbaum! Wenigstens bist du, und dafür preise ich dich glücklich, einen anständigen, einen natürlichen und richtigen Tod gestorben, hast dich gestemmt und gehalten, bis es nicht mehr ging und dir der große Feind die Glieder aus den Gelenken drehte. Du hast nachgeben müssen, bist gestürzt und von deiner Wurzel getrennt worden. Aber du bist nicht von Fliegerbomben zersplittert, nicht von teuflischen Säuren verbrannt, nicht wie Millionen aus der heimatlichen Erde gerissen, mit blutenden Wurzeln wieder flüchtig eingepflanzt und bald aufs neue gepackt und heimatlos gemacht worden, du hast nicht Untergang und Zerstörung, Krieg und Schändung um dich her erleben und im Elend absterben müssen. Du hast ein Schicksal gehabt, wie es deinesgleichen zukommt und ansteht. Dafür preise ich dich glücklich; du bist besser und schöner alt geworden und bist würdiger gestorben als wir, die wir uns in unsern alten Tagen gegen das Gift und Elend einer verpesteten Welt zu wehren haben und jeden Atemzug sauberer Luft der ringsum fressenden Verderbnis abkämpfen müssen.

Als ich den Baum hatte liegen sehen, hatte ich wie immer bei einem solchen Verluste an Ersatz gedacht, an Neupflanzen. An der Stelle des Gestürzten würden wir ein Loch graben und es eine gute Weile offen stehen lassen, der Luft, dem Regen und der Sonne ausgesetzt, in das Loch würden wir mit der Zeit etwas Mist, etwas Dung vom Unkrauthaufen, und allerlei mit Holzasche gemischte Abfälle tun, und dann eines Tages, womöglich bei einem sanften lauen Regen, ein neues, junges Bäumchen pflanzen. Es würde auch diesem Jungen, diesem Baumkind, Erde und Luft hier leidlich behagen, auch es würde zum Kameraden und guten Nachbarn der Reben, der Blumen, der Eidechsen, der Vögel und der Schmetterlinge werden, würde in ein paar Jahren Früchte tragen, würde jeden Frühling in der zweiten Hälfte des März seine lieben Blüten treiben und, wenn das Schicksal ihm wohlwollte, einmal als ein alter müdgewordener Baum irgendeinem Sturm oder Erdrutsch oder Schneedruck zum Opfer fallen.

Aber ich konnte mich diesmal nicht zum Nachpflanzen entschließen. Ich hatte ziemlich viele Bäume in meinem Leben gepflanzt, es kam auf den einen nicht an. Und es wehrte sich etwas in mir dagegen, auch hier und diesmal wieder den Kreislauf zu erneuern, das Rad des Lebens aufs neue anzutreiben, dem gefräßigen Tode eine neue Beute heranzuzüchten. Ich mochte nicht. Die Stelle soll leer bleiben.

Wilhelm Kunze

Eisblumen

Es gibt viele schöne und seltene Blumen auf unserer Erde. Die Natur entfaltet im Frühjahr und Sommer ihre ganze vielfältige Pracht, um unser Auge und unser Herz zu erfreuen. Aber alle diese Blumen und Blüten sind farbige, bunte Geschöpfe, sie sind Geschöpfe der Sonne, ebenso wie der Erde, der sie entsprossen. Anders, ganz anders die Eisblumen!

Die Eisblumen, die in der winterlichen Kälte an den Fensterscheiben aufwachsen, haben nichts mit der Sonne und nichts mit der Erde zu tun; sie sind farblos weiß, und die Sonne, die den anderen Blumen Leben bedeutet, bedeutet ihnen Tod.

Aber es sind dennoch Blumen! Obwohl sie sich wesentlich anders entfalten, als Blumen sonst zu tun pflegen. Sie kommen nicht erst mit einem zarten Trieb zur Erscheinung und treiben dann Blätter heraus und endlich die Blüten..., nein, sie sind mit einem Male schon fertig da und verändern sich nicht mehr. Sie erinnern in der Zartheit und Unveränderlichkeit ihrer Formen bisweilen an die seltsamen Abdrücke im Gestein, die uns längst vermoderte Pflanzenformen früherer Zeiten erhalten haben.

Sie sind Geschöpfe des Frostes. Aber warum sind es Blumen, die der Frost an die Scheiben malt? Und es ist uns unvorstellbar, daß wir so, wie wir diese blumenhaften Gewächse an unseren Fenstern sehen, eines Tages auch Figuren von Vögeln oder anderen Tieren dort sehen könnten!

Eine phantastische, urwelthafte Pflanzenlandschaft wird für kurze Stunden oder Tage sichtbar, und das Auge kann sich in ihrer Weglosigkeit, in ihrem Dickicht, in ihrer Undurchdringlichkeit verlieren... Es ist eine Landschaft, die uns bezeugt, daß Kälte zwar Starre, aber nicht völlige Leblosigkeit bedeutet. Es ist eine Landschaft, die durch ihr Sichtbarwerden ihre ständige unsichtbare Existenz beweist. Und vielleicht steht hinter der Welt der sichtbaren Formen auch wirklich immer diese Welt der unsichtbaren Formen, die geheim am Werke ist.

Du denkst einen Gedanken; aber ehe du ihn aussprichst, besinnst du dich noch mal, und dieser Besinnung entsprechend gibst du ihm, wenn du ihn in Worte faßt, entweder von deiner Wärme oder deiner Kälte mit. Es gibt ja Gedanken, die wie auf Eis gekühlt erscheinen, herzlose, nüchterne, abstrakte und meistens sehr logische Gedanken. Aber es gibt auch Gedanken, die etwas von der Sonne an sich haben und etwas von der Fähigkeit, Eiseskälte aufzulösen, das heißt: Abstraktheiten aufzulösen ..., wie die Sonne auch die Eisblumen zu Wasser zerrinnen läßt.

Wie zwischen solchen und solchen Gedanken ein Unterschied besteht, so besteht vielleicht auch zwischen den farbigen bunten Blumen der Erde und diesen Eisblumen ein gleicher Unterschied. Denn, daß sie beide Geschöpfe der Natur sind, wer wollte das leugnen?

Doris Lessing

Der andere Garten

Es gab Gerüchte, zwischen Bäumen liege ein anderer Garten versteckt.

Bevor du ihn findest, stellst du Vermutungen an, malst dir im Geiste Bilder aus. Vielleicht ist er deshalb versteckt, weil er so ganz verschieden von allem anderen im Park ist, daß es den Leuten als Mißklang erschiene? Und wenn er ganz anders ist, nicht im Einklang, auf welche Art denn anders? Der Park umfaßt ja ohnehin schon so viel Verschiedenartiges. Die Vögel und Tiere der ganzen Welt sind dort. Ein Baum, so stellt sich heraus, ist ein Einwanderer aus dem Libanon, ein anderer stammt aus Kanada. Möwen kommen vom Meer, Zugvögel, auf der Reise von einem Kontinent zum anderen, lassen sich nieder für eine Weile auf den vielen Wasserflächen. Wildnis herrscht in der Nähe des Kanals, wo man Brombeeren pflücken kann; es gibt Spielfelder mit zähem Gras, auf dem man liegen, sich wälzen, sich lieben, den Hund laufen lassen oder Fußball und Kricket spielen kann. Es gibt darin Partien wie in Italien und solche, wie sie nur in England vorkommen können. Eine Insel voller Pflanzen mit Namenszettelchen, damit Gärtner sich darüber beugen können, erreicht man über eine kleine Brücke, die einer Teetasse nachgebildet sein muß. Rosen, Miniaturwasserfälle, Pappeln, Seen, Brunnen ein Theater… Was überhaupt könnte denn nicht angemessen sein, als bizarr gelten? Ein Sandgarten wie im Fernen Osten? Aber der wäre gewiß schwerlich von herangewehten Blättern freizuhalten. Ein Garten aus Kieselsteinen, farbig und wohlabgestimmt? Ein Garten mit Skulpturen, Metall und Stein zwischen Kies?

Keine grelleren Kontraste kann man sich wohl für den Park ausmalen, als er jetzt schon bietet, wenn man die Augen von Eichen und Birken abwendet und Bären auf ihren Felsbänken sieht oder den Kopf einer Giraffe, der über einen blühenden Busch gafft, oder einen kleinen Jungen, der unter einem Drachen rennt, welcher aussieht wie ein gelber Teller, mit einem Gesicht darauf.

Kleine Kinder nehmen sich aus Mutters Küche eine keimende Zwiebel mit und ein paar Möhren, und wo sie in einer Ecke ein Stückchen nackter Erde finden, da pflanzen sie sie ein. Mutter bietet Samentütchen, eine Gartenforke und Sachkenntnis an, aber die Kinder halten hitzig an ihrer eigenen Auffassung fest: In der Nacht werden sich die Zwiebel vermehren, die Möhren sich vervielfältigen. »Nein, nein, so, wir wollen es so, wir wollen nicht deine ollen Samen. Du sagst, *in ein paar Wochen,* aber das ist ja ewig lang ... wir wollen, daß sie *jetzt* wachsen!« Vielleicht war das der erste Versuch des Menschen, in die Natur einzugreifen? Nein, du kannst dir jenen Garten nicht vorstellen; aber die Häuser der Gärtner und der Wärter sind überall im Park versteckt, und um diese herum sind wahrscheinlich Muster solcher Embryo-Gärten. In einem zerbombten Gebäude, das schon vor Jahren wieder aufgebaut wurde, pflegte ein kleines Mädchen auf seinem Weg zur Schule die Zeit zu vertrödeln. Die Kleine hatte sich aus einem Dutzend Ziegelsteinen und etwas Mörtelschotter ein Haus gebaut. Um das Haus herum legte sie einen Garten an, welkende Forsythienblüten und Grashalme. Jeden Morgen rannte sie da hinein mit einer neuen Pflanze, etwa einem Krokus, den sie aus dem Garten ihrer Mutter herausgezogen hatte, dann mit einem Kirschzweig, wenn er im Frühjahr Knospen trieb. Überall blühendes Wachsen, und das Kind kam jeden Tag mit dem Vorsatz, sich seinen eigenen Garten zu halten: einige Quadratzentimeter Staub mit einigen verwelkenden Pflanzenteilen. Sie besprengte sie mit Wasser von den Zweigen, die noch triefnaß waren vom nächtlichen Regen: schützte sie mit einer Planke, die sie aus den Gebäudetrümmern herausgezogen hatte. Nichts half, sie mußten sterben. Sie brachte darum Muscheln, Glas- und Porzellanstückchen, Kieselsteine, Glasperlen und gestaltete daraus ein Muster, das für sie *Garten* bedeutete – einer, der nicht sterben, austrocknen und verschwinden würde.

Also gut, wenn der andere Garten nicht deshalb versteckt

ist, weil er exotisch wäre, vielleicht ist er dann der Inbegriff des Parks, sein konzentrierter Ausdruck? Und als das stellt er sich schließlich heraus. Im Park herumspazierend, Bäume und Sträucher betrachtend, drehst du den Kopf und siehst ihn. Da ist er.

Es war an einem Tag im Januar, als ich ihn zum erstenmal sah. Die Nacht war kalt gewesen, der Himmel von einem eisigen Blau, voll dahinjagender Wolken.

Ich blickte gerade auf das weite Rechteck eines vorschriftsmäßigen Rasens mit einer breiten Rabatte auf jeder Seite. Am anderen Ende hoben flache Treppenstufen, fast so breit wie der Rasen, den Garten terrassenförmig an. Die Breite der Stufen, so ausladend, daß etwa ein Dutzend Leute nebeneinander hinaufsteigen könnten, gibt diesem verschwiegenen und heimlichen Platz etwas Einladendes, als wartete er auf Gäste. Und doch ist niemand zu sehen.

Den Garten im Januar zu sehen, bedeutet natürlich, daß du ihn dir im Juni vorstellst; die Verwirrung, die entstanden ist, als du den Garten dort siehst, wo du ihn nicht erwartet hast, wird dadurch verstärkt, daß du zwei Gärten auf einmal siehst. Sommer hat sich über diese Winterszene gelegt: ein Leichtes an diesem Morgen, wegen des allgegenwärtigen Sonnenlichts und des Gelärms der Vögel, die sich darin baden. Der Rasen des unteren Gartens war auf seiner Westseite, wo er im Schatten lag, mit einer Eisschicht überzogen, die tagsüber nicht wegschmelzen würde. Der winterblühende Schneeball mit rosafarbenen, krümeligen Knospen verströmte einen schwachen, beißenden Geruch, wie Schneewind.

Das Geräusch der Schritte wird durch das Gras aufgeschluckt, du gehst lautlos.

Die Stufen sind flach und gewölbt, und auf beiden Seiten stehen niedrige Säulen, gekrönt von Steinschnörkeln, die aussehen wie gefrorene Wasserfälle. Über jedem Schnörkel sind Muscheln, wie die in Salamanca auf jener Wand, vor die sich die Leute hinstellen, um die Schatten zu beobachten, die sich auf dem matter gewordenen Stein bewegen, von derselben Farbe wie der Stein, der in den Cotswolds verwendet wird.

Das grüne Billard-Rechteck aus Rasen mit seinen Rabatten gestutzter Stauden liegt jetzt hinter dir. Was wird aus ihnen im Frühjahr? Und im Sommer? Natürlich Lavendel und Nelken, Gartenrauten und Rosmarin, Wilder Majoran, Thymian, Katzenminze und Pfingstrosen. Sie werden duften, voller Schmetterlinge sein, von Bienen besucht, und Leute werden stehenbleiben und mit ihren Nasen daran schnuppern, berauscht wie die Insekten. Das Gras wird warm sein. Hinter den Rabatten sind jetzt kahle Büsche und Bäume, aber wenn die Blätter sprießen, wird dieser untere Teil doppelt umzäumt sein, einmal von der Hecke und dann von einem Grünschimmer.

Sogar jetzt, wenn du mitten im Garten auf den Stufen stehst, ist es unmöglich, die Form des Ganzen zu erkennen.

Die zweite Ebene hat einen Springbrunnen, als Mittelpunkt zwischen lauter Rosen – und Gras, Gras und nochmals Gras, die Rosen werden über dem Gras blühen, keine geteerten Wege und keine Schritte werden je hier eindringen. Ein glänzend schwarzer Junge mit einer Seejungfer ahmt die Statue von der Kastanienallee nach, ›Knabe mit Delphin‹, und ebenso die wassersprühenden Fische des Pappel-Springbrunnens. Das Wasser ist gefroren, aber das Eis ist für die Vögel aufgebrochen worden. Das trübe Wasser trägt gläserne Schollen, die dümpelnd dahingleiten, und auf dem sonnig-kalten Rand warten eine Drossel und eine Amsel darauf, daß ich gehe, damit sie trinken können.

Überall sind Vögel. Eine Amsel pickt mit ihrem gelben Schnabel in der Erde unter den Rosen. Eine fette Taube streckt die Brust der Sonne entgegen. Spatzen zanken sich, als wäre es Frühling. In einigen Bäumen lärmen Krähen. Und ein Eichhörnchen, das eigentlich im Winterschlaf sein müßte, beobachtet, was ich als nächstes tun werde.

Am Rande dieses Rundgartens steht eine weitere Statue, ein Mädchen, das ein Zicklein hält, dessen Hörner noch knospen.

Es ist eine Statue, die nur Gedanken hervorrufen kann, welche echte Künstler verachten, etwa die Überlegung: Wie muß der Bildhauer dieses Mädchen geliebt haben! Sie ist schön; ein Gesicht mit ausgeprägten Wangenknochen. Ihr Haar sieht naß aus. Es ist unmöglich, nicht die Worte des Bildhauers zu vernehmen: »Nun mach dir deinen Kopf naß. Heute werde ich dein Haar modellieren.« Und die Besitzerin dieses Gesichts wird bestimmt irgendwann während der Sitzung gesagt haben, mit jenem gesunden Menschenverstand, der wie trockener Humor klingt: »Um Himmels willen, diese Statue wird so aussehen, als ob die Ziege ihren Kopf ständig zur Seite drehen würde, um schnell einen ordentlichen Schluck zu tun.« Aber natürlich arbeitete der Künstler eisern weiter, beachtete sie gar nicht. Das Zicklein hält sie an sich gepreßt, sehr weit oben, dicht bei ihren nackten Brüsten.

Es ist die freundlichste, charmanteste aller Statuen, gewidmet

ALLEN BESCHÜTZERN DER SCHUTZLOSEN

Sie ist aus nachgedunkelter Bronze. Das Mädchen schaut auf das kleine Tier, das hinüberblickt zu dem glänzenden Schwarz des Jungen und der Seejungfer, die aus dem gefrorenen Wasser emporsteigen.

Einige Wochen später, an einem Tag, als der Himmel niedrig und düster war, alles triefend und trübe, hing ein Kranz um den Hals des Zickleins. Er war aus Seidelbast, duftendes Rosa-Mauve auf blaßbrauner nackter Wolle. Jemand hatte sich hinaufgereckt, um das Zicklein zu bekränzen, und zwar vor kurzem, denn die Blumen waren noch frisch.

Lautlos gehst du über das Gras in den nächsten Kreis dieses zierlichen Gartens, der einer Kette aufeinanderfolgender Seifenblasen gleicht. Aber noch immer kannst du nicht den Entwurf des Gartens ausmachen: du kannst nie das Ganze auf einmal sehen. Diese ›Seifenblase‹ ist kleiner als die erste. Derjenige, der berichtet hat, dieser andere Garten liege hier verborgen, hat außerdem gesagt, er sei in Form eines Menschen angelegt. Die zweite Seifenblase wäre dann die Brust.

Er ist ähnlich wie Königin Marys Rosengarten, aber eine vorzügliche Nachahmung. Ringe aus Erde, gefüllt mit Rosen auf Gras: diese Rundgärten gleichen Girlanden, auf Gras gelegt. Der Garten wird umschlossen von einem Spalier aus Linden, einer Borte von schwarzen knorrigen Ästen, die waagrecht und steif von beiden Seiten des Hauptstamms abstehen. Das schwarze Holz glitzert und trieft, das Sonnenlicht formt die fallenden Wassertropfen zu Kristallen. Jeder Ast läßt bereits die gelblichen Triebe sprießen, die, wenn der Frühling kommt, Zauberstäbe aus Grün bilden: das Motiv der Girlande wird sich nochmals wiederholen.

Vögel sitzen in bunter Vielfalt auf dem kalten Holz und warten darauf, daß der Frühling beginnt. Der Himmel wird aufgepeitscht und sinkt immer tiefer.

Ganz am Ende dieser Reihe von grasbewachsenen Formen befindet sich ein sehr kleiner Kreis, ein Seifenbläschen – der Kopf. Wieder Rosen. Es ist ein traulicher, fröhlicher kleiner Platz, und im Sommer muß es so sein, als wäre man in einen Strauß von Blumen und Grün geraten. Du blickst auf ins Blau, vorbei an schwarzen Zweigen und hinaus in die nächste Seifenblase durch die vornehme Kahlheit der gespreizten Linden.

Der künstlerische Entwurf ist immer noch nicht klar vor Augen, allerdings kennst du ihn jetzt, du hast ihn im Kopf: ein winziger Kreis, ein größerer, dann ein noch größerer, dann das Gras-Viereck, gesäumt und umfriedet auf beiden Seiten.

Ein Lüftchen hebt ein Dutzend erfrorener Blätter vom letzten Herbst in die Höhe und verstreut sie auf der Eisschicht, wo Schatten liegt. Im Sommer werden es Schmetterlinge und Rosenblätter sein.

Schweigend zurück, über das Gras, und die Amsel hüpft hinterher: du könntest ja ein Gärtner sein, und ein Gärtner bedeutet umgewendete Erde. Niemand sonst ist hier, überhaupt keiner.

Zurück durch einen Kreis nach dem anderen, dann über das Gras, das jenseits der Treppe liegt. Wenn du fortgehst, zieht sich der Platz hinter dir in sich selbst zusammen, sammelt sich, wie Wasser sich klärt, nachdem ein Stein es getrübt hat. Da liegt er: unversehrt, zwischen seinen Hecken, seinen kahlen Bäumen, Wiederholung und Echo, wie eine

Oberstimme, die frei spielend ein jedes Thema aufgreift, das draußen in dem großen Park verwendet wird, dort aber roh, in grober Form.

Weit entfernt schon wölbt die Taube nun ihre glänzende Brust vor, und die Amseln und Drosseln untersuchen die Erde.

Aber ein Eichhörnchen springt schnell zum Tor und hält seine Pfoten hoch, als bettelte es; dann kratzt es mit seinen Vorderpfoten an meinen Beinen, wie eine Katze, die Aufmerksamkeit erheischt oder gefüttert werden will.

Wende dem Garten den Rücken zu, geh um eine Ecke – und alles ist verschwunden.

ELISABETH WYRAMBE

Petersilie, Suppenkraut wächst in meinem Garten …

Bruno weiß, daß ich der Versuchung nicht widerstehen kann, Pflanzen zu retten. Eine Grünlilie, die beim Abbau der Marktstände unter den Lieferwagen geriet; Usambaraveilchen, die als unverkäuflicher Restbestand in einem Drahtkorb an der Kasse des Supermarktes liegen; eine Sansevieria, die Frau X. angewidert – »Metzgerpalme!« – in den Müllschlucker gleiten läßt …: Das sind Pflanzen, die ich auflesen, kaufen, aus dem Abfall klauben und heimtragen muß. Und Bruno lächelt verständnisvoll.

Er war auch gleich damit einverstanden, als ich vorschlug, die Anlage des Gartens – der zu dem alten Bauernhaus gehört, in dem wir seit dem Winter wohnten – vorerst nur zu planen. Wir wollten abwarten, was der Garten von sich aus bot. Vielleicht kamen im Frühjahr oder Sommer ein paar Pflanzen aus dem Boden, die vor vielen Jahren gesetzt worden waren und die lange Brachzeit des Gartens überdauert hatten. »Kaiserkron und Päonien rot …«, summte ich. Bruno wußte nicht, daß Päonien Pfingstrosen sind, und ich wußte nicht, wie Kaiserkronen aussehen. Überhaupt waren unsere botanischen Kenntnisse sehr dürftig, und von Gartenbau hatten wir gar keine Ahnung.

Also besorgten wir uns Pflanzenlexika, Bestimmungsbücher, Fachzeitschriften, Gartenratgeber.

Bruno war in der Theorie eifriger als ich. Mich zog es, sobald das erste Grün erschien, in dem Garten, immer auf der Suche nach Pflanzen, von denen ich annehmen konnte, daß sie aus der Zeit stammten, da der Garten noch bebaut war.

Eines Tages fand ich eine; sie war noch klein, stand aber kerzengerade aufgerichtet inmitten der Queckenbüschel; mit dunkelgrünen, gelappten Blättern, deren Unterseiten leicht silbrig schimmerten. Ich holte Bruno, und wir gruben die

Quecken vorsichtig aus, um sie an anderer Stelle wieder einzusetzen.

Dann hackte und ebnete ich behutsam den Boden, schuf der Pflanze einen Gießrand und gab ihr Wasser. Was für eine Pflanze war das? Wie hieß sie? Wir blätterten die Bücher durch, wir fanden mindestens dreißig Pflanzen, die ihr ähnlich sahen, aber solange sie keine Blüten trug, konnten wir ihr keinen Namen zuordnen.

Bruno sagte, jetzt sei es an der Zeit, einen Anbauplan zu machen. Er maß das Gartengelände aus: von der rückwärtigen Giebelwand des Hauses bis zum Maschendrahtzaun: 7,50 m; die Breite – von unserer Scheunenwand bis zur Steinmauer der Nachbarn – betrug 12,60 m. Bruno zeichnete einen Plan auf Millimeterpapier, trug als erstes den Standort unserer geheimnisvollen Pflanze ein; das war – welches Omen! – genau die Mitte des Gartens; er schlug mit dem Zirkel Kreise, schrieb in den einen ›Pfirsich‹, in den anderen ›Zwetschge‹; in einen dritten, nahe der Hauswand, schrieb er ›Knorpelkirsche‹. Dann zeichnete er den Umriß des zukünftigen Rosenbetts und – zu meine Überraschung – auch des Brennesselbeets. Diese Pflanzen waren noch winzig, standen aber dicht bei dicht und wirkten aus der Ferne wie ein flauschiger grüner Teppich. Bruno, dessen theoretische Kenntnisse im Gartenbau schon nahezu perfekt waren, erklärte mir, daß die Brennesseln später für die Schädlingsbekämpfung gebraucht würden. Dann bestimmten wir die Plätze, wo in lockeren Gruppierungen die Blumen stehen sollten, auf die ich besonderen Wert legte: Reseda, Levkojen, Phlox, Jasmin, Rittersporn, Cosmäen ... Was ist jedoch vor allem anderen und noch in diesem Frühjahr wollte, war – ein Kräuterbeet!

Ich fuhr in die Stadt und besorgte alle Kräutersamen, die in der kleinen Handlung zu bekommen waren. Neunundzwanzig Stück. Und dann standen wir im Garten, wo Bruno inzwischen ein Beet vorbereitet hatte, und überlegten: Auf den Tütchen sind die Pflanzen im Blüten- oder Fruchtstand abgebildet. Wie jedoch unterscheide ich eine 5 cm große Anispflanze von Dill? Wie von Kümmel? Von Fenchel? Das sind Pflanzen, die sich alle sehr ähnlich sehen. Na, ganz einfach. Man steckt am Beginn jeder Reihe das leere Samentütchen in die Erde. – Damit bin ich nicht einverstanden. Ich hatte bei Freunden miterlebt, welches Durcheinander auf den Beeten nach einem schweren Regenguß geherrscht hatte: Tütchen zerfetzt, weggeweht, verschüttet ...

»Ich werde die Kräuter alphabetisch aussäen«, sagte ich, »und eine Liste machen: Reihe 1 – Anis; Reihe 2 – Basilikum; Reihe 3 – Beifuß; Reihe 4 – Bohnenkraut; Reihe 5 – Borretsch und so weiter ...«

Das taten wir, stießen jedoch bei L wie Liebstöckel bereits auf die Hauswand. Bruno legte also neben dem ersten noch ein zweites Beet an, dort konnten wir dann das Alphabet von Majoran bis Zitronenmelisse fortsetzen.

Nicht alle Samen gingen auf. Aber in den meisten Reihen wuchsen nach und nach kleine Pflänzchen heran, die sich in diesem frühen Stadium noch wenig voneinander unterschieden. Nur die Pflanzen in der dritten Reihe des ersten Beetes – es war der Beifuß – standen so üppig und dicht, daß ich dachte: Hier sind nicht nur die 60 Samenkörnchen – die als Füllmenge auf der Tüte angegeben waren – aufgegangen, sondern die doppelte Menge. Nun mußte also das geschehen, was der Gärtner ›vereinzeln‹ nennt. Schrecklicher Gedanke: kerngesunde Pflanzen mit den Wurzeln aus dem Boden reißen und wegschmeißen? Nein, die müssen gerettet werden. »Bruno«, sagte ich, »du kennst mich. Bitte sei so gut und mach noch ein Beet zurecht, damit ich die Pflanzen, die hier überflüssig sind, umsetzen kann.« Bruno tat mir den Gefallen, brachte jedoch eines unserer Gartenbücher mit, blätterte ein bißchen drin herum, hielt es mir vor die Augen und wies stumm mit dem Finger auf die Textstelle: »Zwei Beifußstauden decken den Jahresbedarf einer vierköpfigen Familie.«

Im Grunde hätten wir uns die ganze Aussaat sparen können. Denn die eine Pflanze, die für Brunos und meinen Jahresbedarf reichte, hatten wir schon. Sie stand genau in der Mitte unseres Gartens. »Ja«, sagte Bruno, »jetzt, da sie Blüten angesetzt hat, gibt es keinen Zweifel mehr: Es ist eine Artemisia vulgaris. Übrigens auch ›Wilder Wermut‹ genannt.«

In den Büchern fanden wir dann Hinweise, wie und wo Beifuß zu verwenden sei: zu allen fetten Fleischgerichten, vor allem zu Gänsebraten; er mache das Fett leicht verdaulich. Nächsten Sonntag gab es also Gänsebraten. Bei uns ein sehr seltenes Gericht, da wir die fettarme Küche vorziehen. Aber nun hatten wir mal den Beifuß; und wenn wir ihn verwenden wollten, mußten wir halt in die bittere Gans beißen. (Meine Bemühungen, ein Rezept mit Mengenangaben zu finden, waren vergeblich gewesen, und da hatte ich gedacht: viel Fett – viel Beifuß). Am Sonntag darauf, als ich nur halb so viele Beifußblätter verwendete, war das schon ein Schritt in die richtige Richtung; aber wirklich gelungen ist mir der Beifuß-Gänsebraten erst am übernächsten Sonntag. Und da haben wir ihn den Nachbarn geschenkt. Wir begnügten uns mit Kartoffelsalat, den ich mit Borretschblüten garniert hatte. Das sah sehr hübsch aus; trotzdem saßen wir erst eine Weile sinnend da, bevor wir zulangten. Blaue Salatgarnituren sind so ungewohnt.

Im Spätsommer und Herbst waren Bruno und ich beruflich viel unterwegs, so daß wir uns um den Garten kaum kümmern konnten. Während unserer Abwesenheit waren nicht nur die Brennesseln in die Höhe geschossen, auch der Beifuß war gewachsen und hatte sich üppig verzweigt. Bruno holte den Meterstab, maß die Entfernung vom Beifußbeet bis zum Zaun und stellte fest: »Die Zwetschge hat jetzt hier keinen Platz mehr.« Er mußte übrigens auf dem Anbauplan, den er so schön gezeichnet und beschriftet hatte, das Wort ›Rosenbeet‹ ausstreichen und dafür ›Brennesseln‹ hinschreiben. Daß im nächsten Frühjahr auch das Wort ›Pfirsich‹ durch ein anderes ersetzt werden mußte, hing damit zusammen, daß ich in einem Supermarkt eine vergammelte Scheinzypresse gerettet hatte und es wirklich keine Möglichkeit gab, sie an einer anderen Stelle einzupflanzen. Denn an dem Platz, der für die Knorpelkirsche vorgesehen war, hat sich ein Strauch angesiedelt, von dem wir noch nicht wissen, was für eine Pflanze das ist. Der Strauch ist in einem engen

Halbkreis von mannshohem Beifuß umstellt. Ich fürchte, wenn ich nicht rettend eingreife, wird der Strauch zugrunde gehen, wird erstickt werden. Und wenn der Strauch an Stärke und Umfang zunehmen sollte – was man ja auch in Betracht ziehen muß –, dann ist er eine Gefahr für den Beifuß! Bisher war Pflanzenretten einfach. Aber jetzt stehe ich vor der Frage, wohin. Unser Garten ist voll, kein Platz mehr. Wohin also mit dem Beifuß?

Wir müssen den Garten der Nachbarn pachten.

ALFRED ANDERSCH

Blaue Rosen

Als sie in das Palmenhaus eintraten, wußte Joachim immer noch nicht, wann das Fräulein von Demski nach Berlin zurückfliegen würde. Die Flugzeuge waren immer überfüllt, und die Berliner liefen in Frankfurt herum, besorgten sich Bescheinigungen und verhandelten auf dem Flugbüro. Joachim hatte keinen Sinn für Improvisationen; er war an Pläne gewöhnt. Aber Bettina schwieg sich wieder einmal gründlich aus.

Mit dem Palmenhaus hatte er offensichtlich Eindruck auf sie gemacht. Sie blieb überrascht stehen und sagte: »Joachim – das Leben!« Das war wieder so eine Bemerkung von ihr, mit der er nichts anfangen konnte.

Nebenan, im Palmgarden-Club, übte jemand auf dem Klavier ›In the mood‹. In der lauwarmen Stille hörte man das Geplätscher eines spinnwebdünnen Springbrunnens. Joachim zündete sich eine Zigarette an; er holte das Päckchen aus den Tiefen seiner viel zu weit geschnittenen Tweedjacke. Es war angenehm, ein Päckchen Zigaretten aus einer Jacke zu holen, in der man sich so in Sicherheit und zu Hause fühlte. Auch die bewegungslose Schwüle im Palmenhaus war sympathisch, nach dem kühlen Märzwind draußen. Das mexikanische Mooskraut, das den Boden bedeckte, wirkte plüschgrün und beruhigend auf ihn. Wie das Fräulein von Demski darauf reagierte, konnte er nicht genau feststellen. Die meisten Besucher waren fotografierende Amerikaner mit hessischen Mädchen in Times-Square-Aufmachung. Giftgrüne Mäntel unter Lord-Howe-Palmen, hohe schwarze Stöckelschuhe mit Sklavinnenbändern um die Frankfurter Fußgelenke, Nylonstrümpfe neben Flamingoblumen, Kopftücher. Bettina versank in die Betrachtung einer Chusan-Palme. Vielleicht war sie aber auch mit ihren Gedanken ganz woanders.

»Berlin ist etwas enger geworden, wissen Sie! Ängstlicher

und enger«, sagte sie. »Aber Platz und Leute zum Spielen sind immer noch da.«

»Sie!« sagte Joachim vorwurfsvoll. »Sie! Warum kannst du dir nicht angewöhnen, du zu sagen?«

Er fand den Geschmack der Zigarette fad.

»Ach!« sagte sie. Sie ging wie gewöhnlich einen halben Schritt hinter ihm. Sie hatte eine kreiselnde, zögernde Art zu gehen, mit Schritten zur Seite, die Joachim zwangen, aufzupassen, wo sie sich gerade befand, damit seine Worte nicht ins Leere verflogen.

»Was für Leute übrigens?« fragte er.

»Oh, viele Leute! Ich sehe sie selten, aber manchmal rufen sie mich an und fragen: ›Wie geht es dir, Herzchen?‹«

»Herzchen!« äffte er sie nach.

»Das hat doch nichts zu bedeuten«, erwiderte sie.

»Herzchen«, sagte Joachim. »Ich liebe dich!«

»Freundlich, freundlich«, meinte sie. »So aus der Hand ...«

Der Goldfischteich war von australischen Baumfarnen und Fieberbäumen umstanden. Man konnte auf einzelnen Steinen über ihn hinweggehen. Die Amerikaner fotografierten die Fische. Der Klavierspieler übte weiter Boogie-Woogie-Rhythmen. Das Fräulein von Demski hatte den Mantel abgelegt. Es trug eine gelbe Bluse, einfach ein gelbes Stück Stoff, das vorne zu einem Knoten verschlungen war, und darunter einen braungebrannten, schlanken Hals. Joachim hatte die Bluse ›Sonnengeflecht‹ getauft. Er war sehr stolz darauf, einen so passenden Namen gefunden zu haben. Er hatte den Eindruck, daß er auf irgend etwas, was sie beschäftigte, nicht eingegangen war.

»Wie ist es in Berlin?« fragte er. »Wolltest du nicht davon erzählen?«

»Sicher«, sagte Bettina, »wir müssen uns einmal zusammensetzen und alles ganz gründlich besprechen.«

»Danke«, antwortete Joachim. »Ich bin ein Elefant.«

»Ihr habt etwas Parsivaleskes an Euch«, sagte sie. »Sehr hübsch ist das.«

»Der Elefant Parsival«, sagte er vergnügt und bitter.

»Das Licht geht immer schon so früh aus«, erzählte Bettina. »Mit der Heizung ist es auch nicht berühmt. Gut, daß irgendwo noch Palmen gewärmt werden. Es gibt so eine Art Nährmittelersatz. Mit Mandelgeschmack. Und Kartoffelpuder. Ihr solltet Euch das einmal ansehen!«

Er schmiß seine Zigarette weg und ärgerte sich. Sein großer, etwas gestaltloser Körper spielte pathetische Schlaksigkeit. »Ihr!« sagte er. »Euch!«

War er ihr nicht in den zwei Tagen sehr nahegekommen? Vor einer Stunde hatte sie noch ganz still und schlank in der Mitte seines Zimmers gestanden und sich zum erstenmal von ihm küssen lassen – eine plötzlich in Regungslosigkeit gebannte Gazelle. Eine etwas abgemagerte Berliner Gazelle. Es war ihm entgangen, daß er nur die Worte gehört hatte, die ihn betrafen.

»Das war doch kein Anlaß zu besonderer Herzlichkeit«, meinte sie deshalb, aber begütigend.

Er steckte es ein. Sie warfen einen Abschiedsblick auf das grüne Gewucher. Droben, über den riesigen Lanzenschäften der Bananenblätter, sah man durch das trübe Glas den Märzhimmel. In der Vorhalle, wo die tropische Trockenflora wuchs, Agaven, Yuccas und Araucarien, gefiel es Bettina gleich besser. Es war nicht mehr so heiß. Sie setzten sich auf eine Bank neben einen stark duftenden, gelben Blütenstrauch. Ein älterer amerikanischer Offizier kam vorbei und roch an den Blüten. »It's a relief«, seufzte er und sog tief den Duft ein. Seine Begleiterin, eine elegante Matrone, erinnerte ihn daran, daß diese Sträucher jetzt in Georgia im Freien blühten. Auf die Bank gegenüber setzten sich ein Corporal und eine Dame. Beide waren jung, schwarz, rassig, Halbweltjugend aus guten Familien. Mit spanischen Brocken in seinem Englisch schilderte der Soldat einen botanischen Park in Kalifornien.

»There we have roses«, sagte er. »Acres of acres!«

»Oh, roses!« meinte sie bewundernd. Deutscher Akzent.

»Just roses«, sagte er freudig. »White roses, red roses, yellow roses, blue roses …«

»Blue roses?« unterbrach sie ihn, ungläubig lächelnd.

»Yeah!« erwiderte er gereizt. »Blue roses!«

Sie brachen beide in ein Gelächter aus. Dann gähnte er laut. Als sie vor sich hinsah, entschuldigte er sich, und sie lachten wieder, über seine Entschuldigung.

»Sie wollen Dollars haben«, sagte Bettina plötzlich.

Joachim schrak auf. »Wer will Dollars haben?« fragte er.

»Diese Leute mit den Dakotas. Man kann den Flugplatz nach Berlin jetzt nicht mehr mit D-Mark bezahlen. Man muß Dollars haben.«

»Mhm«, machte Joachim. »Wir sind beim Thema.«

»Aber die gute Miss Webster auf dem AOA-Büro hat mich gerade noch hineingeschmuggelt. Ich fliege morgen früh.«

Er sagte nichts.

»Etlicher Feinsinn wird durch Pünktchen angedeutet«, bemerkte Bettina.

»Ich liebe dich!« sagte Joachim.

»Sie sollten wirklich mal nach Berlin kommen«, meinte Bettina. »Solche Herren aus der Luft erfahren gleich viel mehr als das Volk am Boden.«

Er gab den Kampf um die Anrede auf. »Wollen Sie noch in die Gewächshäuser gehen?« fragte er. »Dort wachsen meine Lieblingspflanzen. Westindische Passifloren – das ist nichts als ein gelbliches Stengelgeäst mit ein paar Blättern dran. Und Coelogynen, winzige Orchideen aus dem Himalaya.«

Nervös und verloren fühlte er am weichen blauen Tuch ihres Mantels, der neben ihm auf der Bank lag, wie die Zeit verströmte. Er wußte, daß er Bettina nicht mit Coelogynen und Dendrobium halten konnte.

»Werden Sie schreiben?« fragte er.

»Ich fürchte, es wird eine Art Feldpostkult werden«, erwiderte sie. »Und außerdem habe ich Angst. Ich habe Angst vor Ihren großen und runden Vokabeln.«

Er dachte angestrengt nach. Diese Blockade! Bettina flog nach Berlin und war weg. Die zwei schönsten Tage seines Lebens waren vorbei. Mozartisch schwereloses Passifloren-gerank eines Flirts. Eine Liebe im Glashaus. Draußen war es anders. Draußen war Berlin. Kälte und Kartoffelpuder. Dort mußte sich das ›Ich liebe dich‹ anders anhören. Radikaler. Seltener.

»Eine Riesenschweinerei, diese Blockade!« sagte er. Er überlegte. Auch das war noch falsch. Es war nicht die Blockade. Es waren die Vokabeln. Sie hatte recht. ›Blaue Rosen‹ und ›Ich liebe dich‹ – wenn man Dingen, die es nicht gibt, einen Namen verlieh, war man schlicht und einfach ein Lügner.

Sie nahm ihm die Worte aus den Gedanken. »Joachim«, sagte sie und faßte mit der Hand nach seinem Arm. »Du mußt nur bedenken, daß nicht alles Unglück in der Liebe durch die Blockade kommt.« Das war der Preis, den er für das ›Du‹ zahlen mußte. Das Fräulein von Demski war nicht billig zu haben. Es kostete eine runde Summe: die Wahrheit.

Im Freien sah man nur wenige Leute. Es war noch kühl. Eine etwas üppig geratene Dame trug ihr neues purpurnes Corduroy-Cape spazieren. Ihr Hund rannte ihr nach, ein Mops, ein wirklicher Mops. Bettina lachte.

»Ein Palmenmops!« sagte sie.

Morgen ist sie nicht mehr da, dachte Joachim. Zu blöd.

KATHERINE MANSFIELD

Das Gartenfest

Und schließlich war das Wetter ideal. Sie hätten keinen makelloseren Tag für ein Gartenfest haben können, wenn sie ihn in Auftrag gegeben hätten. Windstill, warm, der Himmel ohne eine Wolke. Nur das Blau war von einem Dunst hellen Goldes verschleiert, wie es manchmal im Frühsommer vorkommt. Der Gärtner war seit dem Morgengrauen auf, mähte den Rasen und fegte ihn, bis das Gras und die dunklen, flachen Rosetten, wo die Gänseblümchen gestanden hatten, zu glänzen schienen. Und die Rosen – man konnte nicht umhin zu denken, sie hätten begriffen, daß Rosen die einzigen Blumen sind, die bei einem Gartenfest auf die Leute Eindruck machen, die einzigen Blumen, die jeder mit Sicherheit erkennt. Hunderte, ja buchstäblich Hunderte waren in einer einzigen Nacht aufgeblüht; die grünen Büsche neigten sich, als wären sie von Erzengeln heimgesucht worden. Das Frühstück war noch nicht ganz vorbei, als die Männer kamen, um das Zelt aufzustellen.

»Wo willst du das Zelt aufgestellt haben, Mutter?«

»Mein liebes Kind, es nützt nichts, mich zu fragen. Ich bin entschlossen, dieses Jahr alles euch Kindern zu überlassen. Vergeßt, daß ich eure Mutter bin! Behandelt mich wie einen geliebten Gast!«

Aber Meg konnte unmöglich hingehen und die Männer beaufsichtigen. Sie hatte sich vor dem Frühstück die Haare gewaschen und saß da und trank ihren Kaffee in einem grünen Turban; eine nasse, dunkle Locke war auf jede Wange gedrückt. Und Jose, der Schmetterling? Sie kam stets in einem seidenen Unterrock und einer Kimonojacke nach unten.

»Laura, du mußt gehen, du bist die Künstlerische!«

Laura flog davon und hielt noch ein Stück Butterbrot in der Hand. Es ist köstlich, wenn man einen Vorwand dafür hat, im Freien zu essen, und außerdem liebte sie es, wenn sie etwas arrangieren mußte. Sie fand immer, sie könne es soviel besser als jeder andre.

Vier Männer in Hemdsärmeln standen in einer Gruppe auf dem Gartenweg beisammen. Sie trugen Stangen mit aufgerolltem Segeltuch und hatten große Werkzeugbeutel um den Hals hängen. Sie sahen eindrucksvoll aus. Laura wünschte jetzt, sie hätte kein Butterbrot in der Hand, doch sie konnte es nirgends hinlegen, und wegwerfen konnte sie es unmöglich. Sie wurde rot und versuchte, streng und sogar ein wenig kurzsichtig auszusehen, als sie auf sie zutrat.

»Guten Morgen«, sagte sie und ahmte die Stimme ihrer Mutter nach. Aber das klang so furchtbar geziert, daß sie sich schämte und wie ein kleines Mädchen hervorstotterte: »Oh – hm – Sie sind wohl – wegen des Zelts gekommen?«

»Stimmt, Miss«, sagte der größte der Männer, ein schmächtiger, sommersprossiger Bursche, und ruckte an seinem Werkzeugbeutel, stieß seinen Strohhut zurück und lächelte auf sie herab: »Stimmt genau!«

Sein Lächeln war so ungezwungen, so freundlich, daß Laura sich wieder faßte. Was für hübsche Augen er hatte – klein, aber von einem so dunklen Blau! Und jetzt blickte sie auf die andern, die auch lächelten. ›Nur Mut, wir beißen nicht‹, schien das Lächeln zu besagen. Wie furchtbar nett waren diese Arbeiter! Und was für ein herrlicher Morgen! Sie durfte den Morgen nicht erwähnen – sie mußte geschäftstüchtig tun.

»Also wie wär's mit der Lilienwiese? Ginge das?«

Und sie zeigte mit der Hand, in der sie nicht das Butterbrot hielt, auf die Lilienwiese. Sie drehten sich um und blickten in die Richtung.

Ein kleiner dicker Kerl schob die Unterlippe vor, und der lange Mensch runzelte die Stirn.

»Die gefällt mir nicht«, sagte er. »Ist nicht auffällig genug. Sehen Sie, so ein Ding wie ein Festzelt«, wandte er sich zutraulich an Laura, »das möchte man irgendwo aufstellen, wo es einem wie ein Schlag ins Auge knallt, falls Sie mich verstehen?«

Lauras Erziehung machte sie einen Augenblick unsicher, ob es von einem Arbeiter genügend ehrerbietig sei, zu ihr von einem ins Auge knallenden Schlag zu sprechen. Aber sie verstand ihn recht gut.

»Eine Ecke vom Tennisplatz!« schlug sie vor. »Aber in der einen Ecke wird schon die Musikkapelle sein.«

»Hoho, werden Sie eine Musikkapelle haben?« fragte ein andrer Arbeiter. Er war blaß. Er sah verhärmt aus, als seine dunklen Augen den Tennisplatz musterten. Was mochte er denken?

»Nur eine sehr kleine Kapelle«, erwiderte Laura sanft. Vielleicht machte es ihm nicht so viel aus, wenn die Kapelle klein war. Doch der lange Mensch unterbrach sie.

»Schauen Sie her, Miss! Das da ist der richtige Platz: vor den Bäumen! Dort drüben! Dort wird es sich fein ausnehmen!«

Vor den Karakas? Dann würden die Karakabäume verdeckt. Und sie waren so schön mit ihren breiten, glänzenden Blättern und ihren Büscheln gelber Früchte. Sie waren wie Bäume, die man sich auf einer unbewohnten Insel vorstellt, stolz und einsam wachsend, ihre Blätter und Früchte in einer Art stummer Pracht zur Sonne aufhebend. Sollten die von einem Zelt verdeckt werden?

Es mußte sein. Die Männer hatten schon ihre Stangen geschultert und gingen auf die Stelle zu. Nur der lange Mensch war noch da. Er bückte sich, zerrieb eine Lavendelrispe, hob Daumen und Zeigefinger an die Nase und schnupperte den Duft ein. Als Laura diese Handbewegung sah, vergaß sie die Karakabäume gänzlich, so erstaunt war sie über ihn, daß er für solche Dinge etwas übrig hatte – für den Duft von Lavendel! Wie wenige Männer, die sie kannte, hätten dergleichen getan! Oh, wie erstaunlich nett Arbeiter waren, dachte sie. Warum konnte sie nicht Arbeiter zu Freunden haben statt der albernen Jungen, mit denen sie tanzte und die sonntags zum Abendessen kamen? Mit Männern wie diesen hier würde sie sich viel besser verstehen.

Schuld an alledem sind nur die verrückten Klassenunterschiede, fand sie, während der lange Mensch etwas auf die

Rückseite eines Briefumschlags skizzierte – etwas, das hochgewunden werden oder herunterhängen sollte. Sie selbst hielt nichts von Klassenunterschieden. Nicht ein bißchen, keine Spur… Und nun erklang das Poch-poch der Holzhämmer. Jemand pfiff, und jemand trällerte: »Klappt's bei dir, Kumpel?« – Kumpel! Soviel Freundlichkeit, soviel…

Nur um zu beweisen, wie glücklich sie war, nur um dem langen Menschen zu zeigen, wie dazugehörig sie sich empfand und wie sie dumme Konventionen verachtete, biß Laura einen tüchtigen Happen von ihrem Butterbrot ab und blickte auf die kleine Skizze. Sie kam sich genau wie ein Arbeiterkind vor.

»Laura? Laura, wo bist du? Telefon, Laura!« rief eine Stimme vom Haus her.

»Komme schon!« Fort sauste sie über den Rasen, über den Pfad, die Treppe hinauf, quer über die Veranda und durch den Eingang. In der Halle bürsteten ihr Vater und Laurie ihre Hüte, bereit, ins Büro zu gehen.

»Hör mal, Laura«, sagte Laurie ganz eilig, »du könntest dir meine Jacke für heute nachmittag anschauen! Sieh mal nach, ob sie gebügelt werden muß!«

»Gern!« sagte sie. Plötzlich konnte sie nicht mehr an sich halten. Sie lief auf Laurie zu und drückte ihn rasch ein bißchen an sich. »Oh, Feste liebe ich über alles, du auch?« stieß sie hervor.

»Na – es geht«, sagte Laurie mit seiner warmen, knabenhaften Stimme, und er drückte seine Schwester ebenfalls und gab ihr einen sanften Schubs. »Schnell ans Telefon, mein Kleines!«

Das Telefon! »Ja. Ja. O ja. Kitty? Guten Morgen, Liebes! Kommst du zum Mittagessen? Komm doch, Liebes! Freuen uns natürlich. Es wird nur eine sehr zusammengestoppelte Mahlzeit sein – bloß Brotrinden und zerbröckelte Baisers und was sonst noch an Resten da ist. Ja, ist es nicht ein idealer Morgen? Dein Weißes? Oh, würde ich bestimmt tun! Einen Augenblick, bleib am Apparat! Mutter ruft.« Und Laura lehnte sich zurück. »Was, Mutter? Kann's nicht verstehen!«

Mrs. Sheridans Stimme schwebte die Treppe hinunter. »Sag ihr, sie soll den süßen Hut aufsetzen, den sie letzten Sonntag getragen hat!«

»Mutter sagt, du sollst den süßen Hut aufsetzen, den du letzten Sonntag getragen hast! Gut! Um eins! Wiedersehen!«

Laura legte den Hörer auf und warf die Arme über den Kopf, schöpfte tief Atem, reckte sich und ließ sie fallen. »Uff«, seufzte sie, und im nächsten Augenblick nach dem Seufzer richtete sie sich rasch auf. Sie saß still und lauschte. Alle Türen im Haus schienen offenzustehen. Das ganze Haus war lebendig, voll leichter, schneller Schritte und wandernder Stimmen. Die grüne Friestür, die in den Küchenbereich führte, flog mit gedämpftem Knall auf und wieder zu. Und jetzt kam ein langes, gurgelndes, verrücktes Geräusch. Es war der schwere Flügel, der auf seinen starren Rollen verschoben wurde. Aber die Luft! Wenn man sich's überlegte: war die Luft denn immer so? Leise Lüftchen spielten Fangen: zu den Oberlichtfenstern herein und zu den Türen hinaus. Und dort waren zwei kleine Sonnenflecke – einer auf dem Tintenfaß, einer auf einem Photorahmen, und sie spielten auch. Geliebte kleine Sonnenflecke! Besonders der auf dem Tintenfaßdeckel! Er war ganz warm. Ein warmer kleiner Silberstern. Sie hätte ihn küssen können.

Die Haustürglocke läutete, und auf der Treppe tönte das Rascheln von Sadies gemustertem Rock. Eine Männerstimme murmelte. Sadie antwortete gleichgültig: »Das weiß ich wirklich nicht. Warten Sie! Ich werde Mrs. Sheridan fragen.«

»Was gibt's, Sadie?« Laura trat in die Halle.

»Der Mann vom Blumengeschäft, Miss Laura!«

Tatsächlich! Gleich innerhalb der Tür stand ein breites, flaches Tragbrett voller Töpfe mit roten Lilien. Keine andre Sorte. Nichts als Lilien, Cannalilien, große rote Blüten, weit offen, strahlend, fast erschreckend lebendig auf leuchtend karminroten Stielen.

»Oh, Sadie!« rief Laura, und es klang wie ein kleines Ächzen. Sie kauerte sich hin, wie um sich am Lodern der Lilien zu wärmen. Sie spürte sie in ihren Fingern und auf ihren Lippen, sie wuchsen in ihrer Brust.

»Es ist ein Mißverständnis«, sagte sie matt. »Niemand hat so viele bestellt! Sadie, geh und hole Mutter!«

Doch im gleichen Augenblick trat Mrs. Sheridan zu ihnen.

»Es ist ganz richtig«, sagte sie gelassen. »Doch, ich habe sie bestellt. Sind sie nicht herrlich?« Sie drückte Lauras Arm. »Ich ging gestern an dem Geschäft vorbei und sah sie im Schaufenster. Und plötzlich dachte ich, einmal in meinem Leben will ich genug Cannalilien haben! Das Gartenfest ist ein guter Vorwand!«

»Aber ich meinte, du hättest gesagt, daß du dich nicht einmischen willst«, sagte Laura. Sadie war weggegangen. Der Mann vom Blumengeschäft stand noch draußen bei seinem Lieferwagen. Sie legte ihrer Mutter den Arm um den Hals, und zärtlich, sehr zärtlich biß sie ihrer Mutter ins Ohr.

»Mein liebes Kind, eine logische Mutter würdest du nicht leiden können, nicht wahr? Laß das! Hier kommt der Mann!« Er brachte noch mehr Lilien, noch ein ganzes Tragbrett voll. »Stellen Sie sie bitte gleich an der Tür auf, zu beiden Seiten des Eingangs«, sagte Mrs. Sheridan. »Findest du nicht auch, Laura?«

»O ja, bestimmt, Mutter!«

Im Salon hatten Meg, Jose und der gute kleine Hans es endlich fertiggebracht, den Flügel zu verschieben.

»Wenn wir jetzt das Sofa an die Wand rücken und alles aus dem Zimmer räumen, bis auf die Stühle – was meint ihr dazu?«

»Gut!«

»Hans, tragen Sie die Tischchen ins Rauchzimmer und bringen Sie einen Besen mit, um die Druckstellen vom Flügel aus dem Teppich zu bürsten – und, oh, einen Moment, Hans …« Jose liebte es, den Dienstboten Befehle zu erteilen, und sie liebten es, ihr zu gehorchen. Immer weckte sie in ihnen das Gefühl, in einem Drama mitzuspielen. »Sagen Sie Mutter und Miß Laura, sie möchten sofort herunterkommen!«

»Ja, Miss Jose!«

Sie wandte sich an Meg. »Ich wüßte gern, wie der Flügel klingt – nur für den Fall, daß ich heute nachmittag gebeten werde, zu singen. Versuchen wir mal ›Das Leben ist traurig!‹«

Pomm! Ta-ta-ta *ti*-ta! Das Klavier stürmte so leidenschaftlich los, daß Joses Miene sich veränderte. Sie faltete die Hände. Sie blickte traurig und geheimnisvoll auf ihre Mutter und Laura, die ins Zimmer traten.

»Das Leben ist traurig,
voll Seufzer und Tränen,
die Liebe vergeht,
das Leben ist trau – rig,
voll Seufzer und Tränen,
die Liebe vergeht,
und dann … leb wohl!«

Doch beim Wort ›Leb wohl‹, und obwohl das Klavier verzweifelter denn je klang, flog ein strahlendes, furchtbar gefühlloses Lächeln über ihr Gesicht.

»Bin ich nicht gut bei Stimme, Mummy?« jubelte sie.

»Das Leben ist traurig,
die Hoffnung erstirbt,
ein Traum, ein Erwa – chen …«

Aber jetzt wurden sie von Sadie unterbrochen.

»Was gibt es, Sadie?«

»Bitte, M'm, die Köchin läßt fragen, ob Sie die Fähnchen für die Sandwiches bereit haben?«

»Die Fähnchen für die Sandwiches, Sadie?« wiederholte Mrs. Sheridan verträumt. Und die Kinder lasen ihr am Gesicht ab, daß sie sie nicht bereit hatte. »Moment mal!« Und energisch sagte sie zu Sadie: »Bestellen Sie der Köchin, daß sie sie in zehn Minuten bekommt!« Sadie ging.

»So, Laura«, sagte ihre Mutter hastig, »komm mit mir ins Rauchzimmer! Ich habe die Namen irgendwo auf der Rückseite eines Briefumschlags. Du mußt sie mir herausschreiben! Meg, geh augenblicklich nach oben und nimm das nasse Ding von deinem Kopf! Jose, lauf und zieh dich fertig an! Habt ihr gehört Kinder? Oder muß ich es eurem Vater sagen, wenn er heute abend nach Hause kommt? Und – und Jose, besänftige die Köchin, wenn du in die Küche gehst, ja? Ich habe heute morgen richtig Angst vor ihr!«

Der Briefumschlag fand sich endlich hinter der Uhr im Eßzimmer, obwohl Mrs. Sheridan sich nicht vorstellen konnte, wie er dort hingeraten war.

»Eins von euch Kindern muß ihn mir aus der Handtasche gestohlen haben, denn ich erinnere mich lebhaft... Rahmkäse und Zitronenquark... hast du das?«

»Ja.«

»Eier und ...« Mrs. Sheridan hielt den Umschlag von sich weg. »Es sieht aus wie ›Mäuse‹. Es kann doch nicht ›Mäuse‹ heißen, was?«

»Oliven, Herzchen«, sagte Laura, die ihr über die Schulter blickte.

»Ja, natürlich, Oliven! Klingt wie eine schreckliche Zusammenstellung: Eier und Oliven.«

Endlich waren sie fertiggeschrieben, und Laura brachte die Fähnchen in die Küche. Sie fand Jose, die dabei war, die Köchin zu besänftigen, obwohl sie gar nicht angsteinflößend aussah.

»Ich habe noch nie so ausgezeichnete Sandwiches gesehen«, sagte Joses Stimme hingerissen. »Wieviel Sorten sind es, sagten Sie? Fünfzehn?«

»Ja, fünfzehn, Miss Jose.«

»Dann gratuliere ich Ihnen!«

Die Köchin fegte mit dem langen Sandwichmesser die Rinden zusammen und lächelte von einem Ohr zum andern.

»Godbers' Ausläufer ist da!« verkündete Sadie und kam aus der Vorratskammer. Sie hatte den Mann am Fenster vorbeigehen sehen.

Es bedeutete, daß die Windbeutel gekommen waren. Godbers waren berühmt für ihre Windbeutel. Niemandem kam es in den Sinn, welche zu Hause zu backen.

»Bring sie her und stell sie auf den Tisch, mein Kind!« befahl die Köchin.

Sadie brachte sie und ging wieder an die Tür. Laura und Jose waren natürlich viel zu erwachsen, um sich aus derlei Dingen etwas zu machen. Trotzdem mußten sie zugeben, daß die Windbeutel sehr verlockend aussahen. Sehr! Die Köchin begann sie anzuordnen und schüttelte den überschüssigen Puderzucker ab.

»Versetzen sie einen nicht zurück zu allen früheren Festen?« sagte Laura.

»Vermutlich«, sagte die praktische Jose, die es nie mochte, in die Vergangenheit zurückversetzt zu werden. »Sie sehen wunderschön leicht und luftig aus, das muß ich sagen!«

»Nehmen Sie sich jeder einen!« sagte die Köchin mit ihrer gemütlichen Stimme. »Ihre Ma merkt es nicht!«

Oh, unmöglich! Stellt euch vor: Windbeutel so bald nach dem Frühstück! Der bloße Gedanke ließ einen schaudern! Trotzdem: zwei Minuten drauf leckten sich Jose und Laura die Finger ab – mit dem gewissen andächtigen Blick, der nur von Schlagsahne herrühren kann.

»Laß uns in den Garten gehen, durch die Hoftür.« schlug Laura vor. »Ich möchte sehen, wie die Männer mit dem Zelt vorankommen. Es sind furchtbar nette Männer!«

Aber die Hoftür war von der Köchin, von Sadie, von Godbers' Ausläufer und von Hans blockiert.

Es war etwas passiert.

»Je, je, je!« kakelte die Köchin wie ein aufgeregtes Huhn. Sadie hielt die Hand an die Wange, als hätte sie Zahnweh. Hans' Gesicht war verzerrt von der Anstrengung, es zu begreifen. Nur Godbers' Ausläufer schien befriedigt: es war *seine* Neuigkeit!

»Was ist los? Was ist geschehen?«

»Ein gräßlicher Unfall ist passiert!« sagte die Köchin. »Ein Mann ist verunglückt.«

»Ein Mann ist verunglückt? Wo? Wie? Wann?«

Aber Godbers' Ausläufer ließ sich seine Neuigkeit nicht vor der Nase wegschnappen.

»Kennen Sie die kleinen Hütten gleich da unten, Miss?«

Ob sie sie kannte? Natürlich kannte sie sie! Also dort wohnt ein junger Mann, ein Fuhrmann, Scott heißt er. Sein Pferd hat vor einem Traktor gescheut, heute früh, an der Ecke der Hawke Street, und er wurde runtergeschleudert und ist auf den Hinterkopf gefallen. Tot!«

»Tot?« Laura starrte Godbers' Ausläufer an.

»Tot, als sie ihn aufhoben«, sagte der Ausläufer mit Genugtuung. »Sie haben die Leiche nach Hause geschafft, als ich hier raufkam.« Und zur Köchin sagte er: »Er hinterläßt eine Frau und fünf kleine Kinder!«

»Jose, komm mal mit!« Laura packte ihre Schwester beim Ärmel und zog sie durch die Küche und auf die andre Seite der grünen Friestür. Dort blieb sie stehen und lehnte sich dagegen. »Jose«, sagte sie entsetzt, »wie sollen wir bloß alles absagen?«

»Alles absagen, Laura?« rief Jose erstaunt. »Was meinst du?«

»Das Gartenfest absagen natürlich!« Warum verstellte sich Jose?

Aber Jose war noch erstaunter. »Das Gartenfest absagen? Liebe Laura, sei nicht komisch! Natürlich können wir nichts dergleichen tun! Niemand erwartet es von uns. Sei nicht so überspannt!«

»Aber wir können unmöglich ein Gartenfest geben, wenn gleich hinter unserm Tor ein Toter liegt!«

Das war nun wirklich übertrieben, denn die kleinen Hütten standen in einer Gasse ganz für sich am Fuß einer steilen Steigung, die zum Haus hinaufführte. Eine breite Straße lag dazwischen. Natürlich standen die Hütten viel zu nah. Sie waren der schlimmste Schandfleck und hatten überhaupt kein Recht, in der Nachbarschaft zu stehen. Es waren kleine, schäbige Behausungen, schokoladebraun gestrichen. In den Vorgärten war nichts als Kohlstrünke, kranke Hühner und Tomatenbüchsen. Sogar der Rauch, der aus den Schornsteinen aufstieg, schien von Armut heimgesucht: kleine Fetzen und Fähnchen Rauch, so verschieden von den großen, silbrigen Fahnen, die sich aus den Schornsteinen der Sheridans emporkräuselten. Waschfrauen wohnten in der Gasse, und

Schornsteinfeger und ein Schuster und ein Mann, dessen Hausfront über und über mit winzigen Vogelkäfigen bestückt war. Schwärme von Kindern. So lange die Sheridans klein waren, war es ihnen verboten, jemals einen Fuß dorthin zu setzen, wegen der widerlichen Ausdrücke und weil sie sich anstecken könnten. Doch seit sie erwachsen waren, gingen Laura und Laurie manchmal, wenn sie herumstritten, dort hindurch. Es war ekelhaft und schmutzig. Sie kamen schaudernd wieder heraus.

Doch schließlich mußte man überall hingehen: man mußte alles gesehen haben.

Deshalb gingen sie also hindurch. »Und stell dir nur vor, wie der armen Frau die Musik in den Ohren klingen würde!« sagte Laura.

»O Laura!« Jose begann ernstlich böse zu werden. »Falls du jedesmal, wenn jemand einen Unfall hatte, eine Musikkapelle am Spielen hindern willst, dann wirst du ein sehr anstrengendes Leben führen. Mir tut es ganz genauso leid wie dir. Ich habe ebensoviel Mitleid.« Ihre Augen wurden hart. Sie blickte ihre Schwester ebenso an wie früher, als sie klein waren und sich zankten. »Du holst einen betrunkenen Arbeiter nicht ins Leben zurück, indem du sentimental wirst«, sagte sie leise.

»Betrunken? Wer sagt, daß er betrunken war?« wandte sich Laura wütend an Jose. Und genauso, wie sie es bei solchen Anlässen immer getan hatten, rief sie: »Ich gehe sofort zu Mutter rauf und sag's ihr!«

»Tu's, liebes Kind!« gurrte Jose.

»Mutter, darf ich zu dir ins Zimmer?« Laura drehte den großen gläsernen Türknauf herum.

»Natürlich, Kind! Oh, was ist denn los? Warum bist du so erhitzt?« Mrs. Sheridan wandte sich von ihrem Toilettentisch ab. Sie probierte einen neuen Hut auf.

»Mutter, ein Mann ist getötet worden«, begann Laura.

»Hoffentlich nicht bei uns im Garten?« fiel ihr die Mutter ins Wort.

»Nein, nein!«

»Oh, was du mir für einen Schreck eingejagt hast!« Mrs.

Sheridan seufzte erleichtert, nahm den großen Hut ab und hielt ihn auf den Knien fest.

»Hör doch zu, Mutter!« sagte Laura. Atemlos und halb erstickt erzählte Laura ihr die schreckliche Geschichte. »Natürlich können wir nun unser Fest nicht geben, oder?« flehte sie. »Mit der Musikkapelle und allen, die herkommen! Sie würden uns hören, Mutter, es sind fast Nachbarn von uns!«

Zu Lauras Verwunderung benahm sich ihre Mutter genau wie Jose; es war schwerer zu ertragen, weil es sie zu amüsieren schien. Sie weigerte sich, Laura ernst zu nehmen.

»Aber liebes Kind, nimm deinen Verstand zusammen! Nur durch einen Zufall haben wir es erfahren. Wenn jemand dort unten auf die übliche Art gestorben wäre – ich verstehe ohnehin nicht, wie sie in den muffigen Löchern am Leben bleiben –, dann gäben wir trotzdem unser Fest, nicht wahr?«

Darauf mußte Laura mit ›ja‹ antworten, aber sie fand, daß es ganz falsch war. Sie setzte sich aufs Sofa ihrer Mutter und zupfte am Kissenvolant.

»Mutter, ist es nicht eigentlich furchtbar herzlos von uns?« fragte sie.

»Liebling!« Mrs. Sheridan stand auf und kam zu ihr hinüber, den Hut in der Hand. Bevor Laura sie daran hindern konnte, wurde er ihr aufgestülpt. »Liebes«, sagte ihre Mutter, »ich schenke dir den Hut! Er ist wie für dich gemacht! Für mich ist er viel zu jugendlich. Noch nie habe ich dich so bildhübsch gesehen. Schau dich an!« Und sie hielt ihr den Handspiegel vor.

»Aber Mutter«, begann Laura wieder. Sie konnte sich nicht anschauen; sie wandte sich ab. Diesmal verlor Mrs. Sheridan die Geduld – genau wie Jose es getan hatte.

»Du bist lächerlich, Laura!« sagte sie kalt. »Solche Leute erwarten keine Opfer von uns. Und es ist nicht sehr einfühlsam von dir, allen die Freude zu verderben, wie du es jetzt tust.«

»Ich verstehe es nicht«, sagte Laura und ging rasch aus dem Zimmer und in ihr eigenes Schlafzimmer. Ganz zufällig war das erste, was sie dort im Spiegel erblickte, ein reizendes junges Mädchen – in einem schwarzen Hut, geschmückt mit goldenen Maßliebchen und einem langen schwarzen Samtband. Nie hätte sie geglaubt, daß sie so aussehen könne. Hat Mutter recht? überlegte sie. Jetzt hoffte sie, daß ihre Mutter recht hatte. Bin ich überspannt? Vielleicht war sie überspannt. Nur einen Augenblick machte sie sich noch einmal ein Bild von der armen Frau und ihren kleinen Kindern und der Leiche, die ins Haus getragen wurde. Aber es schien alles verschwommen, unwirklich, wie ein Bild in der Zeitung. Ich will mich wieder daran erinnern, wenn das Fest vorbei ist, beschloß sie. Und irgendwie schien das weitaus der beste Plan zu sein.

Das Mittagessen war um halb zwei beendet. Um halb drei waren sie alle bereit für den ›Kampf‹. Die grünberockte Kapelle war eingetroffen und in einer Ecke des Tennisplatzes untergebracht worden.

»Oh, Liebes«, zwitscherte Kitty Maitland, »sehen sie nicht haargenau wie Laubfrösche aus? Ihr hättet sie rund um den Teich gruppieren sollen und den Dirigenten in der Mitte auf einem Blatt!«

Bruder Laurie traf ein und winkte, als er zum Umziehen ins Haus wollte. Bei seinem Anblick erinnerte sich Laura wieder an das Unglück. Sie wollte es ihm erzählen. Wenn Laurie den andern beipflichtete, dann mußte es in Ordnung sein. Und sie folgte ihm in die Halle.

»Laurie!«

»Hallo!« Er war schon halb die Treppe hinauf, doch als er sich umdrehte und Laura sah, blies er plötzlich die Backen auf und starrte sie mit Glotzaugen an. »Donnerwetter, Laura! Du siehst umwerfend aus!« sagte Laurie. »Was für ein phantastisch schicker Hut!«

Laura sagte leise: »Wirklich?«, und lächelte Laurie zu und erzählte es ihm schließlich doch nicht.

Bald darauf begannen die Leute hereinzustürmen. Die Kapelle legte los; die Lohndiener rannten vom Haus zum Festzelt. Wohin man blickte, schlenderten Paare umher, beugten sich über die Blumen, grüßten und gingen auf dem Rasen weiter. Sie glichen bunten Vögeln, die sich für diesen einen Nachmittag in Sheridans Garten niedergelassen hatten – auf dem Flug wohin? Ach, was für ein Glück, mit Menschen zusammen zu sein, die alle glücklich sind, und Hände zu drücken und Wangen zu berühren und andern Augen zuzulächeln!

»Liebste Laura, wie gut du aussiehst!«

»Was für ein kleidsamer Hut, Kind!«

»Laura, du siehst richtig spanisch aus! Ich habe dich noch nie so bezaubernd gesehen!«

Und Laura erglühte und antwortete sanft: »Haben Sie Tee bekommen? Möchten Sie ein Eis? Das Passifloraeis ist wirklich etwas Besonderes!« Sie lief zu ihrem Vater und bat ihn: »Liebster Vater, kann die Kapelle nicht etwas zu trinken bekommen?«

Und der herrliche Nachmittag erblühte langsam, verwelkte langsam und schloß langsam seine Blütenblätter.

»Nie ein schöneres Gartenfest ...« – »Sehr geglückt ...« – »Das allernetteste ...«

Laura half ihrer Mutter beim Verabschieden. Sie standen nebeneinander im Eingang, bis alles vorüber war.

»Gott sei Dank ist alles vorbei«, sagte Mrs. Sheridan. »Trommle die andern zusammen, Laura! Laß uns frischen Kaffee trinken! Ich bin erschöpft! Ja, es war sehr geglückt, aber, oh, diese Feste, diese Feste! Warum besteht ihr Kinder immer darauf, Feste zu geben?« Und alle ließen sich im leeren Zelt nieder.

»Nimm ein Sandwich, Daddy! Ich habe die Fähnchen beschriftet.«

»Danke!« Mr. Sheridan biß hinein, und das Sandwich war weg. Er nahm noch eins. »Vermutlich habt ihr nichts von dem abscheulichen Unfall gehört, der sich heute ereignet hat?« fragte er.

»Wir wußten es, mein Lieber!« sagte Mrs. Sheridan und hob die Hand. »Es hätte uns fast das Fest verdorben. Laura wollte unbedingt, daß wir es verschieben.«

»O Mutter!« Laura mochte sich nicht damit hänseln lassen.

»Es war immerhin eine schreckliche Sache«, sagte Mr. Sheridan. »Der arme Mensch war obendrein verheiratet. Er wohnte gleich unten in der Gasse, und wie es heißt, hinterläßt er eine Frau und ein halbes Dutzend Kinder!«

Eine verlegene Pause trat ein. Mrs. Sheridan fingerte nervös an ihrer Tasse. Wirklich, es war sehr taktlos von Vater ... Plötzlich blickte sie hoch. Vor ihr auf dem Tisch standen all die übriggebliebenen Sandwiches, Kuchen und Windbeutel – alle vergeudet. Sie hatte einen ihrer glänzenden Einfälle.

»Ich weiß was«, sagte sie. »Wir wollen einen Korb zurechtmachen und dem armen Geschöpf etwas von diesen tadellosen Sachen schicken! Für die Kinder wird es auf jeden Fall die größte Schlemmerei. Meint ihr nicht auch? Und sicher kommen Nachbarn zu ihr zu Besuch, und so weiter. Wie praktisch, dann schon alles fertig vorbereitet zu haben! Laura!« Sie sprang auf. »Hol mir den großen Korb aus dem Treppenverschlag!«

»Aber Mutter, glaubst du wirklich, daß es eine gute Idee ist?« fragte Laura.

Wie merkwürdig! Wieder schien sie sich von allen andern zu unterscheiden! Überbleibsel von ihrem Gartenfest zu nehmen – ob das der armen Frau wirklich gefiele?

»Natürlich! Was ist denn heute los mit dir? Vor ein, zwei Stunden wolltest du durchaus, daß wir Mitgefühl zeigen!«

Also gut! Laura lief weg, um den Korb zu holen. Er wurde gefüllt, wurde jetzt von ihrer Mutter hoch aufgehäuft.

»Bring ihn selber, Liebling!« sagte sie. »Lauf so hinunter, wie du bist! Nein, warte, nimm auch noch die Cannalilien mit! Leute dieser Klasse lassen sich so von Cannalilien beeindrucken!«

»Die Stiele werden ihr Spitzenkleid verderben«, sagte die praktische Jose.

Das stimmte. Gerade noch rechtzeitig! »Dann nur den Korb! Und, Laura ...« Ihre Mutter folgte ihr aus dem Zelt. »Auf keinen Fall sollst du ...«

»Was, Mutter?«

Nein, besser, dem Kind keine solchen Gedanken in den Kopf zu setzen. »Nichts. Geh nur!«

Es begann dämmerig zu werden, als Laura ihr Gartentor schloß. Ein großer Hund rannte wie ein Schatten vorbei. Die

Straße schimmerte weiß, und unten in der Senke standen die Hütten in tiefem Schatten. Wie still es schien nach diesem Nachmittag! Hier ging sie den Hügel hinab, irgendwohin, wo ein Mann tot dalag, und sie konnte es nicht begreifen. Warum konnte sie nicht? Sie blieb ein Weilchen stehen. Und ihr schien, daß Küsse, Stimmen, klirrende Löffel und Gelächter und der Geruch zertretenen Grases irgendwie in ihr drinnen waren. Für etwas anderes hatte sie keinen Platz. Wie seltsam! Sie blickte zum blassen Himmel auf, und alles, was sie dachte, war: ›Ja, es war ein überaus geglücktes Fest!‹

Jetzt wurde die breite Straße gekreuzt. Die Gasse begann – verqualmt und dunkel. Frauen in Schals und wollene Männermützen eilten vorbei. Männer lungerten über den Zäunen; Kinder spielten vor der Tür. Ein leises Summen stieg aus den armseligen kleinen Hütten auf. In einigen flackerte Licht, und ein Schatten zog krabbenartig über das Fenster. Laura senkte den Kopf und hastete weiter. Jetzt wünschte sie, sie hätte einen Mantel übergezogen. Wie ihr Kleid leuchtete! Und der große Hut mit dem flatternden Samtband – wenn es wenigstens ein andrer Hut gewesen wäre! Ob die Leute sie anstarrten? Sie mußten wohl! Es war ein Fehler, herzukommen, sie wußte es die ganze Zeit über, daß es ein Fehler war. Sollte sie selbst jetzt noch umkehren?

Nein, zu spät! Das hier war das Haus. Das mußte es sein. Eine dunkle Gruppe von Menschen stand draußen. Neben der Pforte saß eine uralte Frau mit Krücke auf einem Stuhl und beobachtete. Sie hatte die Füße auf einer Zeitung. Die Stimmen brachen ab, als Laura näher trat. Die Gruppe teilte sich. Es war, als hätte man sie erwartet, als hätten sie gewußt, daß sie herkäme.

Laura war furchtbar nervös. Sie warf das Samtband über die Schulter und fragte eine Frau, die herumstand: »Ist das Mrs. Scotts Haus?«, und die Frau lächelte sonderbar und sagte: »Ja, das ist es, Mädelchen!«

Oh, weit weg sein von alledem! Statt dessen sagte sie: »Gott, steh mir bei!«, als sie den kleinen Gartenweg entlangging und anklopfte. Weit weg sein von den starrenden Augen oder bedeckt sein mit irgendwas, wenigstens mit einem dieser Frauenschals! Ich werde einfach den Korb hierlassen und gehen, beschloß sie. Ich werde nicht mal abwarten, bis er ausgepackt ist!

Dann ging die Tür auf. Eine kleine Frau in Schwarz erschien im dämmerigen Licht.

Laura fragte: »Sind Sie Mrs. Scott?« Aber zu ihrem Entsetzen antwortete die Frau: »Treten Sie bitte ein, Miss!«, und sie stand eingeschlossen auf dem Flur.

»Nein«, sagte Laura. »Ich will nicht eintreten. Ich will nur den Korb hierlassen. Mutter schickt ...«

Die kleine Frau im düsteren Flur schien sie nicht gehört zu haben.

»Bitte, hier entlang, Miss!« sagte sie mit öliger Stimme, und Laura folgte ihr.

Sie sah sich in einer armseligen Küche, die von einer blakenden Lampe erhellt wurde. Vor dem Feuer saß eine Frau.

»Emma«, sagte das kleine Geschöpf, das sie hereingelassen hatte, »Emma, hier ist eine junge Dame!« Sie wandte sich zu Laura um. Erklärend sagte sie: »Ich bin ihre Schwester, Miss. Sie entschuldigen sie, nicht wahr?«

»Oh, aber natürlich«, sagte Laura. »Bitte, bitte, stören Sie sie nicht! Ich wollte nur den Korb ...«

Doch im gleichen Augenblick drehte sich die Frau vor dem Feuer um. Ihr Gesicht – verquollen, rot, mit geschwollenen Augen und Lippen – sah schrecklich aus. Sie schien nicht verstehen zu können, weshalb Laura da war. Was hatte es zu bedeuten? Warum stand diese Fremde mit einem Korb in der Küche? Was sollte das alles? Und das arme Gesicht verzog sich schmerzlich.

»Laß nur, Liebes«, sagte die andre. »Ich werde der jungen Dame danken!«

Und wieder begann sie: »Sie werden sie sicher entschuldigen, Miss«, und ihr Gesicht, das ebenfalls geschwollen war, bemühte sich um ein öliges Lächeln.

Laura wollte nur hinaus und weg. Sie stand wieder im

Flur. Die Tür öffnete sich. Sie ging geradenwegs in das Schlafzimmer, wo der Tote lag.

»Sie wollten ihn gern ansehen, nicht wahr?« sagte Emmas Schwester und streifte an Laura vorbei zum Bett hinüber. »Fürchten Sie sich nicht, Mädchen« – und jetzt klang ihre Stimme liebevoll und listig, und liebevoll zog sie das Leichentuch weg – »er sieht wie ein Bild aus! Nichts ist zu sehen! Kommen Sie nur, Kind!«

Laura trat vor.

Da lag ein junger Mann, lag schlafend, schlief so fest, so tief, daß er weit, weit weg von den beiden war; oh, so fern, so friedlich! Er träumte. Man durfte ihn nie mehr aufwecken! Sein Kopf war ins Kissen gesunken, seine Augen waren geschlossen, blind unter geschlossenen Lidern. Er war hingegeben an seinen Traum. Was kümmerten ihn Gartenfeste und Körbe und Spitzenkleider? Er war weit weg von solchen Dingen. Er war wundervoll, war schön. Während sie lachten und die Musik gespielt hatte, war dieses Wunder in die Gasse gekommen. Glücklich ... glücklich ... Alles ist gut, sagte das schlafende Gesicht. Es ist genauso, wie es sein soll. Ich bin zufrieden.

Doch trotzdem mußte man weinen, und sie konnte nicht aus dem Zimmer gehen, ohne etwas zu ihm zu sagen. Laura schluchzte laut und kindlich.

»Verzeih meinen Hut!« sagte sie.

Und diesmal wartete sie nicht auf Emmas Schwester. Sie fand den Weg zur Tür hinaus, den Gartenpfad entlang und an all den dunklen Leuten vorbei. An der Ecke stieß sie auf Laurie.

Er trat aus den Schatten. »Bist du es, Laura?«

»Ja.«

»Mutter fing an, sich zu ängstigen. War auch alles recht?«

»Ja. Doch. O Laurie!« Sie nahm seinen Arm und schmiegte sich an ihn.

»Hör mal, du weinst doch nicht?« fragte der Bruder.

Laura schüttelte den Kopf. Sie weinte.

Laurie legte ihr den Arm um die Schulter. »Weine nicht!«

sagte er mit seiner warmen, liebevollen Stimme. »War es schlimm?«

»Nein«, schluchzte Laura. »Es war einfach wunderbar! Aber, Laurie …« Sie verstummte, sie blickte ihren Bruder an. »Ist das Leben …«, stammelte sie, »ist das Leben nicht …« Aber wie das Leben war, konnte sie nicht erklären. Es machte nichts. Er verstand sie gut.

»Ja, nicht wahr, Liebes?« sagte Laurie.

ELSE LASKER-SCHÜLER

Die weiße Georgine

Manchmal finde ich eine noch unaufgeblühte Blume am Fuß eines Hauses auf dem Trottoir oder auf dem Marktplatz liegen, meist zusammengekehrt mit Abfällen von Gemüsen und wurmstichigem Obst. Es ist etwas so recht Trauriges, eine geknickte Rose oder eine glühende Nelke oder von seinem Stengel gelockerten, noch gesunden, gelben Löwenzahn zwischen faulgewordenen Nahrungsmitteln zu finden. – Und – erst ein flehendes Vergißmeinnicht! Ich hebe heimlich die arme verlorene Blume auf und trage sie in mein Zimmer. Manchmal bemerkt es ein Mensch und dann trifft mich regelmäßig – derselbe erstaunte und fragende Blick und das überlegene, wohlwollende Lächeln eines Auges, das gutmütig darüber zu schweigen verbürgt. Ich aber bin beglückt, die liebe Blume in meiner Hand zu tragen – wie man sich auch eines verirrten Kindleins erbarmt oder einen Vogel aufhebt und ihn zurücklegt in sein Nest. Ich liebte die weiße Georgine, die ich fand, verschmachtet am Rinnstein der Gasse. In meiner Hand bräunlicher Schale trug ich sie heim – und oft lächelten wir uns an – ich und die Georgine. Wärme wehte um mein sehr entlaubtes Herz, in der Zeit sich die kleine Blume erholte. Ach – ich fühlte mich ja so vereinsamt zwischen Sonnenstrahl und Sonnenstrahl … wenn doch nur eine Dolde wieder am Zweig meines Lebens aufgolden möchte! Mit besonderer Obhut badete ich, in meinem Zimmer angelangt, die weiße Georgine. Prüfte den Grad des Wassers gewissenhaft mit den feinnervigen Fingerspitzen; mir war die schon arg mitgenommene Blume anvertrautes Gut. Ich stellte sie in mein weites Wasserglas und das Wasserglas über mein Waschbecken zu den Dingen, die ich benötige am Morgen, mich für den Tag zu erfrischen und zu stärken. Mein großer Schwamm neben der Seife im Hochparterre, zwischen Bassin und Glasscheibe, glotzte mit seinen vielen Augenlöchern heimlich und heilig empor zu meiner Findelblume weißer Glorie. Ich beobachtete es mit Genugtuung, ebenso den, wenn auch etwas steifen Knicks meiner kleinen Zahnbürste. Mein Kamm jedoch hatte sich auf den *ersten* Blick in meine weiße Georgine verliebt. Ich weiß noch von dem Gespräch zu erzählen, das zwischen der netten Verkäuferin und mir sich an den mir erstandenen Saphir knüpfend entspann. Ich anvertraute dem jungen Fräulein, daß für mich der kleinste Laden einer Stadt oder eines Dorfes – einen Spielladen bedeute, dessen Ware, und handle es sich auch um Scheuertücher und Besen, Staubwedel – sich in Spielsachen verwandelten in meinen Augen. Und mich darum jedes Schaufenster zum Verweilen zwingt. Ich sehr oft sogar Mühe habe, mich weiter zu bringen von dieser oder jener Ladenweide. »Müssen Sie noch glücklich sein können, liebe Dame!« So meinte das Fräulein, und wir kamen überein, daß Menschen mit erwachsenen Augen sich doch schrecklich langweiligen. – Ich habe es sehr begrüßt, daß sich meine weiße Georgine für meinen blauen Kamm ebenfalls innig zu interessieren schien. Und selbst empfand ich ja eine so große Freude, wenn ich ihn durch meine dunklen Haare gleiten ließ. Nur die Seife schäumte heftiger! Das viele Geflüster machte sie nervös. Ich aber lauschte gespannt, über den Alltag aller reinigenden Dinge gelehnt, den Worten des blauen Kamms und seiner Georgine. Sagte ich es einmal – oder sagte es ein anderer? Alle Dinge, mit denen man sich liebend umgibt, beginnen zu leben. Und wie erst – mag Gott seine *Welt* und *alle Geschöpfe* geliebt haben. – In den runden Mond guckte ich eine Weile und war keineswegs, wie die beiden Verliebten annahmen, ins Cinema spaziert, um so bald nicht wieder heimzukommen. Aber ich glaubte wirklich auf dem Mond zu sein – da ich meinen Kopf zurückbog und in meinen Raum schaute die Georgine aus dem Wasser gestiegen … oder gerade im Begriff, es zu verlassen. Nur die Taube, die am Abend sich ihr Brotgoulasch noch spät von meinem Fensterbrett holt, ist mein geflügelter Zeuge. Aber einem Vogel glaubt ja kein Mensch. Darum beteure ich, es war die süßeste Stimme, an die sich mein Ohr erinnerte, als meine Georgine zu sprechen begann.

»So blau, wie du bist« – sagte sie zu meinem Kamm, »denke ich mir das Paradies« … Darauf wagte der blaue Kamm in aller Bescheidenheit zu entgegnen: »Und so weiß, wie du bist, liebe Georgine, wünsche ich mir immer eine Hand, die mich durch die seidige Flut lieblicher Staubfäden gondeln ließ.« »Meine Mutter kam im Paradies zur Welt«, erzählte Georgine dem Kamm. »Ganz nah am Meerbusen, am Meerbusen« … wiederholte poetisch meine schwärmerische Blume. »Mitten auf dem Rasen in Eden hatte der Gärtner meine Mama gesäet.« Mein Kamm zeigte seine tiefblauen Zähne, bevor er wagte, seine Scheheresade zu unterbrechen: »Ich bin nur ein Kamm, wenn auch ein blauer – und es kommt mir gewiß nicht zu, eine Georgine, dazu noch eine weißduftende, in ihrer Erzählung zu unterbrechen, aber wissen möchte ich doch, zumal ich an deinen Worten keinen Zweifel hege, welche Magie dich aus dem überirdischen Lande deiner hochverehrten Frau Mutter hier in das irdische Leben verpflanzte.« Ich habe meinem Kamm trotz seiner Bläue diese vollendete Sprache und Geste nicht zugetraut. »Lieber Kamm«, lächelte schwermütig die geschmeichelte Georgine, »frage nur immerhin, aber blicke mal schneller empor in die Wolken! Gerade fallen ein paar Sterne auf die Erde! Und wie denen – erging's meiner schönen Mama.

Und stände ich im Paradies
Und könnte dichten –
Ich reimte heute ein Gedicht wie dies.«

»Oh!« rief der blaue Kamm begeistert, und weiter sagte er nichts. Und da die weiße Georgine nicht ganz zufrieden mit der kurzen Äußerung ihres verliebten Nachbars zu sein schien, fragte sie der Kamm, welche unter den Blumen wert, ihre liebste Freundin zu sein. Da erinnerte sich Georgine an ihre liebste Vertraute, an die Fingerhutblüte. »Die Elfen setzen sich auf ihre zarten Finger, wenn sie sich aus Spinngeweben und Pustelblumenhaar ein Kleid nähen.« »Wie schön du zu erzählen weißt«, komplimentierte ohne aufzuhören der Kamm, und er sah im Geist die weiße Georgine – ein weißes Silberstäubchen aufsteigen. »Oh!« rief zum zweiten Mal der blaue Kamm. Und meine Georgine begab sich, wieder scheint's etwas ermüdet, doch huldvoll und huldigend in ihr Wasserglas, in ihren kleinen gläsernen Wohnraum. Und beide kamen überein, der Kamm und seine Georgine, Sterne zu werden – und solche, genau solche, die man durch das geöffnete Fenster am Himmelszelt glitzern sehen konnte. »Es muß schön sein«, meinte Georgine, »ein Leben lang zu glitzern« ... »Und nie würden wir vom Himmel fallen, ich noch du, meine weiße Milchstraße ... Die Menschen mögen sich gefälligst auch ohne unser Zutun etwas wünschen.«

Max Dauthendey

Der Garten ohne Jahreszeiten

Vom Morgen bis zum Spätnachmittag fährt ein kleiner, kletternder Bahnzug in Ceylon von der Stadt Colombo unten am Meer hinauf zu der letzten Ansiedlung Nuwara-Eliya in den höchsten Bergen. Die Zimmetgärten von Colombo wandern hinab in die Tiefe. Die grünen Amphitheater der strauchigen Teepflanzungen und die Reisfelderterrassen versinken wie ausgespannte Fallschirme neben dem ansteigenden Schienengleis. Täler voll Silberseen blinken wie Riesenperlmuttermuscheln herauf, verlassene alte Tempeltürme stehen wie hochgerichtete Fernrohre an den Seen, zugespitzte Bergkegel, geformt wie Räucherhütchen, umragen als blaue Pyramiden den Horizont, und der Adams Peak wirft seinen berühmten dreieckigen Schatten als riesigen Sonnenuhrzeiger bis Sonnenuntergang über das Innere Ceylons, genannt das glänzende Eiland.

Kurz vor Sonnenuntergang erreicht der Bahnzug in den Bergwellen auf der Höhe von vierzehntausend Fuß todstumme Mooswälder, große, moosumwucherte Laubholzwälder. Die Baummassen sind wie graue Versteinerungen regungslos ineinandergewachsen, als ob die Baumklumpen sich im kühlen, dünnen Luftzug gegenseitig festhielten, damit auf den schiefen Ebenen in der ungeheuren Höhe nicht jählings ein Schwindelgefühl ganze Wälderstrecken in die Tiefe reiße.

Dort oben bei den silbernen Spiralen der Sturzbäche, auf dem Rasen vor den Waldrändern wohnen reiche Kaufleute und hohe englische Beamte aus Colombo in ihren Villen. Dort sind englische Giebelhäuser mit Vorgärten vor den Erkern. Dort brennen die Laternen abends in den Gartenstraßen am Trottoir entlang wie in Europa. Dort oben sind Tennisplätze und Fußballrasen, und die Luft ist dünn wie die Gesichtshaut der blassen und blonden englischen Damen.

Ein paar Stunden von der Ansiedlung Nuwara-Eliya liegt an einem Bergabhang, wie an den Thronstufen des Ätherhimmels, der Edengarten von Ceylon. Ein Garten wie ein gewirkter, blaurot und gelber indischer Seidenschal, hingehängt an den Bergwald, feierlich, hoch über den Abgründen. Blumenbeete mit den Blumen aller Jahreszeiten schieben sich in die Höhe und in die Tiefe vor dem Äther des windstillen Himmels. Das Gartenantlitz erinnert an ein mit Indigo und Rötelschnörkeln tätowiertes Singhalesengesicht. Dort wachsen europäische Kornblumen, Veilchen, Astern, Kapuzinerkresse, Rosen, Anemonen, Tulpen, Primeln, Schlüsselblumen, Lotos und Kakteen unter Kokospalmen und bei Bananenbäumen.

In diesem Garten der überirdischen Bergwelt waren der Singhalese Bulram und sein Weib Talora aufgewachsen. Beide waren hier oben angesehen als das verliebteste Ehepaar von Ceylon.

Talora war mit neun Jahren Teemädchen gewesen. Sie hatte in den englischen Pflanzungen unterhalb Nuwara-Eliya mit hundert andern Mädchen im April zur Ernte die Teekeime von den kleinen runden Teestauden gepflückt. Bulrams Vater hatte sie von dort in den Edengarten geholt, weil sein Sohn, der bald vierzehn Jahre alt war, endlich eine Frau brauchte.

Die kleine Talora wurde Bulram gegeben wie ein Ohrring oder ein Haarkamm, den die singhalesischen Männer tragen, und Bulram hatte sich nie gefragt, ob er je eine andere Frau wollte. Talora war das Geschenk seines Vaters für ihn, wie sein eigener Leib ihm vom Vater ins Leben mitgegeben war.

Wie der Ätherhimmel zum Edengarten gehörte – so selbstverständlich einfach und zufrieden nahm Bulram die kleine Talora als sein Weib hin. Und das Mädchen nahm den jungen Mann als Herrn und Gemahl an, so wie sie ihre Hände und Füße als fraglos zu sich gehörig fühlte.

»Die Singhalesen dort oben in den Berghöhen sind allwissend«, sagen drunten die Singhalesen an der Zimmetküste von Colombo über die Leute von Nuwara-Eliya. »Sie können dort oben zaubern, ohne daß sie selbst ahnen, daß sie Zauberer sind.« Und mit Ehrfurcht betrachten die Leute in den Tälern jene Bergseelen, die ihr Leben in der dünnen Luft verbringen.

Ob Januar oder Juli, ob April oder Oktober – im Edengarten blühen die Märzveilchen, bei den Septemberastern sitzt die Julirose dunkel am Strauch, darunter das Schneeglöckchen sich versteckt. Flieder, Jasmin, Herbstzeitlosen, Lotos und Kornblumen stehen in den Feldern, auf Beeten und an Teichen, bei den Hügelrasen, zwischen den Orangen, Myrten und Weihrauchbäumen, unter den Aloeblüten und bei Bananenpalmen.

Bulram und Talora hatten hier hinter dem Haus des englischen Verwalters ihre kleine, weiße, niedere Hütte an der Gartenmauer, welche schräg den Berg hinaufsteigt. Die Blicke der beiden waren immer ruhig wie die windstillen Täler, wie der wolkenlose Himmel und ihre Gedanken nur von den Gesichtern der indischen und europäischen Blumenarten angefüllt. Der ewig stillstehende Blumengarten, darinnen nie Winter, nie Sommer, nie Frühling und Herbst wechselten und die Büsche ohne Ausruhen ewig berauscht und unvergänglich blühten, darüber der Äther, totstill, ohne Lufthauch, eine unermeßliche Ruhe feierte – dieser Garten gab den Menschen einen Frieden in das Herz, der gleich dem Öl einer tausendjährig brennenden Tempellampe ist, das eine stille, nie verlöschende Flamme nährt.

Nie kam den Menschen in der dünnen Ätherluft dort oben die Kraft zu einer wilden Tat. Sie lebten in der Höhe, in der Luftleere, halb trunken, wie Mäuse unter der Glasglocke einer Luftpumpe. Sie waren in der verdünnten Luft einem sanft schläfrigen und zarten Zustand von Kraftlosigkeit verfallen, als hätte sich ihr Blut verflüchtigt, und nur eine ideale blaue Leere schwang in ihren Adern.

Eines Abends sagte der Verwalter des englischen Gartens zu Bulram: »Höre! Du mußt mich morgen nach Colombo hinunterbegleiten. Ich muß den Pachtkontrakt mit der Regierung erneuern und außerdem zwei Ladungen Apfelreiser und Quittenschößlinge, die aus England angekommen sind, im Hafen abholen. Du bist zuverlässig, Bulram, und von allen Gartenaufsehern der vorsichtigste. Soviel ich weiß, warst du noch niemals drunten an der Küste, seit du lebst. Es wird dir Spaß machen, Menschen und Land da unten zu sehen. Talora wird dich für drei Tage entbehren müssen.«

Bulram sagte: »Herr, so lange Talora und ich verheiratet sind, waren wir noch keinen Tag getrennt.«

Der Verwalter meinte: »Tröste deine Frau, Bulram, und sage ihr, daß du ihr einen schönen, bunten Colomboschal mitbringst. Halte dich morgen früh bereit. Der Zug geht um neun Uhr von Nuwara-Eliya ab. Um sechs Uhr früh müssen wir mit dem Dogcart hinüber zum Bahnhof der Ansiedlung fahren.«

Am nächsten Morgen kletterte der Zug die Engpässe hinab, durch schallende Tunnel auf den schmalen Schleifenwegen der Bergwände, hinunter in die silbernen Täler von Ceylon.

Bulram hatte einen schönen halbkreisrunden Schildkrotkamm im schwarzen Haar. Der Kamm hielt das Haar aus der Stirn zurück, und der Singhalese sah glatt gekämmt aus wie ein europäisches Schulmädchen. Er wußte, daß man in Colombo drunten das Haar zurückgestrichen trug, und hatte sich im voraus großstädtisch frisiert. Um seine Beine schlug ein breites braunrotes, zitronengelb getüpfeltes Tuch und war wie ein Frauenrock um die Hüften von einem Ledergürtel zusammengehalten. Bulrams Oberkörper steckte in einer weißen kurzen Leinwandjacke, welche von Taloras Händen frisch gewaschen und frisch gebügelt war. Hinter seinem Ohr trug er zu Ehren des Reisetags einen Büschel dunkelblauer Kornblumen. Sein breiter goldener Ehering glänzte am großen Zeh seines rechten Fußes. Er ging barfuß und zog seine Pantoffeln nur vor seinem Herrn an. In einem kleinen grünbemalten Blechkoffer verwahrte Bulram nichts als seine Pantoffeln. Aber er hatte fürsorglich an viele Einkäufe für Talora gedacht und zum Schutze der Sachen gegen Insekten und Schlangen den Blechkoffer vom Verwalter erhalten.

Bulrams Lunge hatte nie andere Luft als Höhenluft geschluckt. Der Zug senkte sich jetzt aus den nebligen Farrenkrautwäldern zu den hitzigen Zimmetgärten Colombos hinunter, mit einer rasenden Schnelligkeit, wie ein Ballonkorb, der aus den Wolken fällt. Die brandige Tropenluft schlug Bulram wie roter Pfeffer um die Nase. Er mußte fortgesetzt niesen und sich die Nasenspitze reiben. Er, der immer unter dem ätherischen Himmel gelebt hatte, fühlte sich von Staub, Pflanzengerüchen und Erddünsten gereizt, als ob man seinen Gliedern ungewohnte Kleider anzöge. Der Zug fuhr zwischen protzigen Brotfruchtpalmen in die letzten Abgründe hinein. Als ob die Erde fortgesetzt den Rädern auswiche, so raste die Wagenkette zu Tal. Die Luft strotzte von den Gewürzen der Nelkenbäume und der Kampferstämme. Palmenkronen überwölbten den Schienenweg, menschenkopfgroße Früchte hingen in Bündeln; gelbe und braune Mangofrüchte, die droben in Nuwara-Eliya nur blühen und niemals reifen, hingen wie Gewichtsteine zwischen gesträubten Riesenblättern. Wenn Bulram seinen Kopf zum Fenster hinausstreckte, glaubte er sich an den Fruchthaufen zu stoßen. Wie überfüllte Fruchtkörbe standen die Muskat- und Kokoswälder zu beiden Seiten des Bahngeleises.

Kaffeebraune sehnige Singhalesen, dickblütig und üppig genährt, nackt und nur von der Bräune ihres Leibes bekleidet, drängten sich auf den Bahnstationen in den Tälern gleich Herden brauner, feister Maikäfer, die durcheinanderkrabbeln.

Bulram verstand nicht, warum die Erde so viele Menschen hatte, so viele Nasen, Ohren, Mäuler und Augen, die ihn anstarrten, als wäre sein Gesicht eine Honigwabe, dran sich die Wespen hängen. Die Brust des einsamen Bergsinghalesen fühlte sich vor den Menschenmassen wie ein Kleefeld unter den Füßen einer Hammelherde. Blicke, Stimmen, Gerüche, Schritte trampelten über die blaue Ätherruhe seines Herzens. Sein Auge sah nichts mehr, und er fühlte sein Ohr von den Massengeräuschen durchlöchert wie eine Schießscheibe nach dem Scheibenschießen.

Bulram versuchte, um sich zu beruhigen, die Gesichter der Menschen, die auf der Tagesfahrt in seinen Wagen aus- und einstiegen, in Blumensorten einzuteilen. Er sagte zu sich: dieser ist eine sanfte Primel, dieser eine grelle Bohnenblüte, diese eine Tomatenblüte, dieser eine Narzisse. Aber die Blumenarten seines Gartens ohne Jahreszeiten, die er als einzigen Maßstab hier an alles anlegen konnte, reichten nicht aus. Als er abends um fünf Uhr an der Colombostation ankam, war er todmüde von den tausend Vergleichen und schwindlig und hielt sich krampfhaft auf dem Kutscherbock des Wagens fest, der mit ihm und seinem Herrn zum Galle Face-Hotel an das Meer fuhr.

In diesem riesigen Steinhallenhotel an der Meeresbrandung, darinnen der Meerdonner Tag und Nacht wie ein Ungeheuer brüllend durch die Treppensäle, Korridore und Zimmer hallt, benahm sich Bulram wie ein Mondsüchtiger, der im Schlaf auf einer Dachkante aufwacht, sich nicht vor- noch rückwärts zu gehen traut und überall den Absturz fürchtet. Die hundert weißgekleideten Reisenden im Hotel, die Europäer mit ihrer weißen Haut, die vielen weißen Musselinkleider und die langen weißen Schleppen der Damen erschienen Bulram wie irrsinnig gewordene weiße fliegende Blütenbäume, helle Magnolien oder lichte Jasminbüsche, die ohne Wurzeln durch die offenen Türen der Steinwände aus und ein wandern konnten. Der scheue Bergsinghalese blieb vor Furcht wie ein Schatten an den Wänden kleben. Sein Herr, der englische Verwalter, fand ihn mehrmals im dunkeln Korridor hocken, vor den Menschen am ganzen Leib zitternd. Bulrams Augen starrten besonders vor der Tür des menschenüberfüllten Speisesaales entsetzt aus dem Gesicht, wie einem, der zur Nachtstunde in die Dschungel geraten ist, die Raubtierscharen zur Tränke ziehen sieht und beim Anblick der Tigerfamilien ohnmächtig umfällt.

Eines Morgens war Bulram plötzlich verschwunden. Niemand, nicht das Telephon, nicht die englische Colombopolizei, nicht Zeitungsannoncen konnten den Verlorenen zurückbringen. Acht Tage ließ der Verwalter nach Bulram forschen. Dann reiste er nach Nuwara-Eliya heim, glaubend, der Bergsinghalese habe sich heimlich aus dem Staub gemacht und sei vor Menschenfurcht zurück auf die hohen

Berge, in seinen Garten ohne Jahreszeiten, zu seiner Frau Talora geflohen.

Aber Bulram war nicht zu Hause. Talora stand voll Harmlosigkeit, klar, freundlich und sanft im Garten und lächelte wie eine Allwissende, während der Verwalter tief bestürzt war, daß Bulram nicht zu finden sei. Talora antwortete, wie die ewig wolkenlose Bläue lächelnd: »Er wird kommen, Herr. Der Herr soll nicht um Bulram traurig sein.«

Der Engländer schaute sie sprachlos an. Er hatte geglaubt, die Frau des Singhalesen müsse sich zu Boden werfen, weinen und sich die Haare raufen. Statt dessen sagte sie nur ewig lächelnd: »Er kann nicht verloren gehen, Herr. Bulram ist in meinem Herzen aufgehoben, Herr.«

Und Talora ging jetzt durch den Garten, hielt vom Morgen bis zum Abend die Bewässerungsrohre in Ordnung, stellte die Wasserzerstäuber auf die Rasenplätze und tat Bulrams Arbeit neben ihrer Hausarbeit, als wäre sie Bulram selbst. Niemals zitterte ihre Hand vor Neugier nach dem verlorenen Mann, wenn sie dem Verwalter die Briefe des Postboten brachte. Niemals sprang ihr Auge hell auf, wenn die elektrische Gartenglocke klingelte und Fremde kamen, den Garten anzusehen, und es nicht Bulram war. Niemals zitterte ihr Fuß, wenn sie abends in das leere Häuschen trat, und nie ihr Finger, der morgens die Türklinke öffnete. Sie schien in einer ewigen blauen Ruhe in der Ätherhöhe dieses Gartens Tag und Nacht mit ihrem Mann unsichtbar zu verkehren, als gäbe es keine Nähe und keine Ferne im Weltall bei dem trunkenen Liebesbewußtsein ihrer Seele.

Ein halbes Jahr verging. Da sagte die Frau des englischen Verwalters zu Talora: »Ich reise hinunter, um mir im englischen Basar von Colombo Kleider und Hüte zu kaufen. Ich kann dich mitnehmen. Vielleicht kundschaften wir Frauen mit mehr Glück aus, was aus Bulram geworden ist.« Die Dame reiste am nächsten Morgen mit Talora zusammen hinab an die Küste.

Die Singhalesenfrau war niemals im Tal gewesen. Aber auf sie wirkte die Talluft anders als auf ihren Mann Bulram.

Sie, die stets Stille, Abwesende, Traumwandelnde, wurde nicht noch stiller, sondern wurde gesprächig, lebte auf. Sie zeigte auf der Reise ihre Zahnreihen und ihr rotes Zahnfleisch mit breitestem Lachen. Sie schmatzte mit den Lippen, sie schnalzte mit der Zunge, und ihre Augen hingen ihr mit vielen Blicken nach allen Seiten wie die Beeren von dunkeln Trauben in dem Kopf. Ihr Mund schien alle Früchte der fruchtreifen Luft zu schmecken, und ihre Backen wurden vom hitzigen Atem der Talwälder aufgebläht und dick. Sie trug eine weiße Bluse mit bauschigen kurzen Ärmeln. Je näher der Zug aus der Berghöhe hinunter in die Colombohitze des Tropennachmittags kam, desto unruhiger wurde Talora. Ihre nackten Unterarme schoben ungeduldig die lockeren Brüste hinter dem Blusenstoff hin und her, als wären das ein paar reife, unbequeme Früchte, die sie ablegen wolle, sobald der Zug hielt.

Auch Talora war bald aus dem Hotel verschwunden. Ihre englische Herrin glaubte, sie suche ihren Mann in der Stadt. Man wartete drei Tage, suchte Talora, wie man Bulram gesucht hatte, aber die Singhalesin blieb unauffindbar. –

Ein Jahr verging.

Die Meeresbrandung vor dem Galla Face-Hotel donnert unausgesetzt, die Tropensonne rollt im Land über die Zimmetgärten, und wie eine riesige Spiritusflamme brennt das rotviolette Morgenmeer.

Weit draußen im Hafenwasser steht ein großer Dampfer mit hohen weißgetünchten Wänden. Er wirft seit Stunden gelben Qualm aus vier Schornsteinen und ist zur Abfahrt bereit. Breite, schaukelnde Jollen und ein kleines, spitziges Motorboot bringen Kofferladungen und Ladungen von weiß gekleideten Tropenreisenden an die Schiffswand. Jetzt wird die weiße Landungsstiege an der Schiffswand hochgezogen, und Ankerketten kreischen markerschütternde Schreie. Der Dampfer liegt noch immer still, umgeben von dem kurzen und ruckweisen Gehüpf der Morgenwellen. Viele Köpfe von Reisenden biegen sich über die weißgestrichenen Eisengeländer der Schiffsstockwerke. Drunten reiten nackte, arme braune Singhalesen auf langen gelben Holzbalken in der

Flut um das Schiff. Statt eines Ruders hat jeder Wasserreiter einen Kistendeckel oder ein Brett in der Hand. Manchmal wirft ein Passagier eine kleine Silbermünze über Bord. Dann schlüpfen alle die nackten jungen Kerle wie glatte Seehunde von ihren schwimmenden Balken und fahren in das durchsichtige, gläserne Meer hinunter, wie auf einer grün angestrichenen Rutschbahn in die Tiefe. Drunten werden ihre Gliedmaßen gespenstisch wie Froschglieder, scheinen sich aufzulösen und verschwinden. Nach einer Weile erscheinen sie im Flaschengrün der Tiefe wieder, zappelnd und wie braunrote Schatten. Schwarzglänzende, triefende Köpfe tauchen aus dem Wasser, und einer zeigt das silberne Geldstück lachend zwischen seinen Zähnen. Dann schwingt sich jeder auf seinen Baumstamm, und alle reiten wieder um die Schiffswand. Mit viel Geschrei winken sie hinauf und ermuntern die Passagiere des abfahrenden Orientdampfers; und sobald ein Geldstück aufs Wasser klatscht, verschwinden wieder alle Balkenreiter lautlos im Meer. Bis zur Abfahrt des Dampfers vertreiben sich so die Reisenden die Zeit mit Geldwerfen.

Bulram ist seit Monaten hier jeden Morgen auf einem Balkenstamm um die ausländischen Dampfer geschwommen. Er holt sich durch gewandtes Tauchen sein Geld aus dem Meer, das eilig verdiente Geld, das er nachts ebenso eilig in Spielhöllen bei braunen Dirnen und Reisbranntwein wieder ausgibt. Seitdem Bulram die Zimmetluft von Colombo riecht, ist in ihm der Gedanke an seine Berge, an Talora und an den Edengarten auf den Bergen tiefer versunken als je ein Geldstück im Meer. Er lebt in Colombo wie eine Fliege, die sich auf dem Zucker eines Fliegenpapiers berauscht und vollsaugt. Wie ein samtner Panther streicht er sich nachts an den nelkenölduftenden kleinen Dirnen in den Freudenhäusern, und am Tag springt er nackt und blank in die Meerestiefe nach den blitzenden Münzen. Er sticht unzählige Male in den Meeresgrund hinunter, rudert seinen schwimmenden Balken abends mit einem Brett an Land, rollt sich dann wieder bei einem Nautsch-Girl auf einem Teppich wie ein Igel zusammen und läßt das armselige Geschöpf, das er sich für die Nacht gekauft, nicht mehr aus seinen Griffen, bis ihn die Frühluft weckt.

Heute ist wieder eine backofenwarme Nacht. Vanille und Kampferbäume pressen ihren Duft aus den Gärten über der Stadt. Am großen, granitnen Wellenbrecher entlang der Seeseite moussiert die Brandung und wirft hohe weiße Geiser in die Dunkelheit. Sterne hängen gleich glitzernden Wasserblasen an der Nachtdecke. Die Front des Galle Face-Hotels ist beleuchtet wie ein großes Transparent. Unter den elektrischen Bogenlampen der Strandpromenade tauchen vom Hotelportal her weiße Punkte auf: die weißen Hemdbrüste vieler Herren im schwarzen Abendanzug, Engländer und andere Europäer. Jeder Herr läßt sich von einem nackten Kuli in einem kleinen Rikschawagen ziehen. Die Herren sind ohne Hut. Sie machen vom Hotel nur einen kleinen Abendausflug in das Freudenviertel von Colombo. Die Reihen der kleinen Wagen verschwinden schnell am Ende des Strandweges hinter den Tenniswiesen in dunklen Eingeborenengassen.

Bulram drückt sich hier in einer der Gassen still an den Wänden hin. Er ist in allen Häusern der Gasse wie der Mond bekannt. Die Wagenreihen mit den ausländischen Herren im Abendfrack sind an ihm vorübergerollt und halten jetzt vor ihm in der Straße.

Er sieht die Herren, von einem Hauseigentümer auf dem Straßenpflaster empfangen, in einer Haustür verschwinden. Alle Läden der Häuser sind geschlossen, und man hört nur gedämpft Kastagnetten, Geigen, Tamburine, einförmig wie die Musik summender Wasserkessel. Männer, welche kommen und gehen, verschwinden wie die Katzen lautlos in den Haustüren und um die Straßenecken.

Neben Bulram öffnet sich ein Erdgeschoßladen. Ein Frauenarm langt heraus, und zwei Finger schnalzen. Bulram sieht im Halbdunkel unter dem hellen Sternhimmel zwei große Reihen blendender Zähne und ein paar nackte Brüste, die sich wie zwei kleine Säcke über das Fenstergesims quetschen. Bulram kennt die Frau nicht, aber er fragt in das dunkle Fenster: »Bist du frei?« Die Frau schnalzt mit der

Zunge, und bei diesem Laut beginnen vor Bulram alle Steine der Straße, alle Sternflecken am Nachthimmel zu schaukeln.

Der Singhalese will in das Haus eintreten. Aber der Hauseigentümer sagt ihm, er sei um eine Minute zu spät gekommen. Die an der Fensterecke sei eben drinnen von einem englischen Kapitän gerufen worden. Bulram stellte sich wieder unter das Fenster und wartete. Aber das Mädchen mit den lachenden Zähnen und der schnalzenden Zunge öffnete nicht mehr den Fensterladen und rief ihn nicht mehr. Acht Tage hielten Seeoffiziere und Matrosen ausländischer Kriegsschiffe ihre nächtlichen Gelage in dem Haus, und acht Tage lang wurde der armselige Singhalese vom Hauseigentümer abgewiesen; er schlief acht Nächte unter dem Fenster und blieb acht Nächte nüchtern. In der neunten Nacht, als die Dampfer den Hafen verlassen hatten, öffnete sich wieder der Fensterladen. Zwei nackte Brüste drückten sich über die Fensterbank, und helle Zähne glitzerten in einem lachenden Mund; dem Singhalesen schoß sein hitziges Blut wie Sternschnuppen vor die Augen. Bulram ging in das Haus, drückte das Mädchen an sich und schloß dabei die Augen, wie es alle Orientalen tun, wenn sie ernstlich glücklich sind. Er blieb dann Tag und Nacht bei geschlossenen Fensterläden im Haus der Dirne.

Am vierten Abend saß der Hauseigentümer mit seinen Freunden wie immer draußen auf den Steinstufen vor der Haustür. Es wetterleuchtete hinter dem Hausdach. Da kam einer seiner Buben heraus und sagte ihm: »Herr, das Zimmer des Mädchens, welches hinter dem Eckfenster wohnt, ist wie leergefegt. Das Mädchen, das sich dort seit ein paar Tagen mit einem Singhalesen eingeschlossen hielt, ist verschwunden. Die Tür steht weit offen, aber niemand hat weder sie noch den Singhalesen fortgehen sehen. Vielleicht ist der Bursch ein Bergsinghalese gewesen und hat sich in einen Nachtblitz verwandelt und hat das Mädchen auf einer glühenden Wolke fort in die Berge geholt!«

In demselben Augenblick kreischte der Fensterladen an der Straßenecke in den Eisenangeln, und der Hauseigentümer rief: »Verflucht! Sie sind sicher miteinander durch das

Fenster fortgesprungen. Verflucht! Sie ist verschwunden, wie sie gekommen ist! Eines Abends stand sie mit ausländischen Matrosen hier unter meiner Tür und trat ein und war viel begehrt und nannte sich mit dem lockenden Namen ›Talora‹. Da auf den Stufen stand sie damals vor mir. Es wetterleuchtete wie heute; als werfe sie Feuer um sich und Feuer ins Haus, so kam sie. Nun sprang sie wie ein Blitz wieder fort.«

Nach Monaten klingelte abends die elektrische Glocke der Gartentür des Edengartens, und als man öffnete, standen Bulram und Talora draußen. Beide vergnügt, lautlos und sanft wie immer.

Der Verwalter fragte, und die Frau des Verwalters fragte, und alle Gartenaufseher fragten, wo die beiden nach zwei Jahren herkämen. Sie aber lächelten nur und deuteten in den wolkenlosen Himmel.

»Herr, er war im Himmel«, lächelte Talora, und Bulram nickte immer wieder stumm Beifall, wenn seine Frau auf ihr Herz deutete und auf alle Fragen nichts andres antwortete als: »Herr, er war im Himmel!«

Dann saßen beide wieder in dem Garten, knieten über den Blumenbeeten, arbeiteten mit der Rasenschere und mit dem Rechen.

Sie beugen sich noch heute wolkenlos wie der Ätherhimmel von Nuwara-Eliya über die Blumenreihen, dort oben in dem Garten ohne Jahreszeiten.

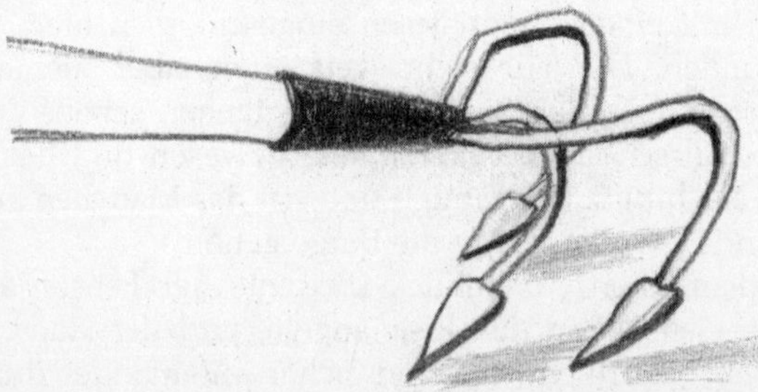

QUELLENVERZEICHNIS

ALFRED ANDERSCH: *Blaue Rosen* aus *Geister und Leute – zehn Geschichten.* Zürich 1990. Mit freundlicher Genehmigung des Diogenes Verlags, Zürich.

WOLFGANG BORCHERT: *Die Hundeblume* aus *Das Gesamtwerk*. Hamburg 1949. Mit freundlicher Genehmigung des Rowohlt Verlags, Reinbek.

PAUL BOWLES: *Der Garten* aus *Allal. Stories aus Marokko*. Reinbek 1987. Übers. Pociao. Mit freundlicher Genehmigung von Pociao's Books, Bonn.

GÜNTER DE BRUYN: *Vergißmeinnicht* in *Babylon* aus *Erzählungen*. Frankfurt am Main 1992. Mit freundlicher Genehmigung des S. Fischer Verlags, Frankfurt am Main.

ITALO CALVINO: *Eines Nachmittags, als Adam ...* aus *Abenteuer eines Lesers. Erzählungen.* München 1986. Übers. Julia M. Kirchner. Mit freundlicher Genehmigung des Carl Hanser Verlags, München.

TRUMAN CAPOTE: *Chrysanthemen sind wie Löwen* aus *Eine Weihnachtserinnerung – Chrysanthemen sind wie Löwen. Zwei Erzählungen.* Wiesbaden und München 1984. Übers. Ingeborg Müller. Mit freundlicher Genehmigung des Limes Verlags, Wiesbaden.

MAX DAUTHENDEY: *Der Garten ohne Jahreszeiten* aus *Das Schönste von Max Dauthendey.* München 1919.

ALFRED DÖBLIN: *Die Ermordung einer Butterblume* aus *Die Ermordung einer Butterblume und andere Erzählungen.* Solothurn 1962. Mit freundlicher Genehmigung des Walter-Verlags, Solothurn.

HERMANN HESSE: *Der Pfirsichbaum* aus *Gesammelte Werke, Band 8.* Frankfurt am Main 1970. Mit freundlicher Genehmigung des Suhrkamp Verlags, Frankfurt am Main.

André Kaminski: *Die Gärten des Mulay Abdallah* aus *Neun wahre Geschichten aus Afrika.* Frankfurt am Main 1983. Mit freundlicher Genehmigung des Suhrkamp Verlags, Frankfurt am Main.

Marie Luise Kaschnitz: *Lupinen* aus *Ferngespräche. Erzählungen.* Frankfurt am Main 1966. Mit freundlicher Genehmigung des Insel Verlags, Frankfurt am Main.

Yasunari Kawabata: *Der Rotpflaumenbaum* aus *Handteller – Geschichten.* München 1990. Übers. Siegfried Schaarschmidt. Mit freundlicher Genehmigung des Carl Hanser Verlags, München.

Wilhelm Kunze: *Eisblumen* aus *Blauer Himmel und die Erde. Kleine Prosa.* Breslau 1936.

Else Lasker-Schüler: *Die weiße Georgine* aus *Verse und Prosa aus dem Nachlaß.* München 1985. Mit freundlicher Genehmigung des Suhrkamp Verlags, Frankfurt am Main.

D. H. Lawrence: *Chrysanthemenduft* aus *Chrysanthemenduft. Ausgewählte Erzählungen.* Frankfurt am Main und Leipzig 1984. Übers. Heide Steiner. Mit freundlicher Genehmigung des Insel Verlags, Frankfurt am Main und Leipzig.

Hermann Lenz: *Frau im Dornbusch* aus *Hotel Memoria. Erzählungen.* Frankfurt am Main 1990. Mit freundlicher Genehmigung des Insel Verlags, Frankfurt am Main.

Doris Lessing: *Der andere Garten* aus *Der Mann, der auf und davon ging. Erzählungen, Band 1.* Stuttgart 1979. Übers. Adelheid Dormagen. Mit freundlicher Genehmigung des Klett-Cotta Verlags, Stuttgart.

Katherine Mansfield: *Das Gartenfest* aus *Sämtliche Erzählungen in zwei Bänden, Band 1.* Frankfurt 1980. Übers. Elisabeth Schnack. Mit freundlicher Genehmigung der Büchergilde Gutenberg, Frankfurt am Main.

Guy de Maupassant: *Rose* aus *Meistererzählungen.* Zürich 1983. Übers. Walter Widmer. Mit freundlicher Genehmigung des Diogenes Verlags, Zürich.

Alberto Moravia: *Die Mauer und die Geranie* aus *Ein Ding ist ein Ding. Erzählungen.* München 1969. Übers. Katarina Helmling. Mit freundlicher Genehmigung der Eulama s.r.e., Rom.

Anaïs Nin: *Rote Rosen* aus *Ein gefährliches Parfüm. Die frühen Erzählungen.* Reinbek 1993. Übers. Linde Salber. Mit freundlicher Genehmigung des Rowohlt Verlags, Reinbek.

Luigi Pirandello: *Das Gärtlein droben* aus *Novellen für ein Jahr I.* Zürich 1964. Übers. Percy Eckstein. Mit freundlicher Genehmigung des Diogenes Verlags, Zürich.

Wilhelm Raabe: *Holunderblüten* aus *Erzählungen.* Stuttgart 1863.

Ruth Rendell: *Unkraut* aus *Stirb glücklich. Stories.* München 1992. Übers. Cornelia C. Walter. Mit freundlicher Genehmigung des Wilhelm Goldmann Verlags, München.

Klaus Rifbjerg: *Sonntagsfrühstück im Garten* aus *Moderne Erzähler der Welt – Dänemark.* Tübingen und Basel 1977. Heinz Barüske (Hrsg.). Mit freundlicher Genehmigung von Professor Heinz Barüske, Berlin.

Luise Rinser: *Die Lilie* aus *Die rote Katze. Erzählungen.* Frankfurt am Main 1981. Mit freundlicher Genehmigung des S. Fischer Verlags, Frankfurt am Main.

Arthur Schnitzler: *Blumen* aus *Gesammelte Werke. Die erzählenden Schriften, Band 1.* Wien 1894.

Ibrahim Schukrallah: *Der Zitronenbaum* aus *Moderne Erzähler der Welt – Ägypten.* Stuttgart 1974. Hermann Ziok (Hrsg.). Übers. Hugo Hoffmann.

Theodor Storm: *Viola tricolor* aus *Sämtliche Werke, Band 2.* Braunschweig 1874.

James Thurber: *Das Einhorn im Garten* aus *75 Fabeln für Zeitgenossen.* Reinbek 1967. Übers. H. M. Ledig-Rowohlt. Mit freundlicher Genehmigung des Rowohlt Verlags, Reinbek.

Keto von Waberer: *Teresas Garten* aus *Die heimliche Wut der Pflanzen.* Köln 1985. Mit freundlicher Genehmigung des Verlags Kiepenheuer und Witsch, Köln.

Robert Walser: *Das Veilchen* aus *Kleine Dichtungen.* Leipzig 1915.

Virginia Woolf: *Kew Gardens* aus *Das Mal an der Wand. Gesammelte Kurzprosa.* Frankfurt am Main 1989. Übers. Marianne Frisch. Mit freundlicher Genehmigung des S. Fischer Verlags, Frankfurt am Main.

Elisabeth Wyrambe: *Petersilie, Suppenkraut wächst in meinem Garten …* aus *Das Buch der geheimen Leidenschaften.* Jutta Bachstein (Hrsg.). Frankfurt am Main 1991. Mit freundlicher Genehmigung der Frankfurter Verlagsanstalt, Frankfurt am Main.